Advertorials in Jugendprintmedien

Nina Köberer

Advertorials in Jugendprintmedien

Ein medienethischer Zugang

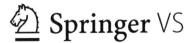 Springer VS

Nina Köberer
Tübingen, Deutschland

Zgl. Dissertation an der Pädagogischen Hochschule Ludwigsburg, 2012

ISBN 978-3-658-06030-5   ISBN 978-3-658-06031-2 (eBook)
DOI 10.1007/978-3-658-06031-2

Die Deutsche Nationalbibliothek verzeichnet diese Publikation in der Deutschen Natio-
nalbibliografie; detaillierte bibliografische Daten sind im Internet über http://dnb.d-nb.de
abrufbar.

Springer VS

Gedruckt auf säurefreiem und chlorfrei gebleichtem Papier

Springer VS ist eine Marke von Springer DE. Springer DE ist Teil der Fachverlagsgruppe
Springer Science+Business Media.
www.springer-vs.de

Vorwort

Die vorliegende Arbeit wurde im Sommersemester 2012 vom Institut für Philosophie der Pädagogischen Hochschule Ludwigsburg als Dissertation angenommen. Das Manuskript wurde im Frühjahr 2012 abgeschlossen, später veröffentlichte Literatur habe ich nur punktuell nachgetragen und aktualisiert.

Mein Dank gilt all jenen, die mich bei der Arbeit an dieser Dissertation unterstützt haben, sei es unmittelbar durch Anregungen, Ratschläge und Kritik, sei es mittelbar durch die notwendige Ablenkung von der Arbeit. Folgende Personen möchte ich besonders hervorheben: Dank gebührt in erster Linie meinem Doktorvater Herrn Prof. Dr. Matthias Rath, der mich mit der richtigen Balance aus Interesse und konstruktivem Input und gleichzeitig gewahrter Zurückhaltung in Bezug auf jegliche Art von Vorgaben begleitet hat. In diesem Zusammenhang möchte ich auch Herrn Prof. Dr. Matthias Karmasin danken für die rasche Erstellung des Zweitgutachtens. Danken möchte ich vor allem Tobias Eckstein, Julia Fritz, Florian Roel und Simon Zorn für die intensive Auseinandersetzung und die wertvolle Hilfestellung bei Fertigstellung der Arbeit. Größten Dank schulde ich schließlich meinen beiden Familien, insbesondere meinem Opa – ganz allgemein für die ideelle und auch finanzielle Unterstützung und konkret für die Geduld und Fürsorge während der Erstellung der Arbeit – und dem Ponyhof.

Ludwigsburg, 14.03.2014

Inhalt

Einleitung

Das Trojanische Epos ist bekannt: Ihm zufolge kämpften die Griechen lange Zeit vergebens um den Niedergang Trojas. Die Belagerung blieb erfolglos bis zu dem Tag, an dem der griechische Held Odysseus auf die Idee kam, ein Holzpferd zu bauen, in dem die griechischen Soldaten sich verstecken konnten. Dieses Holzpferd machten die Griechen den Trojanern zum Geschenk, täuschten vor, die Belagerung abzubrechen, und die Trojaner schafften das Pferd in die Stadt. Nachts verließen die versteckten Griechen das Holzpferd, öffneten die Stadttore und ließen die zurückgekehrte griechische Armee hinein. Die Eroberung und Zerstörung Trojas gelang – durch eine List. Die vorliegende Untersuchung handelt von solchen Trojanischen Pferden: Es geht um *Advertorials* in Jugendprintmedien – bezahlte Werbeinhalte, die gestaltet sind wie redaktionelle Beiträge und den Eindruck unabhängiger Berichterstattung vermitteln.

Heute werden Werbebotschaften nicht mehr nur in Einzelmedien platziert, sondern crossmedial vermarktet. Dabei nehmen Printmedien, trotz der Tendenz der werbetreibenden Industrie, Werbung verstärkt online zu schalten, nach wie vor einen wichtigen Stellenwert als Werbeträger im Medienensemble ein. Auch im Bereich der Jugendkommunikation wird auf eine jugendaffine Zielgruppenansprache über Online-Formate in Kombination mit Reichweiten generierenden Printmedien gesetzt. Die Zeiten sind dabei gut für Trojanische Pferde, denn in den letzten Jahren zeigt sich eine zunehmende Tendenz der Rezipienten[1], klassische Werbeformen nicht zu beachten oder sogar zu meiden (vgl. Elliot/Speck 1998; Kroeber-Riel/Esch 2004). Daher sind Werbeproduzenten vor die Notwendigkeit gestellt, sich immer weiter zu spezialisieren und Werbebotschaften in den jeweils relevanten Medien konkret auf immer kleinere Zielgruppen abzustimmen. Es werden Wege gesucht, diese Spezialisierung durch mediale Hybridformen zu unterstützen, um die Akzeptanz der Werbebotschaften zu erhöhen. Unter anderem geschieht dies durch eine zunehmende Personalisierung der Werbebotschaft (Weder 2010) oder auch durch eine zunehmende Verschränkung von Werbung und redaktionellem Inhalt (vgl. Baerns 2004a). Es scheint, „dass die Erkennbarkeit und Trennung vom Programm als Kennzeichen von Werbung

---

[1] Aufgrund der besseren Lesbarkeit wird bei Personenbezeichnungen auf die explizite Nennung beider Geschlechter verzichtet. Angesprochen sind in allen Fällen selbstverständlich beide Geschlechter.

immer weniger Gewicht haben" (Siegert u.a. 2007, 15). Dabei tritt *Transparenz* als Wert von Werbung immer mehr in den Hintergrund. Diese Tendenz zur Hybridisierung spiegelt sich unter anderem in der Etablierung von Trojanischen Pferden wider, unter anderem von *Advertorials* im Printbereich.

Advertorials werden im deutschsprachigen Raum auch als *redaktionell gestaltete Anzeigen* bezeichnet. Diese Sonderwerbeform tauchte bereits in den 1980er Jahren auf. Heute wird der Einsatz hybrider Werbeformen aus Sicht der Werbetreibenden vor allem damit begründet, dass „in Krisenzeiten [...] Kampagnen auf der Basis von nutzwertigen Informationen mehr gefragt [sind] als Image-Kommunikation durch klassische Anzeigen" (Gieseking 2010, 71 f.). Mit anderen Worten: Dem Trend, hybride Werbeformen einzusetzen, liegt die Annahme zugrunde, dass Werbebotschaften eine höhere Glaubwürdigkeit durch die Verknüpfung mit Programminhalten erhalten als Werbebotschaften ohne redaktionelles Gewand. In diesem Zusammenhang zeigen Untersuchungen, dass Advertorials insgesamt als glaubwürdiger angenommen werden als klassische Anzeigen, die beworbenen Produkte werden allerdings weniger erinnert als die Produkte, die über klassische Anzeigen beworben werden (vgl. MediaAnalyzer 2009; Winkler 1999b).

Aus werberechtlicher sowie aus medienethischer Perspektive sind redaktionell gestaltete Anzeigen problematisch, da die Werbeinformationen aufgrund ihrer redaktionellen Gestaltung in Missdeutung der werblichen Intention als wahrhaftig, objektiv und damit glaubwürdig eingestuft werden können. Daher gilt eine Trennung von Werbung und redaktionellem Inhalt – im Sinne des Verbraucherschutzes und zur Wahrung journalistischer Qualität – als notwendig. Um diesem Anspruch Rechnung zu tragen, finden sich rechtliche Vorgaben und darüber hinaus professionsethische Richtlinien, die eine klare Trennung von Werbung und Redaktion gewährleisten sollen. Den Bestimmungen der Landespressegesetze zufolge sind bezahlte Veröffentlichungen, sofern sie nicht schon durch die Anordnung und Gestaltung als Werbeanzeige erkennbar sind, deutlich mit dem Hinweis *Anzeige* zu kennzeichnen. Auf Ebene der freiwilligen Selbstkontrolle der Presse ist die Forderung nach einer klaren Trennung von Werbung und redaktionellen Inhalten im Pressekodex des Deutschen Presserats (Ziffer 7) verankert. Auch der Zentralverband der Werbewirtschaft (ZAW) hat ein Regelwerk erstellt, das unter anderem eine Richtlinie enthält, die sich auf die Einhaltung einer klaren Trennung von Werbung und redaktionellen Inhalten bezieht: Die ZAW-Richtlinien für redaktionell gestaltete Anzeigen.

In der Praxis finden sich immer wieder Verstöße gegen den Trennungsgrundsatz (vgl. auch Deutscher Presserat 2012a). Nicht nur in Presseprodukten im Erwachsenensektor, auch in Kinder- und Jugendprintmedien wird die Kennzeichnungspflicht unterlaufen, wie beispielsweise zwei Entscheidungen des

Deutschen Presserats zeigen, die sich auf redaktionell gestaltete Werbung in der BRAVO beziehen. In beiden Fällen wurde eine Missbilligung ausgesprochen, da dem Beschwerdeausschuss des Deutschen Presserats zufolge eine Verletzung des Trennungsgrundsatzes (Ziffer 7) vorliegt. Die Entscheidung begründet sich in beiden Fällen damit, dass die Werbeinhalte nicht ausreichend gekennzeichnet sind, um als Werbung erkennbar zu sein und „um dem Leser das Eigeninteresse des Verlags zu verdeutlichen" (Deutscher Presserat 2010). Nicht nur bei entgeltlichen Jugendmagazinen, auch bei Gratisformaten, die sich an Jugendliche oder junge Erwachsene richten und an Schulen oder Universitäten auliegen, werden vermehrt Verstöße gegen den Trennungsgrundsatz angenommen. So stehen kostenlose Formate wie AUDIMAX, UNICUM, SPIESSER und YAEZ unter Verdacht vermehrt gegen das Trennungsgebot zu verstoßen, indem redaktionell gestaltete Werbung nicht nicht als *Anzeige* gekennzeichnet wird oder nur als *Sonderveröffentlichung*, *Promotion* oder *Aktion* ausgewiesen ist (vgl. Djahangard u.a. 2010, Hutter 2010).

Die Orientierung am Trennungsgrundsatz ist vor allem mit Blick auf Kinder und Jugendliche von Bedeutung. Heranwachsende müssen Werbung zunächst identifizieren und von redaktionellen Inhalten abgrenzen können, um die Werbeinhalte dann auch vor dem Hintergrund ihrer Funktionen und ökonomischen Interessen bewerten zu können (Fuhs/Rosenstock 2009, 29). Auch wenn die Heranwachsenden (theoretisch) über das Wissen verfügen, Werbung zu erkennen, muss diese (praktisch) immer auch als Werbung erkennbar sein. Denn, wenn Werbung nicht klar als Werbung erkennbar ist, lassen sich die erlernten Kriterien für eine Kategorisierung von Werbung auch nicht anwenden. Den Heranwachsenden müssen also einerseits Kriterien vermittelt werden, die eine Kategorisierung von Werbung ermöglichen. Andererseits muss Werbung, die aufgrund ihrer gestalterischen Merkmale nicht als solche erkennbar ist, immer auch einheitlich als Werbung gekennzeichnet werden.

Im wissenschaftlichen Kontext finden sich bereits Studien, die sich mit redaktionell gestalteten Anzeigen in Printmedien beschäftigen. Vorliegende Untersuchungen, die im deutschsprachigen Raum neben der Analyse einzelner Printprodukte mit Blick auf den Trennungsgrundsatz auch die Beachtung und Wirkung der Advertorials von Seiten der Rezipienten aufgreifen, legten beispielsweise Baerns/Lamm (1987), Hoepfner (1997), Winkler (1999a) und Burkart u.a. (2004) vor. Diese Untersuchungen beschäftigen sich mit dem Trennungsgrundsatz, folgen jedoch unterschiedlichen Fragestellungen. Es wird zumeist überprüft, ob die Rezipienten Advertorials als Werbung erkennen oder als redaktionellen Beitrag einordnen. Die Ergebnisse fallen je nach Untersuchungsdesign unterschiedlich aus. Die Untersuchung von Baerns/Lamm (1987) ergab, dass die Advertorials in den untersuchten Heften von der Mehrheit der Rezipienten nicht als Werbung erkannt wurden. Die Ergebnisse von Hoepfner (1997, 1999) zeigen hingegen, dass alle untersuchten Advertorials je von über der Hälfte der Probanden als Werbung kategorisiert wurden. Den Ergebnissen der Untersuchung von Burkart u.a. (2004) zufolge wurden alle Advertorials sogar von jeweils über 90 Prozent der Befragten als Werbung erkannt. Weitere Studien, die sich mit dem Trennungsgrundsatz in Printmedien beschäftigen, fokussieren neben Aspekten wie *Erkennbarkeit* und *Beachtung* von redaktionell gestalteten Anzeigen auch die Frage, wie Advertorials im Vergleich mit klassischen Anzeigen wirken und von Seiten der Rezipienten bewertet werden (vgl. Winkler 1999a, 1999b; Medianalyzer 2009).

Vorliegende Studien, die sich mit Advertorials in Printmedien beschäftigen, beziehen sich auf Tageszeitungen und Zeitschriften aus dem Erwachsenensektor. Bisher finden sich keine wissenschaftlichen Untersuchungen, welche speziell Advertorials in (Gratis-)Jugendmagazinen aus *normativer* Perspektive zum Gegenstand haben und empirisch die Wahrnehmung der Advertorials von Seiten der jugendlichen Rezipienten untersuchen. Dieses Forschungsdesiderat zu schließen ist Ziel der vorliegenden Untersuchung. Unter Jugendschutzgesichtspunkten ist das Thema nicht nur aktuell, sondern auch medienethisch und medienbildnerisch relevant. Ziel der vorzustellenden Untersuchung ist es, zu überprüfen, ob die Advertorials in den untersuchten Jugendmagazinen den rechtlichen und professionsethischen Kriterien entsprechend als *Anzeige* gekennzeichnet sind und zu erheben, in welchem Umfang Advertorials von den Jugendlichen als Werbung erkannt werden. Darüber hinaus wird erfasst, auf welche Kriterien jugendliche Rezipienten zurückgreifen, um redaktionell gestaltete Anzeigen als Werbung zu kategorisieren und ob gängige formal-gestalterische Kriterien wie die Kennzeichnung als *Anzeige* ausschlaggebend dafür sind, dass Advertorials von Jugendlichen als Werbung erkannt werden. Im Anschluss an die Ergebnisse vorliegender Studien wird auch untersucht, ob die Werbeinhalte als wahrhaftig und glaubwürdig angenommen werden.

Die Untersuchung folgt einer medienethischen Fragestellung. Ziel der normativen Auseinandersetzung mit dem Trennungsgrundsatz ist die Forderung nach Transparenz. Aus medienethischer Perspektive ist der Anspruch auf Transparenz (und die Überprüfbarkeit von Transparenz) plausibilisierbar und im Rahmen medialer Kommunikation weiterhin zu fordern. Es wird erörtert, wie transparent Werbung gestaltet sein sollte, um für (vor allem jugendliche) Rezipienten in jedem Fall als Werbung erkennbar zu sein. Die Wirkungsqualität medialer Angebote in diesem Sinne normativ abzuschätzen, also einer rationalen Reflexion zu unterziehen und nach wissenschaftlich plausibilisierbaren normativen Kriterien zu bewerten, ist von der Medienethik her zu leisten.

Obwohl in der öffentlichen Diskussion Medien immer wieder mit normativen Erwartungen konfrontiert werden (vgl. Esche/Wolf 2009; Brahnahl 2011), wird das Verhältnis von Medien und Ethik bisher noch nicht selbstverständlich wissenschaftlich gedacht. Anders als in den USA, befindet sich die Medienethik als institutionalisierte Disziplin in Deutschland erst im Aufbau. Zum Wintersemester 2013/2014 wurde an der Hochschule für Philosophie in München erstmalig eine Stiftungsprofessur für Medienethik eingerichtet. Auf Bundesebene ist die Medienethik aktuell lediglich verbandlich institutionalisiert über Organisationen wie die *Fachgruppe Kommunikations- und Medienethik* der Deutschen Gesellschaft für Publizistik und Kommunikationswissenschaft (DGPuK), die personell weitgehend identisch ist mit dem *Netzwerk Medienethik*, einer freien Arbeitsgemeinschaft aus Theoretiker und Praktikern aus unterschiedlichen Bereichen.

Die Forderung nach einer ethischen Beurteilung medialen Handelns zielt darauf ab, zu erörtern, wo im Rahmen der Produktion, der Distribution und der Rezeption (vgl. Wunden 1999) medialer Produkte die Möglichkeiten und Grenzen medialer Freiheit und Verantwortung liegen. In diesem Sinne sollen in der vorliegenden Arbeit empiriegestützte Erkenntnisse auf medienethische Fragestellungen erlangt werden. Die Befunde empirischer Forschung „in medienethischer Absicht" können dabei natürlich nicht für die Legitimation moralischer Prinzipien herangezogen werden (*natural fallacy*). Dennoch ist es wichtig im Rahmen ethischer Reflexion auch die aktuellen Bedingungen der Praxis, das moralische Selbstverständnis der handelnden Akteure sowie, im Falle der Medienpraxis, die Rezeptions- und Wirkungsweisen der Medieninhalte zu berücksichtigen (vgl. Rath 2000b). In diesem Sinne dienen die Ergebnisse der empirischen Untersuchung der vorliegenden Studie als Bezugspunkt für eine ethische Reflexion, die sich auf den Trennungsgrundsatz und Advertorials in (Gratis-)Jugendmagazinen bezieht.

Das hier vorzustellende Forschungsprojekt greift also einerseits eine medienethische Fragestellung auf und ist andererseits im Kontext der empirischen Jugendmedienforschung einzuordnen. Zentrales Anliegen der ethischen Reflexion ist die Klärung der medienethischen Frage nach der zu fordernden Übernahme von Verantwortung mit Hinblick auf bestehende rechtliche Vorgaben und Professionsnormen wie den Trennungsgrundsatz. Die Übernahme von Verantwortung bezieht im Kontext der Medienethik alle am Mediengeschehen Beteiligten mit ein. In diesem Sinne wird sowohl die Ebene der Produzenten als auch die Perspektive der Rezipienten mitberücksichtigt. Aufsetzen soll diese Reflexion auf einer als Rezeptionsforschung zu verstehenden Phänomenbeschreibung. In diesem empirischen Kontext soll erhoben werden,

1. ob redaktionell gestaltete Anzeigen in (Gratis-)Jugendmagazinen – in Orientierung an rechtlichen und professionsethischen Kriterien – als *Anzeige*
   gekennzeichnet werden.
2. ob jugendliche Rezipienten Advertorials in (Gratis-)Jugendmagazinen als
   Werbung erkennen oder nicht.

Das Forschungsvorhaben erfordert einen interdisziplinären Zugang, bei dem
medienethisch relevante Aspekte unter Rückbezug auf medienrechtliche sowie
medienpolitische und medienpädagogische Fragestellungen erörtert werden. In
einem methodischen Zugriff werden daher zunächst philosophisch-ethische
Grundunterscheidungen, medienethische Grundlagen, ethische Implikationen
verschiedener medialer Handlungsfelder sowie medien- und kommunikationswissenschaftliche und medienpädagogische Kategorien geklärt.

Zunächst werden in Kapitel 1 die Begriffe *Ethik* und *Moral* definiert und voneinander abgegrenzt, bevor medienethische Grundlagen erörtert werden. Die Medienethik bezieht sich in ihren normativen Reflexionen und Begründungen auf
Prinzipien der allgemeinen Ethik. Medienethische Normen und Werte sollen
unabhängig von partikularen Weltanschauungs- und Werturteilen und einzelwis-
senschaftlichen Verfahren begründet werden, um allgemein akzeptiert und aner-
kannt zu werden und logisch konsistent auftreten zu können. Im aktuellen Diskurs beziehen sich medienethische Begründungen zumeist auf ethische Konzeptionen wie die deontologische Ethik, auf diskursethische Ansätze und vertrags-
theoretische Modelle (vgl. Debatin/Funiok 2003a; Schicha/Brosda 2010). Ein
umfassendes und allgemein gültiges Begründungsmodell der Medienethik findet
sich bisher nicht. Im Kontext der vorliegenden Untersuchung soll der Begrün-
dungsanspruch einer Medienethik als normative Ethik gestärkt werden. Eine
Systematisierung der Medienethik, die als angewandte Ethik im Kontext der
Praktischen Philosophie als auch der Kommunikations- und Medienwissenschaft
angesiedelt werden kann und sowohl empirie- als auch prinzipiengeleitet argumentiert, wird in Kapitel 2 vorgeschlagen.

Unter Rückbezug auf medienethische Grundlagen werden in einem weiteren
Schritt das journalistische Handlungsfeld und das Handlungsfeld Werbung vor
dem Hintergrund ihrer jeweiligen Aufgaben und Funktionen normativ bestimmt.
In Kapitel 3 wird die journalistische Ethik vor dem Hintergrund journalistischer
Funktionen und Aufgaben als angewandt-ethische Konzeption vorgestellt, welche auch die strukturellen Bedingungen des journalistischen Handlungsfeldes
mit einbezieht und damit nicht nur als Ethik des Journalisten verstanden wird. In
diesem Zusammenhang wird auch auf den mit dem Web 2.0 verbundenen Strukturwandel (medialer) Öffentlichkeit eingegangen (vgl. Rath 2010b). Mit Blick

auf das Thema der vorliegenden Studie werden weiterführend Kriterien journalistischer Qualität – wie die von Pöttker (vgl. 1999b) formulierten Trennungsgrundsätze – dargelegt, bevor der Deutsche Presserat als Instanz institutionalisierter Selbstkontrolle des Pressewesens beleuchtet wird.

Für die Beschäftigung mit Advertorials ist nicht nur die ethische Reflexion des journalistischen Handlungsfeldes relevant, auch ethische Implikationen im Bereich der Werbung müssen mit gedacht werden. Werbung hat zum Ziel in größtmöglichem Umfang Aufmerksamkeit zu erzeugen und Produkte oder Dienstleistungen zu vermarkten (vgl. Siegert/Brecheis 2010, 28). Es wird versucht, zielgruppenspezifisch hohe Reichweiten zu generieren und Streuverluste möglichst minimal zu halten. Immer wieder werden dabei Grenzen überschritten, die aus rechtlicher Perspektive zwar legal, aus werbeethischer Perspektive jedoch fragwürdig sind. Vor diesem Hintergrund wird in Kapitel 4 erörtert, welchen Beitrag die Werbeethik über die rechtlichen Bestimmungen hinaus leisten kann. Zunächst werden Grundzüge einer Werbeethik vorgestellt, anschließend wird – vor dem thematischen Hintergrund der vorliegenden Untersuchung – aus normativer Perspektive explizit auf *Transparenz* als Wert von Werbekommunikation eingegangen. Abschließend wird in diesem Kapitel noch auf Kodizes der freiwilligen Selbstkontrolle der Werbewirtschaft eingegangen.

Advertorials vermitteln den Eindruck redaktioneller Berichterstattung, sie sind jedoch bezahlte Werbeinhalte und folgen wirtschaftlichen Interessen. Damit stellen Advertorials als hybride Werbeform einen Schnittstellenbereich zwischen Journalismus und Werbung dar, der in Kapitel 5 näher bestimmt und spezifiziert wird. Zunächst werden die Charakteristika und Funktionen von Advertorials dargelegt, anschließend wird auf werbe- und presserechtliche Bestimmungen sowie professionsethische Richtlinien eingegangen, die sich auf die Trennung von Werbung und Redaktion beziehen. Diese Regelungen dienen als Bezugspunkt der empirischen Erhebung.

Trotz Prozessen der Digitalisierung, der Konvergenz der Medien und dem damit verbundenen veränderten Mediennutzungsverhalten nehmen Presseprodukte nach wie vor einen wichtigen Stellenwert im Medienensemble der Jugendlichen ein. Die Ergebnisse der jährlich vom *Medienpädagogischen Forschungsverbund Südwest* herausgegebenen JIM-Studie zum Mediennutzungsverhalten der 13- bis 19-Jährigen bestätigen dies. Es zeigt sich, dass die Nutzung von Zeitschriften und Zeitungen in den Jahren 2004 bis 2010 verhältnismäßig konstant geblieben ist (vgl. JIM 2010, 23). In Kapitel 6 werden Jugendprintmedien zunächst in ihrer Funktion als Kulturgüter dargestellt, sodann wird auf Finanzierungsaspekte eingegangen. Da die Gratisformate YAEZ und SPIESSER Gegenstand der vorliegenden Untersuchung sind, werden in diesem Kapitel auch (Jugend-)Gratiszeitungen als Sonderfall beleuchtet. Schließlich wird aus medienpädagogischer Perspektive die Frage aufgegriffen, wie Kindern und Jugendlichen ein kompetenter Umgang mit Werbung, insbesondere mit hybriden Werbeformen wie Advertorials, vermittelt werden kann. Dabei wird Werbekompetenz in Beziehung gesetzt mit den Dimensionen von Medienkompetenz nach Baacke (1996).

Das Forschungsdesign der empirischen Untersuchung ist multiperspektivisch angelegt. Inhaltlich ist es bestimmt von einer normativen Zielsetzung, methodisch wird auf ein trianguliertes Konzept empirischer Medienforschung zurückgegriffen. In Kapitel 7 wird ein Überblick über den Stand der Forschung gegeben, die sich auf den Trennungsgrundsatz und die Rezeption von Advertorials in Printmedien bezieht. Advertorial-Forschung ist zumeist als Rezeptions- und Wirkungsforschung angelegt. Anschließend werden das empirische Vorgehen der vorliegenden Untersuchung, die Zielsetzung der Untersuchung und das Verfahren sowie die Methoden der Datenerhebung und der Datenauswertung beschrieben und erläutert.

Der empirische Zugriff erfolgt in drei Weisen:

1.   Zunächst wird erfasst, welche Werbemittel sich in den untersuchten Printprodukten finden und ob Werbeformen, die anhand ihrer gestalterischen Merkmale nicht offensichtlich als Werbung erkennbar sind, als *Anzeige* gekennzeichnet werden. Dieser Erhebungsaspekt zielt ab auf die Überprüfung der Einhaltung rechtlicher Vorgaben und professionsethischer Kriterien in der Praxis und wird über eine inhaltsanalytische Auswertung der Jugendmagazine YAEZ, SPIESSER und BRAVO eingeholt.

2.   Um dann zu erfassen, ob Sonderwerbeformen wie Advertorials – trotz möglicher Werbekennzeichnung – von Jugendlichen als Werbung erkannt werden oder nicht, wird ein Quasi-Experiment zur Wahrnehmung von Werbung in den Gratismagazinen YAEZ und SPIESSER durchgeführt. Probanden sind Schüler im Alter von dreizehn bis sechzehn Jahren an Hauptschulen, Realschulen und Gymnasien in Baden-Württemberg.

3.   Vertiefend wird darüber hinaus in Leitfadeninterviews der Frage nachgegangen, ob die Kennzeichnung als *Anzeige* ausschlaggebend ist für die Wahrnehmung der Advertorials als Werbung und anhand welcher Merkmale die jugendlichen Rezipienten die Advertorials in den Heften als Werbung kategorisieren.

Unter Rückbezug auf diese empirischen Daten soll geklärt werden, ob rechtliche Vorgaben wie die formal-gestalterische Kennzeichnung als *Anzeige* tatsächlich ausschlaggebend dafür sind, dass die Jugendlichen Advertorials als Werbung erkennen. Es liegt die Vermutung nahe, dass Advertorials von jugendlichen Rezipienten – trotz möglicher Kennzeichnung – nicht immer als Werbung erkannt werden. Sollte diese These bestätigt werden, ist einerseits zu erörtern, ob die Kennzeichnungskriterien in Regelwerken, die sich auf den Trennungsgrundsatz beziehen, derzeit ausreichend bestimmt sind und welche allgemein verbindlichen, operationalisierbaren Kriterien über die formale Kennzeichnung mit dem Hinweis *Anzeige* hinaus festgelegt werden könnten. Andererseits ist zu beleuchten, welche Konsequenzen sich daraus für die Medienbildung ableiten lassen. In Bezug auf eine medienethische Beurteilung der Ergebnisse stellt sich die Frage nach einem verantwortlichen Umgang mit Advertorials in Jugendprintmedien vor allem als Frage nach Transparenz als Wert von Werbung.

In Kapitel 8 werden die Ergebnisse der einzelnen Untersuchungsschritte – dem jeweiligen Erkenntnisinteresse folgend – zunächst einzeln dargelegt. In einem ersten Schritt werden die Ergebnisse der inhaltsanalytischen Auswertung von YAEZ, SPIESSER und BRAVO vorgestellt, dann werden die Ergebnisse der semiotischen Werbeanalyse präsentiert. Anschließend werden die zentralen Ergebnisse der Auswertung des Quasi-Experiments zur Wahrnehmung der Advertorials in den Heften aufgezeigt. Zuletzt werden die Ergebnisse der Auswertung der Leitfadeninterviews vorgestellt und mit den Ergebnissen der semiotischen Werbeanalyse und den Ergebnissen der Auswertung des Quasi-Experiments zur Werbewahrnehmung in Beziehung gesetzt.

In einem weiteren Schritt werden in Kapitel 9 die zentralen Untersuchungsergebnisse zusammengeführt und interpretiert. Eine (medien-)ethische Reflexion der Ergebnisse und die damit verbundene Formulierung von Schlussfolgerungen sowie möglichen Handlungs-empfehlungen für die Praxis erfolgt schließlich in Kapitel 10.

1 Zur Differenz von Ethik und Moral

Im Rahmen der vorliegenden Studie geht es sowohl um ethische Fragestellungen als auch um Fragen der Moral. *Ethik* und *Moral* sind zwei Begriffe, die oftmals synonym verwendet werden, jedoch terminologisch voneinander unterschieden werden müssen. Daher werden in diesem Kapitel Ethik und Moral in einem ersten Schritt definiert und voneinander abgegrenzt.

Der Begriff *Moral* kommt aus dem Lateinischen und ist eine Überführung des griechischen *Ethos*-Begriffs, der als Gewohnheit, Sitte, Brauch, gewohnter Ort (oder allgemeine Regelbefolgung) und als Charakter (Grundhaltung zur Tugend) übersetzt werden kann (vgl. Jüssen 1972, 149 f.). Im Unterschied zur Ethik meint Moral den in einer bestimmten Gruppierung, Gemeinschaft oder Gesellschaft geltenden Komplex an Wertvorstellungen, Normen und Regeln des menschlichen Handelns, der teils naturwüchsig entstanden, durch Tradition überliefert, durch Konventionen vereinbart ist und von ihrem überwiegenden Teil als verbindlich akzeptiert oder zumindest hingenommen wird (vgl. Rath 2000a, 65). Moral ist ein soziales Phänomen, das auf der gemeinsamen Anerkennung von als verbindlich gesetzten Normen und Werten gründet.

Normen und Werte verweisen mithin wechselseitig aufeinander und begründen die Moral in ihrer Dimension des richtigen Handelns. *Normen* sind allgemein geltende Vorschriften für menschliches Handeln, die sich direkt oder indirekt an Wertvorstellungen orientieren. *Werte* hingegen sind explizite oder implizite Konzeptionen des Wünschenswerten, die zur Begründung oder Legitimation von Normen benutzt werden (vgl. Horn 1997, 332). Sie sind allgemeiner und abstrakter als Normen und sie sind Ausdruck dafür, welchen Sinn und Zweck Menschen mit ihrem Handeln verbinden. Die Norm *Du sollst nicht lügen* beispielsweise orientiert sich an dem Wert der Wahrheit. Die moralischen Wert- und Normvorstellungen unterscheiden sich zwischen den verschiedenen Kulturgemeinschaften teilweise grundlegend. Während bestimmte Normen in der einen Kultur Gültigkeit besitzen, werden diese in anderen Kulturgemeinschaften abgelehnt. Moral ist interkulturell verschieden, eine allgemeingültige Bestimmung von Moral gibt es nicht. Vielmehr muss immer von kulturspezifischen moralischen Wert- und Normsystemen ausgegangen werden.

Die *Ethik* lässt sich bestimmen als eine philosophische Disziplin, welche die menschliche Lebenspraxis mit Blick auf die Bedingungen ihrer Moralität untersucht. Aristoteles war der Erste, der die Ethik als eigenständige Disziplin verstanden hat und sie von den Disziplinen der theoretischen Philosophie differenziert betrachtete. Als Disziplin der praktischen Philosophie[2] hat die Ethik die Reflexion der Moral zum Gegenstand. Im Unterschied zur *theologischen Ethik* verzichtet die *philosophische Ethik* bei der Begründung ethischer Prinzipien darauf, „alle moralischen Aussagen in Bezug zu einer Glaubenswahrheit [zu setzen]", denn ihr geht es um ein „rationales, undogmatisch-argumentatives Vorgehen" unter Rückbezug auf die menschliche Vernunft (Rath 1988, 38). Dabei sollen bestimmte moralische Aussagen als sinnvoll, nachvollziehbar und verallgemeinerbar ausgezeichnet werden können. Es wird versucht, allgemeine Prinzipien oder Beurteilungskriterien zur Beantwortung der Frage des richtigen Handelns zu formulieren, die in ihrer Begründung epochen- und kulturunabhängige Geltung beanspruchen können (vgl. Scarano 2002, 25). Die Letztbegründung ethischer Prinzipien geschieht folglich unabhängig von religiösen oder politischen Autoritäten unter dem Gesichtspunkt der Verallgemeinerbarkeit und der intersubjektiven Nachvollziehbarkeit und Anerkennung der Argumente.

Im philosophischen Kontext stehen „inhaltlich orientierte (materiale) Ethiken den formalen [gegenüber], welche die Aufgabe der Moralphilosophie nur im abstrakten allgemeinsten Prinzip und deren Anwendung sehen" (Lenk 1997, 7). Die *materiale Ethik* orientiert sich bei der Bestimmung des Moralischen an dem Inhalt, also an dem Wert, der durch eine Handlung verwirklicht wird. Im Unterschied zur materialen Ethik versucht die *formale Ethik*, unter Ausblendung konkreter Inhalte und Werte, ein allgemeines Prinzip zu formulieren, anhand dessen eine Handlung als sittlich gut beurteilt werden kann. Die inhaltlich-materialen Ansätze sind zweifelsohne die älteren. Sie entstammen ursprünglich religiöser Tradition. Im Laufe der Zeit wurden sie durch philosophische Begründungsversuche modifiziert. Verankert ist die materiale Ethik in der griechischen Antike, die formale Ethik hingegen entspringt der Neuzeit.

Philosophiegeschichtlich betrachtet bringt der Übergang zur Neuzeit einen Paradigmenwechsel mit sich, der sich bis in die Gegenwart auswirkt. Die Vernunft wird ins Zentrum der Betrachtung gestellt. Der Mensch wird als erkennendes Subjekt verstanden, so dass ethische Prinzipien unter Rückbezug auf die Vernunft nun unabhängig von partikularen Weltanschauungs- und Werturteilen begründet werden können. Im Zuge einer zunehmenden Pluralisierung von Konzepten des guten Lebens und der Säkularisierung staatlicher Autorität kommt es zu einer Ausdifferenzierung von Fragen des guten Lebens und normativen Fragen des moralisch Richtigen (vgl. Düwell u.a. 2002, 7). Die ehemals gemeinsam

---

[2] Die *Praktische Philosophie* umfasst Disziplinen, welche sich reflektierend mit dem menschlichen Handeln beschäftigen. Der praktischen Philosophie lässt sich die *Theoretische Philosophie* gegenüberstellen, zu der beispielsweise die Erkenntnistheorie und die Sprachphilosophie zählen.

geteilte Vorstellung vom Guten erodiert mehr und mehr. Ging es in der antiken und mittelalterlichen Ethik noch darum, begründete Aussagen über das menschliche Handeln zu leisten, die sich von einem gemeinsamen Guten herleiten lassen, steht in der Neuzeit die Frage im Vordergrund, wie Konflikte, die aufgrund von Pluralisierungs- und Partikularisierungsprozessen entstehen, gerecht geregelt werden können. Die „Frage nach der gerechten Beilegung von Wert- und Interessenkonflikten" wird nun „Gegenstand einer eigenen Reflexion auf das moralisch Richtige" und die eudaimonistische Frage nach dem Guten wird der moralischen Gerechtigkeitsfrage untergeordnet (ebd., 1). Im Folgenden wird darauf verzichtet, einen systematischen Überblick über ethische Theorien und Konzepte der abendländischen Philosophie zu geben. In Punkt 2.3 werden die Theoriekonzepte der allgemeinen Ethik kurz vorgestellt, die sich für die Begründung einer normativen Medienethik anbieten.

Wenn von Ethik, praktischer Philosophie oder Moralphilosophie gesprochen wird, ist zumeist die *normative Ethik* als Bezugsdisziplin gemeint. Die normative Ethik widmet sich der Frage nach dem menschlichen *Sollen* und versucht, „die Inhalte und obersten Prinzipien der Moralität zu begründen – ihr immanenter Zweck ist die Moralität selbst" (Ott 2001, 27). Zum Bereich der normativen Ethik gehören teleologische und deontologische Ansätze. Teleologische Ethiken (gr. *télos*: Ziel) beurteilen den moralischen Gehalt von Handlungen ausschließlich danach, welche Handlungsziele und Folgen mit ihnen verbunden sind. Der Utilitarismus gilt als klassischer Vertreter der teleologischen Ethik. Deontologische Ethiken (gr. *deon*: Pflicht) hingegen beurteilen Handlungen nicht anhand der Konsequenzen und Folgen, sondern unter Rückbezug auf die Intentionen, die einer Handlung zugrunde liegen. Beispielhaft für deontologische Ethiken ist die Pflichtenethik Kants. Im Gegensatz zur normativen Ethik, die selbst moralische Urteile fällt, ist die *deskriptive Ethik* beschreibend und moralisch neutral. Und dies, obwohl sie sich durchaus auch auf moralische Urteile bezieht. Im Unterschied zur normativen Ethik spricht man von der deskriptiven Ethik, wenn die Gesellschaft auf ihren konkreten moralischen Gehalt und ihre Sitten hin untersucht wird. Dabei wird die Moral in ihren unterschiedlichen Erscheinungsformen beschrieben. Die deskriptive Ethik ist keine philosophische, sondern eine historische, ethnologische, soziologische Disziplin (vgl. Höffe 1997, 52). Unter dem Bereich der *Metaethik* fasst man Überlegungen über die Ethik an sich und die ihr zugrunde liegenden Konzepte und Begriffe zusammen. In diesem Sinne kann die Metaethik als Wissenschaftstheorie der Ethik verstanden werden, die sowohl die Grundlage für den normativen als auch für den deskriptiven Zugang zur Moral bildet. Auch die Unterscheidungen zwischen normativer Ethik, deskriptiver Ethik und Metaethik selbst gehören im Wesentlichen zum Bereich der Metaethik. Die Metaethik „umfasst alle Reflexion auf Methoden und

Inhalte ethischen Argumentierens" und erörtert, welche Bedingungen erfüllt sein müssen, damit ein normativ-moralisches Urteil als gerechtfertigt gelten kann (Rath 1988, 40). Unter Rückbezug auf die Metaethik lassen sich noch weitere Unterscheidungen im Bereich der Ethik treffen. So lässt sich beispielsweise zwischen kognitivistischen und nicht-kognitivistischen Theorien oder zwischen naturalistischen und nicht-naturalistischen Ansätzen differenzieren (vgl. Scarano 2002, 25 f.). Auf diese Unterscheidungen wird an dieser Stelle jedoch nicht weiter eingegangen.

Letztendlich zeigt sich der zentrale Unterschied von Moral und Ethik vor allem in der Differenz zwischen *Sein* und *Sollen*, zwischen Ist-Zustand und normativem Anspruch. Moral bezeichnet den in einer bestimmten Gruppierung, Gemeinschaft oder Gesellschaft vorfindbaren Komplex an Wertvorstellungen, Normen und Regeln des menschlichen Handelns und gründet auf der gemeinsamen Anerkennung verbindlich gesetzter Normen und Werte. Die zentrale Frage, die von der Moral zur Ethik führt, ist diejenige danach, was unter Rückbezug auf normative Begründungen zum allgemeinen Prinzip erklärt werden kann und soll. Verbunden mit der ethischen Argumentation ist der Anspruch auf eine allgemein anerkennbare Begründbarkeit von Prinzipien und Normen, die plausibilisierbar sind und universale Gültigkeit beanspruchen können.

2 Medienethische Grundlagen

Die vorliegende Untersuchung hat zum Ziel, empiriegestützte Erkenntnisse auf medienethische Fragestellungen zu erlangen. Auch wenn normative Forderungen nicht direkt aus empirischen Ergebnissen hergeleitet werden können, werden im Kontext medienethischer Überlegungen immer auch Informationen über den Stand aktueller Entwicklungen der Medienpraxis sowie die Rezeptions- und Wirkungsweisen der Medieninhalte benötigt (vgl. Rath 2000b, 2010a).

Medienethik wird hier als wissenschaftliche Teildisziplin vorgestellt, die Medienpraxis reflexiv begleitet, Wert- und Normvorstellungen für mediales Handeln systematisch begründet und die sinnvolle Verbindung von Theorie und Praxis unter Rückbezug auf ethisch fundierte, normative Maßstäbe leistet. Vorgeschlagen wird eine Systematisierung der Medienethik, die als *angewandte Ethik* sowohl empirie- als auch prinzipiengeleitet argumentiert und im Kontext der philosophischen Ethik angesiedelt ist. In diesem Zusammenhang wird auch auf die Aufgaben und Funktionen der Medienethik eingegangen.

In ihren normativen Reflexionen und Begründungen bezieht sich die Medienethik als angewandte Ethik auf Prinzipien und Theorien der allgemeinen Ethik. Daher werden in diesem Kapitel auch die Konzeptionen der allgemeinen Ethik näher beleuchtet, die sich für eine normative Begründung der Medienethik beziehungsweise für die Begründung medienethischer Werte und Normen sinnvoll heranziehen lassen.

Die Medienethik ist immer auch mit der praktischen Umsetzung ethischer Prinzipien in der Medienpraxis beauftragt. Die ethische Relevanz der Medien bezieht sich vor allem auf den Aspekt der Verantwortungsübernahme. Die Frage, wie medienethische Maximen und Wertorientierungen wirksam in die professionelle Praxis implementiert werden können, wird im letzten Teil des Kapitels erörtert.

2.1 Normative Ethik als Bezugspunkt angewandter Ethik

Bereits vor mehr als hundert Jahren haben Emile Durkheim (1893) und Georg Simmel (1890) den Prozess der funktionalen Differenzierung und die daraus resultierende Komplexität als ein Merkmal moderner Gesellschaften beschrieben (vgl. Schimank 2007, 25 ff.). Im Zuge gesellschaftlicher Modernisierungsprozesse hat sich eine Vielzahl an Institutionen, Berufen und Aufgaben herausgebildet, die einer je eigenen Funktionalität folgen. Vor dem Hintergrund einer Fragmentierung und Pluralisierung der Handlungsfelder in den modernen Gesellschaften (vgl. Berger/Luckmann 1995) und den wissenschaftlich-technischen Entwicklungen ergeben sich neue Handlungsmöglichkeiten und damit verbunden auch Bewertungsprobleme. Um Maximen und Prinzipien zu formulieren und bereichsspezifische Handlungsempfehlungen geben zu können, müssen die unterschiedlichen Handlungs- und Praxisfelder einer eigenständigen normativen Analyse unterzogen werden.

Eine philosophische Teildisziplin, die sich mit der Anwendung von Prinzipien der allgemeinen Ethik auf unterschiedliche Handlungsfelder wie Wirtschaft, Medizin und Umwelt befasst, ist die *angewandte Ethik* (vgl. Rath 2003c, 128). Die angewandte Ethik – eine Übersetzung des amerikanischen Begriffs *applied ethics* – lässt sich, ebenso wie die allgemeine Ethik, dem Bereich der *philosophischen Ethik* zuordnen. Beide Disziplinen weisen in gewisser Weise einen Praxisbezug auf, unterscheiden sich mit Blick auf die Anwendungsebene jedoch voneinander. Die *allgemeine Ethik*, verstanden als normative Ethik, hat die Aufgabe, menschliche Lebenspraxis einer rationalen Reflexion zu unterziehen und Prinzipien oder Beurteilungskriterien zur Beantwortung der Frage des richtigen Handelns zu formulieren, die Allgemeingültigkeit beanspruchen können. Damit kommt der Ethik eine Reflexions- und Begründungsfunktion mit Blick auf das menschliche Handeln zu. Die Überführung ethischer Prinzipien in die Praxis ist nicht explizit Aufgabe der allgemeinen Ethik. Auch wenn die Ethik implizit dem Anspruch folgt, menschliche Lebenspraxis zu beeinflussen, indem sie dazu anleitet, Handeln zu reflektieren, stellt sie keine direkten Handlungsanweisungen für konkrete Einzelfälle zur Verfügung. Die *angewandte Ethik* hat sowohl die rationale Reflexion bereichsspezifischen Handelns als auch die Formulierung und Überführung ethischer Prinzipien in die einzelnen Handlungsfelder zur Aufgabe. Angewandte Ethik ist der Versuch, „den Anspruch einer allgemeinen Prinzipienlehre nicht aufzugeben, sondern ihn im Rahmen der Anwendung ethischer Prinzipien unter Berücksichtigung handlungsspezifischer Gegebenheiten wieder einzulösen" (ebd.). Ziel der angewandten Ethik ist es, unter Rückbezug auf die Mitglieder einer bestimmten Berufsgruppe, deren Funktionen und Aufgaben, ethische Prinzipien zu formulieren, die als Handlungsnormen operationalisiert und in Form von Richtlinien in Kodizes und Institutionen der Freiwilligen Selbstkontrolle in die Praxis überführt werden können.

In der Literatur wird die angewandte Ethik unterschiedlich systematisiert. Gemeinhin wird sie als Teildisziplin der philosophischen Ethik gefasst und der allgemeinen Ethik, konkret der normativen Ethik, zugeordnet (vgl. Rath 2000a,

2010a; Karmasin 2000b; Fenner 2010; Knoepffler 2010). Es finden sich jedoch auch Systematisierungen, in denen die angewandte Ethik auf gleicher Ebene angesiedelt wird wie die allgemeine Ethik. Pieper/Thurnherr (1998) beispielsweise ordnen die angewandte Ethik und die allgemeine Ethik als jeweils eigenständige Teildisziplinen der philosophischen Ethik zu (vgl. ebd., 9).

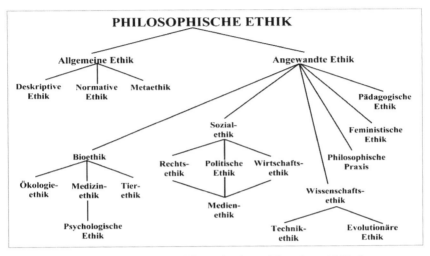

Abbildung 1: Philosophische Ethik nach Pieper/Thurnherr 1998, 9

Dieser Systematik zufolge umfasst die allgemeine Ethik die *deskriptive Ethik*, die *normative Ethik* und die *Metaethik*. Die angewandte Ethik wird als eigenständige Teildisziplin neben der allgemeinen Ethik verortet. Der Umstand, dass angewandte Ethik immer auch normative Ethik ist, kommt im Rahmen dieser Konzeption nicht explizit zum Tragen. Als Ethik, die versucht bereichsspezifische Handlungsnormen unter Rückbezug auf allgemeingültige Prinzipien der Ethik zu begründen und zu formulieren, muss die angewandte Ethik immer auch im Kontext der normativen Ethik angesiedelt werden.

In den meisten Systematisierungsvorschlägen zur angewandten Ethik werden Konzeptionen wie Bioethik, Umweltethik und Wirtschaftsethik als *Bereichsethiken* bezeichnet (vgl. Nida-Rümelin 1996; Fenner 2010; Knoepffler 2010) oder als *Spezialethiken* geführt (vgl. Pieper/Thurnherr 1998). Es wird eine begriffliche Differenzierung vorgenommen, um praxisfeldspezifische normative Reflexionen im Kontext der angewandten Ethik als je eigenständige Ethik zu erfassen. Die Bezugs- und Themenfelder angewandt-ethischer Reflexion werden bei diesen Systematisierungsversuchen als eigenständige (Bereichs-)Ethik(en) geführt und der angewandten Ethik untergeordnet. Freilich werden die einzelnen Handlungs- und Themenfelder im Kontext der angewandten Ethik einer je eigenständigen normativen Analyse unterzogen. Fraglich ist jedoch, inwiefern die Bezeichnung eigenständiger angewandt-ethischer Konzeptionen als Bereichsethik(en) sinnvoll ist. Die Bezeichnung als (Bereichs-)Ethiken scheint aus mehreren Gründen schwierig. Zunächst ist die Ethik als philosophische Disziplin, welche die rationale Reflexion menschlicher Lebenspraxis zur Aufgabe hat, eine wissenschaftliche Disziplin, die es nicht im Plural gibt. Dementsprechend können die einzelnen Konzeptionen angewandter Ethik logisch nicht im Plural, also als *Spezialethiken* oder *Bereichsethiken*, geführt werden. Die Verwendung des Begriffs *Bereichsethik* ist jedoch nicht nur mit Blick auf die Pluralbildung problematisch. Aus semantischer Perspektive ist es nachvollziehbar, bereichsspezifische normative Reflexionen als je eigenständige Bereichsethik zu bezeichnen, da sich die Anwendung ethischer Prinzipien im Rahmen der angewandten Ethik auf spezifische Handlungsbereiche bezieht. Fasst man den Begriff *Bereichsethik* definitorisch im engeren Sinne – also als Ethik, die sich auf einen bestimmten Bereich menschlichen Handelns bezieht –, zeigt sich, dass diese Bezeichnung nicht ausreicht, um die Anwendungsebene angewandt-ethischer Konzeptionen hinreichend zu bestimmen. Begrifflich gesehen, ist die Bereichsethik dann eine Ethik, welche die rationale Reflexion spezieller Bereiche menschlichen Handelns zum Gegenstand hat. Menschliches Handeln ist bereichs- und rollenspezifisch, aber Handlungen sind auch immer an das handelnde Subjekt gebunden, so dass die rationale Reflexion, die Begründung und die Formulierung bereichsspezifischer Normen und Werte immer unter Rückbezug auf die allgemeine Ethik erfolgt, die sich mit dem menschlichen Handeln überhaupt befasst. In diesem Sinne ist jede so genannte Bereichsethik – egal auf welches Handlungsfeld sie sich bezieht – angewandte Ethik, da Prinzipien der allgemeinen Ethik handlungsfeldspezifisch angewendet werden.

Der Versuch, Konzeptionen angewandter Ethik mit Blick auf die einzelnen Anwendungs- und Themenfelder zu differenzieren, ist sinnvoll. Den vorhergehenden Überlegungen zufolge ist jedoch fraglich, ob der Begriff *Bereichsethik* diese Differenzierung hinreichend leisten kann. Jede so genannte Bereichsethik ist angewandte Ethik, da Prinzipien der allgemeinen Ethik handlungsfeldspezifisch angewendet werden und die angewandte Ethik ist freilich immer auch als bereichsspezifisch zu bezeichnen. Nachfolgend wird jedoch bewusst darauf verzichtet, einzelne Konzeptionen angewandter Ethik als Bereichsethik zu bezeichnen. Im Sinne angewandter Ethik werden angewandt-ethische Konzepte wie beispielsweise Bioethik, Medizinethik und Medienethik als normative Ethik verstanden, die als Teildisziplin der philosophischen Ethik der Praktischen Philosophie zugeordnet ist.

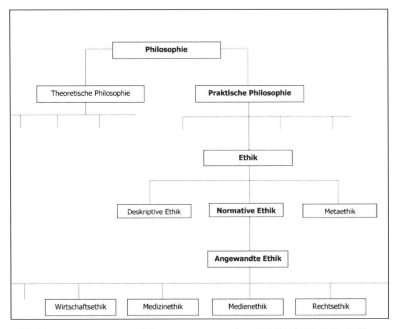

Abbildung 2:   Systematisierung angewandter Ethik als Teildisziplin
philosophischer Ethik

2.2 Medienethik – Angewandte Ethik oder Bereichsethik?

Eine angewandte Ethik, die sich in den 1970er Jahren angesichts der Entwicklungen des Mediensystems und dem damit einhergehenden ethischen Reflexi-
onsbedarfs für das mediale Handlungsfeld entwickelt hat, ist die *Medienethik.*
Für Europa war die in den USA früher beginnende kritische, auch ethische Auseinandersetzung mit den Medien stilbildend, die vor allem im Rahmen der Jour-
nalistenausbildung entstand (vgl. Rath 2000b, 70). In den USA wurde als Zeichen journalistischer Professionalisierung bereits um 1910 der erste *Code of
Ethics* für Journalisten formuliert. Damit einher ging auch die Integration ethischer Standards in die journalistische Ausbildung.[3]

---

[3] An dieser Stelle wird die Entwicklung der Medienethik, die im englischsprachigen Raum begann,
nicht weiter entfaltet. Ein Artikel über die Entwicklung der Medienethik im geschichtlichen Kontext
(vgl. Ferré 2009) findet sich im Handbook of Mass Media Ethics von Wilkins/Christians (2009),
einem der Standardwerke der Medienethik im amerikanischen Raum.

Als wissenschaftliche Disziplin beschäftigt sich die Medienethik mit der Frage nach den verantwortbaren Folgen medialen Handelns im Rahmen der Produktion, der Distribution und der Rezeption von Medienangeboten (vgl. Wunden 1999). Dabei umfasst sie verschiedene Anwendungsfelder wie Journalismus, Werbung und Public Relations. Im Rahmen medienethischer Reflexion wird eine Handlung immer im Kontext ihrer funktionalen Zusammenhänge und handlungsspezifischen Rahmenbedingungen beurteilt. Ziel der Medienethik ist es, die verantwortbaren Folgen unter den Bedingungen handlungsspezifischer Gesetzlichkeiten abzuschätzen und zu beurteilen. Dabei müssen im Rahmen angewandt-ethischer Reflexion immer auch die aktuellen Bedingungen der Medienpraxis berücksichtigt werden. Als angewandte Ethik hat die Medienethik die Anwendung ethischer Prinzipien auf das mediale Handlungsfeld zum Gegenstand. Andererseits richtet sie ihr Augenmerk auf die Theoriebildung selbst. Auch wenn die Medienethik als angewandte Ethik die empirisch vorfindbaren Bedingungen im Rahmen ethischer Reflexion und Beurteilung mit berücksichtigt, so richtet sich das Maß ethischer Argumentation im Rahmen der Theoriebildung nach der Plausibilität und vernünftigen Akzeptanz ethischer Prinzipien, nicht nach empirischen Beweisen (vgl. Rath 2000b; Karmasin 2000b).

Die Medienethik wird in der Literatur uneinheitlich systematisiert. In Werken zur angewandten Ethik wird die Medienethik selbst nicht immer als eigenständige Konzeption angewandt-ethischer Reflexion geführt (vgl. Vieth 2006) und immer wieder wird sie in ihren Funktionen und Aufgaben verkürzt, indem sie beispielsweise auf die journalistische Ethik reduziert (vgl. Teichert 1996; Pieper/Thurnherr 1998) oder nicht hinreichend systematisiert wird (vgl. Fenner 2010; Knoepffler 2010). So werden von Fenner (2010) beispielsweise *Nachrichten und Meinungen, Unterhaltung* und *Werbung* als Themenfelder der Medienethik benannt und dem Bereich der Produzentenethik zugeordnet. Die *Internetethik* hingegen wird ebenso wie die *individualethische Verantwortung* und die *sozialethische Verantwortung* im Rahmen der Rezipientenethik verortet. Damit bleibt die Medienethik unterbestimmt, da einerseits nicht alle Themenfelder und Anwendungsbereiche der Medienethik berücksichtigt werden und andererseits die Zuschreibung von Verantwortung im medialen Handeln nur auf Ebene der Produzenten und der Rezipienten angesiedelt wird. Nimmt man die vielfältigen Charakterisierungen der Medienethik in der Fachliteratur ernst, führt dies zu völlig unterschiedlichen systematischen Bezügen und Funktionen der Medienethik.

Ebenso wie andere angewandt-ethische Konzeptionen auch, wird die Medienethik in der Literatur zumeist als Bereichsethik bezeichnet. Wie oben bereits ausgeführt, greift dies mit Blick auf die Anwendungsebene der angewandten Ethik jedoch zu kurz, fasst man Handlungsfelder wie Journalismus, Public Relations und Werbung nicht nur als Teilbereich der Medien, sondern auch als eigenständige Bereiche neben den Medien. Aus systemtheoretischer Perspektive können die unterschiedlichen medialen Handlungsfelder als jeweils eigenständige Bereiche definiert werden, die einer je eigenen Funktionalität unterliegen. Diesem Gedanken folgend, könnten angewandt-ethische Konzeptionen wie journalistische Ethik, Werbeethik oder Ethik der Public Relations neben der Medienethik als jeweils eigenständige Konzeption angewandter Ethik verortet werden. Damit wäre die Medienethik dann auf gleicher Ebene anzusiedeln wie beispielsweise die journalistische Ethik. Würde man die Medienethik, die sich auf den gesamten Bereich medialen Handelns bezieht, als *Bereichsethik* bezeichnen, könnten normative Reflexionen, die sich auf die unterschiedlichen Bereiche des Medienbereichs beziehen, daher logisch nicht auch als Bereichsethik benannt werden. Denn wenn die journalistische Ethik, die Werbeethik und die Ethik der Public Relations als der Medienethik zugehörige Bereichsethik verortet werden, können diese Teildisziplinen jeweils nicht ihrerseits als Bereichsethik bezeichnet werden.

Unabhängig von der unzureichenden begrifflichen Bezeichnung als Bereichsethik, greift die systemtheoretische Betrachtung und damit verbunden die Zuordnung der Anwendungsfelder als jeweils eigenständige Konzeption angewandter Ethik zu kurz. Aus systemtheoretischer Perspektive können die Bereiche Journalismus, Public Relations und Werbung als eigenständig definiert werden. Damit können diese Handlungsfelder – unter Rückbezug auf Prinzipien der allgemeinen Ethik – einer jeweils eigenständigen normativen Analyse unterzogen werden. Auch wenn der Zugang über die Systemtheorie eine Verortung des Journalismus, der Werbung und der Public Relations als je eigenständige Systeme ermöglicht, lassen sich diese Systeme zugleich in einem systemübergreifenden Feld verorten, welches über strukturelle Koppelungen an den gesellschaftlichen Systemen Wirtschaft und (Massen-)Medien partizipiert (vgl. 4.2). Der Journalismus, die Public Relations und die Werbung können analytisch als eigenständig aufgefasst werden, dennoch sind sie strukturell immer verbunden mit den Medien. Eine Trennung der Medien ist nicht „real", da Operationen die zunächst analytisch getrennten Formen (Journalismus, Werbung, Public Relation) wieder mit den Medien vereinen. Daher lassen sich die journalistische Ethik, die Ethik der Public Relations und die Werbeethik in einem ersten Schritt als eigenständige Konzeptionen verorten, sie sind trotz der Eigenständigkeit ihrer Handlungsfelder jedoch strukturell an die Medienethik gekoppelt. Die systemtheoretische Argumentation ist jedoch nicht nur in Bezug auf die Koppelung mit den Medien problematisch, sondern auch in Bezug auf die Ethik. Im Rahmen systemtheoretischer Betrachtung werden Moral und Ethik als systemimmanent und funktional begriffen, Moral wird nicht normativ begründet. Vielmehr wird die in

der Gesellschaft empirisch vorfindbare und praktizierte Moral beschrieben, eine
theoretische Klärung normativer Geltungsansprüche unterbleibt (vgl. 2.4.1).

Die vorhergegangenen Überlegungen zeigen, dass die Kategorisierung der
Medienethik als Bereichsethik in mehrfacher Hinsicht unzulänglich ist, um die
Medienethik hinreichend als Konzeption angewandter Ethik zu bestimmen. Daher wird die Medienethik hier als Bereichsethik bezeichnet, sondern als angewandte Ethik definiert, die sich in ihrer bereichsspezifischen Anwendung auf die
Medienpraxis und das mediale Handeln bezieht. Rationale Reflexionen, die sich
auf Bereiche medialen Handelns beziehen, werden dabei nicht als eigenständige
Konzeptionen der angewandten Ethik gefasst, sondern der Medienethik als bereichsspezifische Anwendungsfelder zugeordnet.

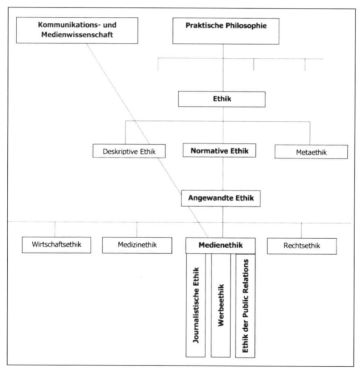

Abbildung 3:   Systematisierung der Medienethik im Kontext der Praktischen
                  Philosophie

Die Medienethik ist als angewandte Ethik sowohl im Kontext der Praktischen Philosophie als auch der Kommunikations- und Medienwissenschaft zu verorten. Eine Systematisierung, bei der die Medienethik sowohl mit der Praktischen Philosophie als auch mit der Kommunikations- und Medienwissenschaft verbunden wird, schlägt Rath (2010b) vor. Die Medienethik ist ihm zufolge nicht als Teildisziplin einer der beiden Bezugsdisziplinen aufzufassen. Vielmehr muss die Medienethik als Disziplin verstanden werden, die als angewandte Ethik sowohl mit der Praktischen Philosophie als auch der Kommunikations- und Medienwissenschaft verbunden ist. Die folgende Darstellung orientiert sich an der eigens vorgeschlagenen Systematisierung der Medienethik und der von Rath vorgeschlagenen Systematisierung der Medienethik im Kontext der Praktischen Philosophie und der Kommunikations- und Medienwissenschaft:

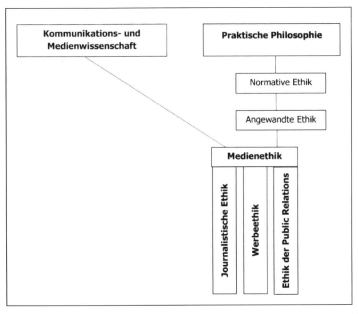

Abbildung 4:   Medienethik im Kontext der Praktischen Philosophie und der KMW

Bevor erörtert wird, welche Theorien der allgemeinen Ethik sich für die Begründung einer normativen Medienethik anbieten und welche ethischen Konzeptionen für die Begründung medienethischer Werte und Normen sinnvoll herangezogen werden können, wird die Medienethik nachfolgend zunächst als prinzipien- und empiriegeleitete Ethik vorgestellt, die zur Aufgabe hat, Medienpraxis reflexiv zu begleiten, Wert- und Normvorstellungen für das mediale Handeln systematisch zu begründen und Handlungsnormen für die Praxis zur Verfügung zu stellen.

2.3 Medienethik als prinzipien- und empiriegeleitete Ethik

Die Medienethik beschäftigt sich als angewandte Ethik mit der Struktur, der Funktion und der Wirkung des Mediensystems und versucht,

> „Normen für das praktische Handeln von und in Medien aufzuzeigen und als Ethik der *Public Sphere* die Wirkungen medialer Kommunikation auf das bonum commune zu analysieren und diese vor dem Hintergrund bestimmter ethischer Systeme zu rechtfertigen" (Karmasin 2000b, 127 f., Herv. i. O.).

Aufgabe der Medienethik ist es, die Strukturen und Bedingungen des medialen Handlungsfeldes einer normativen Analyse zu unterziehen und die Rezeptions- und Wirkungsweisen der Medieninhalte nach normativen Kriterien zu beurteilen und abzuschätzen. Die Medienethik orientiert sich im Rahmen ethischer Reflexion und Begründung am Konzept des Gemeinwohls (*bonum commune*), also an dem Gesamtinteresse einer Gesellschaft und der damit verbundenen Gemein- wohl-Verträglichkeit (vgl. Rath 2010c, 48). Es werden medienethische Prinzi- pien formuliert, die universale Gültigkeit beanspruchen können. In diesem Sinne kann die Medienethik als *prinzipiengeleitete Ethik* verstanden werden. Um Handlungsempfehlungen in der Medienpraxis geben zu können, benötigt die Medienethik immer auch Informationen über den Stand aktueller Entwicklungen im Mediengeschehen. Letztlich bedarf die Medienethik der empirischen For- schung, „um überhaupt sinnvolle Aussagen machen zu können, die die Sachge- setzlichkeit des Handlungsfeldes treffen", ohne dem Fehler zu unterliegen, nor- mative Forderungen direkt aus empirischen Ergebnissen abzuleiten (Rath 2000b, 79). In diesem Sinne ist die Medienethik zugleich auch eine *empiriegeleitete Ethik*. Als angewandte Ethik, die zugleich prinzipien- und empiriegeleitet ist, berücksichtigt die Medienethik immer auch die handlungsspezifischen Bedin- gungen der Medienpraxis im Rahmen rationaler Reflexion.

2.3.1 Funktionen und Aufgaben der Medienethik

Die Medienethik wendet ethische Prinzipien der allgemeinen Ethik auf das Handlungsfeld der Medien und auf konkrete Fragestellungen der Medienpraxis an. Das mediale Handlungsfeld umfasst Anwendungsbereiche wie Journalismus, Public Relations und Werbung, die vor dem Hintergrund ihrer jeweiligen Aufgaben und Funktionen normativ beurteilt werden. Die *journalistische Ethik* und die *Werbeethik* werden in Kapitel 2 und 3 näher beleuchtet. Nachfolgend werden zunächst die grundlegenden Funktionen und Aufgaben der Medienethik skizziert, die sich auf alle Bereiche medialen Handelns beziehen lassen.

Als angewandte Ethik hat die Medienethik die Aufgabe, mediales Handeln unter den jeweils spezifischen Handlungs- und Strukturbedingungen zu reflektieren und zu beurteilen. Sie hat zum Ziel, medienethische Werte und Normen unter Rückbezug auf Prinzipien der allgemeinen Ethik zu begründen und Handlungsnormen für die Medienpraxis zu formulieren. Normative Begründungen bezieht die Medienethik aus Theorien der allgemeinen Ethik. In diesem Sinne kommt der Medienethik eine *Reflexionsfunktion* zu (vgl. Debatin 2002, 262). Ergänzend werden pragmatische Fragen der Verantwortungsverteilung aufgegriffen, die im Idealfall in Form einer Institutionalisierung medienethischer Leitwerte und Grundnormen in der Praxis Anwendung finden. Damit übernimmt die Medienethik auch eine handlungsorientierende *Steuerungsfunktion* (vgl. Debatin 1999, 43). Als angewandte Ethik versucht die Medienethik Werte und Normen der allgemeinen Ethik in Praxisnormen zu überführen, die als Maßstab und Handlungsorientierung in konkreten Fällen der Medienpraxis dienen können. Dabei ist vor allem der Rückbezug zum medialen Handlungsfeld, zu dessen real vorfindbaren Bedingungen und Strukturen, relevant für eine gelungene Implementierung medienethischer Prinzipien in der Praxis (vgl. Rath 2000b, 69). Im Rahmen medienethischer Argumentation müssen die jeweils spezifischen Bedingungen und pragmatischen Interessenkonflikte Berücksichtigung finden. Die Medienethik kann nur dann wirksam werden, wenn sie Steuerungs- und Reflexionsfunktion sinnvoll miteinander verbindet, denn

> „einer Steuerung ohne Reflexion fehlt der normativ-kritische Maßstab, anhand dessen individuelle und institutionelle Normen und Werte zu beurteilen sind. Eine auf bloße Problemdiagnose und Reflexion beschränkte Medienethik dagegen begnügt sich mit theoretischen oder kritizistischen Übungen, ohne sich um Fragen der Anwendung und der Durchsetzung von ethischen Normen und Werten zu kümmern" (Debatin/Funiok 2003b, 10).

Der Medienethik kommt also einerseits die Aufgabe ethischer Reflexion und Begründung zu, andererseits ist sie mit der praktischen Umsetzung ethischer Prinzipien in der Medienpraxis befasst. Als angewandte Ethik folgt sie dem Anspruch, Normen und Werte für das mediale Handlungsfeld unter Rückbezug auf die allgemeine Ethik zu begründen, auf den spezifischen Gegenstands- und Handlungsbereich der Medien anzuwenden und schließlich normative „Handlungsempfehlungen für die am Medienprozess beteiligten Berufsgruppen, Branchen, Institutionen und Individuen sowie Empfehlungen für das seiner Mitverantwortung bewusste Publikum" zur Verfügung zu stellen (Funiok 2005, 243 f.). Medienethische Reflexionen und die Übernahme von Verantwortung sind aus ethischer Perspektive immer auf die Selbstbindung der beteiligten Protagonisten angewiesen. Verstanden als *innere Steuerungsressource*, kann die Medienethik nur wirksam werden, wenn alle am Mediengeschehen Beteiligten (einzelne Personen sowie Institutionen) sich zu verantwortlichem Handeln verpflichtet fühlen.

Im Kontext medienethischer Begründung erfolgen angewandt-ethische Reflexionen medialen Handelns zumeist unter Rückbezug auf verantwortungsethische Konzeptionen. Einerseits dient der Verantwortungsbegriff als Bezugspunkt medienethischer Reflexion, andererseits ermöglicht er eine funktionale Differenzierung in verschiedene Bereiche medialen Handelns. Nach Wunden (1999) lässt sich das mediale Handlungsfeld in die Bereiche *Produktion, Distribution* und *Rezeption* unterteilen. Anhand dieser Differenzierung können die diversen Verantwortungsbereiche und damit verbunden Personen(gruppen) medialen Handelns als Verantwortungsträger bestimmt werden. Im Rahmen medienethischer Überlegungen werden alle am Medienprozess beteiligten Akteure als Verantwortungsträger mit einbezogen. Da sowohl individuell Handelnde wie beispielsweise Journalisten als auch korporative Handlungsträger wie Medienunternehmen Teil des Mediensystems sind, ist die Medienethik immer auch mit der Klärung der Frage befasst, wie mediale Verantwortung unter spezifischen Bedingungen nach möglichen Trägern dieser Verantwortung differenziert und zugeschrieben werden kann. Wichtig ist, dass Verantwortung nicht nur als formales Prinzip gefasst, sondern auch inhaltlich gefüllt wird. Verantwortung als medienethisches Prinzip muss operationalisiert und in Form von Handlungsnormen in die Praxis überführt werden. Dieser Aspekt wird hier nicht weiter ausgeführt, sondern im letzten Teil dieses Kapitels (vgl. 2.5; 2.6) behandelt.

2.3.2   *(Medien-)Ethik und Empirie*

Als prinzipiengeleitete Ethik orientiert die Medienethik sich bei der rationalen Reflexion und Begründung medialen Handelns an Prinzipien der allgemeinen Ethik. Als angewandte Ethik, die versucht, ethische Prinzipien in Handlungsnormen zu überführen und bereichsspezifisch normative Orientierung bereitzustellen, ist sie zugleich auch eine empiriegeleitete Ethik.

Die Medienethik ist eine empiriegeleitete Ethik, da sie in ihrer Anwendungsbezogenheit und bei der Begründung medienethischer Werte und Normen immer auch angewiesen ist auf den Stand aktueller medialer Entwicklungen, also auf die Ergebnisse empirischer Medienforschung. Dabei darf das Verhältnis von empirischer Forschung und Medienethik nicht falsch verstanden werden. Die Empirie soll immer wieder entweder „als Beleg für die Geltung normativer Sätze herhalten" oder sie wird herangezogen, um „die Bedingungen moralisch empörender Realität bzw. die Folgen der Anwendung moralischer Prinzipien auf[zu]zeigen" (Rath 2000b, 63). Damit wird die Empirie auf die Funktion reduziert, Realität abzubilden, ohne letztlich für die ethische Begründungsproblematik anwendbar zu sein. Denn Handlungsnormen lassen sich nicht direkt als normativ legitimiert aus der Praxis ableiten, also über empirische Ergebnisse einholen und begründen. Wenn (normative) Sollensvorstellungen anhand empirischer Befunde hergeleitet werden und demnach ein Schluss „*from Is to Ought*" gezogen wird, spricht man von einem Naturalistischen Fehlschluss (*natural fallacy*) (vgl. Moore 1970, 168). Folgt man dieser Denkweise, reduziert man die Empirie auf die Funktion, Realität abzubilden. Damit verbleibt man auf einer deskriptiven Ebene, von der aus normative Reflexionen und Begründungen nicht ableitbar sind. Obwohl normative Forderungen nicht direkt aus empirischen Ergebnissen hergeleitet werden können, benötigt die Medienethik dennoch Informationen über den Stand aktueller Entwicklungen der Medienpraxis, über das moralische Selbstverständnis der handelnden Akteure und über die Rezeptions- und Wirkungsweisen der Medieninhalte. Karmasin (2000b, 127) zufolge ist die Frage nach den empirisch nachweisbaren Wirkungen der Medien in der Praxis als notwendige, aber keinesfalls hinreichende Bedingung der Medienethik zu verstehen. Seiner Meinung nach ergibt sich die Notwendigkeit empirischer Forschung als Referenzpunkt medienethischer Argumentation vor allem dadurch, dass die Medienethik – wie jede andere Ethik auch – damit beauftragt ist, die Differenz von Sein und Sollen zu überwinden und demzufolge „auch der Analyse des empirischen Seins eigene Relevanz zukommt" (ebd.). Letztlich ist die Beurteilung von Realität im Kontext aktueller Entwicklungen immer auch angewiesen auf die Kenntnis dieser Realität.

Bisher wird in gängigen, vor allem wissenschaftstheoretischen Überlegungen, häufig die Empiriebedürftigkeit (medien-)ethischer Forschung und die normative Orientierungsfunktion ethischer Problemthematisierung für die empirische (Medien-)Forschung übersehen (vgl. Köberer [im Druck]). Für die Legitimation moralischer Prinzipien können die Befunde medienethischer Forschung beziehungsweise normativer Medienforschung freilich nicht herangezogen werden, dennoch haben sie ihre Berechtigung im Rahmen angewandter Ethik. Unter Rückbezug auf eine rationale Reflexion empirischer Ergebnisse können normative Handlungsempfehlungen für die am Mediengeschehen Beteiligten formuliert werden. Dabei gelten als Träger von Verantwortung im medialen Handlungsfeld sowohl Produzenten, Distributoren und Rezipienten als auch der Gesetzgeber.

Sie alle gestalten mediale Realität mit, müssen also „medienethisch mit bedacht, in ihren Wirkungen erforscht und schließlich medienethisch beraten werden" (Rath 2000b, 75). Wenn festgelegt werden soll, welche medialen Angebote gewollt sind und welche nicht, dann muss die Nutzungsseite empirisch erhoben werden und die Medienethik muss Kriterien zur Beurteilung dessen, was an medialen Angeboten wünschenswert ist, bereitstellen.

2.4 Bezugspunkte einer normativen Medienethik

Als angewandte Ethik reflektiert die Medienethik das mediale Handeln und das Mediensystem unter ethischen Gesichtspunkten. Zudem hat sie die Aufgabe, medienethische Werte und Normen zu begründen. In ihren Begründungen und Argumentationen bezieht die Medienethik sich auf Konzeptionen der allgemeinen Ethik. Die Medienethik befindet sich als wissenschaftliche Disziplin erst im Aufbau. Gegenwärtig konzentriert die medienethische Diskussion sich primär auf Fragen der praktischen Anwendung und auf empirische Einzelfragen, umfassende theoretisch-systematische Entwürfe für eine normative Medienethik finden sich kaum (vgl. Debatin/Funiok 2003b, 14). Im Rahmen medienethischer Reflexion und bei der Begründung medienethischer Werte und Normen wird zumeist auf Einzelansätze der allgemeinen Ethik wie zum Beispiel individualethische, systemtheoretische, konstruktivistische oder diskursethische Annahmen zurückgegriffen (vgl. Debatin/Funiok 2003a; Schicha/Brosda 2010). Diese Vorgehensweise hat durchaus ihre Berechtigung im Kontext medienethischer Überlegungen. Der Rekurs auf einzelne (normative) Ansätze der allgemeinen Ethik ist notwendig, ermöglicht es allerdings nicht, die Medienethik in ihrer Normativität hinreichend zu bestimmen. Die Medienethik kann sich nicht nur auf eine Theorie normativer Ethik rückbeziehen, sondern sie muss aus der systematischen Kombination verschiedener ethischer Ansätze gewonnen werden, ohne dabei eklektizistisch vorzugehen. An diesem Punkt „sieht sich die Medienethik mit denselben Problemen konfrontiert wie die allgemeine Ethik" (Debatin/Funiok 2003b, 13). In der aktuellen Diskussion um die Begründung (allgemein-)ethischer Prinzipien prägen Grundtypen ethischer Theoriebildung wie der teleologische Konsequentialismus in Gestalt des Utilitarismus, die deontologische Moralphilosophie Kants, der Kontraktualismus bei Rawls im Anschluss an Hobbes und der diskursethische Ansatz das gegenwärtige Erscheinungsbild der Ethik maßgeblich mit. Im Kontext normativer Begründung wird sowohl auf teleologische als auch auf deontologische Ansätze zurückgegriffen. Für eine normative Begründung der Medienethik beziehungsweise die allgemeingültige Begründung medienethischer

Prinzipien können nicht alle Ansätze normativer Ethik in alleiniger Anwendung herangezogen werden.

Teleologische Ethiken wie der Utilitarismus beispielsweise, die den moralischen Gehalt von Handlungen ausschließlich danach beurteilen, welche Handlungsziele und Folgen mit ihnen verbunden sind, greifen mit Blick auf die Begründung der Medienethik zu kurz. Utilitaristische Ansätze haben die Universalisierung des Nutzenstrebens und die Förderung des größtmöglichen Glücks für die größtmögliche Zahl von Menschen zum Ziel (vgl. Birnbacher 2002, 95). Das leitende Prinzip des utilitaristischen Ansatzes stellt das maximale kollektive Wohl beziehungsweise der maximale kollektive Nutzen dar. Die moralische Richtigkeit einer Handlung wird an den zu erwartenden Folgen für die Allgemeinheit bemessen, so dass die moralische Beurteilung von Handlungen ausschließlich aufgrund der zu erwartenden Handlungsfolgen, den Auswirkungen einer Handlung, erfolgt. Dabei wird das Prinzip, das größtmögliche Glück möglichst vieler zu fördern, zum allgemeinen Maß erhoben und in diesem Sinne wird „der Allgemeinheitsanspruch hier durch die Zufälligkeit der Grundnorm und die Probleme der Anwendbarkeit unterlaufen" (Debatin/Funiok 2003b, 12). Das Individuum wird bei dieser Theorie nur im Kontext der kollektiven Nutzenmaximierung wahrgenommen.

Grundsätzlich ist die Einbindung der konsequentialistischen Ethik, welche die Folgen medialen Handelns berücksichtigt, relevant für eine umfassende Bestimmung der Medienethik als angewandte Ethik. Medienethische Konzeptionen, die sich nur auf deontologische Annahmen stützen und folgenethische Perspektiven ausblenden würden, könnten verantwortungsethische Fragestellungen im Kontext angewandt-ethischer Reflexionen nicht hinreichend klären. Mit Blick auf eine normative Begründung der Medienethik bietet es sich an, zentrale Elemente allgemein-ethischer Theoriebildung wie das Prinzip der Folgenabschätzung (teleologisch) und das Prinzip der Verallgemeinerung (deontologisch) sowie die potenzielle Zustimmung der Betroffenen (vertrags-/ diskurstheoretisch) zusammen zu denken.

Ausgangspunkt medienethischer Überlegungen ist der mediale Akteur, das handelnde Subjekt. Da die Zuschreibung und Übernahme von Verantwortung auch im Medienkontext nur vor dem Hintergrund individual- und sozialethischer Annahmen möglich ist, werden diese in einem ersten Schritt skizziert. Daran anschließend werden verantwortungsethische Positionen aufgegriffen und vor dem Hintergrund einer normativen Medienethik näher beleuchtet. Die ethische Argumentation, die Subjekte dazu führt, tatsächlich (und freiwillig) Verantwortung für ihr Handeln zu übernehmen und sich an normativen Richtlinien zu orientieren, wird sodann über eine Ethik der intersubjektiven Anerkennung eingeholt. Weiterführend werden Rawls' Konzeption einer *Theory of Justice* und der

diskursethische Ansatz von Habermas vorgestellt, da beide Ansätze – über die
inhaltliche Definition des moralisch Gebotenen hinaus –, ein methodisches Verfahren zur Verfügung stellen, mit dem medienethische Normen und Werte begründet und pragmatische Interessenkonflikte in der Praxis ausgehandelt werden
können.

Im Rahmen medienethischer Reflexion wird immer wieder auf systemtheo-
retische Annahmen verwiesen (vgl. Rühl 1996; Filipovic 2003; Scholl 2010).
Der systemtheoretische Ansatz ermöglicht einen deskriptiven Zugang, mit dem
das mediale Handlungsfeld beziehungsweise Journalismus, Public Relations und
Werbung als eigenständige Systeme der Gesellschaft bestimmt werden können.
Für eine normative Begründung der Medienethik eignet sich diese Theorie jedoch nicht. Bevor nachfolgend die Konzeptionen vorgestellt werden, die als
Bezugspunkt einer normativen Medienethik herangezogen werden können, wird
zunächst der systemtheoretische Ansatz von Niklas Luhmann vorgestellt.

2.4.1 Der (deskriptive) systemtheoretische Ansatz

Luhmann war primär daran interessiert, „das Soziale mit einer Theorietrias, be-
stehend aus Systemtheorie, Kommunikationstheorie und Evolutionstheorie", zu
beobachten (Rühl 1996, 41). Es ging ihm um die Gesellschaft als System, um die
gesellschaftlichen Zusammenhänge und Strukturen. Dabei wird der Mensch
nicht direkt als Teil der Gesellschaft gesehen. Vielmehr verzichtet die Systemtheorie in ihren Beschreibungen auf den Menschen als Subjekt und bezieht sich
stattdessen auf Kommunikationen als Bestandteile von Systemen. In Anlehnung
an Luhmann kann Kommunikation als ein Potenzial sinnhaft informierender,
stets zu thematisierender Mitteilungen gedeutet werden, die Kommunikation
verwirklichen können (vgl. Luhmann 1984). Nach Luhmann sind alle Systeme
autopoietische Systeme, also Systeme, die sich aus sich selbst heraus selbst herstellen. Das allumfassende System stellt die Gesellschaft dar. Nach Luhmann
zeichnet sich die moderne Gesellschaft dadurch aus, dass sie funktional ausdifferenziert ist. Das bedeutet, dass Gesellschaft aus verschiedenen Funktionssyste-
men wie Recht, Wirtschaft, Politik, Erziehung etc. besteht, die „jeweils exklusive
Funktionen für die Gesellschaft erfüllen" und in sich operativ geschlossen sind
(Scholl 2010, 71).

Über die systemtheoretische Argumentation können Bereiche wie Medien,
Journalismus, Public Relations und Werbung je als eigenständiges Funktionssystem der Gesellschaft benannt und beschrieben werden. Mit Blick auf eine normative Begründung der Medienethik ist die Systemtheorie allerdings nicht geeignet.
Im Rahmen der systemtheoretischen Betrachtung wird Moral nicht normativ

begründet. Vielmehr wird die in der Gesellschaft empirisch vorfindbare und praktizierte Moral beschrieben. Die sozialanalytische Methode der Systemtheorie rückt die faktische Funktion der Moral in den Vordergrund, eine theoretische Klärung normativer Geltungsansprüche unterbleibt. Moral und Ethik werden als systemimmanent und funktional begriffen. Nach Luhmann lässt sich Moral nicht als Teilsystem der Gesellschaft ausdifferenzieren, denn „ihre Funktion liegt dafür zu tief, sie ist zu sehr mit den Prozessen der Bildung sozialer Systeme verquickt, als dass sie einem Sozialsystem zur besonderen Pflege übertragen werden könnte" (Luhmann 2008, 154). Da Funktionssysteme der Gesellschaft nach je eigenen dualen Codes operieren, die für sich moralfrei sind, verzichtet die funktional differenzierte Gesellschaft nach systemtheoretischer Annahme auf eine moralische Integration. Bei der Moral geht es „um die Konditionen des Achtungsmarktes", Moral nimmt Bezug auf das Dual *Achtung/Missachtung* (ebd., 257). Im Unterschied zur Moral fungiert die Ethik hingegen als „Beschreibung der Moral" (ebd.). Die Systemtheorie beobachtet und analysiert Moral. Sie ist deskriptiv, nicht normativ. Luhmann selbst formuliert den systemtheoretischen Anspruch, das Faktum der Moral mit moralfreien Begriffen zu begreifen. Damit gibt er die normative Perspektive für eine funktionale Betrachtungsweise auf. An dieser Stelle „trennen sich die argumentativen Wege von Systemtheorie und Ethik" (Scholl 2010, 69).

Im Rahmen einer normativen Begründung der Medienethik wird der Anspruch erhoben, ethische Prinzipien zu bestimmen und zu begründen, die den Anspruch einer allgemein anerkennbaren Begründbarkeit medienethischer Prinzipien und Normen erfüllen und universale Gültigkeit beanspruchen können. Systemtheoretische Annahmen können daher nicht als Bezugspunkt einer normativen Medienethik herangezogen werden. Nachfolgend werden die Konzeptionen dargelegt, die sich als Bezugspunkte einer normativen Medienethik anbieten.[4] Zunächst werden individual- und sozialethische Annahmen vorgestellt, daran anknüpfend werden verantwortungsethische Positionen skizziert. Schließlich wird auf die Ethik der intersubjektiven Anerkennung eingegangen, bevor die Theorien von Rawls und Habermas in die Überlegungen einbezogen werden.

2.4.2 Individual- und sozialethische Dimensionen

Im medienethischen Diskurs werden die Individualethik und die Sozialethik auch als *Akteursethik* und als *Institutionenethik* bezeichnet. Diese begriffliche Diffe-

---

[4] Hierbei wird kein Anspruch auf Vollständigkeit erhoben, vielmehr sind Ergänzungen und ein „Weiterdenken" an dieser Stelle wünschenswert.

renzierung zielt vor allem darauf ab, „zu klären, auf welchen strukturellen, organisatorischen Ebenen Verantwortung anzusiedeln ist" (Krainer 2001, 206). Im
Fokus individual- und sozialethischer Konzeptionen steht immer die Frage nach
der Zuschreibung von Verantwortung.

Individualethischen Annahmen zufolge stehen einzig und allein das Individuum und sein Handlungspotenzial im Zentrum der Verantwortungszuschreibung. Die ethische Fundierung richtet sich „nur und ausschließlich an ein moralisches Subjekt", das zur Verantwortung gezogen werden kann (Rath 2000b, 76).
Das bedeutet einerseits, dass nur natürliche Personen, also keine Unternehmen
oder Organisationen zur Verantwortung gezogen werden können. Andererseits
handelt es sich um eine am Individuum, am Einzelnen orientierte Ethik, bei der
die Zuschreibung von Verantwortung auf individualethischer Ebene zumeist an
einzelne mediale Akteure wie Journalisten und Redakteure erfolgt. Vor dem
Hintergrund komplexer gesellschaftlicher Strukturen – denen wir uns bei der
Analyse moderner sozialer Systeme (vgl. Luhmann 1992) gegenüber sehen –
greift eine allein individualethische Betrachtung jedoch zu kurz. Denn sobald der
mediale Akteur in Institutionen oder gesellschaftlichen Systemen eingebunden
ist, steht sein Handeln nicht mehr in seiner alleinigen Verantwortung. Als Einzelner kann er nicht für die Folgen kollektiven Handelns verantwortlich gemacht
werden. So trägt beispielsweise der Journalist Verantwortung für sein eigenes
Handeln, er ist allerdings auch in ein Beziehungsgeflecht eingebunden, in dem
Entscheidungen auf einer übergeordneten Ebene getroffen werden. Angesichts
der Vernetzung und Komplexität des Medienhandelns und dem damit verbundenen Problem der Zuschreibung von Verantwortung an Handlungssubjekte muss
aus diesem Grund neben der individualethischen Perspektive auch das systemische, strukturelle Umfeld mit einbezogen werden. Aufgabe sozialethischer Betrachtungen ist die Analyse und Reflexion der Strukturen einer Gesellschaft mit
Blick auf ethische Prinzipien wie Gerechtigkeit, Partizipation etc.

Im Unterschied zur Individualethik geht es bei der Sozialethik nicht um das
Handeln einzelner Personen, sondern um die Kooperation verantwortlicher Personen in unterschiedlichen Bereichen. Sozialethische Theorien beziehen sich auf
die Gesellschaft als Ganzes, also auf die Bedingtheiten menschlichen Handelns
institutioneller, rechtlicher und konventioneller Natur. Es wird davon ausgegangen, dass der Mensch erst im sozialen Verbund zum Gemeinschaftswesen wird
(*zoon politikon*), also zu einem sozialen und politischen Wesen, das sich in der
Gemeinschaft handelnd entfaltet. Gefragt wird im Rahmen sozialethischer Annahmen nach dem *summum bonum* und nach dem *bonum commune* einer Gesellschaft (vgl. Karmasin 1993, 118 f.). Die sozialethische Fragestellung läuft allerdings Gefahr, in der allgemeinen Abstraktion zu verbleiben, ohne dabei konkrete
Handlungsanweisungen und Strukturideale zu benennen (vgl. Rath 2000b, 76).

Die Übernahme von Verantwortung ist letztlich – und im Sinne einer inneren Steuerung – immer an das Individuum gebunden.

Die medialen Strukturen beziehungsweise das Bedingungsgefüge medialen Handelns sind heute sehr komplex. Daher ist es sinnvoll, individual- und sozialethische Argumentationsstränge so zu verbinden, dass sie als Bezugspunkt einer Begründung der Medienethik dienen können – zumindest in dem Sinne, als dass über diese individual- und sozialethische Differenzierung grundsätzlich die Zuschreibung moralischer Verantwortung an unterschiedliche mediale Akteure ermöglicht wird. In Form einer Institutionalisierung professionsethischer Kriterien in der Medienpraxis – wie beispielsweise über Gremien der freiwilligen Selbstkontrolle – lässt sich die Übernahme von Verantwortung auf individual- und sozialethischer Ebene an die medialen Akteure rückbinden und gesellschaftlich umsetzen.

2.4.3 Verantwortungsethische Perspektiven

Im Rahmen medienethischer Reflexion spielen verantwortungsethische Überlegungen eine zentrale Rolle. Dabei steht der Begriff *Verantwortung* immer auch in direkter Beziehung zur Freiheit als Bedingung der Möglichkeit zur Selbstbindung und Übernahme von Verantwortung. Freiheit bezeichnet die Möglichkeit, mit Rückbezug auf verschiedene Handlungsoptionen, Entscheidungen zu treffen und Handlungen ohne äußeren Zwang und selbstbestimmt zielgerichtet vollziehen zu können oder doch, mit Kant gesprochen, zumindest „eine Reihe von Begebenheiten ganz von selbst anzufangen" (KrV, A 534). Damit bestimmt sich Freiheit als *Handeln-Können* und ist zugleich ein *Handeln-Müssen*, da „mit der Möglichkeit zum Handeln auch die Nötigung zum Handeln und mithin zur Entscheidung gesetzt [ist]", zur Übernahme von Verantwortung (Stapf 2006, 149). Diese Dialektik der Freiheit gründet in der Bedingung des menschlichen Lebens, notwendigerweise ständig Entscheidungen zu treffen und diese vor sich und anderen begründen, rechtfertigen und verantworten zu müssen. Im Rahmen der Ethik wird die Beziehung des Menschen zu sich selbst und zu seiner Umwelt als Beziehung gesehen, „die eine Handlung erst im Bewußtsein bestimmter Verpflichtungen real werden läßt" (Karmasin 1993, 167). Verpflichtungen wie beispielsweise die Verpflichtung zur Entscheidung sind dabei immer auch abhängig von der unterstellten Freiheit des Einzelnen. Freiheit, sei es Wahl-, Willens- oder Handlungsfreiheit, wird in neuzeitlicher Perspektive verstanden als Grundlage für Selbstbestimmung (Autonomie) des Menschen.

Im philosophischen Kontext der Neuzeit basiert das „Prinzip Verantwortung" (Jonas 1979) auf dem Ideal eines mündigen, freien und selbstbestimmten

Menschen. Dieser Annahme folgend, gründet die Zuschreibung moralischer Verantwortung nicht auf externen Faktoren, also „in einer *sozialen Konstruktion*, sondern [...] letztlich in der *notwendigen Selbstzuschreibung* freier, aber endlicher Vernunftwesen" und erfolgt als Fähigkeit und zugleich als Pflicht, für das eigene Handeln auch Verantwortung zu übernehmen (Werner 2003, 524; Herv. i. O.). Unter Rückbezug auf Kant meint Pflicht hier die Notwendigkeit einer Handlung aus Achtung vor dem (moralischen) Gesetz. Der Wert einer Handlung bemisst sich also nicht nach dem erstrebten Zweck, sondern nach der pflichtenmäßigen Beachtung der Sittlichkeit als Selbstzweck. Als übergeordnetes Prinzip des Sittlichen formuliert Kant den kategorischen Imperativ, der in sich das Grundgesetz autonomer Sittlichkeit verankert: „Handle so, daß die Maxime deines Willens jederzeit zugleich als Prinzip einer allgemeinen Gesetzgebung gelten könne" (Kant, GMS, B 52). Mit dem kategorischen Imperativ benennt Kant zunächst ein formales Verfahren, mit dem Handlungen daraufhin überprüft werden können, ob sie einer universalisierbaren Maxime folgen. Einzige inhaltliche Bestimmung des kategorischen Imperativs ist die Bedingung der Allgemeingültigkeit. Der Ansatz Kants birgt die Möglichkeit einer Generalisierung moralischer Standpunkte, deren Einhaltung für jeden Einzelnen vernünftig ist. Nach Kant erfolgt die (Eigen-)Zuschreibung moralischer Verantwortung an autonome Subjekte aus Pflicht vor dem sittlichen Gesetz.

Auch im Bereich medialen Handelns ist es wichtig, im Rahmen verantwortungsethischer Beurteilungen, die Folgenabschätzung einzubeziehen. Dabei sollte Verantwortung als ethische Verpflichtung verstanden werden, die versucht, das ganze Feld möglicher Folgen zu erfassen, nicht nur den Bereich der direkten Folgenabschätzung. Verantwortungsethik ist in diesem Sinne in einer radikaleren Form zu verstehen, als sie Max Weber (1919) in seinem Vortrag *Politik als Beruf* formulierte. Weber konzipiert eine Verantwortungsethik[5], bei der sich die normative Beurteilung von Handlungen an den zu erwartenden, direkten Handlungsfolgen orientiert. Angesichts der Vernetzung medialen Handelns „greift eine auf die nächsten Betroffenen und die nur momentan eintretenden Folgen gerichtete Ethik zu kurz" (Rath 2000b, 78 f.). Im Rahmen medienethischer Argumentation muss der Aspekt einer umfassenden Folgenabschätzung berücksichtigt werden.

Eine verantwortungsethische Konzeption, welche die Folgenabschätzung mit Blick auf zukünftige Generationen einbezieht und Verantwortung als Prinzip formuliert, das über den Nahbereich hinausgeht, liefert Hans Jonas. In seinem

---

[5] Weber stellt der *Verantwortungsethik* die *Gesinnungsethik* gegenüber. Bei gesinnungsethischen Abwägungen werden mögliche Handlungsfolgen nicht mit berücksichtigt. Die Gesinnungsethik orientiert sich bei der normativen Beurteilung von Handlungen an dem Handlungsmotiv, nicht an den zu erwartenden oder eintretenden Handlungsfolgen.

Werk *Das Prinzip Verantwortung* skizziert Jonas (1979) die Probleme des verantwortlichen Handelns in unserer technologischen Zivilisation für die gegenwärtige und die zukünftige Gesellschaft. Er folgt der Annahme, dass „das veränderte Wesen menschlichen Handelns neuartige Herausforderungen für die Ethik mit sich bringt" und benennt eine neue Dimension von Verantwortung (ebd., 13). Jonas konzipiert moralische Verantwortung erstmals als Verantwortung für die menschliche Existenz überhaupt. Seine Theorie begründet Jonas unter Rückbezug auf die Natur, auf die Existenz und Werthaftigkeit des Lebens insgesamt. Die Natur gilt ebenso wie der Mensch als Teil des Seienden und dem Seienden wird ein Zweck an sich selbst zugeschrieben. Die Vorstellung, dass die Natur unmittelbar normative Kriterien für moralisch verantwortliches Verhalten liefere, ist insofern nicht haltbar, da Sollenssätze nicht von ontologischen Annahmen, also von Seinssätzen, abgeleitet werden können. In der Begründung seiner Theorie erliegt Jonas folglich dem Naturalistischen Fehlschluss. Seine Forderung nach Erhaltung der Bedingungen moralischer Verantwortlichkeit überhaupt, wie sie in dem von ihm formulierten ökologischen Imperativ zum Ausdruck gebracht wird, ist dennoch zu fordern: „Handle so, daß die Wirkungen deiner Handlung verträglich sind mit der Permanenz echten menschlichen Lebens auf Erden" (ebd., 36). Die Frage, woran der Mensch erkenne, dass er etwas zu verantworten habe, beantwortet Jonas über die *Heuristik der Furcht*. Die Furcht vor Leid zeigt auf, welche Handlungsweisen nicht gewollt sind und wofür Verantwortung zu übernehmen sei. Mit Blick auf die praktische Umsetzung von Verantwortung hat Jonas in einer Reihe von Aufsätzen zu einzelnen Fragen der angewandten Ethik, speziell der Bio- und Medizinethik, Position bezogen (vgl. Jonas 1985/1987).

Im Rahmen angewandter Ethik bietet es sich an, auf ein Konzept von Verantwortung zurückzugreifen, das über die direkte Folgenabschätzung hinaus geht und neben dem Bereich der Nahverantwortung auch den Bereich der Fernverantwortung (vgl. Schulz 1980) einbezieht. In medienethischen Überlegungen wird der Mensch als Medienakteur verstanden, der in seinem Handeln von verschiedenen (oftmals widersprüchlichen) strukturellen Bedingungen abhängig ist, so dass aus medienethischer Perspektive auch determinierende Faktoren der Einschränkung, Beeinflussung, Entmündigung und der beeinträchtigenden Interessenkonflikte zu beleuchten sind.

2.4.4 Ethik der intersubjektiven Anerkennung

Auf die Frage, warum es richtig und wichtig ist, sich an normativen Kriterien und ethischen Prinzipien zu orientieren, geben ethische Argumentationen Antwort. Aus philosophischer Perspektive lässt sich die Orientierung an normativen

Kriterien und deren praktische Umsetzung unter Rückbezug auf Kant über eine Ethik der intersubjektiven Anerkennung und den Weg der *zwischenmenschlichen Verbindlichkeit* (vgl. Thyen, 2000) einholen. Ein formales Handlungs- und Normprüfkriterium ist Kants kategorischer Imperativ. Der ethische Anspruch auf die Einhaltung und Orientierung an ethischen Prinzipien wird bei Kant über die pflichtgemäße Notwendigkeit einer Handlung aus Achtung vor dem (moralischen) Gesetz begründet. Ethische Prinzipien setzen eine gewünschte Realität als gesollt voraus und stellen damit immer auch normative Ansprüche dar (vgl. Rath 2001, 8). Diese normativen Ansprüche folgen selbst dem Anspruch, eingehalten zu werden. Der Anspruch, dass Subjekte sich an normativen Kriterien orientieren, folgt „aus der wechselseitig prinzipiell zu unterstellenden Anerkennung dieses Anspruchs" und aus der intersubjektiven Anerkennung dieses Anspruchs (ebd.). Dabei ist nicht der Begriff von Anerkennung gemeint, wie er systemtheoretisch gebraucht wird.

Der Annahme Kants zufolge erhebt jeder Einzelne, sofern er sich als vernunftbegabtes Wesen, als Subjekt versteht, den Anspruch auf Anerkennung. Dieser Anspruch auf Anerkennung begründet sich nach Kant durch das Zweckan-sich-selbst-Sein. Der Anspruch eines jeden Einzelnen auf die Achtung und Einhaltung ethischer Prinzipien als allgemeine Pflicht lässt sich als allgemeingültiger Anspruch formulieren, sofern jedem Menschen dieser Anspruch unterstellt werden kann. Auch wenn dieser Anspruch nur als gegenseitige Unterstellung aufgefasst wird, so beansprucht er doch universale Gültigkeit, da er sich auf jeden Einzelnen der menschlichen Gattung bezieht. Deutlich wird dies in der zweiten Ausformulierung von Kants kategorischem Imperativ: „Handle so, daß du die Menschheit sowohl in deiner Person als in der Person eines jeden andern jederzeit zugleich als Zweck, niemals bloß als Mittel brauchst" (Kant, GMS, BA 66). Der Begriff der Menschheit meint hier nicht alle auf dieser Welt aktuell Lebenden. Vielmehr gebraucht Kant diese Formulierung, um die Einbeziehung eines jeden Einzelnen der Gattung Mensch in seinem Zweck-an-sich-selbst-Seins zu gewährleisten.

Bei Kants Verfahren der Prüfung moralischer Maximen im Sinne des kategorischen Imperativs, prüft der Handelnde individuell und im Geiste, ob er annehmen könne, dass eine allgemein annehmbare Zustimmung der subjektiven Maxime vorliege. Anhand seines Verfahrens zur konkreten Norm- und Handlungsüberprüfung besteht die Möglichkeit der Verallgemeinerbarkeit subjektiver Maximen, die reflexiv geprüft werden. Als Bezugspunkt einer normativen Ethik scheint diese Perspektive relevant. Offen bleibt zunächst die Frage, inwiefern eine Ethik der intersubjektiven Anerkennung in der Medienpraxis auch im Kontext pragmatischer Interessenkonflikte greift.

2.4.5 Rawls und Habermas: Verfahren medienethischer Begründung

Bei konfligierenden Interessen in der (Medien-)Praxis ist es wichtig – über die intersubjektive Anerkennung reflexiv geprüfter subjektiver Maxime hinaus –, auch Normen pragmatischer Interessenkonflikte selbst zum Gegenstand praktischer Diskurse zu machen. Eine Möglichkeit der praktischen Umsetzung normativer Aushandlungsprozesse bietet John Rawls' *Theorie der Gerechtigkeit* (1975). In der Tradition Kants stehend, versucht Rawls die „herkömmliche Theorie des Gesellschaftsvertrags zu verallgemeinern und auf eine höhere Abstraktionsebene zu bringen" (Rawls 1975, 27). Er konzentriert sich in seiner Theorie vorrangig auf die Gerechtigkeitsgrundsätze von sozialen Systemen und Institutionen, es geht ihm weniger um das moralische Subjekt selbst. Gerechtigkeit wird von Rawls als Eigenschaft der Gesellschaft verstanden, die eine notwendige Bedingung darstellt, um gesellschaftliche Stabilität zu gewährleisten. Ihm zufolge besitzt „jeder Mensch eine aus der Gerechtigkeit entspringende Unverletzlichkeit (...), die auch im Namen des Wohles der Gesellschaft nicht aufgehoben werden kann" (ebd., 19). Um Gerechtigkeitsgrundsätze zu formulieren, die plausibilisierbar und verallgemeinerbar sind, greift Rawls auf ein Gedankenexperiment zurück.

Rawls geht in einem Gedankenexperiment davon aus, dass der Mensch in einem Urzustand ein vernünftiges Wesen ist, das einen Gerechtigkeitssinn besitzt und von einem *Schleier des Nichtwissens* umgeben ist (vgl. ebd., 158). Die Mitglieder einer Gesellschaft müssen unter dem *Schleier des Nichtwissens* Grundsätze wählen, deren Folgerungen sie bereit sind hinzunehmen, auch wenn sie ihre künftige Position innerhalb der Gesellschaft noch nicht kennen. Diese *Grundsätze der Gerechtigkeit* werden in einer fairen Ausgangssituation einstimmig ausgehandelt. Sie lassen sich formal bestimmen „als diejenigen, auf die sich vernünftige Menschen, die ihre Interessen verfolgen, als Gleiche einigen würden, wenn von keinem bekannt ist, dass er durch natürliche oder gesellschaftliche Umstände bevorzugt oder benachteiligt ist" (ebd., 29). Der Ansatz Rawls' bietet die Möglichkeit, Grundsätze und Prinzipien auszuhandeln, die intersubjektive Anerkennung beanspruchen und in Handlungsnormen überführt werden können. Seine Konzeption eignet sich als methodisches Instrumentarium auch modellhaft für die Anwendung in der Medienpraxis, um Normen pragmatischer Interessenkonflikte selbst zum Gegenstand praktischer Diskurse zu machen. Eine weitere Theorie, die sich als Verfahren der Aushandlung und Formulierung von (medienethischen) Prinzipien anbietet, ist der diskursethische Ansatz von Jürgen Habermas.[6]

---

[6] Die Diskursethik, wie sie gegenwärtig vor allem von ihren Begründern Jürgen Habermas und Karl-Otto Apel vertreten wird, steht in der Tradition von Ethikansätzen, die ihre Grundlagen im Gebrauch der menschlichen Sprache verankern. Aus diskursethischer Perspektive wird versucht,

Beeinflusst von Kants formaler Ethik und der Auseinandersetzung mit Rawls, formuliert und begründet Habermas im Rahmen seiner Theorie des kommunikativen Handelns die Diskursethik, „deren systematischer Kern (...) in der Universal- bzw. Formalpragmatik als Rekonstruktion der universalen Bedingungen möglicher Verständigung" liegt (Arens 1996, 78). Habermas versteht seine Theorie nicht nur als Weiterentwicklung von Kants Ansatz, sondern auch als Ergänzung von Rawls' Konzeption. Er sieht die intersubjektivistische Wendung, die bei Rawls durch das angewendete Verfahren der Formulierung von Prinzipien im Zustand des *Schleiers des Nichtwissens* verkörpert wird, als Gewinn an. Er bezweifelt jedoch, dass das Design des Urzustandes in jeder Hinsicht geeignet sei, „um den Gesichtspunkt der unparteilichen Beurteilung von deontologisch verstandenen Gerechtigkeitsprinzipien zu erklären und zu sichern" (Habermas 1996, 84). Seine Kritik zielt vor allem darauf ab, dass „Rawls die Parteien des Urzustandes durch Informationsbeschränkung auf eine gemeinsame Perspektive fest[legt] und damit von vornherein die Vielfalt der partikularen Deutungsperspektiven durch einen Kunstgriff [neutralisiert]" (ebd., 73). Die Belange und Interessen aller werden seiner Ansicht nach durch die Parteien im Urzustand nicht ausreichend wahrgenommen. Die Annahme, dass die Parteien durch die Konstruktion des Urzustandes der praktischen Vernunft beraubt werden, wirft für Habermas die Frage auf, warum die Parteien dann überhaupt in den *Schleier des Nichtwissens* gehüllt werden (vgl. ebd., 72). Entgegen der Beschränkung im Rawlschen Modell sieht Habermas den moralischen Gesichtspunkt im Verfahren einer intersubjektiv durchgeführten Argumentation begründet, „welches die Beteiligten zu einer idealisierten *Entschränkung* ihrer Deutungsperspektive anhält" (ebd., 73).

Habermas versucht den Rawlschen Kunstgriff des Naturzustandes aufzuheben, indem er den Diskurs als Verständigungsprozess an aktuellen Fragestellungen der Diskursteilnehmer ausrichtet. Die Diskursethik ist konzipiert als „offene[s] Verfahren einer Argumentationspraxis, die unter den anspruchsvollen Präsuppositionen des ‚öffentlichen Gebrauchs der Vernunft' steht und den Pluralismus der Überzeugungen und Weltbilder nicht von vornherein ausschaltet" (ebd., 75). Die Diskursethik nimmt ihren systematischen Ausgangspunkt in der wechselseitigen Anerkennung der am Diskurs Beteiligten. Eine Norm darf „nur dann Geltung beanspruchen, wenn alle von ihr möglicherweise Betroffenen als Teil-

---

„Moralprinzipien als Handlungsprinzipien oder als Legitimationsprinzip in den Voraussetzungen der Praxis des argumentativen Sprechhandelns zu begründen" (Ott 2001, 151). Es wird davon ausgegangen, dass die Sprache selbst ein ethisches Prinzip enthält und Kommunikation als solche daher normativ gehaltvoll sei. An dieser Stelle wird nicht auf die unterschiedlichen Zugänge der Diskursethik von Apel und Habermas eingegangen, es wird lediglich der diskursethische Ansatz von Habermas vorgestellt. Zu Apel vgl. Rath (1987).

nehmer eines praktischen Diskurses Einverständnis darüber erzielen (bzw. erzielen würden), dass diese Norm gilt" (Habermas 1991, 12). Der diskursethische Ansatz ist ein formal-ethischer Ansatz, der mit Blick auf inhaltliche Konkretisierungen und kontextueller Deutungen von den am Diskurs Beteiligten abhängt.

Habermas' Begründungsprogramm folgt zwei Fragestellungen. Er versucht einerseits zu klären, wie moralische Normen ihrem Geltungsanspruch nach zu begründen sind und wie diese Begründung andererseits selbst begründet werden kann. Seiner Auffassung nach erheben moralische Normen den Anspruch, unter vernünftigen Personen jederzeit rational begründbar und damit anerkennungswürdig zu sein. Das Verfahren, in dem Normen ausgehandelt und begründet werden, ist der verständigungsorientierte Sprachgebrauch, der argumentative Diskurs. Nach Habermas erheben wir mit Sprechakten (implizit) Geltungsansprüche des kommunikativen Handelns, die sich in dem Anspruch auf *Wahrheit, Richtigkeit, Wahrhaftigkeit* und *Verständlichkeit* äußern (vgl. Habermas 1984, 588 f.). Je nachdem, ob es um intersubjektive Klärungsprozesse in Bezug auf Wahrheits- oder Richtigkeitsfragen geht, unterscheidet Habermas theoretische von praktischen Diskursen. In theoretischen Diskursen werden strittige Wahrheitsansprüche thematisiert und begründet, wohingegen praktische Diskurse die Strittigkeit von Handlungsnormen zum Gegenstand haben. Für die Diskursethik sind insbesondere praktische Diskurse von Interesse, in denen es um die Rechtfertigung des Richtigkeitsanspruchs von Normen geht. Dass im praktischen Diskurs ein Konsens über strittige Normen erreicht werden kann, wird durch die formalen Bedingungen des Diskurses garantiert und intersubjektiv gesichert.[7] Nach Habermas müssen alle Diskursteilnehmer davon ausgehen, dass sie als Freie und Gleiche an der Suche nach einer gemeinsam unterstellten Wahrheit oder Richtigkeit teilnehmen, wobei nur der Zwang des besseren Arguments zu richtigen und fairen Entscheidungen führt. Als weitere Regeln werden die *Forderung nach Widerspruchsfreiheit in den sprachlichen Aussagen*, die *Verpflichtung auf Wahrhaftigkeit* und die *Einhaltung von Fairnessregeln* formuliert (vgl.

---

[7] Kern der Diskursethik ist der Universalisierungsgrundsatz „U", „der die argumentative Verständigung über strittige Handlungsnormen sichern und diese Normen damit intersubjektiv verbindlich begründen soll" (Arens 1996, 85). Dieser Grundsatz der Universalisierung soll „jenen universellen Rollentausch erzwingen, den G.H. Mead als *ideal role-taking* oder *universal discourse* beschrieben hat" (Habermas 1983, 75, Herv. i. O.). Der Grundsatz „D" hingegen besagt, dass nur Normen Geltung beanspruchen dürfen, die die Zustimmung aller Betroffenen als Teilnehmer eines praktischen Diskurses finden (oder finden können) (vgl. Habermas 1991, 157 f.). Dieser Grundsatz „kennzeichnet formal die Bedingungen, denen Kommunikationsstrukturen genügen müssen, wenn sie ethisch-normativ akzeptable Diskursergebnisse produzieren sollen" (Brosda 2010, 88). Die inhaltliche Bestimmung von Regeln und Normen ist dann abhängig von den realen Diskursen, die geführt werden, sie können aber inhaltlich keine Wendung nehmen, die U oder D widerspricht. Sie stehen „als universalpragmatisch transzendentale Bedingungen der Möglichkeit von Diskursen überhaupt" außerhalb des Diskurses (vgl. Rath 1988, 44 f.).

Habermas 1983). Die Diskursregeln sind unabdingbare Voraussetzung diskursiven Handelns, sie garantieren die gleichberechtigte Anerkennung aller Teilnehmer am praktischen Diskurs.

Sowohl bei Rawls als auch bei Habermas stellt die Berücksichtigung der Interessen aller Beteiligten eine Grundvoraussetzung für die Aushandlung normativer Prinzipien dar. Es stellt sich jedoch die Frage, inwieweit die Annahme eines Kunstgriffs bei Rawls mit Blick auf die Begründung und Formulierung normativer Prinzipien, die intersubjektive Anerkennung und Allgemeingültigkeit beanspruchen können, berechtigt ist. Unter den Bedingungen digitaler Realität im Web 2.0 beispielsweise agieren die digitalen Nutzer in einem sozialen Zustand, der mit dem *Naturzustand* bei Rawls verglichen werden kann. Die moralischen Akteure in Online Communities, auf Plattformen und in Foren entscheiden und handeln unter dem *Schleier des Nichtwissens*, dem *veil of ignorance*: Zwar kennen sie ihren gesellschaftlichen Status in der realrealen Welt, aber im digitalen Raum sind sie ohne jede verifizierbare Kenntnis des Status und der Person der anderen Akteure (vgl. Rath 2012). Vor diesem Hintergrund scheint der von Habermas formulierte Rawlsche' Kunstgriff – zumindest unter den Bedingungen des Web 2.0 – zu einem real vorfindbaren Zustand geworden zu sein.

Im Rahmen einer umfassenden Verortung der Medienethik als normative Ethik müssen neben theoretischen Konzepten der allgemeinen Ethik, die für eine normative Begründung der Medienethik selbst herangezogen werden können (individual- und sozialethische Perspektiven, verantwortungsethische Zugänge etc.), auch Verfahren für die Begründung medienethischer Werte und Normen einbezogen werden. Die Diskursethik bietet nicht nur die Möglichkeit, die Strittigkeit von Handlungsnormen zum Gegenstand praktischer Diskurse zu machen. In diskursethischen Verfahren können in Form von theoretischen Diskursen auch strittige Wahrheitsansprüche thematisiert und begründet werden. Die Diskursethik von Habermas ermöglicht einerseits eine normative Begründung der Medienethik selbst, andererseits stellt sie als Instrument der Reflexion und Aushandlung normativer Kriterien ein methodisches Verfahren zur Verfügung, mit dem medienethische Prinzipien in praktischen Diskursen begründet und formuliert werden können. Mit Blick auf die Reflexion und Begründung medienethischer Werte und Normen sowie die Aushandlung pragmatischer Interessenkonflikte in der Medienpraxis stellen sowohl die Diskursethik als auch die Konzeption Rawls' schlüssige methodische Verfahren zur Verfügung. Beide Konzeptionen bieten eine praktikable Möglichkeit, um – unter Berücksichtigung der Interessen aller Beteiligten – medienethische Reflexionen in Medienunternehmen anzusiedeln.

Die vorhergehenden Überlegungen zeigen, dass zentrale Elemente allgemein-ethischer Theoriebildung wie das Prinzip der Folgenabschätzung (teleologisch) und das Prinzip der Verallgemeinerung (deontologisch) sowie die potenzielle Zustimmung der Betroffenen (vertrags-/ diskurstheoretisch) im Rahmen medien-ethischer Begründung sinnvoll zusammen gedacht werden können.

2.5 Verantwortung als medienethisches Prinzip

Im Rahmen der allgemeinen Ethik bezieht sich Verantwortung als ethisches Prinzip vor allem auf den Aspekt der Zuschreibung von Verantwortung an den mündigen und freien Menschen. Im Kontext der Medienethik, die sich als ange-wandte Ethik auf ein Handlungsfeld bezieht, das in der Praxis vor allem von strukturellen, ökonomischen Prämissen bestimmt ist, kann mit Blick auf die Zuschreibung und Übernahme von Verantwortung nicht vor dem Hintergrund des unbedingt freien und mündigen Menschen argumentiert werden. Vielmehr muss der Mensch als Medienakteur begriffen werden, der in seinem Handeln von verschiedenen (oftmals widersprüchlichen) strukturellen Bedingungen abhängig ist. Aus verantwortungsethischer Perspektive ist es Aufgabe der Medienethik, determinierende Faktoren der Einschränkung, Beeinflussung, Entmündigung und der beeinträchtigenden Interessenkonflikte zu beleuchten und dann pragmatische, reale Einschränkungen der anthropologischen Idealannahme des mündigen, frei-en Menschen zu formulieren. Philosophische Überlegungen zum Verhältnis von Verantwortung und Handlung(-sfreiheit) – wie in Punkt 2.3.3 dargelegt – werden nachfolgend nicht weiter ausgeführt. Vielmehr wird beleuchtet, wie mediale Verantwortung nach möglichen Trägern dieser Verantwortung differenziert wer-den kann und wie die jeweils unterschiedlichen Handlungs- und Strukturbedin-gungen im Rahmen medienethischer Reflexion Berücksichtigung finden können (vgl. Rath 2010a, 139).

2.5.1 Verantwortungsträger im medialen Handlungsfeld

Aufgabe der Medienethik ist es, die verantwortbaren Folgen medialen Handelns zu beurteilen und abzuschätzen. Mit Blick auf den Prozess der Rechtfertigung einer zu verantwortenden Handlung wird im medienethischen Diskurs auf einen Verantwortungsbegriff zurückgegriffen, der verschiedene Ebenen berücksichtigt (vgl. Funiok 2007; Rath 2003b; Debatin 1998). Es wird gefragt, *wer* (Hand-lungssubjekt) im Mediensystem, *für was* (Handlung), *wofür* (Handlungsfolgen), *wovor* (Instanz) und *gegenüber wem* (Betroffene) verantwortlich ist (vgl.

Debatin 1998, 117). Die Zuschreibung von (moralischer) Verantwortung bezieht sich immer auf Handlungssubjekte. Nach Lenk (1997) kann im Rahmen angewandt-ethischer Reflexion zwischen der Individualverantwortung einzelner Subjekte und der korporativen Verantwortung auf institutioneller und organisationeller Ebene unterschieden werden. Diese Differenzierung zwischen *Individualverantwortung* und *korporativer Verantwortung* ermöglicht es, einzelne Akteure ebenso wie Medienunternehmen als moralische Handlungssubjekte zu bestimmen, an die normative Erwartungen gestellt werden.

Im Rahmen medienethischer Überlegungen finden sich diverse Vorschläge, um die verschiedenen Teilgruppen und Strukturebenen medialen Handelns mit einzubeziehen und Verantwortung konkreten Personen(gruppen) zuzuordnen. Nach Rath (2010a) bietet es sich an, einerseits die mediale Funktionsebene zu berücksichtigen, die „nach den Gliedern der Wertschöpfungskette differenziert werden kann" und sich auf die *Produktion*, die *Distribution* und die *Rezeption* der Medien bezieht (ebd., 139). Andererseits ist es unerlässlich, auch die medialen Akteure selbst in den Blick zu nehmen. Unter Rückbezug auf Buchwald (1996) verweist Rath auf drei Verantwortungsfelder beziehungsweise Verantwortungsgruppen medialen Handelns: die *Macher* (Medienproduzenten), die *Rezipienten* (Mediennutzer) und den *Gesetzgeber* (Medienregulierer) (vgl. Rath 2010a, 142 f.). Zu den Medienmachern zählen ihm zufolge sowohl Journalisten, Redakteure und Agenturen als auch „Produzenten, Programmhändler, Senderbetreiber, im weiteren Umfeld Kanalbetreiber (zum Beispiel Telekom), werbetreibende Industrie, Internet-Provider" und die Medienmacher aus dem Multimedia-Sektor (Rath 2000b, 71). Die vorgeschlagene Differenzierung nach Rath ist durchaus sinnvoll, um eine umfassende Bestimmung der Verantwortungsbereiche medialen Handelns zu leisten, bei der sowohl die funktionale als auch die handlungstheoretische Ebene des Mediensystems einbezogen wird. Auch Debatin (1998) schlägt eine Kategorisierung vor, welche die Möglichkeit bietet, die unterschiedlichen Handlungs- und Verantwortungsbereiche des Mediensystems zu erfassen und damit verbunden Personen und Personengruppen als Träger von Verantwortung zu bestimmen. Debatin zufolge kann das mediale Handlungsfeld in insgesamt sechs Verantwortungsbereiche unterteilt werden, die hier nur benannt und nicht ausführlich beschrieben werden. Als Personengruppen, die einen direkten Umgang mit den Medien haben, lassen sich die *Medienmacher*, die *Besitzer und Betreiber von Massenmedien*, die *Mediennutzer* nennen. Ergänzt werden diese Bereiche durch die *freiwillige Selbstkontrolle der Medien*, die *medienkritische Öffentlichkeit* und den Bereich der *institutionellen Kontrolle und Gestaltung* (vgl. ebd., 121 f.). Über die Differenzierung des Mediensystems in diverse Handlungs- und Verantwortungsbereiche wird die Verteilung beziehungsweise Zuschreibung von Verantwortung auf individualethischer sowie auf institutioneller und organisationeller Ebene ermöglicht.

Einzelne Medienakteure wie beispielsweise Journalisten sind ebenso wie Programmdirektoren im Informations- und Unterhaltungsbereich verantwortlich für die Qualität ihrer Produkte und für die gesellschaftlichen Folgen ihres Handelns. Bei der Übernahme von Verantwortung geht es im Informationsbereich beispielsweise um Fragen nach wahrhaftiger Berichterstattung, gründlicher Recherche, der Authentizität von Darstellungen etc. Zunächst beziehen diese Handlungsorientierungen sich auf den Bereich der Individualverantwortung. Dabei ist im Rahmen individualethischer Betrachtungen neben der Produzentenperspektive auch die Ebene der Rezipienten zu berücksichtigen. Im Idealfall können die Rezipienten ihre Mediennutzung kompetent steuern und als aktive und eigenverantwortliche Rezipienten agieren (vgl. Funiok 1996, 2001, 2007; Wunden 1996). Um Handlungsempfehlungen bereitzustellen und mediale Qualität zu sichern, müssen neben individualethischen Bestrebungen und der institutionellen Verankerung in Form von rechtlichen Regelungen und ethischen Richtlinien in Kodizes weiterführend auch organisationelle Rahmenbedingungen in Form von unternehmerischen Selbstverpflichtungen bereitgestellt werden. Medienunternehmen sollten konkrete (moralische) Zielvorgaben und überprüfbare Handlungsweisen operationalisieren und in ihren unternehmerischen Leitbildern verankern – diese sollten in gewissen zeitlichen Abständen überprüft und evaluiert werden (vgl. Karmasin 2000a). Die Bestimmung korporativer Verantwortung, vielmehr die Frage nach der tatsächlichen Wahrnehmung von Verantwortung auf organisationeller Ebene, gestaltet sich hingegen als schwierig. Denn selbst wenn Verantwortung in Handlungsnormen operationalisiert und in Form von unternehmerischen Leitsätzen verankert wird, ist nicht gewährleistet, dass Verantwortung in Summe von den beteiligten Akteuren tatsächlich wahrgenommen wird. Es besteht die Gefahr, dass sich die Individualverantwortung mit zunehmender Zahl der Handlungsträger auflöst und letztlich folgenleer an die Korporation übergeben wird.

2.5.2 Rollenbezogene Verantwortung der Medienakteure

In der Medienpraxis ist es schwierig, Verantwortung an die einzelnen Akteure zu verteilen. Die Handlungszusammenhänge im Mediensystem sind zumeist miteinander vernetzt und sehr komplex. In der Regel finden Handlungen nicht als Einzelhandlungen statt, sondern sie laufen zu verzweigten Handlungsketten zusammen. Die einzelnen Elemente und Beziehungen sind nicht immer klar zu bestimmen, so dass es typischerweise zu „einem *Auseinandertreten* von *Ent-*

scheidungs-, Handlungs- und Verantwortungssubjekten kommt" (Debatin 1998, 117, Herv. i. O.). Beispielhaft für den Bereich journalistischen Handelns ist die Diskrepanz zwischen entscheidungstragender Redaktionskonferenz, handlungsausführenden Journalisten und dem verantwortlichen Redakteur. Auch für den Bereich der Werbung finden sich Beispiele. Wenn sich die Werbeagentur für (oder gegen) eine klare Kennzeichnung der Werbebotschaft ausspricht, liegt die letzte Entscheidungsbefugnis – in Absprache mit dem Verlag – beim werbetreibenden Unternehmen. Sofern dieses sich beispielsweise für eine Einbettung der Werbung in den redaktionellen Kontext entscheidet, die nicht gekennzeichnet wird, kann der Ansprechpartner der Werbeagentur nicht allein zur Verantwortung gezogen werden. Die Zuschreibung und Übernahme von Verantwortung in der Praxis ist folglich nicht einzig an Individuen gebunden, ebenso wenig ist sie allein an die Organisation abzugeben.

Die vorhergehenden Überlegungen zeigen, dass die Zuschreibung von Verantwortung in der Praxis immer auch abhängig ist von der spezifischen Handlungssituation und den jeweiligen Umstände der Handlungssubjekte. Unter bestimmten Bedingungen ändern sich die Möglichkeiten der Verantwortungszuschreibung an die Medienakteure. Ein Beispiel hierfür ist die Produktion von Werbeinhalten, die gestaltet sind wie redaktionelle Beiträge. In den letzten Jahren sind Verlage und Redaktionen immer mehr dazu übergegangen, „den Kunden die Gestaltung der Advertorials durch die Redaktion selbst" anzubieten und Werbebotschaften in Eigenverantwortung redaktionell aufzubereiten, um diese dem *Look and Feel*, also dem Stil und der Aufmachung der redaktionellen Inhalte des Trägermediums, anzupassen (Burkart u.a. 2004, 156). In Fällen, in denen die Redaktion die Produktion der Advertorials übernimmt, werden Advertorials heute verstärkt von Journalisten gestaltet, nicht mehr nur von den Werbeagenturen. Der Aufgabenbereich journalistischer Arbeit erweitert sich damit. Ein Journalist, der Werbeinhalte redaktionell aufbereitet, ist jedoch kein Werber. Es wird in diesem Fall die spezielle Rollen- und Aufgabenverantwortung des Journalisten überschritten, indem Aufgaben übernommen werden, welche dem Journalisten gängigerweise nicht zugeschrieben werden. Vor dem Hintergrund ständig wechselnder Aufgaben- und Rollenzuschreibungen in der Praxis ist daher zu überlegen, wie einzelnen Handlungssubjekten Verantwortung im Kontext pragmatischer Interessenkonflikte zugeschrieben werden kann.

Eine Möglichkeit, die verschiedenen Rollen der Medienakteure, die in und mit Medien ein- und übernommen werden, zu erfassen, stellt Erhart (2003) vor. Er wählt eine anthropologische Zugangsweise um, unter Rückbezug auf diverse Allokationsgüter und Handlungsparameter der handelnden Akteure, diverse Idealtypen des *homo medialis* (vgl. Rath 2003d) zu bestimmen. Um die ökonomische Orientierung als auch die Rollengebundenheit der Medienakteure bei der

Analyse gleichermaßen berücksichtigen zu können, orientiert Erhart sich in Bezug auf Grundkategorien der Analyse des homo medialis am *homo oeconomicus* und am *homo sociologicus* (vgl. Erhart 2003, 148). Als Kategorien der Verortung des medialen Menschen in seiner ökonomischen Dimension unterscheidet Erhart die Allokationsgüter *Profit, Reputation* und *Aufmerksamkeit* voneinander. Mit Blick auf die Rollendefinition des Handlungssubjekts benennt er als weitere Handlungsparameter die drei Allokationsverfahren *Konkurrenz, Hierarchie* und *Autorität*. Führt man Allokationsgüter und Allokationsverfahren zusammen, ergibt sich ein Geflecht, das es ermöglicht, „Profile zu erstellen, die m.E. als Handlungsparameter des Homo Medialis in der Spannung zwischen Handlungskalkül i.s. des *Homo oeconomicus* und Rollenmodell i.s. des *Homo sociologicus* verstanden werden können" (ebd., 150, Herv. i. O). Es wird an dieser Stelle darauf verzichtet, das komplexe Geflecht an Handlungsparametern zu beschreiben. Zielführend ist vielmehr, den Kerngedanken Erharts hervorzuheben und die Medienakteure in ihrer Rollen- und Aufgabenverteilung zu betrachten, um ihnen entsprechend Verantwortung zuschreiben zu können.

Erhart definiert insgesamt neun Idealtypen, die jeweils über ein spezifisches Charakteristikum verfügen und ihrerseits den drei Gruppierungen der *Medienentscheider*, der *Mediengestalter* und den *Medienrezipienten* zugeordnet werden können (vgl. ebd., 151 ff.). So zählen beispielsweise die Idealtypen *Medien-Unternehmer, Verleger* und *Intendant* zur Gruppe der Medienentscheider und lassen sich anhand der Verteilung der Allokationsgüter und -verfahren voneinander unterscheiden. Die von Erhart bestimmten Idealtypen und Rollenmodelle werden im Einzelnen nicht weiter vorgestellt. Sein Ansatz wird an dieser Stelle angeführt, da er die Möglichkeit bietet, die am Mediengeschehen beteiligten Akteure vor dem Hintergrund ökonomischer Handlungskalküle und ihrer spezifischen Rollen- und Aufgabenverteilung zu bestimmen. Auf diese Weise können, über die Bestimmung einzelner Verantwortungsbereiche und Personengruppen hinaus, die einzelnen Medienakteure anhand ihrer Rollen und Aufgaben als Verantwortungsträger benannt werden. So lässt sich beispielsweise dem Journalisten, der die Aufgabe hat, ein Advertorial zu gestalten, und damit seinen klassischen Aufgabenbereich verlässt, um die Aufgaben eines Werbers zu übernehmen, Verantwortung für sein Handeln im Sinne des neu übernommenen Rollenbildes zuschreiben. Es wird möglich, die Diskrepanz dieser beiden Rollenbilder zu beschreiben und ethisch zu bewerten.

2.6 Freiwillige Selbstkontrolle als medienethisches Konzept

Als angewandte Ethik beschäftigt die Medienethik sich mit den Strukturen und Funktionen des Mediensystems. Wie in Punkt 2.2 ausgeführt, kommt ihr sowohl eine Reflexions- und Begründungsfunktion als auch eine Steuerungsfunktion zu. In ihrer Steuerungsfunktion ist die Medienethik auch als Instrument der Selbstregulierung zu begreifen, welche den Blick auf eine aus Verantwortungsbewusstsein resultierende Selbstbindung von Medienmachern und Medienunternehmen eröffnet. Selbstregulierung wird hierbei verstanden als „eine Form bewusster, aus Freiheit geleisteter Selbstbeschränkung im wirtschaftlichen und/oder medialen Handeln mit dem Ziel, die Übernahme von ethisch gerechtfertigter Verantwortung auch unter Marktbedingungen zu ermöglichen" (Rath 2003b, 50). Im Medienbereich ist Verantwortung als Prinzip zugleich Grundlage und Zielsetzung von Prozessen der freiwilligen Selbstkontrolle.

2.6.1 Institutionalisierte Ethik: Medienselbstkontrolle

Angesichts der wirtschaftlichen Globalisierungsdynamik und den damit einhergehenden veränderten Bedingungen ist es unmöglich, eine „zentrale Interpretationsinstanz mit sanktionierendem Zugriff auf bestimmte globalisierte Handlungsfelder" zu bestimmen (Rath 2003b, 43). In dem Fall muss die rechtliche Fremdbindung vermehrt durch die medienethische Selbstbindung unternehmerischen Handelns ergänzt beziehungsweise übernommen werden. Der Ausdruck Selbstregulierung bezieht sich auf „Regeln und Normen, die von Privaten (also nicht-staatlichen) Instanzen aufgestellt, organisiert und durchgesetzt werden" und auf eine freiwillig geleistete Übernahme von Verantwortung angewiesen sind (Widmer 2003, 18 f.).

Zielsetzung der Medienselbstkontrolle ist es, in eigener freier Entscheidung und Verantwortung durch die Wahrung der Berufsethik im Innern und durch die Verteidigung der Medienfreiheiten nach außen, das richtige Verhältnis der Medien zu Staat und Gesellschaft zu sichern (vgl. Stapf 2006, 193). Die *Selbstkontrolle* stellt historisch gesehen den Gegenentwurf der *Fremdkontrolle* dar. Heute dient sie als ergänzendes Instrumentarium der Medienkontrolle. Nach Stapf (2010) lässt sich *Medienkontrolle* in einem Modell gestufter Medienselbstkontrolle wie folgt fassen:

Medien-Selbstkontrolle		Medien-Fremdkontrolle	
Komponenten	*Freiwillige Selbstkontrolle*	*Regulierte Selbstregulierung*	*Fremdkontrolle*
Freiheit/ Freiwilligkeit	Freiwilligkeit – primär moralische Steuerung	Bedingte Freiwilligkeit – moralische und rechtliche Steuerung	Keine Freiwilligkeit – rechtliche Steuerung
Selbstkontrolle/ Anerkennung	*Selbst*-Kontrolle – primär durch professionelle Anerkennung	*Selbst*-Kontrolle – durch staatliche und professionelle Anerkennung	Keine *Selbst*-Kontrolle – rechtliche Anerkennung
Kontrolle	Sanktionierung – primär durch Öffentlichkeit und Berufsmoral	Sanktionierung – durch Medienrecht, Öffentlichkeit und Berufsmoral	Sanktionierung – durch Medienrecht

Tabelle 1: Modell gestufter Medien-Selbstkontrolle (Stapf 2010, 172)

Ein Vorteil der Selbstregulierung liegt darin, dass durch ihre Anwendung staatliche Eingriffe in den Bereich der Medienfreiheiten[8] vermieden werden können. Wenn die Mechanismen der Selbstkontrolle greifen, kann die Frage der Zensur umgangen werden (vgl. Rath 2010d, 37). Zudem können die Beteiligten im Rahmen der Selbstregulierung ihren Fachverstand und ihre Praxiserfahrungen einbringen und damit Praxisnähe garantieren. Die meist diskursive und konsensuale Entstehung von Regeln und Prinzipien der Selbstregulierung fordert die Mitwirkung der Beteiligten und sorgt auf diese Weise für eine größere Akzeptanz der geschaffenen Regelungen, als wenn Normen der Fremdregulierung unterliegen. Professionsethische Normen und ethikgetriebene Regulierungen medialer Art werden von den am Medienprozess Beteiligten diskutiert, entwickelt und schließlich auch umgesetzt, so dass das Medienhandeln und dessen Folgen in eigener Verantwortung geprüft und gegebenenfalls sanktioniert wer-

---

[8] Die Einschränkung der Medienfreiheit durch staatliche Maßnahmen widerspricht aufgrund der im Grundgesetz verankerten Presse- und Meinungsfreiheit dem demokratischen Grundkonsens, so dass jede „systematische Art von Kontrolle bzw. Fremdkontrolle [...] verboten" ist (Stapf 2000, 144).

den können (vgl. Rath 2003c, 138). Dieser medienethische Reflexionsprozess wird auf der Grundlage von Kodizes, Verfahrensnormen und Gremien der freiwilligen Selbstkontrolle im Mediensystem dauerhaft legitimiert und institutionalisiert. Zu den Instanzen der freiwilligen Medienselbstkontrolle, welche Kriterien für verantwortliches Medienhandeln entwickeln, umsetzen und kontrollieren, zählen unter anderem die FSF (Freiwillige Selbstkontrolle für Fernsehen), die FSK (Freiwillige Selbstkontrolle der Filmwirtschaft), die FSM (Freiwillige Selbstkontrolle der Multimedia-Dienstanbieter e.V.), der Deutsche Presserat und der Deutsche Werberat.

Als Nachteil der Medienselbstkontrolle wird häufig das beschränkte Sanktionspotenzial der Selbstkontrollorgane genannt. Institutionen wie der Deutsche Presserat werden als „Papiertiger ohne Imperium" (Rath 2010d, 37) betitelt und berufsethische Kodizes werden oftmals als wirkungslos kritisiert, da die Selbstkontrolle im Sinne einer Sanktionierung maximal öffentliche Rügen aussprechen kann. Dabei wird übersehen, dass die Selbstkontrolle nicht allein für die Regulierung medialen Handelns zuständig ist. Sie dient vielmehr als Ergänzung staatlicher Regulierungsmaßnahmen. Dementsprechend kann der Selbstkontrolle, die explizit auf einen staatlichen Kern verzichtet, nicht der Vorwurf gemacht werden, sie habe keine (rechtliche) Sanktionierungsgewalt. Das Potenzial der Selbstkontrolle liegt vor allem darin, in einem globalisierten Medienmarkt Handlungsorientierung bereitzustellen, „wo der Staat längst marginalisiert ist" (ebd.). Der Selbstkontrolle bieten sich damit Chancen, zugleich steht sie aufgrund von Prozessen der Globalisierung, der technischen Konvergenz, der internationalen Ökonomisierung und dem mit dem Web 2.0 verbundenen Strukturwandel der Öffentlichkeit (vgl. Rath 2010b) vor neuen Herausforderungen. In Zeiten des Web 2.0 kann nicht mehr davon ausgegangen werden, dass Medienproduzenten auch immer professionalisiert sind und sich bei der Produktion und Veröffentlichung von Medieninhalten an Professionalitätsnormen orientieren. Globalisierte Medienunternehmen und nicht-professionelle Medienproduzenten im Web 2.0 sind der Medienselbstkontrolle entzogen, so dass „die etablierte Selbstkontrolle zusätzliche Funktionen übernehmen sowie Kooperationen und alternative Foren für ihre Arbeit finden" muss (Rath 2010d, 37). Zentral ist in diesem Zusammenhang – neben der Überbrückung nationalstaatlicher Grenzen – auch die Einbindung einer kritischen Öffentlichkeit, die als Bürgergesellschaft verstanden werden muss und mit ihren Initiativen ein Regulativ bieten kann, welches die Medienselbstkontrolle ihrerseits in den öffentlichen Diskurs einbindet.

In einer global vernetzten Medienwelt ist das Konzept der freiwilligen Selbstkontrolle in alleiniger Anwendung ebenso unwirksam wie eine umfassende Fremdregulierung mittels gesetzten Rechts. Es ist notwendig, dass Rahmenbedingungen von Politik und Recht zur Verfügung gestellt werden, die durch In-

stanzen der freiwilligen Selbstkontrolle, durch die „Institutionalisierung ethischer Regulative in Medienunternehmen und auf der Ebene der Branche", ergänzt beziehungsweise komplettiert werden (Karmasin 2006b, 135). Auch Medienunternehmen selbst müssen konkrete Zielvorgaben entwickeln, überprüfbare
Handlungsweisen operationalisieren, diese in unternehmerischen Leitbildern
verankern und schließlich auch die eingeführten Standards evaluieren und weiter
optimieren. Um die Übernahme gesellschaftlicher Verantwortung auf Ebene der
Medienunternehmen in Ausübung von Corporate Social Responsibility (CSR)
sinnvoll zu implementieren, schlägt Karmasin im Rahmen unternehmensethischer Überlegungen den Ansatz des *Stakeholder-Managements* vor.

2.6.2 Stakeholder-Management: Ansatz einer Ethik der Medienunternehmen

Eine wesentliche Voraussetzung und Kennziffer von Medienunternehmen ist der
wirtschaftliche Erfolg, den sie erzielen. Medienunternehmen sind ökonomische
Akteure. Sie produzieren nicht nur Wirtschaftsgüter, sondern auch Kulturgüter
und quasi-öffentliche Güter (vgl. Karmasin 2000a, 2006a) und müssen daher
auch in ihrer kulturrelevanten und gesellschaftlichen Dimension analysiert werden. Die Frage nach gesellschaftlicher Verantwortung stellt sich dabei auch als
unternehmensethische Fragestellung. Es ist zu klären, wie Gewinnorientierung
und Gemeinwohlorientierung auf Unternehmensebene sinnvoll zusammengeführt werden können. Aus unternehmensethischer Perspektive ist bei der Steuerung von Unternehmen zunächst zu fragen, „zu wessen Nutzen und auf wessen
Kosten eine Unternehmung geführt werden [solle]" (Karmasin 1999, 184). Um
diese Frage mit Blick auf alle Interessengruppen eines Unternehmens hinreichend zu beantworten, bietet es sich an, den Ansatz des Stakeholder-
Managements heranzuziehen.

Der Ansatz des Stakeholder-Managements gilt als „eine Erweiterung traditioneller ‚shareholder' bzw. ‚stockholder' Konzepte", bei dem der Prozess der
Leistungserstellung mit Blick auf die Gesellschaftsorientierung um eine strategi-
sche Dimension erweitert wird (Karmasin 1999, 183 f.). Medienunternehmen
können nicht nur als ökonomische Akteure gefasst werden, sie müssen auch in
ihrer kulturrelevanten und gesellschaftlichen Dimension gesehen werden und die
Vielzahl an unterschiedlichen Stakeholdern mitberücksichtigen. Die notwendige
Ergänzung traditioneller betriebswirtschaftlicher Konzepte bezieht sich auf die
Einbeziehung all jener Gruppen, die ein Interesse an einem Unternehmen haben.
Das heißt, dass im Unterschied zu traditionellen betriebswirtschaftlichen Kon-
zepten

„nicht mehr nur die Interessen der KapitaleigentümerInnen und explizit rechtlich kodifizierte
Anteile bzw. Rechte an Unternehmen, sondern auch alle anderen Rechte (legaler oder ethischer
Natur) und Interessen in Unternehmensentscheidungen einbezogen werden" (ebd., 184).

Dabei gelten gemäß der Gesellschafts- und Gemeinwohlorientierung alle direkt
artikulierten Interessen sowie all jene (indirekten) Interessen, die durch das Handeln des Unternehmens betroffen sind, als Stakeholder beziehungsweise Anspruchsgruppen. Edward R. Freeman (1984) beschreibt den Begriff *Stakeholder*
wie folgt:

„People linked to an organisation have a stake in it. A stakeholder therefore, is any individual
or group who can effect or is effected by the actions, decisions, policies, practices or goals of
the organization" (ebd., 25).

Karmasin (2006b) differenziert die unterschiedlichen Anspruchsgruppen weiter
aus in *primäre Stakeholder* und *sekundäre Stakeholder*. Das Unternehmen wird
als Organisation verstanden, die zwischen den unterschiedlichen Interessengruppen vermittelt und einen möglichst gerechten Interessenaustausch zum Ziel hat.
Dabei muss oftmals zwischen verschiedenen Handlungsoptionen abgewogen
werden und es müssen Kompromisse eingegangen werden, damit die teilweise
konfligierenden Vorstellungen der unterschiedlichen Anspruchsgruppen im unternehmerischen Entscheidungsprozess ausreichend Berücksichtigung finden.
Der zentrale Ansatzpunkt des Stakeholder-Managements ist der Anspruch,
Gewinnorientierung und Gemeinwohlorientierung zu verbinden und die Interessen der Anspruchsgruppen im Sinne der Corporate Social Responsibility so ge-
geneinander abzuwägen, dass der größtmögliche Beitrag zum Unternehmen und
somit zum Gemeinwohl entsteht, ohne lediglich ökonomische Argumentationen
im Rahmen unternehmerischer Entscheidungsprozesse zu berücksichtigen. Aus
medienökonomischer Perspektive stellt sich die Frage, ob und inwieweit in einem marktwirtschaftlichen System „die generelle Möglichkeit moralischer Integrität" besteht und inwiefern „Moral ökonomisch sinnvoll und lohnend" sein kann
(Rath 2006, 118). Medienunternehmen, die sich ihrer gesellschaftlichen Verantwortung bewusst sind und sich am Prinzip der Corporate Social Responsibility
orientieren, können sich – so eine gängige These – besser auf dem Markt positionieren und langfristig etablieren (vgl. Weder 2011).
Aus unternehmerischer Sicht ist mediale Qualität als ethischer Maßstab ein
Anliegen, „das ökonomische und ethische Belange zu verbinden mag", und für
Unternehmen selbst bei einer primär betriebswirtschaftlichen Perspektive Sinn
macht, sofern die Qualitätsorientierung für die unternehmerische Imagepflege
verwendet werden kann (Stapf 2006, 173). Im Rahmen der Stakeholder-
Orientierung kann Qualitätssicherung als grundlegende Bedingung begriffen

werden, um gesellschaftsbezogene Kommunikationsziele zu erreichen. Wenn Unternehmen Kundenzufriedenheit und ein positives Image bei den Kunden als Unternehmensziel definieren, liegt die Qualitätssicherung auch im Interesse der Medienunternehmen. Vor diesem Hintergrund scheint es sinnvoll, dass Unternehmen sich an den unterschiedlichen Anspruchsgruppen und vor allem am gesellschaftlichen Gemeinwohl orientieren. Dies lässt sich einerseits „aus ethischen Argumenten wie Verantwortung und Gerechtigkeit ableit[en], andererseits aus erfolgsrationalen Argumenten wie der strategischen Existenzsicherung der Unternehmung" (Karmasin 1999, 186). Beim Stakeholder-Ansatz wird neben positivrechtlichen und ökonomischen Prämissen auch die ethische Verpflichtung der Unternehmen in das Handeln mit einbezogen. Dies geschieht beispielsweise in Form von Selbstverpflichtungen, die Eingang in die unternehmerischen Leitlinien finden.

Als Beispiel für die Implementierung des Stakeholder-Ansatzes auf Unternehmensebene sei hier auf die Axel Springer AG verwiesen. Auf deren Website wird mit Blick auf die Übernahme gesellschaftlicher Verantwortung das Ziel formuliert, „als modernes Unternehmen […] zugleich Wert auf soziale und ökologische Bedingungen unserer Wertschöpfung [zu legen]" (Axel Springer AG 2013). Konkret werden von der Axel Springer AG beispielsweise Leser, Mitarbeiter, Lieferanten, Aktionäre oder auch Gemeinden und Umweltorganisationen als Stakeholder angeführt. Eigenen Angaben zufolge steht das Unternehmen im „Dialog mit Umweltorganisationen wie Greenpeace zu kritischen Fragen der Holz-, Zellstoff- und Papierkette, der Überwindung langjähriger Konflikte im kanadischen Britisch Kolumbien" und ergreift Maßnahmen von der „öffentliche[n] Blattkritik bei BILD bis zur Beteiligung von Lesern an der inhaltlichen Gestaltung von Publikationen", um die Interessen der unterschiedlichen Stakeholder mit einzubeziehen (Axel Springer AG 2013). Nach Angaben des Unternehmens wird beispielsweise – neben den ökologischen Standards bei der Holzgewinnung und Papierherstellung – auch bei der Beschaffung von Druckpapier darauf geachtet, dass der grenzüberschreitende Holzhandel transparent ist und Korruption vermieden wird. Diese Stakeholder-Orientierung wird über ein Interview mit der Vorsitzenden von Transparency International Deutschland dokumentiert. Auf der Website des Axel Springer Konzerns finden sich Interviews und Dokumente, welche die Interaktionen und Dialoge mit den verschiedenen Stakeholdern offenlegen. Was allerdings fehlt, ist die Darstellung der konkreten Interessen der jeweiligen Stakeholder. Diese Übersicht von Springer ist symptomatisch, denn es wird zwar ein Stakeholder-Vorteil genannt, aber keine normative Basis formuliert für eine solche Beurteilung als Vorteil – schon gar keine medienethische oder wirtschaftsethische Reflexion bezüglich möglicher Auswirkungen des unternehmerischen Handelns auf die Stakeholder.

3 Ethik im journalistischen Handlungsfeld

In diesem Kapitel werden in einem ersten Schritt die Tätigkeits- und Aufgabenfelder des Journalismus skizziert. Im wissenschaftlichen Diskurs sind die Annahmen darüber, welche Funktionen und Aufgaben der Journalismus zu erfüllen
hat, ebenso vielfältig und weitläufig wie das journalistische Handlungsfeld
selbst. Weitestgehend besteht Einigkeit darüber, dass die zentrale Funktion journalistischen Handelns – auch als konstitutive Bedingung demokratischer Gesellschaften – in der Herstellung von Öffentlichkeit (vgl. Habermas 1990) liegt.
Journalisten haben die Funktion, allgemein bekannt zu machen, was gesellschaftlicher Bearbeitung bedarf, ohne grenzenlos all das zu publizieren, was publizier-
fähig ist (vgl. Pöttker 1999a, 221). Aufgabe des (informierenden wie auch des
unterhaltenden) Journalismus ist es, die zu vermittelnden Informationen unter
Rückbezug auf professionsethische Kriterien zu selektieren, aufzubereiten und
dann zu kommunizieren.

Unter Rückbezug auf die Funktionen und Aufgaben des Journalismus wird
sodann eine Konzeption journalistischer Ethik vorgestellt, bei der die journalistische Ethik nicht nur als Ethik des Journalisten verstanden wird, sondern auch die
strukturellen Bedingungen des gesamten journalistischen Handlungsfeldes mit
einbezogen werden. Dabei wird unter anderem der mit dem Web 2.0 verbundene
Strukturwandel (medialer) Öffentlichkeit berücksichtigt (vgl. Rath 2010b).

In einem weiteren Schritt wird auf professionsethische Aspekte eingegangen. Redaktionelle Maßnahmen der Kosteneinsparung und die Tendenz zur Verschränkung redaktioneller Inhalte und Werbebotschaften wirken sich – eine
normative Zielperspektive wie Transparenz, Objektivität oder zumindest Wahrhaftigkeit der medialen Berichterstattung (vgl. Rath 2011) vorausgesetzt – negativ auf die Qualität und Glaubwürdigkeit journalistischer Berichterstattung aus.
Daher werden in diesem Kapitel auch Kriterien und Grundprinzipien journalistischer Qualitätssicherung wie die Trennungsgrundsätze (vgl. Pöttker 1999b) und
die Grundnormen und Praxiswerte des Journalismus dargelegt. In diesem Zusammenhang werden zudem Studien vorgestellt, bei denen untersucht wurde, ob
Journalisten und Chefredakteure sich bei der alltäglichen Arbeit an normativen
Vorgaben wie dem Trennungsgrundsatz orientieren. Im letzten Punkt dieses
Kapitels wird der Deutsche Presserat als Instanz institutionalisierter Selbstkontrolle der Presse vorgestellt.

3.1 Tätigkeiten und Aufgaben des Journalismus

Die Tätigkeiten und Aufgaben des Journalismus werden je nach Betrachtungsweise und je nach Kontext unterschiedlich interpretiert. Vor dem Hintergrund, dass „jeder von etwas anderem [spricht], wenn von ‚Journalismus' die Rede ist", scheint es zunächst sinnvoll, zu erörtern, welche Aufgaben und Funktionen der Journalismus zu erfüllen hat und welche Tätigkeitsbereiche sich gemäß dem journalistischen Berufsbild formulieren lassen (Haller 1992, 196). Das journalistische Rollenverständnis lässt sich nach Donsbach (2008) auf drei Typen journalistischer Tradition zurückführen. Unterschiede zwischen der subjektiven Tradition, der wirtschaftlichen Tradition und der Tradition als gesellschaftliche Dienstleistung zeigen sich vor allem in Bezug auf die Zielsetzung und die inhaltliche Ausrichtung journalistischer Berichterstattung. Die drei Traditionslinien können an dieser Stelle nicht näher beleuchtet und spezifiziert werden, aber es soll deutlich gemacht werden, dass die ursprüngliche Aufgabe des Journalismus, Informationen aktueller Geschehnisse möglichst objektiv und umfassend zur Verfügung zu stellen und über Begebenheiten zu berichten, die von gesellschaftlichem Interesse sind, nicht mehr nur auf den Bereich des Nachrichtenjournalismus anzuwenden ist. Ergänzt wird der Nachrichtensektor durch den Bereich der Unterhaltung. Mit der Veränderung der inhaltlichen Ausrichtung journalistischer Arbeit hat sich auch die Rolle und damit verbunden das Aufgabenfeld journalistischer Arbeit verändert und weiter ausdifferenziert:

Ziel	Selbstverwirklichung	Funktionieren von Demo-kratie	Wirtschaftliche Partikular-interessen
Dominante Beziehung	Journalist – Staat	Medium – Gesellschaft	Medium – Märkte
Dominanter Wert	Subjektivität/Meinungs-freiheit	Objektivität/Vielfalt	Wirtschaftlicher Erfolg
Inhaltliche Ausrichtung	Meinung vor Fakten	Fakten vor Meinungen	Unterhaltung
Journalisten-Rolle	Individueller Autor	Profession	Arbeitnehmer

Tabelle 2: Drei Traditionslinien journalistischen Rollenverständnisses (Donsbach 2008, 153)

Nach Weischenberg (1995) lässt sich das journalistische Handlungsfeld anhand unterschiedlicher Berichterstattungsmuster in verschiedene Bereiche unterteilen. Ebenso wie bei dem Systematisierungsversuch von Donsbach folgen die von Weischenberg genannten Bereiche der übergeordneten Funktion, Informationen von allgemeinem Interesse zur Verfügung zu stellen und damit Öffentlichkeit zu generieren. Dabei unterscheiden sich die jeweiligen journalistischen Bereiche vor allem anhand der Art der Faktenpräsentation und anhand der funktionalen Ausrichtung im Nachrichten-/ Unterhaltungssektor voneinander:

	Informations-journalismus	Präzisions-journalismus	Interpretativer Journalismus	Neuer Journalismus	Investigativer Journalismus
Rollenwahr-nehmung	neutral-passiv unparteiisch	neutral-aktiv unparteilich	engagiert	engagiert	engagiert parteilich
Fakten-präsentation	objektiv	objektiv	subjektiv	subjektiv	subjektiv
Relevanz	Primärrolle	Sekundärrolle	Sekundärrolle	Sekundärrolle	Sekundärrolle
Journalistische Rolle	Vermittler	Forscher	Erklärer	Unterhalter	Anwalt

Tabelle 3: Berichterstattungsmuster im Journalismus (vgl. Weischenberg 1995, 114)

Die von Donsbach und Weischenberg vorgenommenen Kategorisierungen des journalistischen Verständnisses zeigen eine Differenzierung zwischen einem informierenden und einem unterhaltenden Journalismus. Diese Differenzierung gestaltet sich mit Blick auf aktuelle Phänomene journalistischer Berichterstattung in der Praxis durchaus als schwierig. Heute werden journalistische Beiträge, die Informationen vermitteln sollen, oftmals so gestaltet, dass sie unterhaltend sind. Andererseits beziehen Unterhaltungsformate verstärkt Informations- und Bildungsfunktionen mit ein. Mit Blick auf „eine ethikrelevante und zugleich das journalistische Handeln kennzeichnende Primär-Unterscheidung" schlägt Haller (1992) daher vor, unabhängig von der informierenden oder unterhaltenden Funktion, „die Frage nach dem Realitätsbezug journalistischer Aussageproduktion" zu fokussieren (ebd., 199). Seiner Ansicht nach sollte das journalistische Handlungsfeld in Bezug auf Ethikfragen anhand real existierender Aussagen der Lebenswelt und anhand überwiegend nonrealer, also fiktionaler Aussagen, voneinander unterschieden werden. Aus diesem Grund führt Haller die Unterscheidung zwischen U-Journalismus und E-Journalismus ein. Der U-Journalismus bezieht sich auf den Bereich inszenierter Massenkommunikation und umfasst „die Produktion von fiktionalen und/oder ludischen Aussagen (wie: Serien- und Spielfilme, Mitmachsendungen), aber auch die Herstellung beliebiger Meinungen und Deutungen über beliebige Themen (wie: unstrukturierte Talkshows, das Gerede von Moderatoren (...))" (ebd., 200). Im Unterschied dazu behandelt der E-Journalismus „Aussagen, die direkt oder indirekt auf Geschehnisse bezogen sind, die sich unabhängig vom berichtenden Journalisten zugetragen haben oder sich zutragen" (ebd., 203). Dieser journalistische Typus gilt als die ursprüngliche Variante des Journalismus, auf die sich die Regelungen der Landespressegesetze und die Richtlinien im Pressekodex des Deutschen Presserats beziehen.

Das journalistische Handlungsfeld hat sich in der Praxis in vielfacher Weise ausdifferenziert. Mit der Veränderung der inhaltlichen Ausrichtung journalistischer Arbeit hat sich auch die Rollenzuschreibung und damit verbunden das Aufgabenfeld journalistischer Arbeit verändert. Nach wie vor ist es Aufgabe des Journalismus, aktuelle Geschehnisse zu beschaffen, zu selektieren und aufzuarbeiten, um zu informieren und Öffentlichkeit herzustellen. Neben dieser Funktion kommt dem Journalismus heute auch eine unterhaltende Funktion zu. Nach wie vor beziehen sich Überlegungen journalistischer Ethik vorrangig auf die journalistische Berichterstattung im Nachrichtensektor. Es finden sich vereinzelt Konzeptionen, die sich auf den Bereich der Unterhaltung beziehen – Hausmanninger beispielsweise hat bereits 1994 die Grundlinien einer Ethik der Unterhaltung skizziert und versucht, Qualitätsmerkmale für den Unterhaltungsbereich zu formulieren –, diese stellen allerdings eine Ausnahme dar. Im Unterschied zum informativen Journalismus findet der Unterhaltungsbereich im Rahmen ethischer Reflexion bisher wenig Beachtung. Vor dem Hintergrund einer zunehmenden Ausdifferenzierung des journalistischen Handlungsfeldes und einer damit verbundenen Veränderung journalistischer Tätigkeitsfelder und Aufgabenbereiche ist zu überlegen, welche normativen Kriterien in der Praxis für die Begründung und Reflexion journalistischen Handelns herangezogen werden können. Unter Rückbezug auf Konzeptionen der allgemeinen Ethik und mit Bezug auf das jeweilige journalistische (informierende oder unterhaltende) Tätigkeitsfeld kommt der journalistischen Ethik die Aufgabe zu, journalistische Reflexionsmaßstäbe zu begründen und zugleich journalistische Handlungsorientierung zur Verfügung zu stellen. Die journalistische Ethik darf dabei nicht auf eine individualethische Betrachtungsweise reduziert werden, vielmehr muss sie als Ethik des journalistischen Handlungsfeldes verstanden und konzipiert werden.

3.2 Journalistische Ethik als Ethik des journalistischen Handlungsfeldes

Fälschlicherweise wird die journalistische Ethik in der Literatur häufig gleichgesetzt mit der Medienethik oder als individualethische Konzeption auf eine Ethik des Journalisten reduziert. Die Medienethik bezieht sich nicht nur auf das journalistische Handlungsfeld, sondern auch auf Anwendungsfelder wie Werbung und Public Relations. Die journalistische Ethik ist strukturell an die Medienethik rückgebunden (vgl. 2.2). Als Konzeption angewandter Ethik kommt der journalistischen Ethik sowohl eine Reflexions- und Begründungsfunktion als auch eine Steuerungsfunktion zu. Aufgabe der journalistischen Ethik ist es, Normen und Werte journalistischen Handelns unter Rückbezug auf Theorien der allgemeinen Ethik zu begründen, journalistische Ideale in Bezug auf die Möglichkeiten ihrer Realisierbarkeit zu überprüfen und normative Handlungsorientierung bereitzustellen. Dabei darf die journalistische Ethik nicht nur als individualethisch aufgefasst werden, vielmehr müssen die strukturellen Bedingungen im Rahmen einer Ethik des journalistischen Handlungsfeldes mit berücksichtigt werden.

Im wissenschaftlichen Diskurs finden sich diverse Systematisierungsvorschläge für die journalistische Ethik beziehungsweise die Ethik des Journalismus.[9] Ein Vorschlag, bei dem die Ethik des Journalismus im Rahmen der Praktischen Philosophie verortet wird, an die Medienethik rückgebunden ist und als prinzipien- und empiriegeleitete Ethik verstanden wird, findet sich bei Karmasin (2005, 15):

---

[9] Ein Überblick über systemtheoretische Annahmen, diskursethische Ansätze etc. zur Begründung journalistischer Ethik findet sich beispielsweise bei Debatin/Funiok (2003a) und Brosda/Schicha (2010).

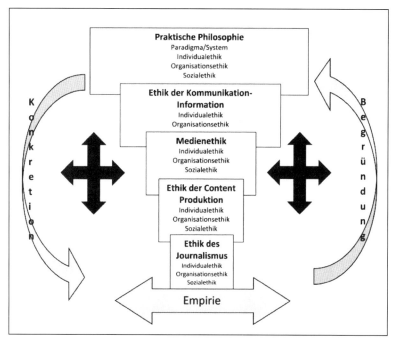

Abbildung 5:   Begründung als iterativer Prozess (Karmasin 2005, 15)

Im Rahmen der journalistischen Ethik wird oftmals der Redakteur beziehungsweise Journalist ins Zentrum ethischer Betrachtung gerückt und nur selten werden die komplexen strukturellen Bedingungen des journalistischen Handlungsfeldes, das Beziehungsgeflecht journalistischen Handelns, in dem sich der einzelne Akteur bewegt, berücksichtigt. Die journalistische Ethik wird immer wieder auf eine individualethische Konzeption verkürzt, die unternehmensethische
Fragen sowie Fragen der Zuschreibung und Übernahme von Verantwortung aus
sozialethischer Perspektive außer Acht lässt. In Bezug auf die journalistische
Ethik greift die Annahme, allein den „handelnde[n] Journalist[en] zum Ausgangspunkt der Betrachtung [zu] machen" und „die Betrachtung auf den Einzelnen und nicht auf das System Journalismus" zu beziehen, allerdings zu kurz
(Thomaß 2003, 159).
    Als rein individualethische Konzeption, die sich allein auf das Handeln des
Einzelnen bezieht, lässt sich die journalistische Ethik, angesichts aktueller Prozesse und der Verknüpfung unterschiedlicher Systemstrukturen, nicht hinreichend bestimmen. Denn sowohl individuell Handelnde wie Journalisten als auch

korporative Handlungsträger wie Medienunternehmen sind Teil des journalistischen Systems. Die journalistische Ethik, verstanden als Ethik des journalistischen Handlungsfeldes, muss daher sowohl die strukturellen Rahmenbedingungen als auch die Rollen- und Aufgabenbezogenheit der einzelnen Akteure im journalistischen Handeln berücksichtigen. Um die Akteure des journalistischen Handlungsfeldes vor dem Hintergrund ökonomischer Handlungskalküle und ihrer spezifischen Aufgaben zu bestimmen und ihnen auf diese Weise Verantwortung zuschreiben zu können, sei an dieser Stelle auf den Ansatz von Erhart (2003) verwiesen (vgl. 2.5.2).

Im Rahmen journalistischer Ethik bezieht die normative Beurteilung journalistischen Handelns sich immer auch auf die Sicherung journalistischer Qualität. Bevor nachfolgend Kriterien journalistischer Qualität dargelegt werden, wird zunächst noch eine Konzeption vorgestellt, bei der die journalistische Ethik, unter Rückbezug auf den mit dem Web 2.0 verbundenen Strukturwandel medialer Öffentlichkeit (vgl. Rath 2010b), im Kontext der Medienethik als *Ethik der öffentlichen Kommunikation 2.0* verstanden wird.

3.3 Zur Konzeption einer Ethik öffentlicher Kommunikation 2.0

Eine grundlegende Funktion der Medien, speziell der journalistischen Berichterstattung, ist es, Öffentlichkeit zu erzeugen. Der Begriff *Öffentlichkeit* wird nachfolgend unter funktionalen Gesichtspunkten und mit Blick auf die Entwicklungen des Web 2.0 skizziert. Eine ausführliche Herleitung und Bestimmung von Öffentlichkeit wird an dieser Stelle nicht geleistet, zurückgegriffen wird auf den Öffentlichkeits-Begriff, den Rath (2010b) im Rahmen einer Konzeption der Medienethik als Ethik öffentlicher Kommunikation vorschlägt. Ihm zufolge lassen sich drei gängige Konnotationen des Öffentlichkeitsbegriffs benennen: *Publicity, Forum* und *soziale Aufmerksamkeit*. Um eine systematische Verortung öffentlicher Kommunikation und damit verbunden die Konzeption einer Ethik öffentlicher Kommunikation leisten zu können, greift Rath zurück auf die Bestimmung von Öffentlichkeit als *publicity* beziehungsweise *publicness* von Habermas (1990). Die journalistische Ethik lässt sich – unter Rückbezug auf die grundlegende Verortung journalistischer Ethik als *Ethik der öffentlichen Kommunikation 1.0* – vor dem Hintergrund des Strukturwandels medialer Öffentlichkeit weiter als *Ethik der öffentlichen Kommunikation 2.0* formulieren (vgl. Rath 2010b, 4).

Für den neuerlichen Strukturwandel öffentlicher Kommunikation sind vor allem die „*tiefgreifenden und rasanten Veränderungen der modernen Medienkultur*" ausschlaggebend, die sich auch in Form einer konvergenten Medienentwicklung widerspiegeln (Wissenschaftsrat, 2007, 73, Herv. i. O.). Dabei ist von Konvergenz auf Angebots- und Nutzungsebene zu sprechen, wenn „die neuen Angebote, die entstehen, für sich genommen eine neue, zwischen den Ausgangsmedien liegende Funktionalität" erlangen (Hasebrink u.a. 2004, 10).[10] Diese Medienkonvergenz, verstanden als ein Konglomerat aus Produktions-, Produkt- und Rezeptionsperspektiven hat – so der amerikanische Medienwissenschaftler Henry Jenkins (2006) – einen kulturellen Paradigmenwandel herbeigeführt: nämlich denjenigen vom Zugang (*access*) zur Beteiligung (*participation*). Besonders das Internet, die „Mutter aller Medien" (vgl. Rath, 2003a), hat die Organisation unserer kommunikativen Systeme grundlegend verändert. Im Zeitalter der Einzelmedien waren Produktion und Konsum zwei deutlich voneinander getrennte Kategorien. Im Internetzeitalter hingegen kommunizieren die Hersteller und Nutzer von Medieninhalten auf Augenhöhe miteinander und die Konsumenten nehmen eine „hybride Nutzer/Produzenten-Rolle" an, in der beide Formen der Beteiligung untrennbar miteinander verwoben sind (Bruns, 2009, 198 f.). Das bedeutet, dass Online-Angebote einerseits weiterhin wie gewohnt genutzt werden, indem Informationen gesucht, E-Mails geschrieben und Musik heruntergeladen wird. Andererseits wird die Möglichkeit wahrgenommen, selbst partizipativ tätig zu sein, indem gebloggt wird, Artikel kommentiert und eigene Inhalte hochgeladen werden. Die als klassisch zu bezeichnende Rolle des Online-Nutzers wird dabei nicht aufgehoben oder ersetzt. Vielmehr stehen den Nutzern neue Partizipationsmöglichkeiten zur Verfügung, so dass die Nutzung von Online-Angeboten nicht auf die (passiv) rezipierende Nutzung beschränkt bleibt, sondern durch den Aspekt der Produktion und Veröffentlichung eigener Online-Angebote auf Nutzerseite ergänzt wird. Diese „aktive Erweiterung der Handlungsformen des Nutzers" sorgt dafür, dass sich die Rollenverteilung zwischen Produzent, Distributor und Rezipient auflöst und die Wertschöpfungskette bis zur Unkenntlichkeit verändert wird (Rath 2010d, 21). Mit diesem Phänomen wird jedoch nicht nur ein veränderter Prozess der Produktion und der Produktionsbedingungen beschrieben, vielmehr ist diese Entwicklung als ein Konglomerat aus Nutzung und Produktion zu verstehen. Das Web 2.0 dient als partizipatives Netz, bei dem die Nutzer selbst zu Inhalteanbietern (*user created content*) werden. Dieses Phänomen, die aktive Erweiterung der Handlungsformen auf Nutzerseite, lässt sich mit Bruns (2009) als *Produtzung* bezeichnen.

---

[10] Teilweise werden Phänomene unter dem Stichwort Konvergenz diskutiert, die eigentlich dem Begriff *Crossmedia* zuzuordnen sind. Unter crossmedialer Werbung wird „die inhaltliche, kreative und formale Vernetzung unterschiedlicher Medienkanäle und Werbeträger mit dem Ziel, einen maximalen werblichen Erfolg über eine mehrkanalige Ansprache zu realisieren", verstanden (VDZ 2003, 7). Ziel von Crossmedia ist es, die Inhalte an dem Nutzungsverhalten der Rezipienten auszurichten und verschiedene mediale Plattformen wie Print und Online zu nutzen. Die Tendenz, Werbung crossmedial anzulegen, wird in Punkt 6.3.2 weiter ausgeführt.

Heute kann jeder ein *Produtzer* sein, da Möglichkeiten partizipativer (Netz-)Kommunikation ökonomisch basierte, institutionalisierte Hierarchien und Zugänge abgebaut haben (vgl. Rath 2010b, 21). Damit verbunden ist unter anderem das Problem, dass die Glaubwürdigkeit von Quellen und Angeboten nicht mehr institutionell abgesichert ist. Das bedeutet, dass die Angebote von den Rezipienten selbst auf die *Wahrhaftigkeit* und *Authentizität* der Darstellung überprüft werden müssen. Die strukturellen Veränderungen medialen Handelns erweitern damit auch die Aufgabenfelder der Medienbildung. Vor dem Hintergrund medienkonvergenter Entwicklungen – mit all ihren inhaltlichen wie ökonomischen und institutionellen Aspekten – ist der Produktionsrahmen unter didaktischen Gesichtspunkten ebenso zu berücksichtigen wie der Rezeptionsrahmen. Es ist besonders wichtig, dass jugendliche Produzer einen kompetenten Umgang mit dem Web 2.0 erlernen, der über den Bereich der Nutzungskompetenz hinausgeht und auf eine kritische Haltung bei der Gestaltung und Produktion von Medieninhalten abzielt. Im Kontext des Web 2.0 muss der Begriff der Medienkompetenz mit Blick auf die Produzentenebene aufgebrochen und um die Dimension der *Medienproduktion 2.0* erweitert werden (vgl. Köberer 2011).

Web 2.0-Inhalte, verstanden als *user generated content*, verändern nicht nur die Aufgaben der Medienbildung, sie wirken sich auch auf die funktionale Beschreibung journalistischer Professionalität aus. Die strukturell veränderte mediale Öffentlichkeit und „der Online-Journalismus im Web 2.0 zeigen, dass die journalistischen Professionalisierungsnormen allein nicht mehr ausreichen" und sich damit auch der systematische Ort der journalistischen Ethik verändert (Rath 2010b, 18). Verbunden mit dem neuerlichen Strukturwandel und den damit zusammenhängenden veränderten Bedingungen und Aufgaben journalistischer Arbeit lässt sich die journalistische Ethik – im Sinne einer *Ethik des professionellen Journalismus* – nach Rath der Medienethik als *Ethik öffentlicher Kommunikation 2.0* zuordnen.

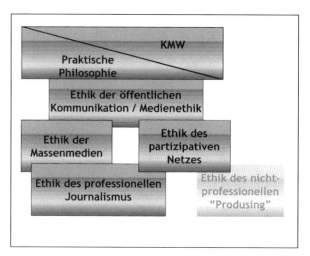

Abbildung 6:   Zur Ethik öffentlicher Kommunikation 2.0 (Rath 2010b)

Die Konzeption einer Ethik der öffentlichen Kommunikation 2.0 bezieht den neuerlichen Strukturwandel der Öffentlichkeit mit ein. Nach Rath gründet die systematische Qualität einer Medienethik als *Ethik öffentlicher Kommunikation* in der konvergenten, der allgemeinen Ethik ebenso wie der Kommunikations- und Medienwissenschaft zugehörigen, empiriegestützten, aber nicht empirisch begründenden Konstruktion normativer Prinzipien, die es erlaubt, Professionalitätsnormen zu formulieren – auch für den gängigen Online-Journalismus (vgl. Rath 2010b, 20). Dieser Systematisierung folgend, wird die Ethik des professionellen Journalismus im Rahmen der Medienethik als Ethik öffentlicher Kommunikation verstanden.

3.4 Professionsethische Betrachtungen

Im Kontext der journalistischen Ethik wird versucht, Normen journalistischen Handelns zu begründen und Handlungsorientierung für die journalistische Praxis zur Verfügung zu stellen. Die normative Beurteilung journalistischen Handelns bezieht sich im Rahmen der journalistischen Ethik immer auch auf die Sicherung journalistischer Qualität. Daher ist ein wesentliches Element ethischer Reflexion im journalistischen Bereich die Klärung dessen, was unter journalistischer Qualität zu verstehen ist und wie diese im Kontext der Produktion, Distribution und Rezeption journalistischer Produkte umgesetzt werden kann.

3.4.1 Journalistische Qualität als Aspekt journalistischer Ethik

Der verstärkte Wettbewerb um die Märkte hat zu veränderten Prioritäten und Funktionen der Medienangebote und damit auch zu einer Veränderung der journalistischen Angebote geführt. Komponenten wie „Unterhaltung, Service, Opportunität, Entspannung, Nebenbei-Nutzung" gewinnen neben Aufgaben wie „gesellschaftliche[r] Integration, Aufklärung, Partizipation und Bildung" immer mehr an Bedeutung und bestimmen die Content-Produktion maßgeblich mit (Teichert 1996, 758). Es ist eine Annäherung von privaten und öffentlichen Angeboten und eine verstärkte Verzahnung von Entertainment und Information festzustellen.

Aus ökonomischer Sicht liegt es nicht im Interesse eines Medienunternehmens, „ein bestimmtes Medienprodukt zu produzieren, sondern einen Gewinn zu erwirtschaften" (Rath 2003c, 133). Das Produkt dient als Mittel zum Zweck und oftmals ist die Qualität des Produkts nur insofern relevant, als dass das Produkt eine bestimmte Qualitätsvorstellung des Konsumenten zu erfüllen hat, um überhaupt konsumiert zu werden. „Qualität ist eine zentrale Kategorie des Vermarktungserfolgs" von Medienprodukten und wird, ökonomisch betrachtet, an Merkmalen wie der Kundenorientierung und der Zweckmäßigkeit festgemacht (ebd.). Diese Kriterien reichen jedoch nicht aus, um einen Begriff von medialer Qualität zu bestimmen, der über eine Mittel-Zweck-Beziehung hinausgeht und normative Orientierung bietet. Da es den einen verbindlichen Qualitätsmaßstab nicht gibt, geht es bei der Bestimmung medialer Qualität immer um die jeweils spezifisch zu thematisierenden und offenzulegenden Kriterien, Ziele und Inhalte des Begriffs (vgl. Karmasin 2005, 21). Neben dem Kriterium der Funktionalität äußert sich mediale Qualität auch über die Kriterien „Form und Inhalt bzw. Wirkung" (ebd.). Bezugspunkt in ästhetischer Hinsicht ist die Form, also die äußere Erscheinung, wobei auch eine Ästhetik der Unterhaltung in diesem Rahmen ihre Berechtigung hat. Die inhaltliche Qualität bemisst sich an moralischen und ethischen Prinzipien, so dass „die ethisch/moralische Qualität medialer Interaktion an der Übereinstimmung mit den Normen medialer Ethik gemessen" werden kann (ebd., 25). Denn nicht alles, was marktfähig gemacht werden kann, ist gut und aus normativer Perspektive auch markttauglich.

Mit Blick auf das journalistische Handlungsfeld und die Frage danach, welche journalistischen Qualitätsmaßstäbe Geltung beanspruchen können, muss zunächst zwischen den Aufgaben und Funktionen journalistischer Berichterstattung differenziert werden. Im Informationsbereich sind beispielsweise andere Kriterien journalistischer Qualität anzusetzen als im Bereich der Unterhaltung. Im Kontext der journalistischen Qualitätsdebatte finden sich mit Blick auf den Informationsjournalismus verschiedene Ansätze und Formulierungen journalisti-

scher Qualität. Eine Grundvoraussetzung für die freie Meinungsbildung, die
Partizipation an Öffentlichkeit und damit eine Grundbedingung für die Umsetzung demokratischer Prinzipien stellen Faktoren wie eine unabhängige Berichterstattung und die „richtige, vollständige, wahrhaftige, verständliche" Informationsvermittlung dar (Pöttker 2000, 382). Als journalistische Qualitätskriterien
gelten gemeinhin normative Kriterien wie *Aktualität, Relevanz, Objektivität,
Richtigkeit* und *Wahrhaftigkeit* der Berichterstattung (vgl. Rager 2000, 80). Im
Bereich des informativen Journalismus ist das ethische Prinzip *Wahrhaftigkeit*[11],
das als vernünftig ausgewiesen werden kann, verallgemeinerbar ist und als Haltung vorrangig auf die Transparenz der Interessen von Medienunternehmern,
Journalisten und Rezipienten abzielt, besonders bedeutsam (vgl. Rath 2006,
122). Für Medienprodukte wie Zeitungen, Nachrichtenmagazine usw., die vor
allem der Vermittlung von Information dienen, ist Wahrhaftigkeit ein notwendiger Qualitätsaspekt. Nur wahrhaftige Information ermöglicht die Orientierung
am tatsächlichen Sachverhalt und stellt eine Plattform für sachgerechte Kommunikation und freie Meinungsbildung dar. Sofern die Frage journalistischer Qualität sich auf Informationsprodukte bezieht, ist die Forderung nach Qualitäts-
merkmalen wie *Wahrhaftigkeit, Transparenz* und *Nachprüfbarkeit* als ethisches
Kriterium angemessen und verallgemeinerbar zu fordern (vgl. ebd., 134).

Als Grundprinzipien journalistischer Qualitätssicherung lassen sich auch die
von Pöttker (1999b) formulierten Trennungsgrundsätze nennen. Ihm zufolge
stellen die *Trennung von Information und Werbung*, die *Trennung von Information und Fiktion* sowie die *Trennung von Information und Meinung* eine Grundvoraussetzung für die Glaubwürdigkeit der Medien und die Qualität journalistischer Berichterstattung dar. Alle drei Trennungsgrundsätze bekunden „Respekt
vor der Mündigkeit des Publikums, indem sie es durch das Markieren von Inte-
ressenhintergrund und Realitätsgehalt journalistischer Mitteilungen in die Lage
setzen wollen, sich über den Wert solcher Mitteilungen selbst ein Urteil zu bilden" (ebd., 325). Die Orientierung am Trennungsgrundsatz gewährleistet nicht
nur die Wahrung journalistischer Qualität, sondern sie ermöglicht den Rezipienten, zwischen verschiedenen Medieninhalten und -bereichen zu differenzieren.
Werbebotschaften verfolgen beispielsweise andere Ziele als redaktionelle Inhalte. Aus normativer Perspektive ist es wichtig, dass der werbliche Charakter einer
Darstellung für die Rezipienten erkennbar sein. Die Trennung von Werbung und
Redaktion ist ein wesentliches Merkmal journalistischer Qualität. Dieser Aspekt,

---

[11] Häufig wird als Kriterium journalistischer Qualität nicht *Wahrhaftigkeit*, sondern *Wahrheit* als
ethische Kategorie benannt. Rath (2006) weist darauf hin, dass der normativen Forderung nach
Wahrheit ein ontologisches Fehlverständnis zu Grunde liegt: Wahrheit ist keine moralische, sondern
eine logische Kategorie. Der Begriff der Wahrhaftigkeit „meint die Haltung, Wahrheit aussagen zu
wollen" und zielt auf Richtigkeit und Objektivität ab (ebd., 123).

wird in Kapitel 5 ausführlich thematisiert. Zuvor wird anhand der Ergebnisse empirischer Untersuchungen zum journalistischen Rollenverständnis dargelegt, inwiefern Journalisten und Chefredakteure es als wichtig erachten, sich an professionsethischen Kriterien wie dem Trennungsgrundsatz zu orientieren.

3.4.2 Grundnormen und Praxiswerte des Journalismus

Medien, als industriell erzeugte Güter, sind einerseits wirtschaftlichen Organisationsprinzipien unterworfen, andererseits müssen sie publizistischen und gesellschaftspolitischen Ansprüchen gerecht werden. Aus diesem Verhältnis resultieren zwangsläufig Reibungsflächen zwischen unternehmerischen Zielen und dem journalistischem Selbstverständnis einzelner Akteure. Die Antwort auf die Frage, inwiefern Journalisten gewillt sind, sich bei ihrer Arbeit trotz ökonomischen und strukturellen Abhängigkeitsfaktoren an professionsethischen Kriterien – wie beispielsweise dem Trennungsgrundsatz – zu orientieren, lässt sich über Befragungen der Journalisten selbst einholen.

Empirische Erhebungen zum Rollenselbstverständnis von Journalisten zeigen, dass die Aufgaben journalistischen Handelns von den Journalisten selbst differenziert wahrgenommen werden. Die Ergebnisse der Untersuchung von Weischenberg u.a. (2006) verdeutlichen, dass der kritikorientierte Journalismus tendenziell vom vermittlungsorientierten Berufsethos abgelöst wird. So geben 89 Prozent der Befragten an, dass sie ihre Funktion in der neutralen, präzisen Information des Publikums sehen. Immerhin 58 Prozent der Journalisten sind der Auffassung, dass ihre Aufgabe auch darin besteht, Kritik an Missständen zu üben. Es geben jedoch auch 37 Prozent der Befragten an, dass die journalistische Berichterstattung unterhaltsam und entspannend sein soll, und 44 Prozent führen an, dass ihre journalistische Aufgabe darin besteht, serviceorientierte Lebenshilfe zu geben (vgl. ebd., 97). Saxer postulierte bereits in den 1990ern, dass „die journalistische Anspruchskultur den Platz für eine kommerziell ausgerichtete Akzeptanzkultur [räume]", so dass das tradierte Berufsverständnis der Journalisten im Sinne von kreativer Arbeit, Unabhängigkeit, Dienst an der Öffentlichkeit und journalistischer Qualität immer mehr in Frage gestellt werde (Saxer 1994, 201). Aktuelle Tendenzen zeigen, dass sich die journalistische Arbeit in der Praxis in vielfacher Weise ausdifferenziert hat und es nicht mehr nur Aufgabe des Journalismus ist, zu informieren und Öffentlichkeit herzustellen. Dem Journalismus kommt heute auch eine unterhaltende Funktion zu (vgl. 3.1).

Im Rahmen einer Längsschnittuntersuchung hat Karmasin (2005) untersucht, mit welchen publizistischen, ethischen, moralischen und ökonomischen Konflikten Journalisten in der alltäglichen Praxis konfrontiert sind und welche

Werte und Normen journalistischer Moral in der Praxis als Orientierungsmaßstab gelten. Nahezu alle befragten Journalisten stimmen darin überein, dass neben einer fachlich-pragmatischen Komponente (*Stil, Fachwissen, Einsatz*) auch ethische Kriterien wie *Ehrlichkeit, Objektivität, Integrität* etc. ausschlaggebend sind für eine erfolgreiche journalistische Arbeit (vgl. ebd., 75 f.). Hierbei wird „das Gefühl für Sprache, das Beherrschen der jeweiligen ästhetischen Spielregeln" als ebenso wichtig eingestuft wie „die Fähigkeit zur qualitätsvollen und genauen Recherche" (ebd., 197). Ökonomische Kriterien wie *Umsatz* und *Gewinn* spielen aus Sicht der Befragten in diesem Zusammenhang keine wesentliche Rolle. Die Journalisten wissen zwar, dass eine kommerzielle Orientierung notwendig ist, sie wissen allerdings auch, dass erfolgreicher Journalismus sich mitunter an selbstgewählten Berufsstandards orientiert und „dass basale Anforderungen an den Journalismus nicht in jedem Falle kommerziellen Erwägungen geopfert werden müssen" (ebd., 198). Es zeigt sich, dass die Kommerzialisierung und der Druck des Marktes gewiss ihre Spuren hinterlassen, die meisten der befragten Journalisten jedoch nicht bereit sind, „die ökonomische Rationalität als universelle Theorie journalistischer Qualität zu akzeptieren" (ebd., 208). Grundsätzlich fühlen die befragten Journalisten sich vor allem dem Publikum gegenüber verantwortlich. Dem Verlag, dem Herausgeber und dem Staat gegenüber verspüren sie hingegen nur eine geringe Verpflichtung. Dabei fühlen die Journalisten sich dem Publikum zwar verpflichtet, sie machen es jedoch nicht zum Maßstab journalistischer Qualität.

Den empirischen Daten zufolge sind sich die befragten Journalisten der Funktionsweise ihres Berufes grundsätzlich bewusst. Sie verfügen über das Wissen bezüglich der gesellschaftlichen Aufgabe und Verantwortung dieser Profession und haben bestimmte Berufsregeln, „was Objektivität, Qualität, Recherche, Methoden und bestimmte journalistische Grundsätze wie den Trennungsgrundsatz etc. betrifft", verinnerlicht (ebd., 198). Nach wie vor gilt *Information*, gefolgt von *Objektivität* und der *Veröffentlichung der Wahrheit* als Maßstab journalistischer Qualität (vgl. ebd., 79). Dementsprechend darf unter ethischen Gesichtspunkten nicht jede Information, die richtig ist, auch veröffentlicht werden (Schutz der Privatsphäre). Das Verschweigen relevanter Nachrichten einer realitätsbezogenen Berichterstattung ist dabei ebenso abträglich wie das Hochspielen irrelevanter Informationen. Die Ergebnisse zeigen, dass auch der Trennungsgrundsatz „nach wie vor (und über alle Medien hinweg) ein wesentliches und breit akzeptiertes Element journalistischer Objektivität" darstellt (ebd., 164).

Eine Untersuchung, die sich explizit mit dem Trennungsgrundsatz und der Frage beschäftigt, was (Chef-)Redakteure über die Trennung von redaktionellen Inhalten und Werbung denken und wie sie diese Trennung in der Praxis umsetzen, führte Monika Feldschow (2002) durch. Die Ergebnisse zeigen, dass beinahe alle Chefredakteure den Trennungsgrundsatz sowie dessen praktische Anwendung für unverzichtbar halten. Es können jedoch lediglich zwei Drittel der Befragten mindestens ein Regelwerk nennen, in dem der Trennungsgrundsatz formuliert ist. Den Angaben der Chefredakteure zufolge, verfügen rund zwei Drittel der Redaktionen über verlagsinterne Richtlinien, die sich auf die Trennung von Werbung und redaktionellen Inhalten beziehen (vgl. ebd., 134f). Beinahe jeder Befragte gibt an, in Presseprodukten der Konkurrenz, mindestens ein Mal Verstöße gegen den Trennungsgrundsatz zur Kenntnis genommen zu haben, ohne jedoch Schritte eingeleitet zu haben, die zu einer Sanktionierung geführt hätten. Die Untersuchungsergebnisse machen deutlich, dass die Mehrheit der befragten Chefredakteure über ein Problembewusstsein in Bezug auf den Trennungsgrundsatz verfügt, auch wenn in der Praxis immer öfters Verstöße gegen den Trennungsgrundsatz vorzufinden sind (vgl. Presserat 2012a).

Auch den Ergebnissen der Untersuchung zufolge, die Karmasin (2005) durchgeführt hat, ist die ethische Sensibilität der befragten Journalisten generell als hoch einzuschätzen. Jedoch sehen sie sich im Rahmen ihrer Berufsausübung immer wieder mit Gewissenskonflikten konfrontiert. Es ist sogar so, dass es „einen (kleinen) Teil an Befragten gibt, die häufig (!) zu Handlungsweisen gedrängt sind, durch die sie mit ihrem Gewissen in Konflikt geraten" (ebd., 130.). Diese (Gewissens-)Konflikte lassen sich auch durch das Spannungsfeld von ökonomischen Bedingungen und dem Anspruch auf die Umsetzung journalistischer Moralvorstellungen in der Praxis begründen. Im Rahmen angewandtethischer Überlegungen bleibt zumeist die Frage offen, inwiefern professionsethische Verpflichtungen bei pragmatischen Interessenkonflikten und Abwägungen medialen Handelns tatsächlich über ökonomische Interessen gestellt werden.

Professionsethische Normen, die über ethische Argumentationen eingeholt werden können, stehen oftmals im Widerspruch zu ökonomischen und kommerziellen Bedingungen der praktischen Berufsausübung. Solche Konflikte können „entweder (individualethisch) an das Individuum delegiert werden oder aber man versucht, die zu Grunde liegenden strukturellen Konflikte, (sozialethisch) zu lösen" und bestimmte Normen durch berufliche Selbstregulierung sicherzustellen (Karmasin 2006c, 133). Ethische Kriterien wie die *Achtung vor der Wahrheit, die Wahrung der Menschenwürde, die wahrhaftige Unterrichtung der Öffentlichkeit* etc. zählen weiterhin zu den Grundnormen des Journalismus (vgl. Wunden 2003a, 175 ff.). Diese typischen Sollnormen zur Verhaltensnormierung und -orientierung finden sich auch in den Publizistischen Grundsätzen (Pressekodex) und sollen „durch Überwachung der Presse auf Basis der Richtlinien des Kodex die Qualität des deutschen Journalismus sichern helfen und Niveauverlusten entgegenwirken" (Wunden 2003b, 64).

3.5 Institutionalisierte Selbstkontrolle des Pressewesens

Die zentrale Instanz der freiwilligen Selbstkontrolle der Presse in Deutschland, die auch von den deutschen Zeitschriften- und Zeitungsverbänden getragen wird, ist der Deutsche Presserat. Neben etablierten Organen der publizistischen Selbstkontrolle wie dem Deutschen Presserat, finden sich auf Bundesebene darüber hinaus Organisationen wie beispielsweise der Verein zur Förderung der publizistischen Selbstkontrolle (FPS), der sich zur Aufgabe gemacht hat, die Arbeit der Organe der freiwilligen Selbstkontrolle zu unterstützen.

Der Deutsche Presserat hat eine zentrale und vernetzende Funktion zwischen den einzelnen Journalisten, den Medienunternehmen und der Öffentlichkeit. Mitglieder im Trägerverein des Deutschen Presserats sind die vier Verleger- und Journalistenorganisationen, der Verband Deutscher Zeitschriftenverleger (VDZ), der Bundesverband Deutscher Zeitungsverleger (BDZV), der Deutsche Journalisten-Verband (DJV) und die Deutsche Journalistinnen- und Journalisten-Union (dju). Im Einzelnen verfolgt der Deutsche Presserat Ziele wie das „Eintreten für die Pressefreiheit", die „Beseitigung von Missständen im Pressewesen" und die „Behandlung von Beschwerden über redaktionelle Veröffentlichungen und journalistische Verhaltensweisen auf der Basis des Pressekodex" (Deutscher Presserat 2008a). Der Deutsche Presserat prüft nur entgeltlich vertriebene Produkte im Printbereich und deren Online-Angebote. Für kostenlose Zeitungen und Zeitschriften oder Anzeigenblätter ist er generell nicht zuständig, denn

"Anzeigenblätter werden nach ihrer Konzeption grundsätzlich von privaten und geschäftlichen Interessen Dritter beeinflusst. Ihre Veröffentlichungen dienen überwiegend werblichen Zwecken. Ihre Auflage ist nicht an der Lesernachfrage orientiert.

Aus diesem Grunde widersprechen Anzeigenblätter den "Publizistischen Grundsätzen", die dem Deutschen Presserat als Richtschnur seines Handelns dienen. Anzeigenblätter sind mit der öffentlichen Funktion, die Zeitungen und Zeitschriften erfüllen, nicht zu vergleichen." (Deutscher Presserat 2012b).

Die Gratistitel YAEZ und SPIESSER, die Gegenstand der vorliegenden empirischen Untersuchung sind, fallen nicht in den Zuständigkeitsbereich des Deutschen Presserats. Diese Formate lassen sich anhand ihrer Ausrichtung und Gestaltung jedoch nicht als Anzeigenblätter kategorisieren (vgl. 6.1), so dass eine Erweiterung mit Blick auf kostenlose Jugendmagazine hier wünschenswert wäre.

Als professionsethische Institution formuliert der Deutsche Presserat Handlungsnormen, an denen sich Journalisten und Redakteure bei ihrer alltäglichen Arbeit orientieren sollen, um die Wahrung der journalistischen Berufsethik zu gewährleisten (vgl. Deutscher Presserat 2008a). Die vom Deutschen Presserat formulierten Handlungsnormen sind im Pressekodex in Form von Ziffern und Richtlinien verankert. In Zusammenarbeit mit den Presseverbänden hat der Deutsche Presserat 1976 die publizistischen Grundsätze, den sogenannten Pressekodex, aufgestellt. Als Adressaten der Verhaltensregeln werden Verleger, Herausgeber und Journalisten genannt, die „ihre publizistische Aufgabe fair, nach bestem Wissen und Gewissen, unbeeinflusst von persönlichen Interessen und sachfremden Begründungen" wahrnehmen sollen (Deutscher Presserat 2008b, 4). Generell stellen die Anwendungsleitlinien solcher Kodizes moralische Ideale dar, die im Rahmen ihrer tragenden Gruppierungen als anerkennenswert gelten. Im Sinne der in Kapitel 1 dargelegten Unterscheidung zwischen Moral und Ethik können Kodizes wie der Pressekodex als eine Form institutionalisierter Professionalitätsmoral aufgefasst werden. Sie fordern eine „rollenbezogene Verantwortung ein, die dann eine moralische ist, wenn sie Machtmissbrauch vermeiden und handwerkliche Minimalstandards im Sinne einer Qualitätssicherung in der Profession etablieren will" (Stapf 2006, 204). Der Pressekodex, in der Fassung vom 3. Dezember 2008, enthält insgesamt sechzehn Grundsätze (Ziffern).

Ein Blick auf die Präambel der publizistischen Grundsätze macht deutlich, dass die einzelnen Grundsätze von den Trägern der Selbstkontrolle sowohl unter einem moralischen Aspekt (*Verantwortung vor der Öffentlichkeit*) als auch unter einem standespolitischen Aspekt (*Ansehen der Presse*) aufgefasst werden. Diese Präambel gilt als Bestandteil der ethischen Normen für das Pressewesen. Als normative Kriterien für einen fairen Journalismus fokussiert der Deutsche Presserat vor allem auf die „Achtung vor der Wahrheit und [die] Wahrung der Menschenwürde", auf die publizistische Arbeitsweise, also beispielsweise auf eine „gründliche und faire Recherche" und auf die Unabhängigkeit der Publizistik, welche auch auf eine „klare Trennung von redaktionellem Text und Anzeigen" abzielt (Deutscher Presserat 2008a). Des Weiteren werden die „Achtung von Privatleben und Intimsphäre" und die „Vermeidung unangemessener sensationeller Darstellung von Gewalt und Brutalität" als Leitkriterien eines fairen Journalismus angeführt (ebd.). Von diesen obersten moralischen Prinzipien des Journalismus werden weiterführend Verhaltensregeln abgeleitet, sogenannte Richtlinien. Diese Richtlinien werden „aufgrund aktueller Entwicklungen und Ereignisse ständig fortgeschrieben" und gewährleisten die Weiterentwicklung der Verhaltensleitlinien (ebd.). Im Rahmen der vorliegenden Untersuchung ist vor allem Ziffer 7 bedeutsam, in welcher der Trennungsgrundsatz formuliert wird. Der Deutsche Presserat spricht sich explizit für eine praxisnahe Einhaltung des Trennungsgebots aus und fordert die Presse immer wieder auf, im eigenen Interesse auf diesen Grundsatz zu achten (vgl. Tillmanns 2006, 4). Die Trennung von redaktionellem Inhalt und Werbung ist als Garant für die redaktionelle Unabhängigkeit unverzichtbar, da sie unlauteren Wettbewerb[12] verhindert und sowohl die Produktklarheit als auch das Verbraucherbewusstsein fördert. In Punkt 5.3 werden professionsethische (sowie rechtliche) Bestimmungen zum Trennungsgrundsatz näher beleuchtet.

Der Deutsche Presserat hat nicht nur die Aufgabe, die publizistischen Grundsätzen sowie Richtlinien für die redaktionelle Arbeit (Pressekodex) aufzustellen und fortzuschreiben, er widmet sich auch der praktischen Fallarbeit, indem er Beschwerden der Öffentlichkeit nachgeht (vgl. Deutscher Presserat 2011b). Grundsätzlich hat jede Person die Möglichkeit, sich beim Deutschen Presserat über Beiträge in Zeitungen, Zeitschriften und seit dem 1. Januar 2009 auch über journalistisch-redaktionelle Beiträge aus dem Internet zu beschweren. Die Beschwerde wird geprüft und im Fall einer begründeten Beschwerde ergreift der Ausschuss eine Maßnahme gegen das betroffene Medium. Auf der Website des Deutschen Presserats gibt es eine Datenbank, in der die Spruchpraxis des Deutschen Presserats von 1985 bis heute recherchiert werden kann (Deutscher Presserat 2012a).

---

[12] Unter unlauterem Wettbewerb wird eine bestimmte Form des Rechtsbruchs bezeichnet. Im Wettbewerbsrecht spricht man von unlauterem Wettbewerb, wenn das Verhalten von Unternehmen gegen gesellschaftliche und moralische Vorstellungen verstößt. Gemäß UWG, Art. 2 ist „jedes täuschende oder in anderer Weise gegen den Grundsatz von Treu und Glauben verstoßende Verhalten oder Geschäftsgebaren, welches das Verhältnis zwischen Mitbewerbern oder zwischen Anbietern und Abnehmern beeinflusst", unlauter und widerrechtlich.

4 Ethik im Handlungsfeld Werbung

Für die Beschäftigung mit dem Trennungsgrundsatz sowie Advertorials in Jugendprintmedien ist nicht nur die ethische Reflexion des journalistischen Handlungsfeldes relevant, auch das Handlungsfeld Werbung muss systematisiert und unter normativen Gesichtspunkten bestimmt werden. Ziel der Werbung ist es, in größtmöglichem Umfang Aufmerksamkeit zu erzeugen und Produkte oder Dienstleistungen zu vermarkten (vgl. Siegert/Brecheis 2010, 28). Um möglichst hohe Reichweiten zu generieren und Streuverluste zu verhindern, werden dabei immer wieder Grenzen überschritten. Nicht jede Handlung, die aus rechtlicher Perspektive legal ist, lässt sich auch aus werbeethischer Perspektive vertreten.

In diesem Kapitel werden in einem ersten Schritt die zentralen Funktionen und Merkmale von Werbung vorgestellt. In diesem Zusammenhang wird Werbung auch aus systemtheoretischer Perspektive beleuchtet. Der systemtheoretische Zugang bietet sich an, um Werbung deskriptiv als eigenständiges System in einem systemübergreifenden Feld zu verorten.

Weiterführend wird Werbung in den Kontext aktueller Entwicklungen gesetzt. Die veränderten Rahmenbedingungen, die Informationsüberlastung und die damit verbundene Reaktanz des Publikums gegenüber Werbung führen dazu, dass die Werbetreibenden immer neue Werbestrategien und Finanzierungsmodelle entwickeln müssen, um wettbewerbsfähig zu bleiben (Kroeber-Riel/Esch 2004). Es kommt zu einer zunehmenden Hybridisierung von Werbung und redaktionellen Inhalten. Dabei sind in den letzten Jahren im Printbereich vor allem Advertorials wiederentdeckt worden (vgl. Gieseking 2010).

In Deutschland wird der Handlungsspielraum der Werbewirtschaft nur dort rechtlich begrenzt, wo er nachteilig für den marktwirtschaftlichen Wettbewerb ist oder gegen Grundsätze der demokratischen Verfassung verstößt. Neben gesetzlichen Regelungen finden sich ergänzend professionsethische Richtlinien, die sich auf das Handlungsfeld Werbung beziehen und über werbeethische Argumentationen eingeholt werden können. In diesem Kapitel wird erörtert, welchen Beitrag die Werbeethik – über die rechtlichen Bestimmungen hinaus – leisten kann. Zunächst werden die Grundzüge einer Werbeethik vorgestellt, dann wird aus normativer Perspektive auf *Transparenz* als Wert von Werbung eingegangen. In einem abschließenden Schritt wird der Deutsche Werberat, als Instanz der freiwilligen Selbstkontrolle der Werbewirtschaft, vorgestellt.

4.1 Merkmale und Funktionen von Werbung

Eine dauergültige Definition von Werbung zu finden ist, aufgrund der kontinu-ierlichen Veränderungsprozesse innerhalb der Medien- und Informationsgesell-schaft, schwierig. Daher scheint es sinnvoll, zunächst die Grundmerkmale von Werbung zu benennen und diese dann zu einer allgemein gehaltenen Definition von Werbung zusammenzuführen.

Das Handlungsfeld Werbung wird von unterschiedlichen Disziplinen bear-beitet, es gibt eine Vielzahl an Definitionen von Werbung. Die meisten Definiti-onsansätze beziehen verschiedene Aspekte des Werbebegriffs mit ein (vgl. Nieschlag/Dichtl/Hörschgen 2002; Kroeber-Riel/Weinberg 2003; Löbler 2004 u.a). Ein Merkmal, das in allen Definitionen zu finden ist, ist die Kategorisierung von Werbung als Kommunikationsinstrument. Werbung kann verstanden werden als ein geplanter Kommunikationsprozess, bei dem es darum geht,

> „gezielt Wissen, Meinungen, Einstellungen und/oder Verhalten über und zu Produkten, Dienst-leistungen, Unternehmen, Marken oder Ideen [zu] beeinflussen. Sie bedient sich spezieller Werbemittel und wird über Werbeträger wie z.B. Massenmedien und andere Kanäle verbreitet" (Siegert/Brecheis 2010, 28).

Werbung, als gezielt angelegter Kommunikationsprozess, hat zum Ziel, Auf-merksamkeit zu generieren und Wissen, Meinungen und Einstellungen der Rezi-pienten zu beeinflussen. Nach Behrens (1970) lässt sich Werbung im weitesten Sinne als „eine absichtliche und zwangfreie Form der Beeinflussung, welche die Menschen zur Erfüllung der Werbeziele veranlassen soll", beschreiben (ebd., 4). Auch Seyffert (1966, zitiert nach Kästing 1974, 2242) legt in seiner Begriffsbe-stimmung die Annahme zugrunde, Werbung sei „eine Form der seelischen Be-einflussung, die durch bewussten Verfahrenseinsatz zum freiwilligen Aufneh-men, Selbsterfüllen und Weiterpflanzen des von ihr dargebotenen Zweckes ver-anlassen will". In beiden Definitionen wird der Aspekt der Freiwilligkeit und der Zwangsfreiheit betont, der von den Autoren allerdings nicht weiter spezifiziert wird. Die Frage, wo die Grenzen bewusster und unbewusster Beeinflussung im Werbeprozess liegen, lässt sich offenkundig nicht beantworten. Daher klammern moderne Begriffsbestimmungen von Werbung Aspekte wie den freien Willen der Konsumenten oder die zwangfreie Form der Beeinflussung zumeist weitest-gehend aus. In diesem Sinne wird Werbung zunächst verstanden als „jede Art der nicht-persönlichen Vorstellung und Förderung von Ideen, Waren oder Dienstleistungen eines eindeutig identifizierten Auftraggebers durch den Einsatz bezahlter Medien" (Kotler/Keller/Bliemel 2007, 700). Auch wenn der Aspekt der unbewussten Beeinflussung des Konsumenten nicht wie bei Behrens und Seyffert als vorsätzlich und manipulativ gefasst wird, versucht Werbung, in

Konkurrenz mit anderen (werblichen) Medienangeboten, die Aufmerksamkeit der Rezipienten für sich zu gewinnen. In Abhängigkeit von aktuellen Rahmenbedingungen und verstanden „als das Bewerben eines spezifischen Angebots" (Zurstiege/Schmidt 2003, 493) hat Werbung natürlich zum Ziel, „ihre Rezipienten zum Konsum des beworbenen Produkts zu motivieren" (Schüler 2008, 119). Das bedeutet, dass Werbung als Kommunikationsprozess zu verstehen ist, der die zentrale Funktion hat, Aufmerksamkeit folgenreich zu generieren.

4.2 Werbung als eigenständiges System

Der systemtheoretische Ansatz von Luhmann bietet sich an, um komplexe, soziale Phänomene deskriptiv darzustellen und eine mögliche, funktionale Abgrenzung von Werbung zu anderen Systemen beziehungsweise der Systemumwelt zu leisten. Nach Luhmann ist die Ausdifferenzierung eines sozialen Systems gegeben, sofern in diesem System ein selbstreferenzieller Verweisungszusammenhang für alle Operationen des Systems besteht (vgl. Luhmann 1984). In der Literatur wird die Frage danach, ob Werbung aus systemtheoretischer Perspektive als eigenständiges System aufgefasst werden kann oder als Subsystem verortet werden muss, kontrovers diskutiert (vgl. Zurstiege 2005; Siegert/Brecheis 2010).

Luhmann selbst ordnet Werbung ebenso wie Nachrichten, Berichte und Unterhaltung dem System der Massenmedien zu (vgl. Luhmann 1996, 119). Das System der Massenmedien grenzt sich über den Code *Information/Nichtinformation* gegenüber seiner Umwelt ab. Vor dem Hintergrund, dass werbliche Kommunikation nicht exklusiv der Unterscheidung von Information und Nichtinformation folgt, kann die Verortung von Werbung als Teilsystem der Massenmedien allerdings nicht eindeutig überzeugen. Zumindest lässt sich Werbung nicht nur als Subsystem der Massenmedien begreifen. So folgt Werbung beispielsweise auch den Leitwerten des Wirtschaftsystems, indem Leistungen des Werbesystems gegen Geld gehandelt werden. Das System Wirtschaft bedient sich des Geldes als spezifischer Kommunikationsart, so dass die Definition von Wirtschaft als sozialem System die Bestimmung des Geldes als Kommunikationsmittel notwendig mit einschließt. Dabei vermittelt Geld als selbstreferenzielles Kommunikationsmittel den Güterverkehr einer Wirtschaft durch die Funktion der Zahlung. In diesem Sinne verortet Schmidt (1995) Werbung nicht als Teilsystem der Massenmedien, sondern als Subsystem der Wirtschaft (vgl. ebd., 38). Zweifelsohne stellt Geld eine existenzielle Ressource für das Werbesystem dar. Aus systemtheoretischer Perspektive ist Werbung jedoch nicht allein als Subsystem von Wirtschaft zu beschreiben. Denn in dem Moment, „in dem Werbung ihre Funktion für die Wirtschaft ausübt, verlässt sie die Systemgrenzen der Wirtschaft" (Schüler 2008, 37).

Werbung kommuniziert nach eigenen Regeln und folgt einer eigenen Funktionalität, die sich primär durch den Aspekt der Erzeugung von Aufmerksamkeit definiert:

> „Sie vermehrt – und das mit wachsender Tendenz – das bereits vorhandene Übermaß an Medienangeboten, das Aufmerksamkeit verknappt. Und sie unterstützt die Produzenten von Gütern und Leistungen dabei, noch mehr zu produzieren und Produkte zu individualisieren, wobei die Quantität wie die Komplexität des Marktes gesteigert und Aufmerksamkeit noch unwahrscheinlicher wird" (Schmidt 1995, 31).

Die Funktion, Aufmerksamkeit zu generieren, verbindet das System Werbung mit den Systemen Wirtschaft und Publizistik/Massenmedien. So geht auch Franck (1998) davon aus, dass Medien nicht nur wirtschaftlichen Funktionen folgen, sondern vor allem zum Ziel haben, Aufmerksamkeit zu erzeugen. Aufmerksamkeit bezieht sich im Medialen primär auf Kategorien wie Reputation und Wertschätzung (vgl. ebd., 752). Sowohl die Werbung als auch die Medien haben die Funktion, Aufmerksamkeit zu generieren, sie folgen dabei jedoch einer anderen Logik. Die Werbewirtschaft benötigt „die von den Medien generierte Aufmerksamkeit, um sich bei potentiellen Kunden bekannt zu machen, die Medien finanzieren ihre Inhalte zum Großteil mit den Erlösen aus dem Werbegeschäft" (Siegert u.a. 2007, 33). Werbung bedient sich Mitteln öffentlicher Kommunikation und nutzt publizistische Massenmedien, um mittels bezahlter Anzeigenflächen Aufmerksamkeit zu erzeugen. Die Massenmedien beziehungsweise die Publizistik, verstanden als eigenständiges System, dessen funktionale Grenze in der Herstellung von Öffentlichkeit beziehungsweise öffentlicher Meinung durch Information liegt, wird von der Werbung genutzt und mit gestaltet. Zugleich unterliegt Werbung ökonomischen Bedingungen, sie wird von der Wirtschaft initiiert und mit wirtschaftlichen Funktionen belegt. Die Frage, ob die Orientierungshorizonte der Werbung eher diejenigen des Bereichs Publizistik sind, oder ob die ökonomische Zweckbestimmung letztlich den Ausschlag für ihre Zuordnung zur Ökonomie gibt, lässt sich nach Siegert/Brecheis (2010) nicht eindeutig beantworten, da sich für beide Ansätze Argumente finden (vgl. ebd., 122). Es wird die Annahme vertreten, dass gesellschaftliche Teilsysteme grundsätzlich dazu tendieren, sich untereinander zu vernetzen. Dabei kommt es trotz der jeweiligen Autonomie der Teilsysteme zu einer wechselseitigen Durchdringung der Systeme, was zu strukturellen Inklusionen und normativen Widersprüchen führt. Diese Phänomene können theoretisch über das „Konzept der Interpenetration" aufgefangen werden (ebd.). Für Siegert/Brecheis liegt die Schlussfolgerung nahe, Werbung als „Interpenetrationszone" zu begreifen, „in der sich die

Systemlogiken Publizität und Geld vermischen" (ebd., 117). Demzufolge orientiert sich Werbung nicht ausschließlich an einem der beiden Codes (Geld beziehungsweise Publizität), vielmehr werden beide Leitwerte mit einbezogen.

Vor dem Hintergrund, dass Werbung sich weder ausschließlich an den Leitwerten des Mediensystems orientiert noch exklusiv den Leitwerten des Wirtschaftssystems folgt, kann Werbung durchaus als gesellschaftliches Teilsystem begriffen werden, das in einem weiteren Sinne auch als Interpenetrationszone verstanden werden kann. Darüber hinaus folgt Werbung allerdings einer eigenen Funktionalität, da sie zum Ziel hat, Aufmerksamkeit folgenreich zu generieren. Dabei geht es nicht nur um die Erzeugung von Aufmerksamkeit, sondern darum, „mit wiederholbarem Erfolg folgenreiche Aufmerksamkeit, genauer: Teilnahmebereitschaft in Bezug auf Produkte, Leistungen, Personen und Botschaften zu produzieren" (Zurstiege 2005, 37). Das bedeutet, dass Werbung nicht nur die Aufgabe hat, Aufmerksamkeit zu generieren und zu binden, sondern der Funktion folgt, Aufmerksamkeit in Teilnahmebereitschaft[13] zu überführen. Dieser Annahme folgend lässt Werbung sich nicht nur als Subsystem von Wirtschaft oder Publizistik beziehungsweise als Interpenetrationszone kategorisieren, sondern als autonomes gesellschaftliches Funktionssystem bestimmen, das zugleich an die Wirtschaft und an die Massenmedien gekoppelt ist.

Der Zugang über die Systemtheorie ermöglicht eine Verortung von Werbung als eigenständigem System, das einer eigenen Logik und Funktionalität folgt, allerdings strukturelle Koppelungen zu anderen Systemen aufweist. Hier wird Werbung als autonomes System in einem systemübergreifenden Feld verortet, das über strukturelle Koppelungen an den gesellschaftlichen Systemen Publizistik/Massenmedien und Wirtschaft partizipiert.

4.3 Werbung im Kontext aktueller Entwicklungen

Werbung ist in ihrer Bedeutung und in ihrer Entwicklung abhängig von gesellschaftlichen, soziokulturellen, ökonomischen und technologischen Bedingungen, die selbst dynamischen Prozessen unterliegen (vgl. Siegert/Brecheis 2010, 67). Heute konkurriert eine Vielzahl an Werbemaßnahmen um die Aufmerksamkeit der Rezipienten. Hatte Reklame ursprünglich den Sinn, die „Verfügungsmöglichkeit eines bestimmten Produktes" anzukündigen, präsentiert Werbung heute „Produkte als Möglichkeit zur Lebensgestaltung" (Schüler 2008, 45). Werbung hat nicht mehr nur die Funktion, Informationen über Produkte oder Werbeinhalte

---

[13] Eine nähere Bestimmung dessen, was hier unter Teilnahmebereitschaft zu verstehen ist, findet sich bei Zurstiege (2005, 37 ff.).

zur Verfügung zu stellen, sondern sie zielt verstärkt darauf ab, Werbebotschaften in der Lebenswelt der Konsumenten zu verankern. Historisch gesehen ging die Entwicklung von Werbung einher mit einer zunehmenden Befriedigung existenzieller Bedürfnisse und einer Ausdifferenzierung wirtschaftlicher Güter. Die Geschichte der Werbung lässt sich „als Prozess der Ausdifferenzierung, Systematisierung, Professionalisierung und Autonomisierung beschreiben" (Siegert/Brecheis 2010, 71). Anfang der 1970er Jahre wurde das Angebot am Markt größer als die Nachfrage, so dass die Nachfrage nicht mehr nur der Existenzsicherung, sondern verstärkt der Lebensgestaltung diente. Werbung wurde zu einem bedeutenden Wirtschaftsfaktor. Heute ist Werbung im Wirtschaftsprozess nicht mehr wegzudenken. Die veränderten Rahmenbedingungen der Medien- und Informationsgesellschaft – insbesondere Prozesse der Ökonomisierung, der Globalisierung, der Mediatisierung und der Individualisierung – stellen ein Bedingungsnetzwerk an Rahmenbedingungen dar, in dem sich Werbung aktuell wie folgt verankern lässt:

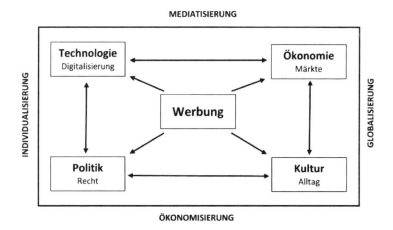

Abbildung 7:   Rahmenbedingungen von Werbung (Siegert/Brecheis 2010, 105)

Prozesse der Globalisierung und der Internationalisierung führen zu fortschreitenden Globalisierungsprozessen der Wirtschaftsunternehmen und zu einer globalen Vernetzung der Massenmedien (vgl. Karmasin 2000a). Diese Entwicklungen führen auch zu einer Veränderung der Wettbewerbsbedingungen innerhalb der Werbebranche und zu einer verstärkten Konzentration auf dem Werbemarkt. Unternehmen müssen ihre Produkte und Dienstleistungen heute unter anderen

Bedingungen vermarkten als bisher. Zunehmend dringen international tätige Agenturen in nationale Märkte ein und Marketingverantwortliche sind vor die Herausforderung gestellt, Produkte mit einer weltweit funktionierenden Marketingstrategie auf den Markt zu bringen. Auch die immer neuen Informations- und Kommunikationstechnologien und die damit verbundene konvergente Entwicklung der Medien wirken sich auf den Bereich der Werbung aus. Werbung kann heute auf digitaler Basis kostengünstig eingesetzt und gestreut werden. Es ergeben sich neue Potenziale für den Einsatz crossmedialer Werbemaßnahmen, die sich am Prinzip der Interaktivität ausrichten.

Diese Formen aktueller Werbekommunikation orientieren sich an schon länger bekannten Prozessen der Individualisierung (Beck/Sopp 1997), der Erlebnisorientierung (Schulze 1992) und Inszenierungsorientierung (vgl. z.B. Willems/Jurga 1998; Schicha/Ontrup 1999) moderner Gesellschaften. Medienangebote zeichnen sich durch einen starken Inszenierungscharakter aus. Unternehmen geraten unter Druck, ihre Anliegen erlebnishaft zu inszenieren und neue Wege der Werbekommunikation zu suchen, um die Aufmerksamkeit der Konsumenten zu erlangen. Dies hat zur Folge, dass „die Werbewirtschaft alle vorhandenen Möglichkeiten ausschöpft und immer wieder neue Möglichkeiten sucht (und findet), ihre Ziele zu erreichen" (Siegert/Brecheis 2010, 30). Dabei werden immer wieder Grenzen überschritten, die aus werberechtlicher Perspektive zwar legal, aus werbeethischer Perspektive jedoch fragwürdig sind. Ein Beispiel hierfür stellt die Benetton-Kampagne dar, die Oliviero Toscani in den 1990er Jahren fotografierte und die in den Medien kontrovers diskutiert wurde. Auf werbeethische Grundlagen wird in Punkt 4.5 näher eingegangen.

Eine notwendige Bedingung dafür, dass Werbebotschaften die gewünschte Wirkung zeigen, ist, „dass sie diejenigen Konsumenten erreichen, die als Käufer der beworbenen Produkte in Frage kommen" (Pethig 2003, 145). Die Auswahl der Medien, über die Werbung verbreitet wird, orientiert sich daher immer auch an den aktuellen Nutzungsgewohnheiten der Rezipienten. Heute nutzen Werbetreibende crossmediale Zugänge und neue, hybride Werbeformen entstehen. Diese Tendenzen sind vor allem vor dem Hintergrund einer Ökonomisierung der Medien (vgl. Jarren/Meier 2001) erklärbar. Der ökonomische Druck und die veränderten Rahmenbedingungen innerhalb der Medien- und Informationsgesellschaft führen dazu, dass Werbung sich vermehrt an interaktiven, dialogischen Kommunikationsformen orientiert und medienübergreifend eingesetzt wird. Der Trend, Werbekampagnen so anzulegen, dass sie eine mehrdimensionale Zielgruppenansprache ermöglichen und zusätzliche Synergieeffekte versprechen, hält in der Werbebranche an. Im Zuge dieser Entwicklung ist die Nutzung hybrider Werbeformen als „systemimmanenter Bestandteil der kommunikationsstrategischen Verklammerung" heute nicht mehr weg zu denken (Baerns 2004b, 29).

4.4 Werbebotschaften above oder below the line

In der Werbepraxis finden sich aktuell vielfältig ausdifferenzierte Werbeformen, die sich in übergeordneter Weise der *Above-the-line-Werbung* beziehungsweise der *Below-the-line-Werbung* zuordnen lassen. Unter klassischer Werbung, auch *Above-the-line-Werbung* oder *Mediawerbung* genannt, wird Werbung verstanden, „die sich in Form von Anzeigen und Spots sowie anzeigen- und spotähnlichen Werbemitteln öffentlich zugänglicher Werbeträger bedient" (Siegert/Brecheis 2010, 34). Beispiele hierfür sind klassische Anzeigen in Zeitungen und Zeitschriften sowie Spots im Fernsehen, Kino oder Hörfunk. *Below-the-line-Werbung* hingegen umfasst alle Werbe- und Kommunikationsformen, die nicht dem Bereich der klassischen Werbung zugeordnet werden können. Below-the-line-Werbung bezeichnet eine „unspezifische Sammelkategorie, zu der summarisch alle von der klassischen Werbung (Mediawerbung) abweichenden Formen gezählt werden" (ebd., 36). Zu diesem Bereich zählen beispielsweise Werbeformen wie Warenproben oder Preisausschreiben. Autoren wie Auer/Diederichs (1993) zählen zur Below-the-line-Werbung auch Werbemaßnahmen wie Sponsoring und Product Placement. Siegert/Brecheis (2010) hingegen ordnen diese Sonderwerbeformen nicht dem Bereich der Below-the-line-Werbung zu. Hybride Werbeformen und Werbemittel, welche die bisherigen Definitionsgrenzen überschreiten, werden weder der Above-the-line-Werbung noch der Below-the-line-Werbung zugeordnet. So genannte *programmintegrierte Werbung* und *hybride Werbeformen*, die nur bedingt oder überhaupt nicht als Werbung erkennbar sind, werden als Extrakategorie gefasst. Hybride Werbeformen sind

> „thematisch nahtlos in die redaktionellen Umfelder eingebettet, imitier[en] redaktionelle Teile in Inhalt und Gestaltung oder ersetz[en] sie. Die beworbenen Objekte werden gezielt in Sendungsabläufe oder redaktionelle Kontexte integriert und können deren Ablauf, Struktur und Dramaturgie beeinflussen" (ebd., 45).

Grundsätzlich ist die Differenzierung zwischen Above-the-line-Werbung und Below-the-line-Werbung mit Blick auf eine mögliche Kategorisierung der einzelnen Werbeformen und Werbemittel sinnvoll. Fraglich ist jedoch, inwiefern es Sinn macht, neben diesen beiden Kategorien eine weitere Kategorie zu benennen. Die zunehmende Tendenz einer Integration von Redaktion und Werbung ist ein Phänomen, das durchaus explizit gemacht werden muss. Es ist jedoch fraglich, ob programmintegrierte Werbung und hybride Werbeformen als extra Kategorie gefasst und von der Below-the-line-Werbung losgelöst werden müssen. Fraglich ist diese kategoriale Erweiterung, da Below-the-line-Werbung bereits alle Werbemaßnahmen mit einbezieht, die nicht direkt als Werbung erkennbar sind. Hybride Werbeformen wie Advertorials werden hier daher nicht als extra

Kategorie gefasst, sondern dem Bereich der Below-the-line-Werbung zugeord-net. In Kapitel 5 werden Advertorials, die im Schnittstellenbereich von Werbung und Journalismus anzusiedeln sind, näher beleuchtet.

4.5 Systematische Überlegungen zur Konzeption einer Werbeethik

Werbung spielt eine zentrale Rolle für die Wirtschaft. Ihre Aufgabe ist es, „mit Hilfe von Massenmedien Produktinformationen zu verbreiten, um möglichst viele Güter zu verkaufen und hohe Gewinne zu erzielen" (Bohrmann 2010, 293). Dabei hat Werbung primär das Ziel, die Konsumenten zum Kauf der beworbenen Produkte oder Dienstleistungen anzuregen. Die Beeinflussung des Verbrauchers durch Wettbewerbsaktivitäten ist unter marktwirtschaftlichen Bedingungen nicht grundsätzlich verwerflich. Problematisch wird der Versuch der Beeinflussung erst, sobald er manipulativ angelegt ist und die Zielsetzung für den Rezipienten nicht klar ersichtlich ist. Auch diskriminierende Werbeinhalte und Werbemaß-nahmen, die gegen moralisch akzeptierte Werte verstoßen, fallen in den Bereich werbeethischer Betrachtungen. Wie in anderen Bereichen medialer Kommunika-tion, muss auch im Bereich der Werbung die Wirkungsqualität der Werbeange-bote abgeschätzt und nach normativen Kriterien bewertet werden. Dabei geht es nicht nur um die normative Bewertung der Werbeangebote auf inhaltlicher Ebe-ne. Im Kontext werbeethischer Betrachtungen ist es auch relevant, die strukturel-len Bedingungen der Werbebranche zu berücksichtigen. Nachfolgend wird die Werbeethik zunächst als Konzeption angewandter Ethik vorgestellt. Anschlie-ßend wird auf einen Aspekt eingegangen, der vor allem im Rahmen der vorlie-genden Studie Relevanz beansprucht: Transparenz als Wert von Werbung.

4.5.1 Grundzüge einer Werbeethik

Eine wissenschaftliche Teildisziplin, die sich für die Reflexion und normative Begründung im medialen Handlungsfeld anbietet und sowohl empirie- als auch prinzipiengeleitet argumentiert, ist die Medienethik (vgl. Kapitel 2). Eine Ethik, die sich konkret auf das Handlungsfeld Werbung bezieht, wurde bisher nicht formuliert. Es finden sich keine Konzeptionen, die aus philosophischer Perspek-tive explizit eine Ethik der Werbung beziehungsweise eine Werbeethik begrün-den und systematisch entfalten.

Eine Arbeit, in der werbeethische Fragestellungen bearbeitet werden und die Frage nach der Zuschreibung von Verantwortung im Bereich der Werbung aufgegriffen wird, legt Bohrmann (1997, 2010) vor. Ziel seiner Untersuchung ist

jedoch nicht „die Herausarbeitung einer bereichsspezifischen Ethik der Werbung", vielmehr geht es ihm um „die Frage nach der individuellen und institutionellen Verantwortung" medialer Inhalte im Kontext gewalthaltiger Medien
(Bohrmann 1997, 14). Aus sozialethischer Perspektive erarbeitet Bohrmann eine
Medienethik, die mit Blick auf gewalthaltige Medieninhalte „auch nach der speziellen Funktion und Rolle der Werbewirtschaft" fragt (ebd.). Diese Zugangsweise hat durchaus ihre Berechtigung im Rahmen werbeethischer Reflexion. Für
eine fundierte Begründung und umfassende Verortung der Werbeethik lässt sich
dieser Ansatz jedoch nicht heranziehen. Bohrmann entwickelt keine werbeethische Konzeption, die systematisch an die Medienethik gebunden ist. Zudem
scheint eine allein sozialethische Argumentation, die auf theologischen Annahmen fußt, nicht für die Begründung einer Werbeethik geeignet, die als angewandte Ethik im Kontext der Praktischen Philosophie anzusiedeln ist (vgl. 2.1;
2.2). Die Letztbegründung werbeethischer Prinzipien und auch der Werbeethik
selbst, muss über normative Theorien der philosophischen Ethik eingeholt werden, wenn diese in ihrer Begründung epochen- und kulturunabhängige Geltung
beanspruchen können sollen.

Die Werbeethik bezieht sich auf das Praxisfeld der Werbung und hat dessen
normative Reflexion unter Rückbezug auf ethisch fundierte, normative Maßstäbe
zum Ziel. Aus sytemtheoretischer Perspektive kann Werbung als eigenständiges
System definiert werden, das in einem systemübergreifenden Feld strukturell mit
den Systemen Wirtschaft und Medien verbunden ist (vgl. 4.2). Die Werbeethik
lässt sich aus systemtheoretischer Perspektive zwar als eigenständiges Handlungsfeld bestimmen, mit Blick auf eine systematische Verortung im Rahmen
der angewandten Ethik ist die Werbeethik jedoch – ebenso wie die journalistische Ethik – als bereichsspezifisches Anwendungsfeld der Medienethik zu verstehen (vgl. 2.2). Die Medienethik hat die Aufgabe, die Strukturen und Bedingungen des medialen Handlungsfeldes einer normativen Analyse zu unterziehen
und die Rezeptions- und Wirkungsweisen der Medieninhalte nach normativen
Kriterien zu beurteilen und abzuschätzen.

Die Werbeethik lässt sich heranziehen, um Werbeinhalte und Werbebotschaften einer rationalen Reflexion zu unterziehen und nach normativen Kriterien zu bewerten. Werbung hat vor allem zum Ziel, Aufmerksamkeit zu generieren. Dabei wird bei der Gestaltung von Werbemaßnahmen immer wieder auf
ethisch grenzwertige Inhalte zurückgegriffen. Aus werbeethischer Perspektive
sind Werbemotive, die beispielsweise diskriminierend sind oder die Unerfahrenheit der jungen Konsumenten ausnutzen, werbeethisch nicht vertretbar. Ethische
Prinzipien – wie beispielsweise *Menschenwürde* –, die im Rahmen werbeethischer Reflexion Berücksichtigung finden, sind zumeist auch im Grundgesetz

verankert und beziehen sich auf den gesamten Bereich medialen Handelns beziehungsweise sozialen Handelns, nicht nur auf den Bereich der Werbung.

Der Werbeethik kommt die Aufgabe zu, Werbeinhalte und Werbebotschaften unter Rückbezug auf normative Kriterien zu beurteilen. Ebenso wie andere Konzeptionen angewandter Ethik hat die Werbeethik die Aufgabe, ergänzend zu bestehenden werberechtlichen Bestimmungen, konkrete Handlungsempfehlungen bereitzustellen. Auch im Bereich der Werbung stellt die Zuschreibung von Verantwortung insofern ein Problem dar, dass Handlungen zumeist nicht als Einzelhandlungen stattfinden. Als Beispiel hierfür lässt sich der Prozess von der Buchung über die Gestaltung bis hin zur Veröffentlichung einer Werbemaßnahme darstellen. Im Normalfall beauftragt das werbetreibende Unternehmen eine Mediaagentur und die Entscheidung darüber,

> „was kreativ ist, ob Werbeideen neu sind oder ob programmintegrierte Werbung eine attraktive Alternative zum klassischen Werbespot sein könnte, verbleiben damit oft im Entscheidungsbereich der Agenturen. Obwohl also die Werbung treibenden Unternehmen rechtlich für die von ihnen in Auftrag gegebene Werbung verantwortlich sind, zeigt sich hier deutlich, dass die kommunikative Verantwortlichkeit auf mehrere Akteure aufgeteilt ist" (Siegert u.a. 2007, 32 f.).

Die Zuschreibung von Verantwortung sollte auch im Handlungsfeld Werbung immer unter Rückbezug auf die Aufgaben- und Rollenbezogenheit der jeweiligen Akteure erfolgen (vgl. Erhart 2003). Im Rahmen normativer Reflexion müssen sowohl Unternehmen als auch Agenturen als Auftragnehmer einbezogen werden. Aus werbeethischer Perspektive sollten Agenturen, auch wenn sie im Auftrag ihrer Kunden handelnde Dienstleister sind, nicht alles was möglich – und vor allem ökonomisch lohnenswert ist –, auch umsetzen. In der Praxis bewegen Werbetreibende sich immer auch im Spannungsfeld zwischen ethischer und ökonomischer Orientierung. Wichtig ist jedoch, dass die Umsetzung werbeethischer Prinzipien angestrebt wird und sich auch im Sinne einer professionellen Beratungskompetenz auf Seiten der Agenturen wiederspiegelt. Mit Blick auf den Trennungsgrundsatz sind Agenturen beispielsweise angehalten, Werbemaßnahmen, die gestaltet sind wie redaktionelle Beiträge oder Programminhalte, als Werbung zu kennzeichnen und den Kunden auf die rechtliche Kennzeichnungspflicht hinzuweisen, sofern dieser sich gegen eine Kennzeichnung ausspricht. Die Trennung von Werbung und Redaktion ist ein Merkmal, das aus normativer Perspektive umzusetzen ist. Dabei ist das Erkennungsgebot nicht nur als Kennzeichen journalistischer Qualität zu verstehen, auch aus werbeethischer Perspektive ist Transparenz als Wert von Werbung plausibilisierbar und verallgemeinerbar zu fordern.

4.5.2   Transparenz als Wert von Werbung

Ein Prinzip, das in allen Bereichen medialer Kommunikation, auch im Rahmen werbeethischer Reflexion, Berücksichtigung finden muss, ist *Transparenz*. Werbung erfüllt andere Funktionen als journalistische Beiträge. Daher müssen Kategorien wie beispielsweise die *Richtigkeit* und *Wahrhaftigkeit* der Informationsdarlegung im Sinne der Transparenz unterschiedlich ausgelegt werden. *Wahrhaftigkeit* gilt als ein wesentliches Kriterium journalistischer Qualität (vgl. Rath 2006). Dabei meint Wahrhaftigkeit auch den Aspekt einer allumfassenden Berichterstattung. Im Unterschied zum Journalismus hat Werbung nicht den Anspruch, Informationen umfassend und objektiv darzustellen. Im Gegenteil, zentrales Anliegen von Werbung ist es, Aufmerksamkeit zu generieren. Dazu werden Informationen immer möglichst positiv, zumeist auch einseitig, dargestellt. Dennoch ist Transparenz auch im Bereich der Werbung zu fordern. Werbung sollte für den Rezipienten immer als Werbung erkennbar sein. Die Forderung nach Transparenz der Werbekommunikation bezieht sich – besonders vor dem Hintergrund der Interessengeleitetheit der Werbung – auf die Erkennbarkeit von Werbung.

Zurstiege/Schmidt (2003) gehen davon aus, dass Werbung immer auf die Konkurrenzsituation verweist, aus der heraus ein Angebot Aufmerksamkeit für sich reklamiert, so dass die Erkennbarkeit von Werbung auch eine Grundvoraussetzung für erfolgreiche Werbung ist (vgl. ebd., 493). Sonderwerbeformen wie Advertorials folgen einer anderen Funktionalität als klassische Werbemaßnahmen. Sie haben zum Ziel, möglichst nicht als Werbung erkannt, sondern als redaktioneller Beitrag wahrgenommen zu werden. Die Annahme, dass eine klare Trennung von redaktionellem und nicht-redaktionellem Angebot sich als wesentliche Voraussetzung erfolgreicher Werbung erweist (vgl. Zurstiege 2006, 99), scheint mit Blick auf aktuelle Tendenzen der Werbekommunikation nicht mehr uneingeschränkt haltbar. Die Bestimmung von Werbung über den Indikator *nicht-redaktionell* greift mit Hinblick auf klassische Werbekonzeptionen nach wie vor – hybride Werbeformate und crossmediale Werbekommunikation jedoch, welche die strukturellen Voraussetzungen von Social Media nutzt, lebt hingegen auch von der Nicht-Erkennbarkeit der Werbemaßnahmen. Auch bezahlte Veröffentlichungen, die in ihren Gestaltungsmerkmalen redaktionellen Beiträgen ähneln, haben zum Ziel, als Werbung unerkannt zu bleiben. Ein Kennzeichen redaktionell gestalteter Werbung ist die nahtlose Einbettung in das redaktionelle Umfeld des Werbeträgers, in dem sie erscheint. Die Werbebranche nutzt redaktionell gestaltete Werbung, um Werbebotschaften so zu platzieren, dass sie auf den ersten Blick nicht als Werbung wahrgenommen, sondern als redaktioneller Beitrag kategorisiert werden.

Heute lässt sich *Transparenz* nicht mehr als grundsätzliches Merkmal von Werbung bestimmen. Aus normativer Perspektive ist Erkennbarkeit als Kriterium von Werbung jedoch weiterhin zu fordern. Einerseits gilt die Trennung von Werbung und redaktionellen Inhalten als Kriterium journalistischer Qualität (vgl. 3.4). Andererseits ist die Erkennbarkeit von Werbung im Sinne des Verbraucherschutzes zu fordern, da sie eine kategoriale Zuordnung der Inhalte ermöglicht. Um dem Anspruch nach Transparenz – im Sinne der Erkennbarkeit von Werbung – Rechnung zu tragen, finden sich sowohl werberechtliche als auch presserechtliche Vorgaben und darüber hinaus professionsethische Richtlinien, die eine klare Trennung von Werbung und redaktionellen Inhalten gewährleisten sollen. Diese werden in Punkt 5.3 näher beleuchtet.

4.6 Institutionalisierte Selbstkontrolle im Bereich der Werbewirtschaft

In Deutschland unterliegt die Werbung gesetzlichen und darüber hinaus von der Wirtschaft freiwillig festgelegten Regelungen. Der Staat legt den Rahmen für einen „fairen Wettbewerb und den Schutz der Verbraucher" fest und „trägt Sorge dafür, dass sich die Werbefreiheit auf allgemeinverträgliche Art entfaltet – etwa durch das Verbot irreführender, belästigender oder Jugend gefährdender Werbeaussagen" (Deutscher Werberat 2011a). Ergänzend zu den rechtlichen Vorschriften wird die freiwillige Selbstkontrolle der deutschen Werbewirtschaft seit 1972 durch den Deutschen Werberat wahrgenommen. Der Deutsche Werberat gehört als Gremium dem Zentralverband der Werbewirtschaft (ZAW) an.

Der ZAW ist der Dachverband der deutschen Werbewirtschaft und umfasst insgesamt „41 Mitgliedsverbände der werbetreibenden Wirtschaft, der Werbeagenturen, der Werbemittelhersteller sowie der Werbeberufe und Marktforschungsunternehmen" (Schicha 2005, 261). In seiner Arbeit konzentriert der Deutsche Werberat sich auf kommerzielle Wirtschaftswerbung, „unabhängig davon, ob es sich um Produkte oder Dienstleistungen handelt, und in welchen Medien sie der Öffentlichkeit zugänglich gemacht werden" (Gottzmann 2005, 201). Werbemaßnahmen von Non-Profit-Organisationen, von politischen Parteien oder religiösen und kirchlichen Gruppen fallen nicht in den Zuständigkeitsbereich des Deutschen Werberats. Die Tätigkeit des Deutschen Werberats gründet vor allem auf seinen Arbeitsgrundsätzen, die Aussagen in Bezug auf die Organisation und den Aufgabenbereich der Werbeselbstkontrolle enthalten.

Die Arbeit des Deutschen Werberats hat zum Ziel, das Vertrauen der Verbraucher in die kommerzielle Kommunikation zu wahren und zu stärken. Zu den Aufgaben des Deutschen Werberats gehört es unter anderem, „Werbung im Hinblick auf Inhalt, Aussage und Gestaltung weiterzuentwickeln, verantwortungsbewusstes Handeln zu fördern sowie Missstände im Werbewesen festzustellen und zu beseitigen" (Deutscher Werberat 2011a). Eine weitere Aufgabe, die in den Arbeitsgrundsätzen des Deutschen Werberats notiert wird, ist es, „als ständiges Ansprechorgan für verbraucherbezogene Werbeprobleme zur Verfügung zu stehen" (ebd.). Verbraucher können sich über Werbemittel und Werbeinhalte beschweren, die gegen werberechtliche und werbeethische Richtlinien verstoßen. In den Jahren 2004 bis 2009 gingen insgesamt 1.421 Beschwerden zu Werbekampagnen beim Deutschen Werberat ein (vgl. Deutscher Werberat 2009, 8).

Eines der zentralen Tätigkeitsfelder des Deutschen Werberats, das in enger Beziehung zu seiner Beschwerdearbeit steht, ist „die Entwicklung von Leitlinien selbstdisziplinären Charakters sowie die Aufstellung von Wettbewerbsregeln" (ebd.). Als Grundregeln kommerzieller Kommunikation, die sich an allgemein anerkannten Grundwerten der Gesellschaft orientieren, formuliert der Deutsche Werberat beispielsweise, dass Werbung insbesondere „das Vertrauen der Verbraucher nicht missbrauchen und mangelnde Erfahrung oder fehlendes Wissen nicht ausnutzen" darf (ebd.). Weiter darf Werbung „keine Form der Diskriminierung anregen oder stillschweigend dulden, die auf Rasse, Abstammung, Religion, Geschlecht, Alter, Behinderung oder sexuelle Orientierung bzw. die Reduzierung auf ein sexuelles Objekt abzielt" (ebd.). Neben diesen Grundregeln hat der Deutsche Werberat weitere Werbeleitlinien veröffentlicht, um „Fehlentwicklungen der Werbung im Bereich bestimmter Darstellungen und Aussagen (…) entgegenzuwirken und verbrauchergerechte Werbung zu fördern" (Gottzmann 2005, 211). Diese Leitlinien und Verhaltensregeln gelten für alle Werbeträger, sofern keine Beschränkung auf bestimmte Medien vermerkt ist.

Bei der Beurteilung einer Werbemaßnahme berücksichtigt der Deutsche Werberat grundsätzlich „das Leitbild des durchschnittlich informierten und verständigen Verbrauchers, der von der Werbung angesprochenen Verkehrskreisen angehört" (Deutscher Werberat 2011b). Als Bezugspunkt der Beurteilung zieht der Deutsche Werberat eigens festgelegte Verhaltensleitlinien heran wie beispielsweise die *Verhaltensregeln zur Werbung für alkoholische Getränke*, die *Verhaltensregeln des Werberats für die Werbung von und mit Kindern in Hörfunk und Fernsehen* oder die *Grundsätze des Werberats zur Herabwürdigung und Diskriminierung von Personen*. Im Folgenden werden nicht alle Verhaltensregeln des Deutschen Werberats vorgestellt. Mit Blick auf das Thema der Studie werden an dieser Stelle nur die Verhaltensregeln für Werbung mit Kindern und Jugendlichen dargelegt (vgl. Deutscher Werberat 2012):

1. Es sollen keine direkten Kaufaufforderungen an Jugendliche gerichtet werden, die deren Unerfahrenheit und Leichtgläubigkeit ausnutzen.

2. Jugendliche sollen nicht unmittelbar dazu aufgefordert werden, ihre Eltern oder Dritte zum Kauf der beworbenen Ware oder Dienstleistungen zu bewegen.

3. Es soll nicht das besondere Vertrauen, das Jugendliche zu Eltern, Lehrern und anderen Vertrauenspersonen haben, ausgenutzt werden.

4. Jugendliche sollen nicht ohne berechtigten Grund in gefährlichen Situationen gezeigt werden.

Den Verhaltensregeln des Deutschen Werberats kommt mangels Rechtsetzungsbefugnis – ebenso wie den Richtlinien des Deutschen Presserats – vor allem eine Orientierungs- und Appellfunktion zu. Verstöße gegen die vom Deutschen Werberat erarbeiteten Regeln, die sich an Werbung für Kinder und Jugendliche richten, sind regelmäßig vorzufinden. In den Jahren 2004 bis 2009 wurde in insgesamt 105 Fällen der Vorwurf erhoben, eine Gefährdung von Kindern und Jugendlichen liege vor (vgl. Deutscher Werberat 2009, 8). Insgesamt gesehen rangieren die Beschwerden für Werbung, bei denen eine Gefährdung von Kindern und Jugendlichen angenommen wird, auf dem vierten Rang. Die vorderen drei Plätze werden von den Beschwerdemotiven *Frauendiskriminierung, Gewaltverherrlichung/-verharmlosung* und *Verstoß gegen moralische/ethische Mindestanforderungen* belegt (vgl. ebd.).

5 Advertorials als Schnittstelle von Werbung und Journalismus

Sowohl im Kontext der journalistischen Ethik als auch aus werbeethischer Perspektive ist Erkennbarkeit von Werbung ein Kriterium, das plausibilisierbar und verallgemeinerbar zu fordern ist. Auf diesen Aspekt wurde in den vorherigen Kapiteln ausführlich eingegangen. Das journalistische Handlungsfeld und das Handlungsfeld Werbung wurden auf ihre normativen Implikationen hin beleuchtet. In diesem Kapitel werden die Erkenntnisse, die sich auf den Trennungsgrundsatz und auf Advertorials in Printmedien beziehen, zusammengeführt und näher betrachtet.

Im den Medien werden zunehmend hybride Werbeformen eingesetzt, „redaktionelle Werbehinweise und Produkt Placement gelten als salonfähig" (Baerns 2004b, 12). In der Praxis nimmt die Tendenz zu, werblichen Input in redaktionellen Output zu verwandeln. Dabei verliert der Anspruch auf Erkennbarkeit von Werbung und redaktionellem Programm in der Praxis immer mehr an Gewicht. Dies zeigt sich auch daran, dass sich Advertorials im Printbereich als gängiges Werbemittel etabliert haben (vgl. Baerns 2004a).

In diesem Kapitel wird zunächst das Phänomen der Hybridisierung von Journalismus, Werbung und Public Relations (vgl. Siegert/Brecheis 2010, 53) näher beleuchtet. Anschließend wird auf die Charakteristika und Funktionen von Advertorials eingegangen. Die Werbebranche nutzt Advertorials, um Werbebotschaften so zu platzieren, dass sie nicht offensichtlich als Werbung wahrgenommen werden.

Bezahlte Werbeinhalte, die aufgrund ihrer gestalterischen Merkmale nicht als Werbung erkennbar sind, müssen entsprechend den rechtlichen Vorgaben als *Anzeige* gekennzeichnet werden. Darüber hinaus finden sich Richtlinien im Rahmen der freiwilligen Selbstkontrolle der Presse und der freiwilligen Selbstkontrolle der Werbewirtschaft (Pressekodex, ZAW-Richtlinien), die sich auf den Trennungsgrundsatz beziehen. Diese rechtlichen und professionsethischen Regelungen zur Trennung von Werbung und Redaktion werden im letzten Teil des Kapitels vorgestellt. In diesem Zusammenhang wird auch erörtert, ob die Kennzeichnungskriterien in den vorliegenden Regelwerken derzeit ausreichend bestimmt sind.

5.1 Prozesse der Hybridisierung: Werbung auf den zweiten Blick

Der ökonomische Druck und die veränderten Rahmenbedingungen innerhalb der Medien- und Informationsgesellschaft führen unter anderem dazu, dass die Erkennbarkeit und Trennung von Programm und Werbung immer weniger Gewicht haben (vgl. Siegert u.a. 2007, 15). Es kommt zu einer zunehmenden Integration von Werbeinhalten und redaktionellem Angebot, die Grenzen zwischen Journalismus, Public Relations und Werbung verschwimmen immer mehr. Das Phänomen der Hybridisierung taucht damit „nicht nur als Verschmelzung von Information und Unterhaltung zu verschiedenen Formen von Infotainment auf, sondern auch als Überlappung von Werbung und Public Relations, von Public Relations und Journalismus sowie von Werbung und Journalismus" (Siegert/Brecheis 2010, 53). Dem Journalismus sowie der Public Relations kommt klassischerweise die Aufgabe zu, Input in redaktionellen Output umzusetzen. Werbung hingegen strebt eine klare Orientierung am werblichen Output an. Mit der Ausdifferenzierung der Werbung und der Tendenz zur Hybridisierung begann diese Aufgabenverteilung allmählich zu erodieren. Heute wird Werbung zunehmend in den redaktionellen Kontext integriert, es ist immer mehr werblicher Output im redaktionellen Output zu finden.

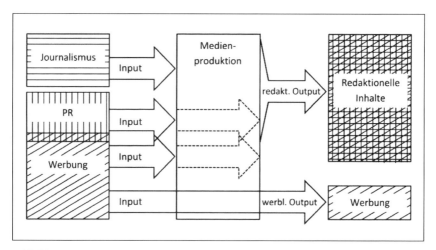

Abbildung 8:   Tendenz einer zunehmenden Hybridisierung (Siegert/Brecheis 2010, 52)

Die Trennlinie zwischen diesen drei Kommunikationsinstrumenten, die sich theoretisch anhand ihrer unterschiedlichen Zielsetzung voneinander abgrenzen lassen, wird in der Praxis immer unschärfer. Vermehrt werden hybride Werbeformen, also „Inhalte, die als redaktionelles Programm deklariert werden, aber eigentlich Werbung sind", eingesetzt und Werbung wird den Programminhalten angepasst, da durch die Verknüpfung von Werbebotschaften mit Programminhalten eine höhere Glaubwürdigkeit erzielt werden soll als ohne redaktionellen Kontext (Siegert 2005, 131). Das Phänomen der Hybridisierung von Werbung und redaktionellen Inhalten wirkt sich auf alle Bereiche des Medialen aus. Im Fernsehen finden sich neben konventionellen Werbespots Werbemaßnahmen wie *Sponsoring, Product Placement* oder *Dauerwerbesendungen* und im Printbereich haben sich Advertorials „längst zu einer besonders gefragten Gestaltungsform entwickelt" (Gieseking 2010, 71).

Die Akzeptanz und der finanzielle Erfolg von Medienprodukten auf dem Markt hängen stark mit den Erfahrungs- und Vertrauenseigenschaften der Medien zusammen. Die generelle Bereitschaft Medien zu nutzen konstituiert sich auch durch das Vertrauen der Konsumenten in die Qualität der Medien. Den Ergebnissen einer Studie von MediaAnalyzer (2009, 20) zufolge, ist ein Fünftel der Befragten der Meinung, dass Magazine anhand von redaktionell gestalteten Anzeigen unseriös wirken und das Image des Werbeträgers unter der Schaltung von Advertorials leide. Aus normativer Perspektive stellt die Trennung von redaktionellen Inhalten und Werbung ein wesentliches Kriterium zur Sicherung journalistischer Qualität und der Glaubwürdigkeit medialer Berichterstattung dar (vgl. 3.4). Werden Werbemaßnahmen nicht klar als Werbung gekennzeichnet, ist eine kategorielle Zuordnung für die Rezipienten nicht mehr eindeutig möglich.

5.2 Advertorials als Sonderwerbeform

Der Begriff *Advertorial* tauchte erstmals in den 1980er Jahren im englischsprachigen Raum auf und setzt sich aus den Worten *advertisement* (Anzeige) und *editorial* (redaktioneller Beitrag) zusammen. Diese bezahlten Werbeinhalte „are products that look like news and read like news, but are in fact often bought and controlled by advertisers" (Eckman/Lindlof 2003, 65). Advertorials sind bezahlte Veröffentlichungen in Printmedien, die in ihren ästhetischen Gestaltungsmerkmalen redaktionellen Beiträge ähneln. Im deutschsprachigen Raum werden Advertorials auch als *redaktionell gestaltete Anzeigen* bezeichnet (vgl. Burkart u.a. 2004, 154). In der Literatur findet diese Werbeform kaum Beachtung. Auch in einschlägigen Werken zu Werbemitteln im Printbereich wird diese Sonderwerbeform bisher nicht explizit aufgeführt (vgl. u.a. Gerke 2005, Kalka 2009).

Advertorials entstanden aufgrund der zunehmenden Nichtbeachtung und Vermeidung klassischer Werbeformen von Seiten der Rezipienten (vgl. Kroeber-Riel/Esch 2004; Elliot/Speck 1998) und aufgrund der Annahme, dass Rezipienten Werbebotschaften generell als unglaubwürdig einstufen (vgl. Franzen 1994). Um diesem Umstand entgegenzuwirken, entwickelten die Werbetreibenden eine Werbeform, die den Anschein eines redaktionellen Beitrags hat, allerdings bezahlte Werbung ist: das Advertorial. Bis heute findet sich in der Literatur keine einheitliche Definition dieser Sonderwerbeform:

> „However, there is still confusion as to what constitutes an Advertorial. Goodland et al.'s (1997) definition of the advertorial stresses similarity with the editorial style of the host publication. However, the level of execution quality or the degree of resemblance to an editorial can vary greatly (Goodlad et al. 1997; Fry 1989)" (Robinson u.a. 2002, 1451).

Ein Kennzeichen von Advertorials ist die nahtlose Einbettung in das redaktionelle Umfeld der Werbeträger, in denen sie erscheinen. Sie imitieren „the editorial content of a publication in terms of design/structure, visual/verbal content, and/or context" und lassen sich anhand ihrer Gestaltung kaum von den redaktionellen Inhalten abgrenzen (Eckman/Lindlof 2003, 65). In den letzten Jahren sind Verlage und Redaktionen immer mehr dazu übergegangen, „den Kunden die Gestaltung der Advertorials durch die Redaktion selbst anzubieten" und Werbebotschaften in Eigenverantwortung redaktionell aufzubereiten (Burkart u.a. 2004, 156). In Fällen, in denen die Redaktion die Gestaltung der Advertorials übernimmt, werden sie dem Stil und der Aufmachung der redaktionellen Inhalte des Trägermediums, angepasst. Die folgende Abbildung zeigt ein (gekennzeichnetes) Advertorial aus dem Jugendprintformat YAEZ (2010), das explizit der jugendlichen Zielgruppenansprache dient.[14] Die Gestaltung des Advertorials entspricht im Wesentlichen der Gestaltung der redaktionellen Beiträge im Heft. Die YAEZ ist auch Gegenstand der vorliegenden Untersuchung. Eine ausführliche Darstellung der Untersuchungsergebnisse erfolgt in Kapitel 8.

---

[14] Alle Advertorials, die in den untersuchten Ausgaben von YAEZ, SPIESSER und BRAVO zu finden sind, werden im Anhang abgebildet (vgl. Anhang A).

Abbildung 9: Advertorial der *SBK* in der YAEZ (2010, 2)

Werbetreibende nutzen redaktionell gestaltete Anzeigen, um Werbebotschaften so zu platzieren, dass sie nicht offensichtlich als Werbung wahrgenommen werden. Immer wieder wird in der Werbebranche diskutiert, ob redaktionell gestaltete Anzeigen mit Blick auf die Vermittlung von Werbeinhalten besser abschneiden als Werbeanzeigen (vgl. Gieseking 2010). Ergebnissen der Studie von MediaAnalyzer aus dem Jahr 2009 zufolge erzielt klassische Werbung „über alle erfassten Wirkungsdimensionen hinweg bessere Werte als die Vergleichs-Advertorials" (MediaAnalyzer 2009, 4). Im Rahmen dieser Studie wurden 200 Probanden insgesamt sechs Motive, als klassische Anzeige und als Advertorial, vorgelegt und mit Blick auf ihre Wirkung vergleichend getestet. Insgesamt erzielten die Werbeanzeigen einen höheren Aufmerksamkeitswert und weckten mehr Interesse am Produkt als die Advertorials. Dies lag nach Aussagen der Probanden auch daran, dass die Werbeanzeigen mehr Emotionen wecken als die Advertorials. Dafür wirken die Advertorials auf die Probanden im Vergleich zu den Werbeanzeigen insgesamt informativer und seriöser. Der Umstand, dass klassische Anzeigen den Ergebnissen der Studie zufolge insgesamt besser abschneiden als Advertorials, wurde in der Werbebranche kontrovers diskutiert. Da redaktionell gestaltete Anzeigen andere Funktionen erfüllen als klassische Anzeigen, wird von Werbetreibenden unter anderem kritisiert, dass Advertorials nicht mit dem gleichen Untersuchungsdesign gemessen werden können wie klassische Anzeigen. Advertorials „müssten in puncto Aufmerksamkeit, Erinnerungswerte, Informationsvermittlung und Glaubwürdigkeit vielmehr im Kontext der Redaktion gemessen werden und nicht in Bezug auf [Werte wie] Werbeerinnerung" (Gieseking 2010, 72). Die Untersuchungsergebnisse von MediaAnalyzer (2009) sind anschlussfähig an die Ergebnisse von Doris Winkler (1999a; 1999b). Winkler hatte knapp zehn Jahre zuvor erhoben, ob Advertorials im Vergleich zu Werbeanzeigen aus Sicht der Rezipienten besser abschneiden. Auch sie kommt zu dem Ergebnis, dass Advertorials insgesamt besser bewertet werden als Werbeanzeigen. Allerdings werden die Produkte, die über Advertorials beworben werden, von den Probanden weniger erinnert als die Produkte, die über klassische Anzeigen beworben werden (vgl. Winkler 1999b, 37).

Im Unterschied zu Werbeanzeigen, die darauf angelegt sind, mit einem einprägsamen Slogan oder Claim Werbeerinnerung zu erzeugen, sollen Advertorials informativer und glaubwürdiger wirken als Printanzeigen. Robinson u.a. (2002) gehen davon aus, dass „advertiser-based stories that are presented as editorial content can draw reader attention and carry more credibility than the same information does when presented in recognizable advertising formats" (ebd., 66). Aufgrund der redaktionellen Gestaltung erwecken Advertorials den Eindruck unabhängiger Berichterstattung. Advertorials erlangen auf diese Weise eine hohe Glaubwürdigkeit, da „sie von der wiederum höheren Glaubwürdigkeit der wirklichen redaktionellen Inhalte (…) profitieren" (Hoepfner 2003, 2).

Bislang finden sich nur wenige empirische Untersuchungen, welche die Wahrnehmung von Advertorials auf Rezipientenseite beleuchten und erheben, ob redaktionell gestaltete Anzeigen in Presseprodukten von den Rezipienten als Werbung erkannt werden oder nicht. Die Ergebnisse vorliegender Studien zeigen zumeist, dass Advertorials von den Lesern überwiegend als redaktionelle Inhalte kategorisiert und nicht als Werbung erkannt werden (Baerns/Lamm 1987; Kim 1995; Hoepfner 1997). Lediglich die Erhebung von Burkart u.a. (2004) kommt zu einem anderen Ergebnis: In diesem Fall erkennen über 90 Prozent der Probanden die Advertorials als Werbung. Die Studien von Cameron/Curtin (1996) und Cameron/Ju-Pak (2000) zeigen, dass es mit Blick auf die Werbeerkennbarkeit von redaktionell gestalteten Anzeigen keinen Unterschied macht, ob die Advertorials gekennzeichnet sind oder nicht. Die vorliegenden Untersuchungen, die sich auf den Trennungsgrundsatz in Printmedien und die Werbewahrnehmung der Advertorials auf Seiten der Rezipienten beziehen, werden in Punkt 7.2 nochmals aufgegriffen und ausführlich dargestellt.

Aus normativer Perspektive ist es problematisch, wenn Werbeinhalte als journalistische Beiträge wahrgenommen und damit womöglich als wahrhaftig und glaubwürdig eingestuft werden. Werbung folgt nicht dem Anspruch wahrhaftiger Berichterstattung. Vielmehr ist es Aufgabe der Werbung, Aufmerksamkeit für etwas zu generieren und folgenreich zu binden. Werbebotschaften verfolgen andere Ziele als redaktionelle Inhalte. Aus diesem Grund sind redaktionell gestaltete Anzeigen, die nicht als Werbung erkennbar sind, den Vorgaben der Landespressegesetze entsprechend, als *Anzeige* zu kennzeichnen. Auf rechtliche Regelungen und Bestimmungen der freiwilligen Selbstkontrolle der Presse und der freiwilligen Selbstkontrolle der Werbewirtschaft, die sich auf den Trennungsgrundsatz beziehen, wird im folgenden Punkt eingegangen.

5.3 Sonderwerbeformen: Zur Trennung von Werbung und Redaktion

Hybride Werbeformen zeichnen sich dadurch aus, dass sie nicht auf den ersten Blick als Werbung erkennbar sind. Die Erkennbarkeit von Werbung in Abgrenzung zu redaktionellen Inhalten ist insofern relevant, da der Rezipient, sofern er Werbung nicht als Werbung erkennt, sondern diese dem redaktionellen Teil zuordnet, die Werbeinformationen fälschlicherweise als wahrhaftig und glaubwürdig einstuft. Da Werbebotschaften andere Funktionen erfüllen als redaktionelle Beiträge, ist es wichtig, dass Werbung in Abgrenzung zu redaktionellen Inhalten für den Verbraucher erkennbar und damit kategorisierbar ist. Zugleich gewährleistet der Trennungsgrundsatz die Sicherung journalistischer Qualität. Um diesem Anspruch Rechnung zu tragen, finden sich sowohl werberechtliche als auch presserechtliche Vorgaben und ergänzend professionsethische Richtlinien, die eine klare Trennung von Werbung und redaktionellen Inhalten gewährleisten sollen.

5.3.1 Rechtliche Regelungen und Vorschriften

Grundsätzlich begünstigt die marktwirtschaftliche Ordnung Wettbewerb und Werbung, der Einfluss der Werbung wird nur dort begrenzt, wo er dem marktwirtschaftlichen Wettbewerb abträglich ist. Über staatlich geregelte Rechtsstrukturen wie wettbewerbsorientierte Gesetze wird ein Rahmen geschaffen, der einen gerechten Wettbewerb ermöglicht und den Einsatz unlauterer Wettbewerbsmöglichkeiten unterbindet. Über Gesetze und Verordnungen wird unter anderem geregelt, dass Informationen bezüglich des Verwendungszwecks, der Qualität und des Preises der Produkte ihre Richtigkeit haben müssen, so dass der durchschnittlich informierte und aufmerksame Verbraucher seine Kaufentscheidung unvoreingenommen fällen kann. Werbung darf gegenüber Verbrauchern nicht unzulässig oder irreführend sein, so dass gewisse (Werbe-)Handlungen wie beispielsweise vergleichende Werbung verboten sind (vgl. Rauda 2009, 5 ff.). In Deutschland gibt es kein zusammenfassendes Werberecht, vielmehr sind die jeweiligen Rechtsvorschriften auf einzelne Gesetze und Verordnungen wie beispielsweise den Rundfunkstaatsvertrag (RStV), das Gesetz gegen unlauteren Wettbewerb (UWG) und die Landespressegesetze verteilt.[15]

Die Trennung von Werbung und redaktionellen Inhalten ist im Rundfunkstaatsvertrag (2010) § 7 Abs. 3 wie folgt festgehalten:

> „Werbung und Teleshopping müssen als solche klar erkennbar sein. Sie müssen im Fernsehen durch optische Mittel, im Hörfunk durch akustische Mittel eindeutig von anderen Programmteilen getrennt sein. In der Werbung und im Teleshopping dürfen keine unterschwelligen Techniken eingesetzt werden".

So dürfen beispielsweise Ergebnisse einer wissenschaftlichen Studie, die der Werbetreibende selbst in Auftrag gegeben hat, nur für Werbezwecke verwendet werden, wenn offengelegt wird, wer für die Untersuchung verantwortlich ist. Werbespots im Fernsehen müssen optisch als Werbung kenntlich sein und vor Beginn des Werbeblocks muss ein kurzer Vorspann mit dem Hinweis *Werbung* eingeblendet werden. Hybride Fernsehformate, die nicht aufgebaut sind, wie klassische Fernsehwerbung und daher auch für redaktionelles Programm gehalten werden können, müssen als *Sondersendung* ausgewiesen werden. Das Verbot von Schleichwerbung ist mit dem neuen Rundfunkstaatsvertrag, der erschien, insofern gelockert worden, dass Sender und Produktionsfirmen Geld annehmen dürfen, um in Serien, Reality TV-Formaten und Filmen Produkte zu platzieren (*Product Placement*). Allerdings darf die Produktplatzierung keinen werblichen Charakter haben. Das heißt, dass beispielsweise ein Glas Nutella auf dem Frühstückstisch stehen darf, die Nuss-Nougat-Creme darf jedoch nicht von den Darstellern beworben werden. Bei Sendungen, die Produktplatzierungen enthalten, muss zu Beginn und zum Ende der Sendung, sowie nach jeder Werbepause, ein P eingeblendet werden, um dies kenntlich zu machen. Bei privaten Sendern findet sich in diesen Fällen der Hinweis *unterstützt durch Produktplatzierungen*.

Das Gesetz gegen unlauteren Wettbewerb dient dem Schutz der Verbraucher und schützt zugleich das Interesse der Allgemeinheit an einem unverfälschten Wettbewerb (§ 1). Nach § 4 Abs. 3 UWG ist es unzulässig zu werben, ohne dass dem Verbraucher der Werbecharakter einer Maßnahme bewusst ist. Ein Beispiel für den Verstoß gegen diese werberechtliche Regelung ist die getarnte Werbung, auch Schleichwerbung genannt (vgl. Rauda 2009, 10). Nach dem UWG können nicht nur direkt betroffene Mitbewerber, sondern beispielsweise

---

[15] Ein Überblick und eine Zusammenfassung relevanter Werbegesetze und -verordnungen findet sich beispielsweise bei Nickel (1998).

auch Verbraucherverbände Ansprüche auf Unterlassung und Schadensersatz geltend machen.

Neben den Regelungen zum Trennungsgrundsatz, die im RStV und im UWG verankert sind, finden sich darüber hinaus presserechtliche Vorgaben. Diese dienen der Sicherung journalistischer Unabhängigkeit vor wirtschaftlichen Interessen. In allen Landespressegesetzen ist vermerkt, dass Veröffentlichungen, für die ein Entgelt erhalten wurde und die anhand der gestalterischen Merkmale für den Leser nicht offensichtlich als Werbung erkennbar sind, als *Anzeige* gekennzeichnet werden müssen. Die Formulierung im Landespressegesetz Baden-Württemberg hierzu, §10 (*Kennzeichnung entgeltlicher Veröffentlichungen*), lautet wie folgt:

> „Hat der Verleger eines periodischen Druckwerks oder der Verantwortliche (§ 8 Abs. 2 Satz 4) für eine Veröffentlichung ein Entgelt erhalten, gefordert oder sich versprechen lassen, so hat er diese Veröffentlichung, soweit sie nicht schon durch Anordnung und Gestaltung allgemein als Anzeige zu erkennen ist, deutlich mit dem Wort ‚Anzeige' zu bezeichnen."

Über die Landespressegesetze wird zwar vorgeschrieben, dass bezahlte Inhalte, die anhand ihrer Anordnung und Gestaltung nicht als Werbung erkennbar sind, deutlich mit dem Hinweis *Anzeige* zu kennzeichnen sind. Es wird jedoch nicht weiter ausgeführt, anhand welcher Merkmale entschieden wird, ob bezahlte Veröffentlichungen als *Anzeige* zu kennzeichnen sind oder nicht. Kriterien für die Kategorisierung von Werbung, die – auch in Abgrenzung zu redaktionellen Beiträgen – auf den ersten Blick nicht eindeutig erkennbar ist, werden nicht explizit genannt. Den Vorgaben der Landespressegesetze zufolge soll die Kennzeichnung deutlich sein. Auch an dieser Stelle wird nicht weiter konkretisiert was mit dem Wort deutlich gemeint ist. Da nicht weiter präzisiert wird, wie genau die Kennzeichnung mit dem Anzeige-Hinweis aussehen soll (Größe, Farbe, Schriftart etc.), kann vermutet werden, dass die Kennzeichnung als *Anzeige* in der Praxis nicht immer einheitlich erfolgt. Zu fragen ist, inwiefern eine formalgestalterische Kennzeichnung als *Anzeige* sinnvoll ist, deren Kriterien nicht hinreichend bestimmt sind. Es wäre freilich falsch, auf die Kennzeichnungspflicht verzichten zu wollen.[16] Allerdings ist zu erörtern, wie die Kennzeichnungskriterien weiter präzisiert werden könnten. Dieser Aspekt wird am Ende des Kapitels aufgegriffen. Zuvor werden die professionsethischen Richtlinien der freiwilligen Selbstkontrolle der Presse und der freiwilligen Selbstkontrolle der Werbewirtschaft aufgegriffen, die sich an den rechtlichen Vorschriften orientieren.

---

[16] Dies zeigen auch vorliegende Urteile der Rechtsprechung zum Trennungsgrundsatz. Einen Einblick in die Entwicklung der Rechtsprechung und einen Überblick über typische Fälle, die sich auf getarnte Werbung in Printmedien beziehen, findet sich bei Bornkamm (2004).

5.3.2 Professionsethische Richtlinien

Auf Ebene der freiwilligen Selbstkontrolle ist die Forderung nach einer klaren Trennung von redaktionellen Inhalten und Werbung sowohl im Pressekodex des Deutschen Presserats (Ziffer 7) als auch in den ZAW-Richtlinien für redaktionell gestaltete Anzeigen verankert. Der Trennungsgrundsatz gehört zu den grundlegenden Aspekten des Pressekodex des Deutschen Presserats und gewährleistet die Wahrung journalistischer Qualität und die Glaubwürdigkeit der Presse. Der Trennungsgrundsatz ist – als professionsethisches Kriterium journalistischer Ethik – in Ziffer 7 wie folgt formuliert:

> „Die Verantwortung der Presse gegenüber der Öffentlichkeit gebietet, dass redaktionelle Veröffentlichungen nicht durch private oder geschäftliche Interessen Dritter oder durch persönliche wirtschaftliche Interessen der Journalistinnen und Journalisten beeinflusst werden. Verleger und Redakteure wehren derartige Versuche ab und achten auf eine klare Trennung zwischen redaktionellem Text und Veröffentlichungen zu werblichen Zwecken. Bei Veröffentlichungen, die ein Eigeninteresse des Verlages betreffen, muss dieses erkennbar sein" (Deutscher Presserat 2011c).

Dieser Aspekt wird über Richtlinien weiter konkretisiert. So ist in Richtlinie 7.1 festgehalten, dass bezahlte Veröffentlichungen, die aufgrund ihrer redaktionellen Gestaltung nicht offensichtlich als Werbung kategorisierbar sind, so gestaltet sein müssen, „dass sie als Werbung für den Leser erkennbar sind. Die Abgrenzung vom redaktionellen Teil kann durch Kennzeichnung und/oder Gestaltung erfolgen. Im Übrigen gelten die werberechtlichen Regelungen" (ebd.). In Ziffer 7 wird zwar formuliert, dass bezahlte Veröffentlichungen in Abgrenzung zum redaktionellen Kontext kenntlich gemacht werden sollen, eine Regelung für eine einheitliche, klare Kennzeichnung von (Sonder-)Werbeformen als *Anzeige* findet sich im Pressekodex allerdings nicht. Die Formulierung eindeutiger Kennzeichnungskriterien bleibt in diesem Fall ebenso unterbestimmt und unpräzise wie die Formulierung von Kriterien, die sich heranziehen lassen, um zu erfassen, ob bezahlte Veröffentlichungen so gestaltet sind, dass sie für den Rezipienten als Werbung erkennbar sind. Auch wenn die Kriterien für eine einheitliche Werbekennzeichnung im Pressekodex nicht hinreichend bestimmt sind, zeigt ein Blick auf die Spruchpraxis des Deutschen Presserats, die sich auf den Verstoß gegen Ziffer 7 bezieht, dass der Beschwerdeausschuss sich bei der Begründung auch auf presserechtliche Bestimmungen bezieht. So formuliert der Beschwerdeausschuss des Deutschen Presserats im Jahr 2010 beispielsweise in den Beiträgen der BRAVO zum Thema Job Attacke eine Verletzung des in Ziffer 7 definierten Trennungsgrundsatzes (vgl. Deutscher Presserat 2010). Dies wird damit begründet, dass bei Veröffentlichungen, die ein Eigeninteresse des Verlages betreffen, dieses auch erkennbar sein muss. In diesem Fall genügt das

„aus drei Teilen zusammengesetzte Logo nicht (…), um dem Leser das Eigeninteresse des Verlages zu verdeutlichen. Die beiden kooperierenden Firmen sind in den fraglichen Heften der Zeitschrift mit bezahlten Anzeigen vertreten, die eine Ergänzung der Zusammenarbeit sind und somit nicht unabhängig vom redaktionellen Teil geschaltet wurden. Dies hätte den Lesern erläutert werden müssen. Dann wären diese in der Lage gewesen, die Veröffentlichungen entsprechend einzuordnen. Das verwendete Logo reicht für diese Bewertung nicht aus" (ebd.).

Der Beschwerdeausschuss hat im Jahr 2011 in einem weiteren Fall eine Missbilligung ausgesprochen, die sich auf die Kennzeichnung einer redaktionell gestalteten Anzeige in der BRAVO bezieht (vgl. Deutscher Presserat 2011). Es wurde entschieden, dass ein Verstoß gegen das Trennungsgebot nach Ziffer 7 des Pressekodex vorliegt, da in der Jugendzeitschrift ein Beitrag unter der Überschrift *Meine Tage sind oft total stark. Reichen Tampons da wirklich aus?* erschien, der lediglich mit dem Hinweis *Promotion* ausgewiesen ist. In diesem Fall argumentiert der Beschwerdeausschuss wie folgt:

„Die Kennzeichnung mit dem Wort ‚Promotion' reicht nicht aus, den Lesern den Werbecharakter der Veröffentlichung zu verdeutlichen. Dies gilt auch, wenn dieser Begriff im Duden unter anderem als Synonym für ‚Werbemaßnahme' geführt wird. Es kann unterstellt werden, dass ein nicht geringer Teil der Leser diese Definition nicht kennt und deshalb die Veröffentlichung als redaktionellen Beitrag sieht. Damit liegt eine Verletzung der Richtlinie 7.1 des Pressekodex vor, in der gefordert wird, dass die Werbung für den Leser als solche erkennbar ist. Das Gebot der klaren Trennung ist nicht nur als Maßgabe für die optische Erkennbarkeit von Kennzeichnungen zu verstehen. Es bezieht sich auch und gleichrangig auf die zweifelsfreie inhaltliche Erkennbarkeit solcher Kennzeichnungen (ebd.).

Die beiden Entscheidungen des Beschwerdeausschusses orientieren sich bei der Begründung an presserechtlichen Regelungen. Auch wenn die Kennzeichnung mit dem Hinweis *Anzeige* nicht explizit im Pressekodex formuliert ist, wird diese Vorgabe im Rahmen der Spruchpraxis berücksichtigt.

Nicht nur Journalisten übernehmen Verantwortung für ihr Handeln, indem sie sich an den professionsethischen Kriterien orientieren. Auch im Bereich der Werbung übernehmen „werbende Firmen, Medien und Werbeagenturen (…) über den Bereich staatlicher Rechtsetzung hinaus aktiv Verantwortung für ein geordnetes Werbeverhalten" (Deutscher Werberat 2011a). Neben den Verhaltensregeln, die der Deutsche Werberat in Bezug auf einen verantwortungsvollen Umgang mit Werbeinhalten formuliert, hat der ZAW ein weiteres Regelwerk erstellt, das verschiedene Richtlinien beinhaltet, die sich auf die Einhaltung einer klaren Trennung von Werbung und redaktionellen Inhalten, die Geheimhaltungspflicht bei Anzeigenaufträgen und auf redaktionelle Hinweise in Zeitungen und Zeitschriften beziehen (vgl. ZAW-Richtlinien 2011). Vor dem thematischen Hintergrund der vorliegenden Studie werden hier lediglich die ZAW-Richtlinien für redaktionelle gestaltete Anzeigen vorgestellt (Fassung vom Januar 2003), die sich an den Vorgaben der Landespressegesetze orientieren.

Redaktionell gestaltete Anzeigen können beim Leser den Eindruck erwecken, es handle sich um unabhängige redaktionelle Berichterstattung und nicht um bezahlte Werbung. Vor dem Hintergrund, dass Werbeaussagen andere Ziele verfolgen als journalistische Informationen, ist es wichtig, dass bezahlte Veröffentlichungen auch als Werbung gekennzeichnet werden. Redaktionell gestaltete Anzeigen, die nicht als Werbung ausgewiesen sind, verstoßen aufgrund ihres irreführenden Charakters gegen die „Grundsätze lauterer Werbung und gefährden das Ansehen und die Unabhängigkeit der redaktionellen Arbeit", daher sind sie presserechtlich untersagt (ebd.). Der ZAW formuliert in Ziffer 1 der Werberichtlinien für redaktionell gestaltete Anzeigen:

> „Eine Anzeige in einem Druckwerk, die durch ihre Anordnung, Gestaltung oder Formulierung wie ein Beitrag des redaktionellen Teils erscheint, ohne den Anzeigencharakter, d. h. den Charakter einer entgeltlichen Veröffentlichung, für den flüchtigen Durchschnittsleser erkennen zu lassen, ist irreführend gegenüber Lesern und unlauter gegenüber Mitbewerbern" (ebd.).

Den Vorgaben in Ziffer 2 entsprechend muss der Werbecharakter „durch eine vom redaktionellen Teil deutlich abweichende Gestaltung – Bild, Grafik, Schriftart und -grade, Layout und ähnliche Merkmale – und durch die Anordnung des Beitrages im Gesamtbild oder Gesamtzusammenhang einer Druckseite" kenntlich gemacht werden (ebd.). Sofern der Werbeinhalt nicht offensichtlich als Werbung erkennbar ist und die in Ziffer 2 genannten Elemente nicht ausreichen, ist diese Veröffentlichung nach Ziffer 3 der Werberichtlinien für redaktionell gestaltete Anzeigen „deutlich mit dem Wort ,Anzeige' zu kennzeichnen" (ebd.). Mit Blick auf die Kennzeichnung ist grundsätzlich der Gesamteindruck, den redaktionell gestaltete Anzeigen beim flüchtigen Lesen hinterlassen, entscheidend. Dabei sind auch Einzelelemente der Gestaltung, der Anordnung und des Textes der Anzeige zu berücksichtigen. In den ZAW-Richtlinien für redaktionell gestaltete Anzeigen werden zwar Merkmale zur Kategorisierung und Abgrenzung von Werbung und redaktionellen Beiträgen genannt, sie werden jedoch auch hier nicht weiter konkretisiert. Es ist jedoch auch vermerkt, dass ein Hinweis im Impressum oder die namentliche Nennung des werbenden Unternehmens im redaktionellen Text im Sinne einer eindeutigen Kennzeichnung der redaktionell gestalteten Anzeige als Werbung nicht ausreicht (vgl. ebd.). Es genügt auch nicht, anstelle des Begriffs *Anzeige* alternativ Ausdrücke wie *Promotion, PR-Anzeige, Verbraucherinformation, Sonderveröffentlichung* oder Ähnliches zu verwenden, um den Werbecharakter einer Anzeige offenzulegen. In den ZAW-Richtlinien für redaktionell gestaltete Anzeigen werden solche Umschreibungen explizit ausgeschlossen.

Die vorhergehenden Ausführungen zeigen, dass Advertorials in Printmedien, die sich im Schnittstellenbereich von Werbung und Journalismus bewegen, sowohl im Rahmen werbe- und presserechtlicher Regelungen als auch im Rahmen der freiwilligen Selbstkontrolle der Presse sowie der freiwilligen Selbstkontrolle der Werbewirtschaft Berücksichtigung finden. Um zu entscheiden, ob bezahlte Veröffentlichungen explizit als Werbung gekennzeichnet werden müssen oder nicht, ist den presserechtlichen sowie den professionsethischen Richtlinien der freiwilligen Selbstkontrolle der Presse zufolge zunächst der Gesamteindruck entscheidend, der beim flüchtigen Lesen entsteht. Was genau unter *Gesamteindruck* verstanden wird und welche Kriterien herangezogen werden, um eine Kategorisierung von Werbeinhalten in Abgrenzung zu redaktionellen Inhalten vorzunehmen, wird nicht weiter präzisiert. Im Unterschied zu den Vorgaben in den Landespressegesetzen und den Bestimmungen des Pressekodex (Ziffer 7) wird in den ZAW-Richtlinien für redaktionell gestaltete Anzeigen vermerkt, dass bezahlte Veröffentlichungen nicht nur anhand der Anordnung des Beitrags im Gesamtzusammenhang, sondern auch aufgrund einer vom redaktionellen Teil deutlich abweichenden Gestaltung – in Bild, Grafik, Schriftart, Layout und ähnlichen Merkmalen – als Werbung kenntlich gemacht werden sollen und darüber hinaus nicht mit Begriffen wie beispielsweise *Promotion* oder *Aktion* umschrieben werden dürfen. Die ZAW-Richtlinien greifen die Vorgabe einer Kennzeichnung über den Hinweis *Anzeige* aus den Landespressegesetzen auf, allerdings wird auch hier nicht weiter konkretisiert, wie die Kennzeichnung mit dem Hinweis *Anzeige* konkret zu gestalten ist (Größe, Farbe, Schriftart etc.).

Wünschenswert wäre eine Festlegung allgemein verbindlicher Kriterien, die diese Vorgaben operationalisieren und damit beurteilbar machen würde. Anhand dieser Kriterien könnte eine zuverlässige Zuordnung bezahlter Veröffentlichungen als Werbung erfolgen. Fraglich ist jedoch, ob diese Forderung praktikabel ist, denn die Abgrenzung redaktionell gestalteter Anzeigen von klassischer Werbung ist keineswegs einfach.

Letztlich wird die Frage, ob ein Werbeinhalt gekennzeichnet werden muss oder nicht, unter Rückbezug auf Kriterien zur Bestimmung klassischer Werbung entschieden. Das bedeutet, dass Werbeinhalte, bei denen eine mögliche Werbekategorisierung anhand von Merkmalen klassischer Anzeigen wie beispielsweise *Headline, Subline* und *Body Copy* (vgl. Janich 2010, 53 ff) nicht möglich ist, als *Anzeige* gekennzeichnet werden müssen. Die Schwierigkeit liegt jedoch darin, dass Advertorials – im Unterschied zu klassischen Anzeigen – wie redaktionelle Beiträge aufbereitet werden. Bei Advertorials ist die Anwendung journalistischer Kernbestandteile wie Titel, Untertitel, Fließtext und die Untergliederung in verschiedene Absätze mit Zwischenüberschriften, die jedoch auch in der Werbekommunikation wiederzufinden sind, kennzeichnend. Auch wenn Advertorials zumeist textlastiger gestaltet sind als Werbeanzeigen, finden sich grundsätzlich – wenn auch in unterschiedlichem Umfang – die gleichen Werbeelemente in klassischen Anzeigen sowie in Advertorials. Damit scheint die Festlegung eindeutiger Kriterien für die Bestimmung von Advertorials in Abgrenzung zu klassischer Werbung beziehungsweise zu redaktionellen Inhalten kaum möglich und auch eine „Design-Verordnung" ist nur schwierig justiziabel zu formulieren.

6 (Gratis-)Printmedien im Jugendbereich

In der vorliegenden Studie geht es um Jugendprintmedien[17]. Wie Presseprodukte im Erwachsensektor, finanzieren sich auch Jugendprintmedien zumeist über den Kaufpreis und über Werbeeinnahmen. Neben entgeltlichen Magazinen wie beispielsweise der BRAVO finden sich im Jugendsektor auch kostenlose Jugendmagazine wie beispielsweise YAEZ und SPIESSER, die sich rein über Werbeeinnahmen finanzieren.

Bevor auf die unterschiedliche Finanzierungsstruktur von entgeltlichen und kostenlosen Jugendmagazinen eingegangen wird, wird in diesem Kapitel zunächst erörtert, wie Jugendzeitschriften und -zeitungen sich voneinander abgrenzen lassen. Eine Zuordnung einzelner Titel ist nicht immer eindeutig möglich. So entsprechen beispielsweise die Jugendmagazine YAEZ und SPIESSER, auch wenn diese Formate kostenlos erscheinen, nicht den Kriterien einer klassischen Gratiszeitung, wie sie beispielsweisen Haller (2009) in den Gutachten der Stiftung Presse-Grosso zugrunde legt.

Jugendprintmedien sind sowohl Kultur- als auch Wirtschaftsgüter. Für Heranwachsende haben Medien einen symbolischen, sozialen und kulturellen Mehrwert, Medienproduzenten hingegen betrachten Medien hauptsächlich als Geschäftsfeld und agieren gewinnorientiert (vgl. Karmasin 2006a). Die Heranwachsenden müssen lernen, Werbung zu identifizieren und von redaktionellen Inhalten abgrenzen können, um die Werbeinhalte dann auch vor dem Hintergrund ihrer Funktionen und ökonomischen Interessen angemessen bewerten zu können. Daher wird in diesem Kapitel auch auf medienpädagogische Aspekte eingegangen. Es wird beleuchtet, wie Kindern und Jugendlichen ein kompetenter Umgang mit Werbung, insbesondere mit hybriden Werbeformen wie Advertorials, vermittelt werden kann. In diesem Zusammenhang wird Werbekompetenz als Teilbereich von Medienkompetenz (Baacke 1996) vorgestellt.

---

[17] Ebenso wie Jugendzeitungen und Jugendzeitschriften werden auch Bücher, die speziell für die jugendliche Zielgruppe erscheinen, zu den Jugendprintprodukten gezählt. Im Rahmen dieser Arbeit geht es um (kostenlose) Presseprodukte im Jugendbereich. Daher werden Jugendbücher bei der nachfolgenden Beschäftigung mit Jugendprintmedien nicht weiter berücksichtigt.

6.1 Jugendprintmedien – Ein Kategorisierungsversuch

Das Titelportfolio auf dem Jugendmarkt ist vielfältig. Im Jahr 1994 wurde von der Gesellschaft für Medienpädagogik und Kommunikationskultur (GMK) eine Übersicht herausgegeben, in der alle Kinder- und Jugendtitel auf dem Markt erfasst wurden. Dabei wurden auch Formate aufgeführt, die von Kindern und Jugendlichen gezielt gelesen werden, aber nicht nur für diese Zielgruppe herausgebracht werden, wie beispielsweise die Zeitschrift *Computer-BILD*. Zum damaligen Zeitpunkt wurden insgesamt 122 Kinder- und Jugendzeitschriften im Printbereich verzeichnet (vgl. Baacke/Lauffer 1994, 10). Aktuell erscheinen nach IVW[18]-Angaben auf dem Pressemarkt 92 Kinderzeitschriften und 79 Jugendzeitschriften mit nationaler Verbreitung (vgl. IVW 2013a). Hier werden nur Formate wie zum Beispiel *Geolino, Wendy, Bravo* und *Popcorn* aufgeführt, die explizit für die junge Zielgruppe erscheinen. Presseprodukte, die von Jugendlichen rezipiert werden, allerdings nicht nur für diese Zielgruppe gedacht sind, werden bei dieser Aufstellung nicht berücksichtigt.

Im Bereich der Jugendpresse zeigt sich ein vielfältiges Angebot, das inhaltlich differenziert auf die Themeninteressen der jungen Zielgruppe abgestimmt ist. Die meisten Formate, die auf dem Jugendmarkt erscheinen, sind Zeitschriften. Unter dem Begriff *Zeitschrift* werden grundsätzlich „alle periodischen Druckwerke mit kontinuierlicher Stoffdarbietung, die mit der Absicht eines zeitlich unbegrenzten Erscheinens mindestens viermal jährlich herausgegeben werden, soweit sie keine Zeitungen sind (Pressestatistik)", subsumiert (Heinrich 2002, 62). Anders als bei Zeitungen liegt der inhaltliche Fokus bei Zeitschriften nicht auf der Verbreitung aktueller Nachrichten. Zeitschriften sind vergleichsweise aufwendiger gestaltet als Zeitungen und erscheinen zumeist als Hochglanzformat. Da Jugendzeitschriften ausschließlich für eine jugendliche Leserschaft konzipiert werden, sind sie auch Zielgruppenzeitschriften. Die Zielgruppenzeitschrift grenzt sich im Unterschied

> „zur Massenzeitschrift mit ihrem heterothematischen Themenspektrum (…) durch die Eingrenzung der Themen – durch ein spezielles Informationsangebot – über die eingeschränkte Zielgruppe von der Massenzeitschrift ab. Der spezifische Leserkreis der Zielgruppenzeitschrift hat somit eine spezielle Informationserwartung. Wie der Begriff bereits impliziert, wird für eine Definition die Leserschaft herangezogen" (vgl. Nickel 2000, 65).

---

[18] Die Abkürzung IVW steht für die Informationsgemeinschaft zur Feststellung der Verbreitung von Werbeträgern e.V. und ist eine staatlich unabhängige, nicht kommerzielle und neutrale Prüfinstitution, welche die Auflagenhöhe von Zeitungen, Zeitschriften und weiteren periodisch erscheinenden Presseerzeugnissen in Deutschland ermittelt, publiziert und kontrolliert.

Jugendzeitschriften lassen sich nach inhaltlichen Gesichtspunkten in diverse Unterkategorien einordnen. Vogel (1996) schlägt beispielsweise eine Unterdifferenzierung in die Kategorien *Unterhaltungs- und Starmagazine, Mädchenzeitschriften, TV-begleitende Magazine* und *Magazine zu speziellen Themen* vor (vgl. ebd., 20 f.). Das Angebot an Jugendzeitschriften ist groß, so dass sich neben diesen Kategorien freilich weitere Unterscheidungen treffen lassen. Gemeinhin werden Zeitschriften, die sich an eine breite, nicht durch Beruf, Bildung oder Mitgliedschaft begrenzte Leserschaft wenden, auch als Magazine bezeichnet (vgl. Wilke 1995, 408).

Auf dem Markt findet sich eine Vielzahl an Jugendzeitschriften, allerdings gibt es bisher kaum Zeitungsformate, die explizit auf die jugendliche Zielgruppe zugeschnitten sind. In den letzten Jahren haben einige Verlage Zeitungsformate speziell für Kinder und Jugendliche auf den Markt gebracht. Diese Formate – beispielsweise von DIE ZEIT und SÜDDEUTSCHE ZEITUNG – stellen jedoch eine Ausnahme im Jugendprintbereich dar.

Jugendzeitungen folgen dem Aufbau klassischer Tageszeitungen. Um die jungen Leser anzusprechen, haben sie eine stärker ausgeprägte Unterhaltungsfunktion, so dass sich Jugendzeitungen von Tages- und Wochenzeitungen durch die „Struktur und Ordnung" und die „optische Aufmachung sowie ihre Sprache" abgrenzen lassen (Rager 2003, 183). Die jugendgerechte Aufarbeitung der Themen zeichnet sich durch verschiedene Aspekte aus. So werden beispielsweise nur Themen aufgegriffen, welche an die Lebenswelt der Jugendlichen anknüpfen. Mit Blick auf die Verständlichkeit werden Fremdwörter und Schachtelsätze vermieden. Die Beiträge sind zumeist nicht umfangreicher als eine Doppelseite und verfügen über einen hohen Bildanteil. Eine überschaubare Inhaltsmenge und redaktionelle Beiträge, die verständlich und farblich auffällig gestaltet sind und an die Themeninteressen der Jugendlichen anschließen, sind entscheidende Merkmale für Jugendzeitungen.

Neben den wenigen kostenpflichtigen Zeitungen, die explizit für junge Leser erscheinen, finden sich auf dem deutschen Markt der Jugendprintmedien auch kostenlose Zeitungen und Magazine für Jugendliche. Im Unterschied zu Schülerzeitungen, die als kostenlose Titel zumeist von Schülern verfasst werden und sich primär über Spenden und Anzeigenschaltungen regional ansässiger Unternehmen finanzieren, werden einige dieser Gratismagazine von Verlagen herausgegeben. Die beiden auflagenstärksten Jugendmagazine, die bundesweit kostenlos an Schulen vertrieben werden, sind YAEZ und SPIESSER. Auch Formate wie AUDIMAX und UNICUM zählen beispielsweise zu den Gratismagazinen im Jugendbereich. Diese kostenlosen Titel werden gemeinhin als Gratiszeitungen bezeichnet, da sie unentgeltlich erscheinen. Der Begriff *Gratiszeitung* ist jedoch nicht bei allen Formaten ganz treffend, da die meisten kostenlosen

Printprodukte im Jugendbereich nicht der Definition einer Gratis-*Tageszeitung* entsprechen wie sie beispielsweise Haller (2009) in den Gutachten der Stiftung Presse-Grosso zugrunde legt. Die Kriterien *Periodizität, Aktualität* und *Publizität* werden nicht erfüllt, daher stellen diese Magazine ein anderes Gratisformat dar als das, was gängigerweise Gegenstand der Gratiszeitungsforschung ist.

Mit Blick auf die inhaltliche Ausrichtung und die optische Aufmachung sind Gratisformate eher wie Zeitschriften gestaltet, nicht wie Zeitungen. Klassische Tageszeitungen erscheinen im Tabloid-Format.[19] Im Bereich der Jugendprintmedien findet sich lediglich ein Format, das im Tabloid-Format erscheint: Die YAEZ. Alle anderen Gratisformate werden, wie die Mehrzahl der entgeltlichen Jugendmagazine auch, auf Hochglanzpapier gedruckt. Die YAEZ wird von den Herausgebern selbst als *Jugendzeitung* bezeichnet. Der SPIESSER[20] hingegen wird nach Verlagsangaben als *Jugendzeitschrift* betitelt. Jugendformate wie BRAVO oder POPCORN werden hier als Jugendzeitschrift beziehungsweise Jugendmagazin betitelt. Auch die Gratisformate YAEZ und SPIESSER werden – obwohl sie kostenlos erscheinen – nachfolgend nicht als Gratiszeitung, sondern als (Gratis-)Jugendmagazin oder (Gratis-)Jugendzeitschrift geführt. YAEZ und SPIESSER erscheinen nicht täglich oder wöchentlich, so dass sie gängigen Kriterien entsprechend nicht als (Gratis-)Zeitung klassifiziert werden können. Darüber hinaus sind auch die beiden kostenlose Jugendtitel – ebenso wie Jugendzeitschriften – für eine jugendliche Leserschaft konzipiert, sie bilden jugendspezifische Lebensstile ab und befassen sich mit jugendspezifischen Themen.

Ein Hauptkriterium zur Unterscheidung von Jugendzeitschriften und Jugendgratismagazinen ist die unterschiedliche Finanzierungs- und Vertriebsstruktur. Im Unterschied zu entgeltlichen Printtiteln, die sich immer über den Kaufpreis mitfinanzieren, finanzieren sich Jugendmagazine, die kostenlos an öffentlichen Einrichtungen wie Schulen, Universitäten und Jugendtreffs auslegen, allein über Druckkostenpauschalen und Werbung. Auf diesen Aspekt wird in Punkt 6.3 ausführlich eingegangen. Unabhängig von der Finanzierungsstruktur lassen sich Jugendzeitschriften sowie kostenlose Jugendmagazine aufgrund ihrer stringenten Zielgruppenorientierung und der speziell an dieser Altersgruppe ausgerichteten Gestaltung und thematischen Orientierung dem Bereich der Jugendprintmedien zuordnen.

---

[19] Tabloid-Format ist ein Zeitungsformat, das bei einer nicht aufgeschlagenen Zeitung die Größe von 235 mm × 315 mm (Breite mal Höhe) umfasst.
[20] Auch wenn die korrekte Bezeichnung des Magazins „die SPIESSER" wäre, da es sich um die Jugendzeitschrift SPIESSER handelt, wird nachfolgend aus klangästhetischen Gründen von „dem SPIESSER" gesprochen.

6.2 Jugendprintmedien als Kulturgüter

Jugendprintmedien sind für eine jugendliche Leserschaft konzipiert, die sich in einer Lebensphase befindet, die zwischen Pubertät und Erwachsenwerden angesiedelt ist. Der Übergang der Kindheit in die Erwachsenenwelt ist, ebenso wie andere Lebensphasen, geprägt von bestimmten Entwicklungsaufgaben. Die Jugendphase gilt als Phase der Identitätsbildung und Persönlichkeitsentwicklung, in der auch das bisher anerkannte Wert- und Normsystem neu verhandelt wird. Im Rahmen der Identitätsarbeit werden die in der Kindheit bereits erlernten Normen und Wertvorstellungen noch einmal beziehungsweise häufig zum ersten Mal reflektiert. Dabei wird die Herausbildung eines Wert- und Normgefüges maßgeblich durch die Auseinandersetzung mit Angeboten und Einflüssen der Gesellschaft bestimmt. Diese Prozesse der Sozialisation führen dazu, dass „Wertorientierung im Individuum auf der Basis eines wie breit auch immer angelegten sozialen Wertekonsens" geschaffen wird (Rath/Marci-Boehncke 2008, 77). Sozialisation vollzieht sich heute immer auch medial. Dabei stellen Medien Erlebnisräume und Identifikationsangebote zur Verfügung, die von den Jugendlichen im Zuge ihrer Identitätsarbeit aufgegriffen und genutzt werden. Jugendliche bilden ihre eigene Orientierung aktiv aus,

> „sie übernehmen die kulturell, sozial und individuell vorfindlichen Wertorientierungen nicht einfach modellhaft, sondern sie bauen diese Werthaltungen in ihr eigenes Denken ein, bauen auch ggf. ihr eigenes Denken um und bilden schließlich neue, individuelle und dennoch (meist) sozial kompatible Werthaltungen und normative Überzeugungen aus – die dann, allerdings mitbestimmt von anderen Rahmenfaktoren wie z.B. Anerkennung in der sozialen Gruppe, in der besten aller möglichen Welten in konkretes Handeln umgesetzt werden" (ebd., 80).

In Abgrenzung zur Kindheit verändern sich im Jugendalter die Themen, die für die Heranwachsenden wichtig sind. Die Jugendlichen haben alters- und geschlechtsneutrale, aber auch über geschlechtsspezifische Themeninteressen, die von der Medienbranche im Rahmen der Content-Produktion berücksichtigt und bedient werden. Mit Blick auf die von Jugendlichen präferierten Zeitschriftenformate, zeigen sich deutliche Geschlechterunterschiede – „lediglich die Bravo hat Leser beider Geschlechter" (Marci-Boehncke/Rath 2007, 128). Bei den Mädchen zählen die Titel *Bravo, Yam, Popcorn* und Mädchen zu den favorisierten Zeitschriften, wohingegen Jungen neben der Bravo interessenabhängige Sparten-Magazine wie *PC Games, Kicker, Bravo Sport* und *Sportbild* bevorzugen (vgl. ebd.). Dies ist damit zu begründen, dass die Themen *Sport, Wettbewerb* und *Körperlichkeit* für männliche Jugendliche gerade in der Pubertät wesentliche Bezugspunkte für die Konstruktion von Männlichkeit und Geschlechterrollenidentität darstellen und eine Möglichkeit der sozialen Verortung bieten, wohingegen Themen wie Mode, Beauty und Stars vermehrt von den Mädchen rezipiert werden (vgl. Marci-Boehncke 2007, 236). Den Ergebnissen der Ravensburger Jugendmedienstudie zufolge werden Zeitschriften generell weniger als Unterhaltungsmedium, sondern vielmehr als Informationsmedium wahrgenommen. Dementsprechend dienen sie als „Informationsquellen zu anderen Freizeitaktivitäten und Interessen", ergänzen diese folglich und gehören damit auch zur medienkonvergenten Nutzung (Marci-Boehncke/Rath 2007, 129). Die Ergebnisse der JIM-Studie (2012) zeigen, dass Tageszeitungen von ca. zwei Fünfteln der Befragten genutzt werden, „während Zeitschriften und Magazine von 26 Prozent mindestens mehrmals pro Woche gelesen werden. Im Vergleich dazu spielen die Onlineangebote von Zeitungen (17%) und Zeitschriften (13%) immer noch eine eher untergeordnete Rolle" (ebd., 12).

Jugendprintmedien erfüllen soziale und kulturelle Funktionen und sie haben Teil am Prozess jugendlicher Identitätsarbeit. Zugleich finanzieren sich (Jugend-)Printprodukte größtenteils über Werbeeinnahmen. Ebenso wie andere Medien auch, sind Jugendprintmedien Kultur- und Wirtschaftsgüter zugleich (vgl. Karmasin 2006a). Kinder und Jugendliche stellen einen wichtigen Marktfaktor als Zielgruppe von Werbung dar. Nachfolgend werden zunächst Presseprodukte im Jugendbereich in ihren Merkmalen und Funktionen als Wirtschaftsgüter vorgestellt, anschließend wird auf Jugendliche als Zielgruppe von Werbung eingegangen.

6.3 Jugendprintmedien als Wirtschaftsgüter

Gemeinhin umfasst die Zielgruppe der Jugendprintmedien den Altersbereich zwischen 11 und 18 Jahren. Da Jugendliche mit Blick auf das Alter, die Interessen und Themenvorlieben keine homogene Gruppe darstellen, fällt die Kernzielgruppe je nach Format unterschiedlich aus. Die Herausforderung für die Verleger liegt darin, „dass sie über verschiedene Lebenslagen, soziale Gruppen und Entwicklungsstufen hinweg versuchen müssen, mit ihren Inhalten und Formaten möglichst homogene Zielgruppen zu erreichen" (Sobek 2004, 21). Dies müssen die Verlage einerseits leisten, um die Gestaltung der Inhalte klar ausrichten zu können und damit die Leser-Blatt-Bindung zu intensivieren. Andererseits ist diese Vorgehensweise wichtig, um eine möglichst einheitliche Zielgruppe mit Blick auf den Verkauf von Werbeplätzen vorweisen zu können, damit Streuverluste minimiert werden können. Jugendprintmedien als Kultur- und Wirtschaftsgüter agieren auf dem Lesermarkt sowie dem Werbemarkt und finanzieren sich größtenteils über Werbeeinnahmen. Im nächsten Punkt werden zentrale Finanzierungsaspekte im Jugendprintbereich vorgestellt.

6.3.1 Finanzierungsaspekte im Jugendprintbereich

Grundsätzlich finanzieren sich Printmedien im Jugendbereich – ebenso wie Printprodukte im Erwachsenensektor – auf zweifache Weise. Einerseits sind Zeitungen und Zeitschriften typische Entgeltmedien (vgl. Pethig 2003, 144). Das bedeutet, dass die Erlöse mitunter aus dem Direktverkauf der Produkte stammen. Die Einnahmen generieren sich durch den Verkauf von einzelnen Heften und durch Abonnements. Der Verkaufserlös der Jugendtitel variiert dabei je nach Einzelpreis und verkaufter Auflage. Da die Verlage die Produktionskosten der Printtitel nicht allein über die Verkaufserlöse decken können, sind sie auf weitere Einnahmen angewiesen. Neben der direkten Finanzierung über Verkaufserlöse ist die indirekte Finanzierung über Werbung die wichtigste Einnahmequelle der Massenmedien. Im Medienbereich spielen – neben den direkten Verkaufserlösen und den indirekten Einnahmen über Werbemaßnahmen – auch Gebühren und Beiträge, „wie sie für die Angebote des öffentlich-rechtlichen Rundfunks bezahlt werden", eine wesentliche Rolle (Meier u.a. 2005, 227). Dieser Finanzierungsaspekt wird hier ausgeklammert, da er für den Jugendprintbereich (als privatisierter Sektor) nicht weiter relevant ist – fokussiert wird nachfolgend auf die Finanzierung über Werbeeinnahmen.

Im Bereich der Jugendprintmedien findet sich ein umfassendes Spektrum an Jugendmagazinen. Es wird versucht, immer neue Titel auf dem Jugendmarkt zu platzieren. Dies führt zu einer verschärften Wettbewerbssituation auf dem Lesermarkt und auf dem Werbemarkt. Ein Modell, das die direkte Verknüpfung von wirtschaftlichem und publizistischem Erfolg aufzeigt und die damit verbundene Konkurrenzsituation auf dem Werbemarkt offenlegt, ist die Anzeigen-Auflagen-Spirale (vgl. Heinrich 2001, 240 ff.). Bei diesem Modell wird davon ausgegangen, dass die Erhöhung der Auflagenzahl einer Zeitschrift oder Zeitung mit einer Zunahme der Leserzahl korreliert. Mit der Steigerung der Auflage durch eine erhöhte Lesernachfrage kommt es zu einer Senkung der Stückzahlkosten und damit zu einer Senkung des Tausender-Kontaktpreises (TAP). Aufgrund eines niedrigeren TAP im Vergleich zu anderen Titeln auf dem Markt ist das Format aus wirtschaftlicher Sicht interessant für die Werbekunden. Dies führt dazu, dass die Nachfrage von Seiten der werbetreibenden Wirtschaft ansteigt und der Werbeumsatz gesteigert wird. Die Auflagensteigerung erhöht in den meisten Fällen den Gewinn nur marginal, aber der Mehrverkauf von Werbung führt unumgänglich zu einer Gewinnsteigerung. Sofern die Auflagensteigerung beibehalten wird, kann – nach der nächsten IVW-Prüfung – der Anzeigenpreis im Zuge der Herausgabe der neuen Mediadaten angehoben werden. Bei dem Modell der Anzeigen-Auflagen-Spirale wird davon ausgegangen, dass der Verleger die Mehreinnahmen dafür einsetzt, die Qualität des Produkts weiter zu verbessern beziehungsweise durch zusätzliche Angebote für den Leser zu erweitern. Sofern dies von Verlagsseite aus umgesetzt wird, ist aufgrund der verbesserten Qualität mit einer neuerlichen Steigerung der Leserzahl und einer damit verbundenen Steigerung der Auflagenzahl zu rechnen, so dass der Spiraleffekt erneut beginnt. Der Spiraleffekt kann allerdings auch in gegensätzlicher Richtung verlaufen. Eine abnehmende Leserzahl führt zu einer geringeren Auflage des Titels und einem damit verknüpften Rückgang an Anzeigenbuchungen, da das Medium aus werbewirtschaftlicher Sicht an Interesse verliert. Dadurch sinken die Einnahmen und zugleich steigen die Produktionskosten pro Heft an. In solch einem Fall sind die Verlage aufgrund rückläufiger Werbebuchungen dazu gezwungen, den Anzeigenpreis zu senken. Da weniger Werbeeinnahmen vorliegen und Einsparungen getroffen werden müssen, kann es dem Modell zufolge zu einem redaktionellen Qualitätsverlust kommen. Dies kann dann einen weiteren Leserrückgang bedingen und im schlimmsten Fall dazu führen, dass der Printtitel vom Markt genommen werden muss (vgl. Kiefer 2001, 318).

Der Markt der Jugendtitel ist nicht nur vielfältig, sondern auch sehr schnelllebig. Das liegt mitunter daran, dass sich die jungen Lesergenerationen alle zwei bis fünf Jahre vollständig ablösen. Die Verlage sind dazu angehalten, „ihre Innovationszyklen besonders an den Bedürfnissen der Leser zu orientieren" (Sobek 2004, 41). Für die Verlage bedeutet dies, dass sie ihre Markenbildung und -bindung nicht über einen längeren Zeitraum hinweg aufbauen können. Stattdessen haben sie im Gegensatz zu anderen Publikums- und Fachzeitschriften nur einen kurzen Zeitraum zur Verfügung, somit einen geringen Spielraum, um die jungen Rezipienten zu erreichen. Wie die vorhergehenden Überlegungen zeigen ist Bindung der jungen Leser vor allem mit Blick auf die Finanzierung der Printtitel relevant: Je höher die Auflagenzahl eines Jugendmagazin ist, desto besser lassen sich Werbekunden akquirieren und damit die Produktionskosten über Werbeeinnahmen finanzieren.

6.3.2 *Kombination von Print und Online: Werbung crossmedial*

Der Konkurrenzdruck auf dem Leser- und dem Werbemarkt ist groß. Die Ausdifferenzierung des Marktes und die Ergänzung durch Online-Angebote führen dazu, dass unzählige Titel um die Aufmerksamkeit der jungen Leser und der Werbekunden buhlen müssen. Die Verkaufszahlen im Jugendsektor waren – ebenso wie die Verkaufserlöse im Bereich der Printmedien allgemein –, nach Angaben des IVW rückläufig, steigen seit Mitte 2013 tendenziell jedoch wieder.

207	JUGENDZEITSCHRIFTEN			
	Anzahl Titel		Verkauf	Verbreitung
Quartal	Der IVW angeschlossen	Der IVW gemeldet		
3/12	27	27	1.449.162	3.100.082
4/12	28	27	1.130.161	2.739.030
1/13	25	24	936.447	2.604.809
2/13	25	23	965.289	2.479.292
3/13	25	24	1.081.196	2.611.412

Tabelle 4: Verbreitung der Jugendzeitschriften bundesweit (vgl. IVW 2013b)

Die Schwankungen der Verkaufszahlen lassen sich unter anderem auch damit begründen, dass die Jugendprinttitel sich verstärkt gegen den digitalen Wettbewerb im Internet behaupten müssen. Das veränderte Mediennutzungsverhalten der Jugendlichen setzt die Verlage unter Druck, neben den Printprodukten auch Magazine im Onlinebereich zu positionieren und wirkungsvolle crossmediale Konzeptionen für Werbekunden zu entwickeln (vgl. Sobek 2004). Den Ergebnissen der JIM-Studie (2012) zufolge nutzen 17 Prozent der Jugendlichen regelmäßig das Online-Angebot von Tageszeitungen und 13 Prozent bewegen sich ergänzend zum Print-Angebot auf den zugehörigen Internetseiten (vgl. ebd., 12).

Für die Verlage und die Werbeindustrie ist es ausschlaggebend, sich an die medialen Bedürfnisse der Zielgruppe anzupassen und diese crossmedial zu begleiten (vgl. ebd. 41). Zielführend für crossmediale Werbung ist „die inhaltliche, kreative und formale Vernetzung unterschiedlicher Medienkanäle und Werbeträger", um den maximalen werblichen Erfolg über eine mehrkanalige Ansprache zu realisieren (VDZ 2003, 7). Das bedeutet, dass die Funktionen der einzelnen (Medien-)Angebote, trotz des Zusammenhangs über den gemeinsamen Inhalt, erhalten bleiben und klar voneinander unterschieden werden können (vgl. Hasebrink u.a. 2004, 9). Die Reichweite, die über Printmedien generiert wird, kann in crossmedialen Kampagnen durch Maßnahmen im Internet verlängert und intensiviert werden. Bezeichnend für Crossmedia ist die Kombination von Print und Online. Konkret umfasst Crossmedia „alle Vermarktungskonzepte eines Unternehmens, die sich auf mindestens zwei Medienformen beziehen" und in Form einer Crossmedia-Strategie erfolgreich umgesetzt werden können (Müller-Kalthoff 2002, 20). Ziel von Crossmedia ist es, die Inhalte an dem Mediennutzungsverhalten der Rezipienten auszurichten und dementsprechend ergänzend verschiedene mediale Plattformen zu nutzen.

6.3.3   (Jugend-)Gratiszeitungen als Sonderfall

Neben den vielen entgeltlichen Printtiteln auf dem Jugendmarkt finden sich auch Hefte, die kostenlos erscheinen. Dazu zählen zum Beispiel die Gratisformate AUDIMAX, UNICUM, SPIESSER und YAEZ. Diese kostenlosen Printprodukte stellen im Bereich der Jugendprintmedien einen Sonderfall dar, da sie nicht im Handel verkauft werden, sondern kostenlos an öffentlichen Einrichtungen wie Schulen, Universitäten und Jugendtreffs ausliegen. Im Unterschied zu entgeltlichen Magazinen finanzieren sich diese kostenlosen Formate rein über Werbeeinnahmen. Im Bereich der Tageszeitungen sorgt dieser Pressetyp, die sogenannte Gratis(-Tages)Zeitung[21], seit einigen Jahren für Aufsehen. Sie

> „wird einerseits für die von den Zeitungsverlegern festgestellte Krise mitverantwortlich gemacht, andererseits erhob der Weltkongress der Zeitungsverleger die sogenannten *Free Newspapers* zumindest im Printbereich zur wesentlichsten Innovation der letzten zehn Jahre" (Haas 2005, 12).

Seit der Markteinführung der ersten Gratistageszeitung im Jahre 1996 wird diskutiert, ob dieses Format eine Konkurrenz für entgeltliche Zeitungen darstellt oder nicht. Schon immer hat die Zeitungsbranche Gratiszeitungen mit großer Auflage gefürchtet. Die etablierten Verlage sind der Auffassung, dass „durch den Markteintritt dieses neuen Pressetyps die Gefahr einer Destabilisierung des Zeitungsmarkts bzw. die Existenzbedrohung der jeweiligen Tageszeitungen besteht" (ebd., 13). Die Herausgeber von Gratiszeitungen hingegen stellen die These auf, „dass sie in erster Linie neue LeserInnen gewinnen, die vorher keine Tageszeitungen gelesen haben" und mit diesem Format daher nicht automatisch Leser von Tageszeitungen abwerben (ebd.). Im Jugendprintbereich ist vermutlich weniger mit einer möglichen Leser-Abwanderung zu rechnen, allerdings ist auch hier die Konkurrenzfähigkeit der Gratismagazine mit Blick auf die Abwerbung (potenzieller) Werbekunden bedeutend.

So hat beispielsweise die Bauer Media Group (Herausgeber der BRAVO) im Frühjahr 2011 dem SPIESSER Verlag vorgeworfen, entgegen der rechtlichen Bestimmungen an weiterführenden Schulen auszuliegen. Das Jugendmagazin SPIESSER lag zu diesem Zeitpunkt bundesweit in einer Gesamtauflage von

---

[21] Im deutschen Sprachgebrauch wird dieses Format nicht nur als Gratiszeitung, sondern auch als „kostenlose Tageszeitung, Pendlerzeitung und im internationalen Bereich u.a. als *Freesheet, Free Newspaper, Free daily commuter newspaper*" bezeichnet (Haas 2005, 12). Die Bezeichnung *Gratiszeitung* lässt in diesem Sinne nicht auf den Bereich der Jugendprintmedien anwenden. Wie in Punkt 6.1 ausgeführt, werden Gratistitel wie YAEZ und SPIESSER im Rahmen dieser Arbeit nicht als Gratiszeitungen, sondern als Gratismagazine bezeichnet, auch wenn sie kostenlos erscheinen und sich rein über Werbeeinnahmen finanzieren.

knapp 800.000 Exemplaren kostenlos an Schulen aus. Die Bauer-Juristen hatten von den Schulleitern Auskunft darüber gefordert, „auf welcher rechtlichen Grundlage die Verbreitung des SPIESSERs erfolge", da der SPIESSER laut Bauer Verlag als „anzeigenfinanziertes und damit kommerzielles Objekt" gelte und in Schulen nichts zu suchen habe (SPIEGEL-Online 2011). In diesem Fall hat der SPIESSER Verlag vor Gericht gegen die Bauer Media Group gewonnen. Letztendlich ging es bei dieser Aktion vor allem um eins: Auflagezahlen und Anzeigenkunden. Die Verkaufszahlen von BRAVO sinken seit 2001 kontinuierlich, die Auflage liegt derzeit bei 419.763 Exemplaren (vgl. IVW 2011). Ein Format wie der SPIESSER, der mit einer doppelt so hohen Auflage wie die BRAVO erscheint, stellt mit Blick auf die Akquirierung von Werbekunden eine klare Konkurrenz dar. Dass die beiden auflagenstärksten Jugengratisformate um Anzeigenkunden und Auflagenzahlen konkurrieren, zeigt auch der Artikel von Geißler (2011) auf. Er verweist darauf, dass SPIESSER und BRAVO sich bereits 2007 um Aufträge der Bundesagentur für Arbeit bemüht haben. Den Zuschlag für die *Job-Attacke* – eine Anzeigenserie über Berufe – im Wert von 700.000 Euro erhielt die BRAVO, der SPIESSER ging leer aus (vgl. ebd.).

Im Unterschied zu entgeltlichen Titeln finanzieren (Jugend-)Gratiszeitungen sich rein über Werbeeinnahmen, so dass kostenlose Formate mehr als entgeltliche Jugendtitel unter Verdacht stehen, ihre redaktionellen Inhalte an potenzielle Werbekunden anzupassen. Auch im Bereich der Jugendprintmedien werden verstärkt hybride Werbeformen wie Advertorials eingesetzt, es kommt zu einer Vermischung von Werbung und redaktionellen Inhalten (vgl. Hutter 2010; Deutscher Presserat 2012a). Aufgrund des Finanzierungsdrucks und der damit einhergehenden redaktionellen Orientierung an Werbekunden stehen journalistische Qualitätsansprüche gerade im Bereich der kostenlosen Titel immer öfter hinten an. Dabei müssen vor allem Gratisformate aufgrund ihres kostenlosen Erscheinens bei den Konsumenten mit Qualität überzeugen, um hohe Reichweiten zu generieren und somit interessant für die Werbekunden zu sein (vgl. Köberer 2010a, 2010b). Die Vermutung, Gratiszeitungen könnten ihre redaktionellen Inhalte nach potenziellen Werbekunden ausrichten, bevor sie ihr Format aufgrund von Finanzierungsproblemen vom Markt nehmen müssen, liegt nahe. Diese Annahme bezieht sich zunächst auf Gratiszeitungen, lässt sich aber auch in Bezug auf entgeltliche Formaten formulieren, da diese sich größtenteils auch über Werbeeinnahmen finanzieren. Vor dem Hintergrund rückläufiger Leserzahlen und dem damit verbundenen Verlust von Direkterlösen über den Verkauf stehen Verlage von entgeltlichen Jugendmagazine – wenn auch nicht im gleichen Ausmaß – jedoch ebenso unter Druck, Werbekunden zu akquirieren, um die wirtschaftliche Existenz des Blattes zu sichern, wie Verlage, die Gratiszeitungen auf den Markt bringen.

6.4 Jugendliche als Marktfaktor und als Zielgruppe von Werbung

Kinder und Jugendliche stellen eine interessante Zielgruppe für die Werbebranche dar, weil sie das Konsumverhalten der Familie beeinflussen, selbst über finanzielle Kaufkraft verfügen und die Kunden von morgen sind. In den letzten Jahren hat sich „der Trend verstärkt und stabilisiert, dass bereits Vorschulkinder sehr konzentriert in den werbenden Blick der Produkthersteller genommen werden" (Römer/Steffensen 2007, 8). Die Hersteller von Produkten für Kinder und Jugendliche initiieren eine „immer stärker verzahnende Medienflut, die mit vielfältigen und sich intensivierenden Anreizen deren (Erlebnis- und Spiel-)Bedürfnisse anspricht, respektive weckt oder auch gezielt darauf hinarbeitet, ein Markenbewusstsein auszubilden" (ebd.). Nachfolgend werden Kinder als Zielgruppe von Werbung nicht explizit thematisiert.

Die Werbenden wissen, dass sich das Markenbewusstsein bereits in jungen Jahren herausbildet, damit kommt den Heranwachsenden im Bereich der Werbung eine besondere Bedeutung zu. Die Ergebnisse der achten Studie *BRAVO Faktor Jugend* zeigen, dass „die meisten Markenbeziehungen in der Zeit zwischen dem 12. und 17. Lebensjahr entstehen: Davor hat man für diese Produkte noch keine Verwendung, danach nimmt man die Marken weiter, die sich bis dahin bewährt haben" (Bauer Media 2005, 20). Da die Anforderungen an Marken und Produkte sich ab einem gewissen Alter nicht mehr gravierend verändern, gibt es für die Konsumenten keinen Grund zu wechseln. Die Markentreue der Jugendlichen beruht vor allem auf den damit gemachten, positiven Erfahrungen und der emotionalen Bindung. Es wird davon ausgegangen, dass in der Jugendzeit, der Phase des Umbruchs, Unsicherheiten entstehen und dass das Bedürfnis nach Orientierung dadurch besonders ausgeprägt ist. „Marken bedeuten Sicherheit", sie „geben Hilfestellung und Anregungen bei der Suche nach dem eigenen Ich", da sie helfen, „den persönlichen Stil zu finden", „gleichzeitig Zugehörigkeit ausdrücken" und die Jugendlichen auf diese Weise durch die schwierige Phase des Erwachsenwerdens begleiten (ebd., 33). Besonders in junge Kunden wird gerne investiert, da die gewonnenen Jugendlichen zumeist treue Kunden bis ins Erwachsenenalter bleiben. So argumentiert auch die *BRAVO Faktor Jugend-Studie*, dass es „bedeutend einfacher (und kostengünstiger!) [ist], einen Erstverwender zu gewinnen als den überzeugten Verwender eines Wettbewerbers umzuerziehen" (ebd., 53). Daher ist es nicht verwunderlich, dass „Kinder und Jugendliche, ihr Konsum und das ihnen zugerechnete Finanzvolumen (…) einen umkämpften Markt darstellen" (Römer/Steffensen 2007, 17).

Jugendliche stellen nicht nur aufgrund der frühzeitigen Markenbindung eine hochattraktive Zielgruppe für die Werbetreibenden dar, sondern auch aufgrund des Budgets, das ihnen bereits in jungen Jahren zur Verfügung steht. Eine Untersuchung von iconkids & youth im Jahr 2008 ergab, dass die 6- bis 19-Jährigen bereits über 23 Milliarden Euro verfügen, die sie selbstbestimmt ausgeben können. Kinder und Jugendliche verfügen heute über enorme Geldbeträge, die sie allem voran in Konsumgüter investieren. Es scheint daher nicht verwunderlich, „dass die Werbewirtschaft alle vorhandenen Möglichkeiten ausschöpft und immer wieder neue Möglichkeiten sucht (und findet), ihre Ziele" umzusetzen (Siegert/Brecheis 2010, 30). In den letzten Jahren hat die Medien- und Werbebranche das veränderte Mediennutzungsverhalten der Heranwachsenden zur Kenntnis genommen. So fand zum Beispiel im Jahr 2010 der erste Stuttgarter Medienkongress zum Thema *Was will die Generation Internet wirklich? – Der Medienmix für die Digital Natives* statt, bei dem Experten der Medienbranche über mögliche Lösungen für den Umgang mit der Zielgruppe der 14- bis 29-Jährigen diskutierten. Auch bei dem Kongress KINDER, der 2010 in Köln stattfand und das Thema *Emotionale Werbung: Kommunikationsstrategien für die Digital Natives* aufgriff, gaben Experten der Branche Antwort auf zentrale Fragen des Kindermarketings im Internet. Beide Kongresse richteten sich an Marketingverantwortliche, Produktmanager sowie Kommunikations- und Medienprofis (vgl. Marketing-Börse 2010; Medienkongress 2010). Die Referenten kamen auf den Kongressen zu einem ähnlichen Ergebnis: Erfolgreiches emotionales Marketing ist nur dann möglich, wenn auf Augenhöhe mit der Zielgruppe kommuniziert wird. Diejenigen, die einen kontinuierlichen Dialog mit den Digital Natives führen wollen, müssen die Kommunikationsmodi nach den Gepflogenheiten der Jugendlichen ausrichten und Werbekommunikation so aufbauen, dass die Aussagen von der Zielgruppe als authentisch wahrgenommen werden.

Gerade Kinder und Jugendliche sind aufgrund der asymmetrischen Kommunikationsstruktur in besonderem Maße abhängig von der Auswahl und der Darstellung von Werbeinhalten sowie der Glaubwürdigkeit der Quellen und der Transparenz der Kommunikationsformen. Anhand der asymmetrischen Beziehung erlangt die Werbekommunikation gegenüber Kindern eine moralische Qualität (vgl. Stapf 2009, 7 f.). Daher sind Werbeangebote daraufhin zu befragen, was sie an Inhalten und an normativer Orientierung anbieten und an welchen Kriterien medialer Qualität sie sich orientieren sollen. Aus werbeethischer Perspektive ist es unerlässlich, dass Werbetreibende Verantwortung übernehmen und sich an normativen Kriterien wie dem Trennungsgrundsatz orientieren. Ebenso wichtig ist es, bereits Kindern und Jugendlichen medienethisch relevante Kompetenzen und einen reflektierten Umgang mit dem Mediensystem zu vermitteln. Dieser Aspekt wird nachfolgend beleuchtet. Dabei wird auf den Medienkompetenz-Begriff nach Baacke (1996) eingegangen, weiter werden Medienkompetenz und Werbekompetenz miteinander in Beziehung gesetzt.

6.5 Medienkompetenz als Werturteilskompetenz

Heute spielen Medien eine zentrale Rolle bei der Sozialisation und der Identitätsentwicklung der Heranwachsenden. Sich in einer von Medien bestimmten Gesellschaft zurechtzufinden, erfordert spezifische Fähigkeiten und Fertigkeiten. Vor dem Hintergrund, dass jugendliche Lebenswelt eine medialisierte Welt ist (vgl. Baacke u.a. 1990), scheint es sinnvoll und notwendig, *Medienkompetenz* als Bildungsziel zu formulieren und im Bildungswesen zu institutionalisieren. Im Zuge ihrer Sozialisation müssen Kinder und Jugendliche ein Bewusstsein für die Möglichkeiten und zugleich für die Risiken, die der Umgang mit dem Medienensemble bereitstellt, erlangen. Für eine medienkritische Nutzung müssen über das Medienwissen hinaus medienethische Kriterien und Standards vermittelt werden. Eine Konzeption, die sich im medienpädagogischen Kontext etabliert hat, ist der Medienkompetenz-Begriff nach Baacke (1996). Nachfolgend werden zunächst die von Baacke formulierten Dimensionen von Medienkompetenz vorgestellt, bevor erörtert wird, was *Werbekompetenz* meint und wie diese Kompetenz im Kontext der Medienkompetenzvermittlung aufgegriffen werden kann.

Medienkompetenz als Schlüsselbegriff aktueller Bildungskonzepte besteht aus einer Vielzahl möglicher und wünschenswerter Teilfähigkeiten. Baacke (1999) verortet sein Konzept der Medienkompetenz, das die vier Dimensionen der *Medienkunde*, der *Mediennutzung*, der *Mediengestaltung* und der *Medienkritik* umfasst, im Rahmen kommunikativer Kompetenz. Die einzelnen Dimensionen von Medienkompetenz können analytisch getrennt voneinander gedacht werden, verweisen jedoch wechselseitig aufeinander und müssen in ihrer Vermittlungsdimension als sich gegenseitig ergänzend und aufeinander aufbauend im Gesamten in den Blick genommen werden. Der Aspekt *Mediennutzung* beinhaltet die Frage danach, was Medien dem Rezipienten bieten und wie sie eingesetzt werden können. *Medienkunde* bezeichnet das Wissen darüber, was Medien sind, was sie können und wie sie funktionieren. *Mediengestaltung* als Teilbereich von Medienkompetenz wird näher bestimmt durch die Frage, was mit Medien gemacht werden kann beziehungsweise wie Medien selber hergestellt werden können. *Medienkritik* schließlich umfasst die reflexive Komponente und zielt darauf ab zu hinterfragen, was Medien mit dem Rezipienten machen, was Medien dürfen – und was sie nicht dürfen. Vor allem der Aspekt der Kritikfähigkeit nimmt im gesellschaftlichen und pädagogischen Kontext einen besonderen Stellenwert ein. Bezogen auf mediale Inhalte findet sich solch eine kritische Reflexivität in den meisten Konzeptionen von Medienkompetenz wieder (vgl. Baacke 1996; Groeben 2002; Aufenanger 2006). Baacke hat den Aspekt der Kritikfähigkeit in drei Dimensionen aufgefächert, wobei „problematische gesellschaftliche Prozesse *analytisch* angemessen erfasst" werden sollen (Baacke 1999, 34,

Herv. i. O.). „*Reflexiv* sollte jeder Mensch in der Lage sein, das analytische Wissen auf sich selbst und sein Handeln anzuwenden" und „*ethisch* schließlich ist die Dimension, die analytisches Denken und reflexiven Rückbezug als sozial verantwortet abstimmt und definiert" (ebd., Herv. i. O.). Selbstbestimmtes Medienhandeln, das immer auch kritische Reflexivität impliziert, gewinnt in einer konvergenten Medienwelt mehr Bedeutung als bisher.

Die Ausbildung von Medienkompetenz ist als aktiver Prozess der Auseinandersetzung mit medialen Inhalten zu verstehen. Hier knüpft die Vorstellung einer Medienbildung an, welche die unterschiedlichen Medienpräferenzen der Heranwachsenden aufgreift und für die Ausbildung (kritischer) Medienkompetenz nutzt (vgl. Marci-Boehncke/Rath 2007, 239). Je nach Geschlecht unterscheiden sich die Rezeptionsvorlieben von Medieninhalten „im Hinblick auf ihr Action- bzw. Empathie-Angebot und sind in je eigener Weise in der Lebenswelt der Jugendlichen verankert" (ebd.). In Erziehungs- und Bildungsprozessen muss dies ebenso berücksichtigt werden, wie der Umstand, dass Medien heute eine große Bedeutung für die Wertorientierung von Jugendlichen haben. Die Sensibilisierung für Chancen, aber auch Risiken der Medien unter ethischen Gesichtspunkten, stellt eine zentrale Aufgabe der Medienerziehung dar.

Medien können dazu dienen ein kritisches Reflexionsvermögen und eine werturteilende Argumentationskompetenz auszubilden. Die Ausbildung von Werturteilskompetenz im Sinne einer kognitiven Kompetenz[22] setzt voraus, dass Sachverhalte analysiert und bewertet werden und Urteile argumentativ vertreten werden können. Werturteilende Argumentationsfähigkeit ist eine Kompetenz, die „immer notwendig ist, um Werturteile zu fällen, unabhängig davon, welche Werte inhaltlich in Anschlag gebracht werden" (Rath/Marci-Boehncke 2008, 82). Es gilt, Medienangebote nicht nur in ihrer weltvermittelnden Bedeutung zu erfassen und zu verstehen, sondern sie auch im Hinblick auf ihre Inhalte, ihre Funktionen und Wirkungsweisen beurteilen zu können.

Kritische Reflexionsfähigkeit und Werturteilskompetenz sind auch zielführende Aspekte bei der Vermittlung von Werbekompetenz. Gängige Konzepte (vgl. Meister/Sander 2002; Neuß 2005; Gottberg/ Rosenstock 2009) orientieren sich zumeist an Kindern und deren Entwicklungsstufen. Nicht nur Kindern, auch Jugendlichen, muss im Zuge der ökonomischen Sozialisation ein reflektierter Umgang mit dem Markt- und Mediensystem vermittelt werden. Heute ist es oft schwierig, Werbung von anderen Kommunikationsformen zu differenzieren. Der Erwerb von Werbekompetenz und kritischer Reflexionskompetenz ist grundsätzlich als Bestandteil der Förderung von Medienkompetenz zu verstehen.

---

[22] Diese Kompetenz ist theoretisch beschreibbar mit Lawrence Kohlbergs Theorie der moralischen Entwicklung (vgl. Kohlberg 1976, 1968).

Werbekompetenz beinhaltet immer auch die Fähigkeit, „unterschiedliche Werbeformen und Werbezwecke zu unterscheiden" und zu erfassen, „wer wie um wen wozu und mit welchem Zweck" wirbt (Fuhs/Rosenstock 2009, 29). Besondere Relevanz beansprucht diese Fähigkeit vor dem Hintergrund, dass sich zunehmend neue Werbeformen etablieren und neben klassischer Werbung verstärkt hybride Werbeformen eingesetzt werden. Diese Entwicklung erschwert die Kategorisierung von Werbebotschaften als Werbung und damit zugleich das Erlernen von Werbekompetenz. Denn, wenn Werbung nicht klar als Werbung erkennbar ist, lassen sich die erlernten Kriterien für eine Kategorisierung von Werbung auch nicht anwenden. Das bedeutet einerseits, dass den Heranwachsenden Kriterien vermittelt werden müssen, die eine Kategorisierung von Werbung ermöglichen. Andererseits muss Werbung, die aufgrund ihrer redaktionellen Gestaltung nicht als solche erkennbar ist, zunächst einheitlich als Werbung gekennzeichnet werden.

Die Ergebnisse von Charlton u.a. (1995) zeigen, dass Kinder ab dem 11. Lebensjahr sicher zwischen klassischer Spotwerbung und Programminhalten unterscheiden können. Darüber hinaus nimmt die Zuschreibung von Glaubwürdigkeit der Werbeinhaltenab dieser Altersstufe ab. Das bedeutet, dass Kinder eine zunehmend kritische Haltung gegenüber dem Glaubwürdigkeitsanspruch von Werbung entwickeln. Den Ergebnissen von Neuß (2000a) zufolge können bereits Vorschulkinder über medienpädagogische Projekte dazu befähigt werden, Werbung besser zu erkennen. Unter Rückbezug auf diese Ergebnisse formulieren Fuhs/Rosenstock (2009) die Annahme, dass „durch eine verbindliche und einheitliche Kennzeichnung aller Werbeformen (...) zwei Drittel der Vorschulkinder und 90% der Grund- und Sekundarschüler Werbeformen von Programmformen unterscheiden" könnten (ebd., 33). Daher ist eine einheitliche und verbindliche Trennung von Werbung und redaktionellen Inhalten nicht nur aus ethischer Perspektive, sondern auch aus medienpädagogischer Sicht zu fordern.

Insgesamt findet sich ein breites Angebot an Unterrichtsmaterialien und Projektideen, die sich auf die Vermittlung von Werbekompetenz beziehen. Das Landesmedienzentrum Baden-Württemberg beispielsweise stellt verschieden Unterrichtsmodule zum Thema Werbung zur Verfügung, die fächerspezifisch oder fächerunabhängig konzipiert sind. Darunter finden sich auch Unterrichtsmaterialien zur Analyse und Eigenproduktion von Werbeanzeigen sowie Materialien, die zum Thema *Werbung im Internet* im Unterricht aufgegriffen werden können (vgl. Landesmedienzentrum Ba-Wü 2013). Auch der Verbraucherverband Bundeszentrale e.V. hat beispielsweise in einem Themenmodul zur Verbraucherbildung ein Unterrichtsprojekt zur Werbung veröffentlicht, das von einem Realschulleiter umgesetzt und dokumentiert wurde (vgl. Verbraucherverband Bundeszentrale 2005).

Die Vermittlung von medienkompetentem Handeln im Sinne der Fähigkeit „zur sinnvollen, reflektierten und verantwortungsbewussten Nutzung der Medien" (Medienpädagogisches Manifest 2008) ist sowohl als Erziehungs- als auch als Bildungsauftrag zu sehen. Nicht nur im familiären Kontext auch in Bildungsein-richtungen müssen Voraussetzungen geschaffen werden, um Heranwachsende in ihrem Medienhandeln zu unterstützen und notwendige medienethische Kompe-tenzen zu vermitteln (vgl. dazu auch Rath/Köberer 2013).Im Schulalltag wird Medienkompetenzvermittlung bisher noch nicht als Querschnittsaufgabe aller Fächer gedacht. Daher sollten Bildungsstandards für Medienkompetenz künftig verstärkt fächerübergreifend curricular verankert werden. Um in Bildungsinstitu-tionen – in Kindertagesstätten ebenso wie in Schulen – eine sach- und fachge-rechte Vermittlung von Medienkompetenz zu gewährleisten, ist es notwendig, dass die Lehrpersonen über eine spezifische Mediengrundbildung verfügen, um diese dann auch den Heranwachsenden vermitteln zu können. Dazu müssen einerseits bereits in der Ausbildung sowie in den entsprechenden Studiengängen Angebote unterbreitet werden, andererseits müssen Fortbildungen angeboten werden, die sich an Personen wenden, die bereits im Bildungskontext tätig sind (Niesyto u.a. 2006; Marci-Boehncke/Rath 2009).

7 Forschungsdesign

Die vorhergehenden Kapitel hatten zum Ziel, einen Überblick über die theoretischen Zugänge zu geben, die für den empirischen Teil der vorliegenden Untersuchung relevant sind. In diesem Kapitel wird das empirische Vorgehen der Studie ausführlich dargestellt. Das Forschungsvorhaben hat zum Ziel, empiriegestützte Erkenntnisse auf medienethische Fragestellungen zu erlangen. Es wird einerseits untersucht, ob Produzenten von Jugendmagazinen sich an professionsethischen Kriterien orientieren und Advertorials in der YAEZ, im SPIESSER und in der BRAVO als *Anzeige* gekennzeichnet werden. Andererseits wird erhoben, ob die Advertorials in den untersuchten Ausgaben der Gratismagazine YAEZ und SPIESSER von jugendlichen Rezipienten als Werbung erkannt werden oder nicht. In diesem Zusammenhang ist zu klären, warum Jugendliche Advertorials gegebenenfalls nicht als Werbung kategorisieren oder anders gefragt, anhand welcher Kriterien die jugendlichen Rezipienten Advertorials als Werbung erkennen.

Es finden sich bereits wissenschaftliche Untersuchungen, die analysieren, ob die Trennung von Werbung und redaktionellen Inhalten in der Praxis eingehalten wird und ob Advertorials in Printmedien von den Rezipienten als Werbung erkannt werden oder nicht (vgl. Lamm/Baerns 1987; Kim 1995; Cameron/Curtin 1996; Hoepfner 1997; Cameron/Ju-Pak 2000; Burkart u.a. 2004). Nicht nur die Erkennbarkeit und Beachtung redaktionell gestalteter Anzeigen von Seiten der Rezipienten wurde in diesem Zusammenhang untersucht. Es wurde auch erhoben, ob die Rezipienten Advertorials als glaubwürdig und informativ einstufen. Vorliegende Studien, die sich auf den Trennungsgrundsatz in Printmedien beziehen, beschäftigen sich mit Tageszeitungen oder mit Publikumszeitschriften aus dem Erwachsensektor. Untersuchungen, die sich auf (Gratis-)Jugendmagazine im Printbereich beziehen und erfassen, anhand welcher Merkmale die jugendlichen Rezipienten Advertorials als Werbung erkennen, finden sich bisher nicht.

In diesem Kapitel wird zunächst wird ein Überblick über den aktuellen Stand der Forschung gegeben, die sich auf den Trennungsgrundsatz und die Rezeption von Advertorials in Printformaten bezieht. Anschließend werden die Zielsetzung des Forschungsvorhabens sowie die Methoden der Datenerhebung und -auswertung dargelegt und erläutert.

7.1 Wahl des Forschungsthemas

Ein Faktor, der dazu führte, YAEZ und SPIESSER als Untersuchungsgegenstand zu wählen und der Frage nachzugehen, ob jugendliche Rezipienten Advertorials in (Gratis-)Jugendmagazinen als Werbung erkennen oder nicht, ist eine Forschungsarbeit, die im Jahr 2009 umgesetzt wurde. Das Forschungsvorhaben hatte zum Ziel, das Spannungsverhältnis von ökonomischen Interessen und normativen Leitlinien aufzugreifen, daz wurde die Orientierung an professionsethischen Kriterien und journalistischen Qualitätsstandards mit Blick auf die praktische Umsetzung untersucht (vgl. Köberer 2009). Die Studie umfasst eine medienethische Evaluation der Jugendzeitung YAEZ, eine schriftliche Befragung der Macher der YAEZ (offene Fragestellung, keine standardisierten Antwortmöglichkeiten), eine Online-Befragung der jugendlichen Rezipienten und leitfadengestützte Interviews mit jugendlichen Lesern.[23] Ein Ergebnis der Untersuchung verweist auf einen Aspekt, der aus medienethischer Perspektive problematisch ist und dazu veranlasst, empirisch nachzufassen.

Im Rahmen der empirischen Erhebung 2009 wurde auch erfasst, wie die jugendlichen Leser die journalistische Qualität in der YAEZ bewerten. Dazu wurden vertiefend Leitfadeninterviews mit den Probanden geführt. Die Jugendlichen wurden während der Durchführung der Interviews gebeten, die YAEZ durchzublättern und die Artikel und die Werbung in den Heften zu beurteilen. Dabei nahm keiner der Jugendlichen die Advertorials als Werbung wahr. Und dies, obwohl alle Advertorials in den untersuchten Ausgaben der YAEZ als *Anzeige* oder als *Sonderveröffentlichung* gekennzeichnet sind. Aus medienethischer Perspektive ist es problematisch, dass die Advertorials – trotz Kennzeichnung – von den Jugendlichen nicht als Werbung erkannt werden. Da die Interviews nur mit vier Jugendlichen geführt wurden, ist an dieser Stelle quantitativ nachzuhaken. Um zu erheben, ob jugendliche Rezipienten Advertorials als Werbung erkennen oder nicht, inwieweit die Kennzeichnungskriterien derzeit ausreichend bestimmt sind und welche Konsequenzen sich daraus für die Medienbildung ableiten las-

---

[23] Forschungspraktisch war der Zugang zum Unternehmen selbst ausschlaggebend für die Wahl des Forschungsgegenstands. Aufgrund eigener Tätigkeit im Yaez Verlag waren die Voraussetzungen günstig, auch eine Innenperspektive zu erhalten und direkten Kontakt zu den Verantwortlichen zu finden. Die Methode der Fallstudie ist im Gegensatz zu quantifizierenden und standardisierenden Forschungsstrategien auf eine intensive Auseinandersetzung mit dem Forschungsobjekt angewiesen. Die Verlagsleitung erklärte sich zur aktiven Kooperation bereit (Interview) und auf diese Weise konnte bei der Untersuchung neben der Produkt- und Rezipientenebene auch die Ebene der Produzenten mit erfasst werden. Dabei erfolgte die medienethische Evaluation der YAEZ zu jedem Zeitpunkt als unabhängige wissenschaftliche Arbeit, nicht als Drittmittel- oder gar Auftragsforschung. Einzelne Ergebnisse der Untersuchung wurden bereits veröffentlicht (vgl. Köberer 2010a).

sen, wird im Rahmen der hier vorzustellenden Untersuchung eine größere Stichprobe gewählt. In einem quasi-experimentellen Setting mit Schulklassen wird untersucht, zu welchem Anteil Advertorials von Jugendlichen tatsächlich als Werbung erkannt werden. Darüber hinaus wird erhoben, anhand welcher gestalterischen Merkmale die Jugendlichen redaktionell gestaltete Werbung erkennen. Untersuchungsgegenstand sind die beiden auflagenstärksten kostenlosen Jugendmagazine bundesweit, YAEZ und SPIESSER.

Aus medienethischer Perspektive begründet sich die Entscheidung, Gratisprintmedien im Jugendbereich als Untersuchungsgegenstand zu wählen, vor allem damit, dass – ausgehend von der unterschiedlichen Finanzierungsstruktur von Gratis- und entgeltlichen Formaten (vgl. 6.3.1) – das Werbeaufkommen in Gratiszeitungen höher anzunehmen ist als in entgeltlichen Zeitschriften. Gratiszeitungen finanzieren sich im Unterschied zu entgeltlichen Formaten rein über Werbeeinnahmen. Daher stehen sie auch mehr als entgeltliche Formate unter Verdacht, redaktionelle Inhalte an potenzielle Werbekunden anzupassen und redaktionelle Beiträge und Werbemaßnahmen nicht immer klar voneinander zu trennen (vgl. Siegert/Brecheis 2010). Im öffentlichen Diskurs werden derzeit gerade bei Gratisformaten im Jugendbereich vermehrt Verstöße gegen den Trennungsgrundsatz formuliert. Im Frühjahr 2010 erschien ein Artikel in der Zeitschrift NOIR, die regelmäßig von der Jugendpresse Baden-Württemberg herausgegeben wird, in dem den Gratismagazinen YAEZ und SPIESSER vorgeworfen wird, „auf Kommerz zu setzen, journalistische Normen zu verletzen und die jungen Leser mit versteckter Werbung zu manipulieren" (Djahangard u.a. 2010). Einem Artikel der Taz zufolge finden sich auch in den Gratistiteln AUDIMAX und UNICUM immer wieder Verstöße gegen die Kennzeichnungspflicht (vgl. Hutter 2010). Im Bereich der Gratisjugendmagazine liegen keine Rügen des Deutschen Werberats vor. Auch in der Statistik des Deutschen Presserats finden sich keine Beanstandungen, die sich auf die Nicht-Einhaltung des Trennungsgrundsatzes in kostenlosen Jugendprintprodukten beziehen. Das liegt daran, dass der Deutsche Presserat nur zuständig ist für Presseprodukte wie Zeitschriften und Zeitungen, nicht für Anzeigenblätter und kostenlose Presseprodukte. Jugendtitel wie YAEZ und SPIESSER fallen damit nicht in den Zuständigkeitsbereich des Deutschen Presserats (vgl. 3.5).

Im Rahmen der inhaltsanalytischen Auswertung und der semiotischen Werbeanalyse werden nicht nur die YAEZ und der SPIESSER, sondern auch die BRAVO untersucht. Die BRAVO, das auflagenstärkste entgeltliche Jugendmagazin im Printbereich, wird aus zweierlei Gründen herangezogen. Die Analyse der BRAVO bietet sich einerseits an, um einen vergleichenden Blick auf das Werbeaufkommen und die Einhaltung der Trennung von Werbung und redaktionellen Inhalten zwischen kostenlosen Jugendformaten und entgeltlichen Titeln im Jugendprintbereich zu werfen. Andererseits wurden in den Jahren 2010/2011 bereits in zwei Fällen Mißbilligungen des Deutschen Presserats gegen die BRA-VO ausgesprochen, da Verstöße gegen den Trennungsgrundsatz (Ziffer 7) vorlagen (vgl. Deutscher Presserat 2010; 2011a). Bei der vorzustellenden Untersuchung wird daher die Einhaltung der Kennzeichnungspflicht auch in der BRA-VO empirisch überprüft.

Zunächst wird inhaltsanalytisch erfasst, ob Advertorials in der YAEZ, im SPIESSER und in der BRAVO den rechtlichen Bestimmungen entsprechend als *Anzeige* gekennzeichnet sind. Weiter wird erhoben, ob die Advertorials in den untersuchten Ausgaben von YAEZ und SPIESSER von Seiten der Jugendlichen als Werbung wahrgenommen werden. Unter Jugendschutzgesichtspunkten ist das Thema der vorliegenden Studie nicht nur aktuell, sondern vor allem medienethisch und medienbildnerisch relevant. Jugendformate, speziell Gratismagazinen im Jugendbereich, wurden in diesem Zusammenhang bisher noch nicht untersucht.

7.2 Rückbindung und Anschlussfähigkeit an die bestehende Forschung

Werbung und Werbekommunikation stellen als Bezugsgrößen der Mediengesellschaft ein interdisziplinäres Forschungsgebiet dar, das von Psychologen, Verhaltensforschern und Juristen ebenso erforscht wird wie von Seiten der Werbewirtschaft. Im Rahmen der Kommunikations- und Medienwissenschaft blieb Werbung lange Zeit ein wenig thematisiertes Forschungsfeld (vgl. Zurstiege/Schmidt 2003; Siegert/Brecheis 2010), und dies, obwohl aus kommunikations- und medienwissenschaftlicher Sicht immer noch deutliche theoretische Defizite vorliegen. Die gegenwärtige Werbeforschung konzentriert sich primär auf empirische Einzelfragen, allem voran fehlt es an Untersuchungen, die normative Fragestellungen in den Blick nehmen.

Wirft man einen Blick auf die Forschungslandschaft, zeigt sich, dass vorwiegend Studien im Bereich der Rezeptions- und Wirkungsforschung dominieren. Nicht nur aus wissenschaftlicher Perspektive wird empirisch überprüft, „ob und wie die Werbung das Erleben und Verhalten des Rezipienten beeinflusst und ob dieser Einfluss der Zielsetzung des Werbetreibenden entspricht" (Bongard 2002, 30). Es finden sich auch Untersuchungen, die von der Werbewirtschaft in Auftrag gegeben werden und ökonomisch orientiert sind. In der großen Mehrheit der Fälle besteht das Forschungsziel darin, effektivere Persuasionsstrategien zu ermitteln (vgl. Zurstiege/Schmidt 2003, 498). Vorliegende Studien zum jugendlichen Umgang mit Werbung in (Print-)Medien werden dabei vorrangig von Verlagen in Auftrag gegeben (vgl. BRAVO Faktor Jugend; Kids Verbraucher-

Analyse u.a.). Dabei wird vor allem die jugendliche Lebenswelt mit Blick auf eine optimale Anpassung der Werbemaßnahmen beleuchtet. Es wird untersucht, wie Werbung wirkt und wie sie gestaltet sein sollte, um einen möglichst hohen und nachhaltigen Effekt bei den jungen Rezipienten zu erzielen.

Es finden sich einige Studien, die untersuchen, welche Werbeformate sich in den letzten Jahren im Fernseh-, Print- und Onlinebereich etabliert und welche Formate sich neu entwickelt haben. Auch Studien, die sich explizit mit der Trennung von Werbung und redaktionellem Programm im Fernseh-, Print- und Onlinebereich beschäftigen, gibt es bereits. In den meisten Fällen wird erhoben, ob der Trennungsgrundsatz in der Praxis eingehalten wird. Darüber hinaus wird erfasst, ob redaktionell gestaltete Werbeinhalte in Printprodukten beziehungsweise programmintegrierte Werbung im Fernsehen von den Rezipienten tatsächlich als bezahlte Veröffentlichung erkannt werden und wie diese im Vergleich zu klassischen Werbemaßnahmen wahrgenommen werden.

Gerade die Trennung von Werbung und Programm im Fernsehen ist vielfach Gegenstand der Forschung (vgl. Schmid 2006; Wirth u.a. 2009; Blaue 2011 u.a.). In den meisten Fällen wird untersucht, welche Formen programmintegrierter Werbung jenseits der klassischen Werbeblöcke neu entstehen (sogenannte *Special Ads*) und inwiefern sich Produktplatzierungen (*Product Placement*) auf die Glaubwürdigkeit des Programms auswirken beziehungsweise inwiefern programmintegrierte Werbung zu Glaubwürdigkeitsverlusten führen kann. In diesem Kontext finden sich auch Wirkungsstudien, die gezielt untersuchen, ob klassische Werbung oder ob hybride Werbeformen und Product Placement höhere Aufmerksamkeitswerte im Fernsehbereich erzielen (vgl. Winterhoff-Spurk/Mangold 1995; Woelke 1997, 1998). Die Untersuchungen zeigen, dass klassische Werbemaßnahmen insgesamt eine höhere Aufmerksamkeit erzielen als Werbung, die in das Programm integriert wird.

Woelke (2002) hat erhoben, anhand welcher Merkmale die Fernsehzuschauer Werbung und Programminhalte voneinander abgrenzen. Den Ergebnissen zufolge hängt die Zuordnung von redaktionellen Inhalten und Werbeinhalten maßgeblich von dem jeweiligen Format des redaktionellen Angebots ab. Es zeigt sich, dass die Rezipienten bei Nachrichtenformaten eine klare Zuordnung treffen, wohingegen sie Produktplatzierungen bei Fernsehserien nicht so deutlich vom Programm unterscheiden. Auch die Studie von Volpers/Holznagel (2009) nimmt neben der Analyse programmintegrierter Werbung im Fernsehen die Rezipientenseite in den Blick. Im Rahmen dieser Untersuchung, die auf eine Telefonbefragung mit mehr als tausend Interviewteilnehmern und einem Experiment mit achtzig Probanden aufbaut, wurde erhoben, anhand welcher Kriterien die Zuschauer TV-Werbung erkennen und welche Kriterien sie für eine umsetzbare Regulierung mit Blick auf die Nicht-Erkennbarkeit von Werbung als Werbung formulieren. Die Ergebnisse zeigen, dass die Hälfte der Zuschauer redaktionelles Programm und Werbeinhalte nicht immer voneinander unterscheiden kann. Die Mehrheit der Teilnehmer orientiert sich bei der Kategorisierung von Werbeinhalten in Abgrenzung zum redaktionellen Programm an inhaltlichen Kriterien, also an Merkmalen wie der einseitigen Berichterstattung, nicht an formalen Kennzeichnungskriterien. Die Untersuchung von Volpers/Holznagel zeigt – wie auch die Studie von Woelke (2002) –, dass Produktplatzierungen von den Zuschauern in fiktionalen Unterhaltungskontexten eher erkannt und akzeptiert werden als in Nachrichten- beziehungsweise Informationssendungen.

Neben Studien, die sich mit der Entwicklung und Rezeption programmintegrierter Werbung im Fernsehen befassen, finden sich auch Untersuchungen, die sich mit dem Trennungsgrundsatz in Printmedien beschäftigen. Diese Untersuchungen beziehen sich zumeist auf klassische Presseprodukte wie Tageszeitungen. Bereits seit Ende der 1980er, Anfang der 1990er Jahre wurden in den USA und in Europa Studien durchgeführt, um zu untersuchen, ob Rezipienten Advertorials als bezahlte Veröffentlichung erkennen oder ob sie diese als redaktionellen Beitrag kategorisieren. Die Ergebnisse von Kim (1995) zeigen, dass Advertorials von den Lesern überwiegend als redaktionelle Inhalte verorten werden, nicht als Werbung. Die Studien von Cameron/Curtin (1996) und Cameron/Ju-Pak (2000) zeigen darüber hinaus, dass es mit Blick auf die Erkennbarkeit von redaktionell gestalteten Anzeigen keinen Unterschied macht, ob die Advertorials gekennzeichnet sind oder nicht.

Auch im deutschsprachigen Raum werden die Einhaltung der Kennzeichnungspflicht und die Frage der Erkennbarkeit, Beachtung und Wirkung von Advertorials in Printprodukten immer wieder überprüft und untersucht. Aktuell hat der Ethik-Rat für Public Relations in Österreich eine Studie durchgeführt und erhoben, wieweit Werbemaßnahmen an das journalistische Umfeld angepasst werden und ob Werbeformen, die auf den ersten Blick nicht als Werbung erkennbar sind, als Werbung gekennzeichnet werden oder nicht. Als ein Ergebnis der Untersuchung gilt, dass redaktionell gestaltete Werbebeiträge, auch wenn sie in zulässiger Form gekennzeichnet sind, sich aufgrund ihrer gestalterischen Ähnlichkeit kaum von den journalistischen Beiträgen abgrenzen lassen. Der PR-Ethik-Rat fordert unter Rückbezug auf die Ergebnisse der Studie im Sinne „einer *deutlichen* und *gut sichtbaren* Kennzeichnung, eine eigene Regelung für Medienkooperationen sowie einen höheren Strafrahmen für nicht deklarierte Werbung" (PR-Ethik-Rat 2011, 3, Herv. i. O.). Neben Untersuchungen wie dieser, die sich auf die Analyse von redaktionell gestalteter Werbung in Presseprodukten und damit auf die Produktebene beschränken, finden sich auch Studien, die zudem die Rezipientenebene miteinbeziehen.

Eine Untersuchung, bei der das Thema erstmalig aus Produkt- und Rezipientenperspektive beleuchtet wurde, ist die Erhebung von Baerns/Lamm (1987). Bei dieser Untersuchung wurde einerseits erhoben, ob Advertorials in Tageszeitungen als bezahlte Veröffentlichung erkannt werden. Andererseits wurde erfasst, wie häufig redaktionell gestalteten Anzeigen (an-)gelesen werden. Im Rahmen einer persönlichen Befragung wurden insgesamt 212 erwachsene Testpersonen gebeten, eine tagesaktuelle, ortsfremde Tageszeitung und eine aktuelle, ortsansässige Tageszeitung durchzublättern und bei jeder Seite zu entscheiden, ob Werbung platziert ist oder nicht. Insgesamt erkannten nur 29 Prozent der Probanden die Advertorials auf beiden Testseiten. Die redaktionell gestalteten Anzeigen in den beiden untersuchten Tageszeitungen „waren im einzelnen nicht gekennzeichnet. Ein Hinweis *Anzeige* fand sich in der Regel am oberen Seitenrand" (Baerns 1996, 4). Die Ergebnisse der Erhebung zeigen, dass „auch geübten Medienkonsumenten die Differenzierung zwischen Redaktionellem einerseits und redaktionell gestalteten Anzeigen andererseits schwerfällt" (ebd., VII).

Eine Studie, die im Anschluss an die Untersuchung von Baerns/Lamm (1987) umgesetzt wurde, sich allerdings mit Publikumszeitschriften und nicht mit Tageszeitungen beschäftigt, ist die Erhebung von Hoepfner (1997; 1999). Hoepfner wählte als Untersuchungsgegenstand eine Ausgabe der Publikumszeitschrift *Glücksrevue*, die insgesamt hundert erwachsenen Probanden vorgelegt wurde. Die acht Advertorials wurden von den Probanden jeweils zu mindestens 61 Prozent als bezahlte Veröffentlichung erkannt. Jedes Advertorial wurde durchschnittlich von 3,1 Testpersonen erinnert, wohingegen jede klassische Anzeige durchschnittlich von 4,4 Testpersonen erinnert wurde. Es zeigt sich, dass die Erkennungswerte bei den klassischen Anzeigen vergleichsweise höher liegen als bei den untersuchten Advertorials. Die Ergebnisse von Hoepfner zeigen jedoch auch, dass die Rezipienten die Advertorials im Vergleich zu den Werbeanzeigen als glaubwürdiger einstufen.

Die Studie von Burkart u.a. (2004), die sich auf den österreichischen Pressemarkt bezieht, knüpft an die Untersuchungen von Baerns/Lamm (1987) und Hoepfner (1997) an. In Form von Copy Tests mit anschließenden Interviews wurde überprüft, ob die Probanden Advertorials in Zeitschriften als bezahlte Veröffentlichung erkennen und weiterführend wurde erfasst, wie sie diese Advertorials bewerten. Bei der empirischen Erhebung erhielten die Probanden eine vollständige Ausgabe des Wirtschaftsmagazins *trend* oder eine Ausgabe der Nachrichtenillustrierten *News*, um „das Heft genauso durchzulesen, wie sie es sonst auch tun" und sich in den folgenden Tagen für ein persönliches Gespräch bereit zu halten (Burkart u.a. 2004, 159). Im Rahmen der teilstrukturierten Interviews wurden die 261 Probanden, welche die Advertorials beim Copy Test nicht als Werbung erkannt hatten, gebeten, diese zu lesen und anschließend den Text zu bewerten. Die Mehrheit der Testpersonen (70,5 Prozent) überblätterte die Advertorials und nur knapp ein Drittel der Rezipienten bemerkte die redaktionell gestalteten Anzeigen. Das von Burkart u.a. formulierte Ergebnis, dass nahezu alle Probanden (91,2 Prozent) der drei Untersuchungen die Advertorials in den vorgelegten Heften auch als solche erkannten, überrascht zunächst. Dieses Ergebnis unterscheidet sich erheblich von den Ergebnissen, die von Baerns/Lamm (1987) und Hoepfner (1997) vorliegen. Die Vermutung liegt nahe, dass der Erkennungswert der Advertorials so hoch ausfällt, da die Probanden, welche die Advertorials beim ersten Lesen nicht als Werbung erkannt hatten, beim Gespräch dann gebeten wurden, diesen Beitrag gezielt zu lesen und zu bewerten. Beim Lesen erkannten die Rezipienten die Advertorials dann als Werbung. Das Ergebnis ist nicht überraschend, wenn man bedenkt, dass den Probanden, welche die Advertorials im ersten Durchlauf nicht erkannt hatten, die Advertorials im zweiten Durchlauf direkt vorgelegt wurden, um zu entscheiden, ob es sich um Werbung handle oder nicht. Berücksichtigt man auch die Ergebnisse des ersten Durchgangs, ist die Schlussfolgerung, dass über 90 Prozent der Probanden die Advertorials als Werbung erkannt haben, nicht uneingeschränkt haltbar. Die Advertorials in den drei untersuchten Magazinen blieben mehrheitlich unbeachtet und wurden überblättert, nur knapp ein Drittel der Probanden beachtete die Advertorials beim ersten Durchgang (vgl. Burkart u.a. 2004, 160 f.).

Die Frage, inwieweit Advertorials im direkten Vergleich mit klassischen Anzeigen Beachtung finden, hat Doris Winkler (1999a, 1999b) untersucht. In zwei Testfoldern des österreichischen Nachrichtenmagazins *News* wurden jeweils verschiedene Werbemittel der Auftraggeber eingebettet, anschließend wurden 200 mündliche Befragungen in Form von Copy Tests geführt. Die Probanden waren zwischen 15 und 45 Jahre alt, durchschnittlich waren die Testpersonen 32 Jahre alt. Über die Interviews wurde zunächst erhoben, wie die Advertorials in den Heften bewertet werden. Weiterführend wurde die Einstellung der Probanden zu dieser Art von Werbung erfasst. Die Ergebnisse zeigen, dass eins der getesteten Advertorials im Vergleich zu der klassischen Anzeige, die mit getestet wurde, insgesamt besser bewertet wurde (vgl. Winkler 1999b, 37). Allerdings wurden die Marken beziehungsweise Firmen, die in den untersuchten Advertorials vorgestellt wurden, von den Probanden geringer erinnert als in der Anzeige. Es zeigt sich darüber hinaus, dass jüngere und auch überdurchschnittlich gebildete Personen eine geringe Akzeptanz gegenüber Advertorials aussprechen.

Die vorliegenden Untersuchungen, die sich mit redaktionell gestalteten Anzeigen beschäftigen, beziehen sich vorrangig auf Zeitungen und Zeitschriften aus dem Erwachsenensektor. Bisher wurde die Frage der Erkennbarkeit und Beachtung redaktionell gestalteter Anzeigen in Printprodukten empirisch überprüft, darüber hinaus wurde erhoben, wie die Rezipienten Sonderwerbeformen wie Advertorials bewerten. Dabei wurde beispielsweise erfasst, ob redaktionell gestaltete Anzeigen als glaubwürdig und informativ eingestuft werden (vgl. Baerns/Lamm 1987; Burkart u.a. 2004) und es wurde untersucht, ob redaktionell gestaltete Anzeigen im Vergleich zu klassischen Anzeigen besser bewertet werden (vgl. Hoepfner 1997, 1999; Winkler 1999a, 1999b). Bei den Untersuchungen, die mit Blick auf den Trennungsgrundsatz bisher umgesetzt wurden, ist methodisch zumeist auf Copy Tests und Interviews zurückgegriffen worden.

Untersuchungen, die Presseprodukte im Jugendbereich aus normativer Perspektive mit Blick auf den Trennungsgrundsatz analysieren und die Rezipientenperspektive mitberücksichtigen, finden sich bisher nicht. Die Studie von Römer/Steffensen (2007), bei der Werbung in Kinder- und Jugendzeitschriften untersucht wurde, hatte zum Ziel, das Ausmaß der in den Heften enthaltenen Werbung insgesamt zu ermitteln und zu analysieren, welche Werbestrategien sich in den letzten Jahren entwickelt haben. In diesem Zusammenhang wurde auch erhoben, inwiefern Verstöße gegen die vom Deutschen Werberat erarbeiteten Regeln für Werbung im Umgang mit Kindern zu finden sind und wie eine „sinnvolle Grenzziehung möglich ist, die den Schutz von Kindern und Jugendlichen vor unlauteren Werbepraktiken" gewährleistet (ebd., 6 f.). Bei dieser Studie liegt der Fokus jedoch auf der Analyse der Werbung in den Heften, die Werbewahrnehmung der jungen Rezipienten wird nicht mit erhoben.

Die Frage, anhand welcher Merkmale jugendliche Rezipienten redaktionell gestaltete Werbung als bezahlte Veröffentlichung erkennen und ob die Kennzeichnungskriterien für Advertorials mit Blick auf die Erkennbarkeit derzeit ausreichend bestimmt sind, wurde bisher nicht untersucht. Diese Forschungslücke zu schließen und neben der Produktebene auch die Rezipienten mit in den Blick zu nehmen, ist Ziel des vorliegenden Forschungsprojekts. Im Anschluss an vorliegende Ergebnisse der Advertorial-Forschung wird überprüft, in welchem Umfang redaktionell gestaltete Anzeigen von Jugendlichen als Werbung wahrgenommen werden und anhand welcher Kriterien die Jugendlichen Advertorials als Werbung erkennen. Gegebenenfalls finden sich zwischen Erwachsenen und Jugendlichen Unterschiede bei der Rezeption und Kategorisierung der Werbeinhalte. Gegenstand der Untersuchung sind die BRAVO und die kostenlosen Jugendtitel YAEZ und SPIESSER. Die Frage nach der Werbe- und Kennzeichnungsproblematik von Advertorials wird dabei aus normativer Perspektive beleuchtet. Die hier vorzustellende Untersuchung folgt einer medienethischen Fragestellung und ist im Bereich der empirischen Jugendmedienforschung einzuordnen. Zielführend ist eine eher als Rezeptionsforschung zu verstehende Phänomenbeschreibung, bei der vor allem die medienethische Frage nach der zu fordernden Übernahme von Verantwortung – vor allem mit Hinblick auf beste-hende Professionsnormen wie den Trennungsgrundsatz – geklärt werden soll.

Um zu erfassen, ob die Jugendlichen Sonderwerbeformen wie Advertorials beim Durchsehen von (Gratis-)Jugendmagazinen als bezahlte Veröffentlichung erkennen oder nicht, werden den Jugendlichen nicht nur einzelne Werbeinhalte vorgelegt, sondern ein vollständiges Heft. Es wird methodisch auf ein quasi-experimentelles Settings zurückgegriffen, um zu gewährleisten, dass die Werbe-inhalte von den Jugendlichen nicht aufgrund ihrer Einzelstellung, sondern einge-bettet in das redaktionelle Umfeld, wahrgenommen und gegebenenfalls als Wer-bung erkannt werden. Darüber hinaus wird auch mit einzelnen Jugendlichen das Quasi-Experiment im Rahmen von Leitfadeninterviews durchgeführt. Auf diese Weise kann erhoben werden, anhand welcher Kriterien Advertorials als Werbung erkannt werden. Möglicherweise sind rechtliche Vorgaben wie die formale Kennzeichnung als *Anzeige* nicht ausschlaggebend dafür, dass Advertorials von Jugendlichen als Werbung kategorisiert werden, sondern vielmehr Faktoren wie der Flächenanteil der Bilder im Verhältnis zum Textanteil oder die farbige Ge-staltung der Advertorials. Sollte diese These bestätigt werden, ist zu erörtern, ob die Kennzeichnungskriterien in Regelwerken, die sich auf den Trennungsgrund-satz beziehen, derzeit ausreichend bestimmt sind. Weiterführend wäre dann zu klären, welche Konsequenzen sich daraus für die Medienbildung ableiten lassen.

7.3 Ausführung des empirischen Vorgehens

Das empirische Vorgehen der vorliegenden Studie bedient sich bei der Datener-hebung sowie bei der Datenauswertung quantitativer und qualitativer Methoden, eingeschlagen wird der Weg eines triangulierten Verfahrens[24]. Die Verknüpfung von quantitativen und qualitativen Methoden, Daten und Ergebnissen im Sinne einer Triangulation ist geeignet, um die Multiperspektivität des Forschungsge-genstands umfassend zu beleuchten (vgl. Flick 2004, 85). Es wird nicht hypothesentestend, sondern theoriegenerierend vorgegangen. Ein wissenschafts-theoretisches und methodisches Konzept, das dazu geeignet ist, mittels empiri-scher Schritte systematisch Theorien zu entwickeln, ist die *Grounded Theory*. Die Begriffskonstruktion *Grounded Theory* wird zumeist als datenbasierte, ge-genstandsbegründete Theorie(bildung) bezeichnet (vgl. Lampert 2005, 516). Die Grounded Theory

---

[24] *Verfahren* meint in Anlehnung an Krotz (2005) das mitunter komplexe empirische Vorgehen in all seinen mehrstufigen Schritten, wohingegen der Begriff *Methode* in einem sehr viel engeren Sinn als explizite Form der Datengewinnung gebraucht wird.

„ist eine gegenstandsverankerte Theorie, die induktiv aus der Untersuchung des Phänomens abgeleitet wird, welches sie abbildet. Sie wird durch systematisches Erheben und Analysieren von Daten, die sich auf das untersuchte Phänomen beziehen, entdeckt, ausgearbeitet und vorläufig bestätigt. Folglich stehen Datensammlung, Analyse und Theorie in einer wechselseitigen Beziehung zueinander" (Strauss/Corbin 1996, 7 f.).

Kernanliegen der Grounded Theory ist es, die Phasen der Planung, der Datenerhebung, der Datenanalyse und der Theoriebildung nicht isoliert voneinander zu betrachten, sondern als zusammengehörige Prozesse der Theoriebildung zu verstehen und wechselseitig aufeinander zu beziehen. Im Sinne der Grounded Theory „[taugt] im Prinzip *jede Form von Daten sowohl für die Verifizierung als auch zur Generierung von Theorie*" (Glaser/Strauss 1998, 26, Herv. i. O.). Als gegenstandsbezogenes und kontextberücksichtigendes Verfahren darf die Grounded Theory in der Anwendung und Begründung nicht willkürlich Daten erheben, auswählen und nach Belieben zusammenführen. Die Begründung für die Anwendung der Grounded Theory ist dann unproblematisch, wenn die Datenerhebung und -auswertung nach wissenschaftlichen Kriterien erfolgt und systematisch theoriegenerierend vorgeht.

Das Forschungsdesign dieser Untersuchung ist inhaltlich bestimmt von einer normativen Zielsetzung und greift methodisch auf ein trianguliertes Konzept empirischer Medienforschung zurück: eine kriteriengestützte Inhaltsanalyse und medienethische Evaluation der Jugendprinttitel YAEZ, SPIESSER und BRAVO, ein Quasi-Experiment zur Wahrnehmung von Werbung in den Gratisformaten YAEZ und SPIESSER und qualitative Leitfadeninterviews mit jugendlichen Rezipienten. Um dem Hauptziel der Theoriegenerierung Folge leisten zu können, wird im Rahmen der Grounded Theory eine möglichst offene Fragestellung benötigt. Bei Untersuchungen der Grounded Theory ist die leitende Fragestellung nicht wie im Rahmen quantitativer Forschung als Hypothese formuliert. Vielmehr wird über die Fragestellung das Phänomen festgelegt, welches untersucht werden soll.

Die Untersuchung soll Aufschluss darüber geben, ob Advertorials von Jugendlichen als Werbung wahrgenommen werden oder nicht. Es soll erfasst werden, anhand welcher gestalterischen Merkmale jugendliche Rezipienten Advertorials als Werbung kategorisieren und ob die Kennzeichnung als *Anzeige* ausschlaggebend ist für die Wahrnehmung der Advertorials. Aus Sicht der Jugendlichen ist die Kennzeichnung von Werbung möglicherweise überhaupt nicht relevant, weil für Jugendliche auch eine Kategorisierung und Unterscheidung von Werbung und redaktionellen Beiträgen mit Blick auf das Interesse an der Rezeption der Inhalte eventuell überhaupt nicht ausschlaggebend ist. Damit würden mögliche Kategorien der Werbeklassifikation an der Perspektive der Jugendlichen scheitern, da sie Werbung nicht als Werbung im Gegensatz zu redaktio-

nellem Text sähen, sondern als Befriedigung jener Bedürfnisse (Informations-
funktion, Forumsfunktion), die gemeinhin einem redaktionellen Text unterstellt
werden. Umso dringlicher wäre dann die Frage zu beantworten, wie Advertorials
–über die formale Kennzeichnung als *Anzeige* hinaus – gestaltet sein sollten,
damit Jugendliche diese als Werbung erkennen und die Werbeinhalte nicht als
wahrhaftig und glaubwürdig bewerten.

7.3.1 Formulierung der Forschungsziele und der Forschungsfragen

Ziel des Forschungsvorhabens ist es einerseits, zu beleuchten, ob Sonderwerbeformen wie Advertorials in der YAEZ, im SPIESSER und in der BRAVO in
jedem Fall als *Anzeige* gekennzeichnet sind. Dabei stellt sich die medienethische
und über die empirische Phänomenbeschreibung hinausgehende Frage nach der
zu fordernden Übernahme von Verantwortung nicht nur mit Blick auf rechtliche
Vorgaben und professionsethische Richtlinien wie den Trennungsgrundsatz –
diese werden mit der Einhaltung der Kennzeichnung als *Anzeige* erfüllt. Es ist
empirisch zu beleuchten, wie genau Advertorials über die gängige Kennzeichnungspflicht hinaus gestaltet sind und ob die jugendlichen Rezipienten diese
gestalterischen Merkmale als Werbehinweise wahrnehmen.

Zunächst werden die YAEZ, der SPIESSER und die BRAVO inhaltsanalytisch ausgewertet. Im Rahmen der inhaltsanalytischen Auswertung wird erfasst,
welche Werbemittel sich in den (Gratis-)Jugendmagazinen finden und ob die
Produzenten Werbeinhalte, die aufgrund ihrer gestalterischen Merkmale für den
Leser nicht offensichtlich als Werbung erkennbar sind, entsprechend den rechtlichen Vorgaben als *Anzeige* gekennzeichnet werden. Die inhaltsanalytische Auswertung erfolgt unter Rückbezug auf folgende Fragestellungen:

- Welche Werbemittel finden sich wie häufig in der YAEZ, im SPIESSER
  und in der BRAVO?
- Wie hoch ist der Werbeanteil in der YAEZ, im SPIESSER und in der
  BRAVO insgesamt?
- Sind Sonderwerbeformen wie Advertorials in der YAEZ, im SPIESSER
  und in der BRAVO in jedem Fall als *Anzeige* gekennzeichnet?

Über die quantitativ-inhaltsanalytische Analyse hinaus werden die Advertorials
der drei Hefte einer semiotischen Werbeanalyse unterzogen, um folgende Frage
zu beantworten:

- Wie sind die Advertorials in der YAEZ, im SPIESSER und in der BRAVO gestaltet?

Ziel des Forschungsvorhabens ist es andererseits, zu erfassen, ob Sonderwerbe-formen wie Advertorials in den kostenlosen Jugendformaten YAEZ und SPIES-SER von den Jugendlichen tatsächlich als Werbung erkannt werden oder nicht. Dabei wird auch untersucht, ob die Kennzeichnung als *Anzeige* ausschlaggebend ist für die Wahrnehmung der Advertorials als Werbung und anhand welcher gestalterischen Merkmale die Jugendlichen die Advertorials in den Heften als Werbung kategorisieren.

Die Wahrnehmung von Werbung und die Perspektive der Rezipienten auf die Werbe- und Kennzeichnungsproblematik werden in einem ersten Schritt über ein Quasi-Experiment zur Werbewahrnehmung eingeholt. Es sollen Aussagen darüber erhalten werden, welche Werbeformen in den Heften zu welchem Anteil von den Befragten als Werbung erkannt werden. Über das Quasi-Experiment soll folgende Forschungsfrage beantwortet werden:

- Erkennen Jugendliche Advertorials in (Gratis-)Jugendmagazinen als Wer-bung?

Anschließend werden qualitative Leitfadeninterviews mit jugendlichen Rezipien-ten geführt, um zu erfassen, anhand welcher Merkmale Advertorials tatsächlich als Werbung erkannt werden. Die Kernthemenbereiche, die Gegenstand der Einzelgespräche sein sollen, sind hier als offene Fragestellungen formuliert:

- Was verstehen die Jugendlichen unter Werbung?
- Welche Werbung wird von den jugendlichen Lesern als Werbung erkannt?
- Warum wird Werbung von den Jugendlichen (nicht) als Werbung erkannt?

Abschließend und über die empirischen Ergebnisse hinaus soll dann diskutiert werden, inwieweit die Kennzeichnungskriterien derzeit ausreichend bestimmt sind und welche Konsequenzen sich für die Medienbildung ableiten lassen.

7.3.2 Methoden der Datenerhebung und -auswertung

Im Folgenden werden alle Arbeitsschritte des Projekts dargelegt, um zu verge-genwärtigen, auf welche Art und Weise die Daten, Ergebnisse und Erkenntnisse gewonnen werden und warum die jeweilige Methode der Datenerhebung heran-gezogen wird. Der Gegenstand der Forschung wird im Sinne eines trianguliert angelegten Forschungsdesigns aus verschiedenen Perspektiven beleuchtet. Das übergeordnet angewandte Verfahren ist die Grounded Theory. Es wird theorie-generierend nach dem Prinzip der Offenheit und Flexibilität vorgegangen, wobei die Auswahl der Methoden unter Berücksichtigung der einzelnen Forschungsfra-gen erfolgt. Da die Forschungsfragen auf jeweils unterschiedliche Aspekte fo-kussieren und einem unterschiedlichen Erkenntnisinteresse folgen, werden die Erhebungs- und Auswertungsmethoden „ihren jeweiligen Möglichkeiten des Erkenntnisgewinns entsprechend eingesetzt" (Wegener/Mikos 2005, 176). Das Forschungsdesign ist so angelegt, dass ein Überstieg von der Angebots- zur Rezipientenseite erfolgt:

Erhebungsmethode	Erhebungszeitraum
Kriteriengestützte Inhaltsanalyse der Dezember-ausgabe 2010 (YAEZ, SPIESSER, BRAVO)	01.–22.12.2010
Kriteriengestützte Inhaltsanalyse der Advertorials in der Dezemberausgabe 2010 (YAEZ, SPIESSER, BRAVO)	03.–23.01.2011
Quasi-Experiment zur Wahrnehmung von Werbung in der Dezemberausgabe 2010 (YAEZ, SPIESSER) mit 454 Jugendlichen (13 bis 16 Jahre)	01.02.2011–03.03.2011
Qualitative Leitfadeninterviews mit sechs Jugendli-chen (15 Jahre)	13.03.2011

Tabelle 5: Organisation und Zeithorizont der Forschung: Datenerhebung

7.3.2.1   Kriteriengestützte Inhaltsanalyse: YAEZ, SPIESSER, BRAVO

Die Methode der Inhaltsanalyse ist ein Sammelbegriff „für unterschiedliche Zugangsweisen der Textinterpretation, die je nach Absicht und Kontext der Ana-lyse variieren" (Wegener 2005, 202). In quantitativer Tradition wird die Inhalts-analyse als Methode verstanden, mit der Kommunikationsinhalte, also auch Textdaten, in numerische Informationen überführt werden können. Die quantita-tive Inhaltsanalyse gibt in erster Linie Aufschluss über die Verteilung von Häu-figkeiten (vgl. Atteslander 2006, 197). Im Unterschied zur quantitativen Inhaltsanalyse werden die Kategorien der Analyse bei qualitativen Auswertungsverfahren prozesshaft aus dem vorliegenden Auswertungsmaterial entwickelt. Grundsätzlich haben auch quantitative Inhaltsanalysen einen qualitativen Unterbau. Im Rahmen quantitativer Inhaltsanalysen wird zumeist erst in einem zweiten Schritt quantifiziert, indem erhobene Textmerkmale unter Rückbezug auf die leitende Forschungsfrage ausgezählt, miteinander verglichen und in Beziehung zueinander gesetzt werden. Dementsprechend schließen sich quantitative und qualitative Inhaltsanalysen nicht aus, vielmehr ergänzen sie sich gegenseitig. Je nach Fragestellung hängt es davon ab, ob eine Quantifizierung, die auf qualitativen Textdaten aufbaut, sinnvoll erscheint.

Im Rahmen dieser Untersuchung werden die Dezemberausgabe 2010 der Jugendmagazine YAEZ, SPIESSER und BRAVO inhaltsanalytisch ausgewertet.[25] In einem ersten Schritt wird sowohl der Anteil an Werbung insgesamt als auch der Umfang an Werbemitteln aus dem Bereich der Above-the-line-Werbung und der Below-the-line-Werbung in den Heften erfasst. Gratisformate finanzieren sich im Unterschied zu Kaufmagazinen rein über Werbeeinnahmen, und die Vermutung liegt nahe, dass der Anteil an Werbung in den beiden Gratisformaten höher ist als in der BRAVO. Die Kategorisierung der Werbung in den Heften erfolgt unter Rückbezug auf die Mediadaten der Verlage und unter Rückbezug auf Merkmale und Kennzeichen gängiger Werbemittel in Jugendprintmedien (vgl. Schmid u.a. 2004; Römer/Steffensen 2007). In einem zweiten Schritt werden die drei untersuchten Ausgaben mit Blick auf die Einhaltung der Kennzeichnungspflicht ausgewertet. Es wird überprüft, ob Werbeinhalte, die aufgrund ihrer gestalterischen Merkmale nicht als Werbung erkennbar sind, als *Anzeige* gekennzeichnet sind. In einem letzten Schritt werden die Ergebnisse der inhaltsanalytischen Auswertung der drei Hefte tabellarisch und grafisch erfasst sowie vergleichend erläutert.

7.3.2.2 Semiotische Werbeanalyse der Advertorials

Im Anschluss an inhaltsanalytische Auswertung werden die Advertorials in der YAEZ, im SPIESSER und in der BRAVO mit Blick auf den Aufbau und die gestalterischen Merkmale einer semiotischen Werbeanalyse (vgl. auch Bentele 2008; Arbeitskreis Mediensemiotik 2011) unterzogen und miteinander vergli-

---

[25] YAEZ und SPIESSER erscheinen monatlich, die BRAVO wöchentlich. Erscheinungstermin der Dezemberausgabe der YAEZ war der 05.12.2010. Die SPIESSER-Dezemberausgabe erschien am 29.11.2010. Um eine möglichst genaue Vergleichbarkeit zwischen den drei Formaten mit Blick auf den Erscheinungstermin zu erlangen, wird die BRAVO-Ausgabe vom 01.12.2010, die zeitnah zu den Erscheinungsterminen von YAEZ und SPIESSER liegt, herangezogen.

chen. Untersucht werden alle Werbeinhalte, die bei der inhaltsanalytischen Auswertung der Hefte als Advertorials klassifiziert werden können.

Die Allgemeine Semiotik[26] „als Wissenschaft von den Zeichen, den Zei-
chenprozessen und der Verbreitung und Wirkung von Zeichen" bietet sich als
„eine Grundlagenwissenschaft der Medienwissenschaft" an, sofern Medien als
Kommunikationsmittel, als Instrumente zur Herstellung und Rezeption von Zeichen verstanden werden (Nöth 2000, 468).[27] Auch Werbung als zweckorientierte
Massenkommunikation ist zeichen- und bildvermittelt angelegt, so dass ein semiotischer Zugang für die Beschreibung und Auswertung der Advertorials nahe
liegt. Ziel der semiotischen Betrachtung ist die Untersuchung der Zeichen- und
Textstrukturen der Werbebotschaften auf pragmatischer, syntaktischer und semantischer Ebene. Im Rahmen der semiotischen Werbeanalyse wird untersucht,
ob sich übereinstimmende Kriterien beziehungsweise prägnante Unterschiede in
Bezug auf den strukturellen Aufbau und die gestalterischen Merkmale der
Advertorials finden. Die Auswertung ist vor allem mit Blick auf das Quasi-
Experiment zur Wahrnehmung von Werbung interessant, da Werbeinhalte, die
eher bilddominant gestaltet sind, also wie Anzeigen wirken, von Jugendlichen
aller Voraussicht nach besser als Werbung erkannt werden als textdominant
gestaltete Werbeinhalte, die den Anschein eines redaktionellen Beitrags erwecken. Um die Advertorials in der YAEZ, im SPIESSER und in der BRAVO nach
gleichem Maßstab auszuwerten und mit Blick auf eine mögliche
Typologisierung miteinander vergleichen zu können, wird unter Rückbezug auf
das sprachwissenschaftlich angelegte Werbeanalysemodell von Janich (2010)
und die Untersuchung von Schierl (2001) ein Analysemodell entwickelt. Bei der
semiotischen Werbeanalyse werden die Advertorials auf syntaktischer und semantischer Ebene ausgewertet und dann unter Rückbezug auf die Ergebnisse der

---

[26] Die Semiotik umfasst die drei Teilbereiche *Syntax*, *Semantik* und *Pragmatik*. Nach Nöth (2000)
lässt sich die Semiotik wie folgt bestimmen: Die Syntax bezieht sich auf die Strukturebene und die
Relation der Zeichen untereinander. Als Semantik bezeichnet man die Bedeutungsebene der Zeichen.
In einem Dekodierungsprozess wird die Strukturinformation in Bedeutung überführt. Die Pragmatik
betrifft die Relation zwischen den Zeichen und dem Interpreten und bezieht sich auf die Dimension
der eigentlichen Handlung. Im Rahmen dieser Untersuchung bezieht der pragmatische Aspekt sich
auf die Gesamtgestaltung der Advertorials und die damit verbundene Wahrnehmung der Advertorials
von Seiten der Jugendlichen (vgl. Quasi-Experiment).
[27] Die Semiotik umfasst die drei Teilbereiche *Syntax*, *Semantik* und *Pragmatik*. Nach Nöth (2000)
lässt sich die Semiotik wie folgt bestimmen: Die Syntax bezieht sich auf die Strukturebene und die
Relation der Zeichen untereinander. Als Semantik bezeichnet man die Bedeutungsebene der Zeichen.
In einem Dekodierungsprozess wird die Strukturinformation in Bedeutung überführt. Die Pragmatik
betrifft die Relation zwischen den Zeichen und dem Interpreten und bezieht sich auf die Dimension
der eigentlichen Handlung. Im Rahmen dieser Untersuchung bezieht der pragmatische Aspekt sich
auf die Gesamtgestaltung der Advertorials und die damit verbundene Wahrnehmung der Advertorials
von Seiten der Jugendlichen (vgl. Quasi-Experiment).

Rezipientenforschung interpretiert. Die pragmatische Perspektive wird bei der vorliegenden Untersuchung über das Quasi-Experiment zur Wahrnehmung von Werbung eingeholt.

7.3.2.3   Quasi-Experiment zur Wahrnehmung von Werbung

Um zu erheben, welche Werbemittel in der YAEZ und im SPIESSER von Jugendlichen zu welchem Anteil als Werbung erkannt werden, bietet sich ein quasi-experimentelles Setting an: Schülern in Klasse acht und neun werden die Gratisformate YAEZ und SPIESSER vorgelegt und die Probanden werden gebeten, all das zu kennzeichnen, von dem sie denken, dass es Werbung ist. Die Erhebung ist als Quasi-Experiment (vgl. Diekmann 2007, 358) angelegt, da es nicht um die Überprüfung einer bestimmten Hypothese geht und die Bedingungen des Versuchs daher nicht gezielt verändert, also aktiv manipuliert werden. Bei Quasi-Experimenten werden nicht randomisierte Gruppen wie beispielsweise Schulklassen miteinander verglichen.

Das Quasi-Experiment zur Werbewahrnehmung ist so angelegt, dass es im Rahmen einer Expertenstunde zum Thema *Medienkompetenz* in den Unterricht eingebettet wird. Es erfolgt ein kurzer Einstieg zum Thema *Jugendprintmedien*, dann wird jedem Schüler ein Exemplar der Gratismagazine YAEZ oder SPIESSER ausgeteilt, das dann allein zu bearbeiten ist. Den Jugendlichen werden nicht nur einzelne Werbeinhalte vorgelegt, sondern die gesamte Ausgabe. Dadurch wird eine Rezeptionssituation geschaffen, in der die Werbeinhalte in den redaktionellen Kontext eingebettet sind. Auf diese Weise wird gewährleistet, dass die Werbung in den Heften nicht aufgrund ihrer Einzelstellung erkannt wird, sondern im Gesamtzusammenhang wahrgenommen und gegebenenfalls als Werbung kategorisiert wird. Es wird sichergestellt, dass die Kategorisierung von Werbung als Werbung eher intuitiv erfolgt, der kognitive Akt der Beurteilung ist vergleichsweise spontan. Durch die Aufgabenstellung als Einzelarbeit soll ein kommunikativer Austausch zwischen den Schülern in größerem Rahmen verhindert werden. Auf jedem Exemplar der Hefte ist ein Fragebogen angebracht, über den Auskünfte über Schulart, Alter, Geschlecht, Migrationshintergrund und die Medienpräferenzen des jeweiligen Probanden erfasst werden. Für die Durchführung des Quasi-Experiments sind 30 Minuten angesetzt, so dass die Schüler genügend Zeit haben, die Aufgabenstellung zu bearbeiten.

Das Quasi-Experiment zur Werbewahrnehmung wird mit insgesamt neunzehn Schulklassen der Klassenstufe acht und neun in Baden-Württemberg an zwei Gymnasien, zwei Realschulen und an einer Hauptschule durchgeführt. Die Zusammensetzung der Untersuchungspopulation ergibt sich aus der Anzahl der

Klassen, die in den Schulen zur Verfügung stehen und erfolgt je nach Konstellation der Klassen zufällig. Faktoren wie die Schülerzahl, der Anteil an Jungen und Mädchen pro Klasse oder der Anteil an Schülern mit Migrationshintergrund werden bei der Auswahl der Klassen nicht berücksichtigt – die Zusammenstellung der Probanden ergibt sich nach dem Zufallsprinzip. Alle Schüler erhalten in Stufe acht und neun klassenweise die YAEZ oder den SPIESSER. Die Verteilung der Hefte erfolgt gleichermaßen über die unterschiedlichen Klassenstufen an den verschiedenen Schularten. Pro Schulart erhält mindestens eine achte Klasse die YAEZ, eine Klasse acht den SPIESSER und je eine neunte Klasse die YAEZ, eine Klasse neun den SPIESSER.

Die inhaltsanalytische Klassifizierung der Werbung in den Heften bildet die Grundlage für die Auswertung des Quasi-Experiments Werbewahrnehmung. Die Daten werden zunächst nach Format differenziert ausgewertet, dann werden die Ergebnisse von YAEZ und SPIESSER zusammengeführt. Da die Klassen unterschiedlich groß sind und die Genderverteilung über die Klassen nicht einheitlich ist, werden die Daten anhand der Schulart, die am wenigsten Schüler pro Format und Klassenstufe vorweist, quotiert.

7.3.2.4   Qualitative Leitfadeninterviews

Qualitative Interviews folgen einem eigenen Forschungsparadigma und sind von Prinzipien wie „*Offenheit, Forschung als Kommunikation, Prozesscharakter von Forschung und Gegenstand, Reflexivität von Gegenstand und Analyse, Explikation und Flexibilität*" bestimmt (Keuneke 2005, 254, Herv. i. O.). Es finden sich verschiedene Typen qualitativer Interviews, welche die Prinzipien qualitativer Befragung unterschiedlich umsetzen. Am konsequentesten werden diese Prinzipien in narrativen Interviews umgesetzt, wohingegen sie beim Experteninterview am ehesten in den Hintergrund treten (vgl. ebd., 258). Je nach Fragestellung, Zielsetzung und Erkenntnisinteresse werden unterschiedliche Typen qualitativer Interviews eingesetzt. Im Kontext der vorliegenden Untersuchung finden Leitfadeninterviews Anwendung. Bei Leitfadeninterviews wird über vorbereitete und vorformulierte Fragen eine teilstrukturierte Interviewsituation geschaffen, wobei die Abfolge der Fragen in der konkreten Befragungssituation variieren kann, so dass der Gesprächsverlauf nicht allein durch den Interviewer vorstrukturiert, sondern auch von den Befragten mitbestimmt wird (vgl. Atteslander 2006, 131).

Die Leitfadeninterviews sind auf 45 Minuten angelegt und werden einzeln mit insgesamt sechs Jugendlichen im Alter von 15 Jahren durchgeführt. Die Auswahl der Interviewteilnehmer erfolgt unter Rückbezug auf die Untersuchungspopulation des Quasi-Experiments. Ergab sich die Stichprobengröße und -

zusammensetzung bei dem Quasi-Experiment zur Wahrnehmung von Werbung per Zufallsauswahl, erfolgt die Stichprobenzusammensetzung der Interviewteilnehmer gezielt. Die Mehrheit der Jugendlichen, die am Quasi-Experiment zur Werbewahrnehmung teilgenommen hat, ist in Klasse acht oder neun und im Schnitt 14 bis 16 Jahre alt. Die Interviews werden mit je einem weiblichen und einem männlichen Vertreter aus Klasse acht oder neun pro Schulart geführt. Die Interviewteilnehmer werden im Sinne des *informed consent* im Vorfeld über die Absichten und Ziele des Forschungsprojekts informiert.

Um mögliche Hemmungen auf Seiten der Gesprächspartner abzubauen, werden zu Beginn zwei allgemein gehaltene, das Leseverhalten der Befragten betreffende Fragen gestellt, die unter Rückbezug auf den eigenen Erfahrungshorizont einfach beantwortet werden können. Ausgangsbasis und Kernstück der Interviews ist das Quasi-Experiment zur Wahrnehmung von Werbung, das auch mit Schulklassen durchgeführt wird. Dazu wird jedem Interviewteilnehmer die YAEZ oder der SPIESSER vorgelegt und die Aufgabenstellung, die bereits vor Beginn des Interviews erklärt wurde, wird nochmals formuliert. Die Jugendlichen sollen in dieser Erhebungssituation – im Unterschied zu der Durchführung des Quasi-Experiments in der Schule – ihre Gedanken laut mitsprechen. Die Methode des *lauten Denkens* (vgl. Joergensen 1989; Ericsson/Simon 1993) wird hier herangezogen, um zu protokollieren, warum die Jugendlichen sich für oder gegen das Ankreuzen möglicher Werbebotschaften entscheiden. Es sollen die Merkmale und Kriterien für die Erkennbarkeit von Werbung erfasst werden, auf welche die Jugendlichen bei der Kategorisierung von Werbung zurückgreifen.

In den Leitfadeninterviews wird der Frage nachgegangen, anhand welcher gestalterischen Merkmale die Jugendlichen Advertorials als Werbung erkennen und ob die Kennzeichnung als *Anzeige* ausschlaggebend ist für die Wahrnehmung der Advertorials als Werbung. Bevor die markierten Inhalte in dem bearbeiteten Exemplar gemeinsam durchgesehen werden, wird zunächst gefragt, was die Jugendlichen unter Werbung verstehen und woran sie Werbung erkennen und von redaktionellen Inhalten abgrenzen. Fälle, in denen die Jugendlichen Werbung nur teilweise oder überhaupt nicht als Werbung erkennen, werden bei der gemeinsamen Besprechung aufgelöst. Weiter wird erörtert, wie die Jugendlichen die Kennzeichnung mit dem Hinweis *Anzeige* bewerten und welche Kriterien sie selbst für eine klare Kennzeichnung von Sonderwerbeformen vorschlagen.

Das durch die Einzelinterviews erhobene Datenmaterial wird, nachdem es transkribiert wurde, mit MAXQDA, einem Programm für computergestützte Inhaltsanalysen, ausgewertet. Die Auswertung ist an der Grounded Theory orientiert. Während der Analysephase wird ein Codebaum erstellt, die Kategorien werden als In-vivo-Codes bei der Arbeit am Text gebildet. Die Ergebnisse der Leitfadeninterviews werden dann interpretiert und dargestellt.

Bevor im nachfolgenden Kapitel die Ergebnisse der Untersuchung dargelegt werden, wird noch einmal zusammengeführt und tabellarisch dargestellt, welche Methode zu welchem Zweck (Erkenntnisinteresse) im Rahmen des Forschungsprojekts herangezogen wird:

Erkenntnisinteresse	Forschungsmethode	Untersuchungsgegenstand
Erfasst werden soll, welche Werbemittel sich in den untersuchten Heften finden und ob Advertorials den rechtlichen Vorgaben entsprechend als *Anzeige* gekennzeichnet sind.	Kriteriengestützte Inhaltsanalyse	Die Jugendmagazine YAEZ, SPIESSER, BRAVO
Untersucht werden die Advertorials mit Blick auf ihre Gestaltungsmerkmale. Möglicherweise lässt sich eine Typologie unter Rückbezug auf die untersuchten Advertorials erstellen.	Semiotische Werbeanalyse	Advertorials in der YAEZ, im SPIESSER und in der BRAVO
Es soll erhoben werden, in welchem Umfang die jugendlichen Rezipienten Advertorials in den untersuchten Heften als Werbung erkennen.	Quasi-Experiment	Die Jugendmagazine YAEZ, SPIESSER, BRAVO
Es soll erfasst werden, auf welche Kriterien Jugendliche bei der Kategorisierung von Werbung zurück greifen und anhand welcher Merkmale Advertorials von Jugendlichen als Werbung erkannt werden.	Qualitative Leitfadeninterviews	Werbewahrnehmung jugendlicher Rezipienten
Auch hier soll erfasst werden, anhand welcher Merkmale Advertorials von Jugendlichen als Werbung kategorisert werden.	Lautes Denken	Werbewahrnehmung jugendlicher Rezipienten

Tabelle 6:   Überblick über die methodische Vorgehensweise

8 Darstellung der Ergebnisse

Im vorhergehenden Kapitel wurden die Wahl des Forschungsthemas, die Zielsetzung und das empirische Vorgehen des Forschungsvorhabens vorgestellt und erläutert. In diesem Kapitel werden die Ergebnisse der Untersuchungsschritte – dem jeweiligen Erkenntnisinteresse folgend – zunächst einzeln dargestellt, bevor die Ergebnisse der Leitfadeninterviews mit den Ergebnissen der semiotischen Werbeanalyse und den Ergebnissen des Quasi-Experiments zusammengeführt werden. Eine Zusammenführung und Interpretation der zentralen Untersuchungsergebnisse erfolgt in Kapitel 9.

8.1 Inhaltsanalytische Auswertung von YAEZ, SPIESSER und BRAVO

Die inhaltsanalytische Auswertung der (Gratis-)Jugendprintmedien diente dazu, das Ausmaß aller Werbung in den Heften zu ermitteln und zu analysieren, welche Werbemittel für die Ansprache der jugendlichen Zielgruppe eingesetzt werden. Weiterführend wurde untersucht, ob Sonderwerbeformen wie Advertorials in der YAEZ, im SPIESSER und in der BRAVO entsprechend den rechtlichen Bestimmungen als *Anzeige* gekennzeichnet sind. In diesem Zusammenhang wurde auch erfasst, ob zwischen Gratis- und Kaufmagazinen Unterschiede in Bezug auf die Einhaltung der Kennzeichnungspflicht zu verzeichnen sind und wie hoch das Werbeaufkommen vergleichsweise liegt.

8.1.1 Verteilung der Werbemittel in den Heften

Um die Jugendformate nach gleichem Maßstab auswerten zu können, wurde zunächst ein Kategoriensystem entwickelt, das eine einheitliche Klassifikation der Werbemittel in allen Formaten ermöglicht. Die Kategorien wurden unter Rückbezug auf die Mediadaten der Verlage und begrifflich-systematische Grundlagen von Werbung gebildet. Dazu wurden auch Werbemittel, die bisherigen Studien zufolge (vgl. Schmid u.a. 2004; Römer/Steffensen 2007) verstärkt in Kinder- und Jugendmagazinen zu finden sind, herangezogen. Diese werden nachfolgend tabellarisch dargestellt.

Werbemittel	Gestaltungs-/Erkennungsmerkmale
Werbeanzeige	„Kürzere, in sich geschlossene Texte, die in einem Printmedium erscheinen, durch typographische Maßnahmen vom redaktionellen Text abgetrennt sind" (Bendel 1998, 16) und aus einer Mehrzahl verschiedener verbaler und nonverbaler Teile wie Headline, Bild(er), Logo etc. besteht (vgl. Janich 2010, 53 ff.).
Advertorial	Werbeinhalte, die in ihren Gestaltungsmerkmalen dem redaktionellen Umfeld angepasst sind und im deutschsprachigen Raum als *redaktionell gestaltete Anzeigen* bezeichnet werden. Advertorials imitieren „the editorial content of a publication in terms of design/structure, visual/verbal content, and/or context" (Eckman/Lindlof 2003, 65).
Gewinnspiel/ Verlosung	Mitmach-Angebote, bei denen zumeist Produkte als Preise unter den Teilnehmern ausgelost werden.
Gimmick	Kleine Zusatzgeschenke (Give-aways), die auf dem Heft kleben (vgl. Römer/ Steffensen 2007, 25).

Tabelle 7:   Gängig angewendete Werbemittel im (Jugend-)Printbereich

Neben bezahlten Veröffentlichungen wie Werbeanzeigen und Advertorials, die einzeln oder als Bausteine crossmedialer Werbekonzeptionen eingesetzt werden, findet sich eine „deutliche Zunahme von Rätseln und Gewinnspielen" in Jugendprintmedien (Römer/Steffensen 2007, 25). Im Gegensatz zu bezahlten Veröffentlichungen wie beispielsweise Werbeanzeigen, die dem Bereich der *direkten Werbung* zugeordnet werden können, lassen sich (zumeist unbezahlte) Veröffentlichungen wie Gewinnspiele und Verlosungen als *indirekte Werbung* kategorisieren. Immer wieder werden den Verlagen kostenlos Produkte von Unternehmen und Agenturen zur Verfügung gestellt, die dann in Form von Gewinnspielen oder Verlosungen an die Leser verteilt werden.[28] Diese unbezahlten Veröffentli-

---

[28] Die Annahme, die hier formuliert wird, ist eine Beobachtung, die sich auf eigene Erfahrungen in der Verlagspraxis zurückbezieht.

chungen dienen auch als Instrument der Leserbindung. Im Normalfall werden diese Werbemittel nicht in den Mediadaten der Verlage aufgeführt.

Eine Kategorie, die im Rahmen der inhaltsanalytischen Auswertung – neben Werbeanzeigen, Advertorials, Gewinnspielen/Verlosungen und Gimmicks – auch berücksichtigt wird, ist die Eigenwerbung der Verlage. Nach Angaben des ZAW (2011) findet sich im Printbereich zunehmend die Tendenz, Eigenwerbung zu schalten. Eigenwerbung, „die insbesondere außerhalb der jeweils umworbenen Zielgruppe als kritikwürdig empfunden werden kann, ist entsprechend zahlreich und stilistisch vielfältig" (ebd.). Eine Kategorisierung der Inhalte als Eigenwerbung ist oftmals schwierig. Die Grenze zwischen redaktionellen Serviceleistungen, die das Heft für den Leser attraktiv machen, und der Bewerbung eigener Verlagsprodukte lässt sich nicht immer klar voneinander abgrenzen.

Ein vergleichender Blick in die Mediadaten der Verlage[29] zeigt, dass in allen drei Fällen auch die Werbemittel angeboten werden, die im (Jugend-)Printbereich gängigerweise in der Werbepraxis zu finden sind (vgl. *Tabelle 7*). Zusätzlich zum Printprodukt bieten die Verlage ihre Online-Magazine als Werbeplattform an. Auf den verlagseigenen Online-Plattformen können Werbemaßnahmen in Ergänzung zum Print-Angebot crossmedial eingebunden werden.

Die größte Vielfalt an Werbemitteln findet sich in den Mediadaten des Spiesser Verlags. Die unterschiedlichen Werbemaßnahmen werden – abgesehen von klassischen Werbeanzeigen – in den Mediadaten den Kategorien *Sonderwerbeformen, Ad-Specials* und *Sonderpublikationen* zugeordnet (vgl. SPIESSER Mediadaten 2010). In den Mediadaten des Yaez Verlags werden weniger Werbemittel angeführt, Advertorials werden nicht explizit als Sonderwerbeform genannt (vgl. YAEZ Mediadaten 2010). Während die Verlage der Gratismagazine in unterschiedlichem Umfang Sonderwerbeformen – vom Advertorial bis hin zu speziellen Angeboten wie der *SPIESSER Betriebsbesichtigung* oder dem *YAEZ Ausbildungsscout* – anbieten, werden in den Mediadaten der Bauer Media Group Sonderwerbeformen oder Sonderpublikationen nicht explizit erwähnt. Hier wird vor allem auf die Möglichkeit verwiesen, verschiedene Werbeträger einzubeziehen, um über crossmediale Werbepakete große Reichweiten generieren zu können (vgl. BRAVO Mediadaten 2010).

Bei der Umsetzung von Werbemaßnahmen sind die Verlage bereit, Werbekampagnen gezielt auf die Werbekunden zuzuschneiden und diese dann auch redaktionell umzusetzen. Dabei gibt es laut Yaez Verlag „keine Lösung von der Stange – für jedes Anliegen entwickeln wir ein passendes Crossmedia-Konzept" (YAEZ Mediadaten 2010, 9). Der Spiesser Verlag fordert die Werbekunden auf,

---

[29] Die Darstellung der angebotenen Werbemittel der Verlage (vgl. Anhang B) bezieht sich auf die Mediadaten 2010, die zum Erscheinungszeitpunkt der Dezemberausgabe von YAEZ, SPIESSER und BRAVO Gültigkeit besaßen.

die Kommunikationsziele zu nennen, „für die jugendgerechte Umsetzung – mit einem auf Ihre Inhalte abgestimmten und originellen Layout" – sorgt dann der Verlag (SPIESSER Mediadaten 2010, 10). Auch die Bauer Media Group bietet an, dass „die werbliche Präsenz über die unterschiedlichen Kanäle unter einem bestimmten Thema [stattfinden kann], welches die inhaltliche Klammer für Ihren Auftritt bildet" (BRAVO Mediadaten 2010, 6). Sofern Werbekampagnen von den Verlagen für die Kunden verstärkt individuell entwickelt werden, ist anzunehmen, dass in den Heften auch Werbemaßnahmen zu finden sind, die nicht in den Mediadaten verzeichnet sind.

Werbemittel wie klassische Anzeigen lassen sich anhand ihrer gestalterischen Merkmale verhältnismäßig einfach als Werbung kategorisieren. Im Rahmen der inhaltsanalytischen Auswertung werden die Werbeanzeigen mit Blick auf die Werbeinhalte und die thematische Ausrichtung anhand der von Janich (2010) vorgeschlagenen Klassifizierung den drei Prototypen *Produktwerbung, Imagewerbung* und *taktische Aktionswerbung* eingeordnet. Ebenso wie Werbeanzeigen, lassen sich auch Sonderwerbeformen, die beispielsweise als *Anzeige, Promotion* oder *Sonderveröffentlichung* ausgewiesen sind, verhältnismäßig einfach als Werbung kategorisieren. Es bleiben allerdings immer nicht zu unterschätzende Unschärfen bei der empirischen Untersuchung und Kategorisierung von möglichen Werbeinhalten, da der Geldfluss beziehungsweise die materielle Unterstützung nur bedingt beurteilt werden kann. Es liegt keine Einsicht in die Buchungsunterlagen der Anzeigenabteilungen vor und damit auch kein Nachweis über eine mögliche Bezahlung der angenommenen Werbeinhalte. Inhalte, die nicht eindeutig dem redaktionellen Teil zugeordnet werden können und aufgrund einer fehlenden Kennzeichnung auch nicht offensichtlich als Werbung kategorisierbar sind, jedoch aufgrund ihrer Gestaltung als Werbung klassifizierbar scheinen, werden unter Vorbehalt dem Bereich der Werbung zugeordnet. Nachfolgend wird auf eine detaillierte Einzeldarstellung der Werbemittel verzichtet. Freilich werden die einzelnen Werbemaßnahmen in den Heften alle aufgeführt, ausführlicher dargestellt werden jedoch vor allem Auffälligkeiten und Beiträge, bei denen eine Kategorisierung als Werbung schwierig war. Die Darstellung der Ergebnisse erfolgt zunächst für jedes Format einzeln.[30] Anschließend werden die Untersuchungsergebnisse von YAEZ, SPIESSER und BRAVO zusammengeführt und vergleichend dargestellt.

---

[30] Eine Auflistung der Werbemittel und Werbekunden in den untersuchten Ausgaben von YAEZ, SPIESSER und BRAVO findet sich für jedes Heft im Anhang (vgl. Anhang C).

Werbemittel in der YAEZ[31]

Die YAEZ erscheint mit einer Auflage von 376.235 Exemplaren (IVW 3/2011) bundesweit. Inklusive der Titelseite umfasst die Dezemberausgabe der YAEZ 24 Seiten. Im Heft finden sich vierzehn Werbeanzeigen, sechs Advertorials und Beiträge, die als Eigenwerbung kategorisiert werden können. Von den Werbemitteln der untersuchten Ausgabe sind in den Mediadaten des Verlags die Werbeanzeigen und das *YAEZ Ausbildungsscout* aufgeführt.

Jede Werbeanzeige in der YAEZ verfügt über ein Logo, eine Headline und einen großflächigen Bildanteil. Bei manchen Werbeanzeigen sind zusätzlich noch Hinweise wie Links, Werbetext(e) und eine Signatur angebracht.[32]

Zu dem Bereich Produktwerbung zählen die beiden Werbeanzeigen von *Deutsche Telekom*[33] und alle Werbeanzeigen, die Dienstleistungen wie Sprachreisen oder Auslandsaufenthalte bewerben (*Carpe Diem, EF Education, ESL Education, Travel Works, Adventurous*), sofern Dienstleistungen auch als Produkte gefasst werden. Die Werbeanzeige des *Bundesministeriums für Gesundheit (BMG)* kann nicht direkt als Produktwerbung kategorisiert werden. Die Werbeanzeige ist Bestandteil einer Aufklärungskampagne, bei der es um einen offenen und toleranten Umgang mit HIV-Erkrankten geht. Auch die Werbeanzeige der *Aktion Mensch* auf der U4 – der letzten Seite des Heftes – lässt sich nicht eindeutig als Produktwerbung klassifizieren. Sie ist, wie die Werbeanzeige des *Bundesministeriums für Gesundheit (BMG)*, Teil einer Aufklärungskampagne. Die Werbeanzeigen von *Lidl, Deutsche Flugsicherung* und der *Bundeswehr*, in denen Ausbildungs- und Studienmöglichkeiten beworben werden, lassen sich dem Bereich der Imagewerbung (oder auch dem Bereich Nachwuchswerbung) zuordnen. Über Werbeanzeigen werden in der YAEZ größtenteils Dienstleistungen

---

[31] Alle Advertorials, die in den untersuchten Ausgaben von YAEZ, SPIESSER und BRAVO zu finden sind, werden im Anhang abgebildet (vgl. Anhang A).

[32] Die Platzierung der einzelnen Werbeanzeigen spielt an dieser Stelle weiter keine Rolle und wird daher nicht explizit angeführt. Die Größe der Werbeanzeigen ist für die Berechnung des Werbeanteils insgesamt und den Vergleich zwischen dem Werbeaufkommen in den Gratiszeitungen und der BRAVO relevant. Wie viel der Fläche in den Formaten von Werbeinhalten belegt ist und welchen ungefähren materiellen Wert der Anteil an Werbung in den einzelnen Heften ausmacht, wird an späterer Stelle (8.1.2) erörtert.

[33] Die Bezeichnung der einzelnen Werbemittel in den untersuchten Heften orientiert sich nachfolgend an den Unternehmen, welche die Werbung in Auftrag gegeben haben oder an den Produkten, die beworben werden. Die Bezeichnung erfolgt insofern nicht immer „korrekt", da Unternehmen wie zum Beispiel *Deutsche Bahn AG* abgekürzt und als *Deutsche Bahn* bezeichnet werden. Die im Text genannten Firmen- und Produktnamen werden ohne Marken zum Namens-, Geschmacks- oder Urheberschutz verwendet. Das berechtigt jedoch nicht zu der Annahme, die genannten Firmen- oder Produktnamen wären frei.

und Produkte beziehungsweise Studien- und Ausbildungsmöglichkeiten beworben. Taktische Aktionswerbung ist in der untersuchten Ausgabe nicht zu finden.

Neben Werbeanzeigen finden sich in der YAEZ insgesamt sechs Advertorials. Vier der sechs Advertorials können unter Rückbezug auf die Kennzeichnung als *Anzeige* oder *Aktion* und die Mediadaten eindeutig als Advertorial kategorisiert werden (*Gamesload.de, SBK, Serfaus-Fiss-Ladis, Bayer*). Eins der Advertorials (*EF Education*) ist nicht als *Anzeige*, sondern als *Aktion* ausgewiesen. Es ist direkt neben einer der Werbeanzeigen von *EF Education* angebracht. Unterhalb des Textes befindet sich das Logo von *EF Education*, es wird darauf verwiesen, dass es sich bei diesem Beitrag um eine „Aktion von YAEZ und EF International Academy" handelt (ebd., 17). Aufgrund der Platzierung, der Gestaltung und dem Hinweis *Aktion* kann angenommen werden, dass es sich bei diesem Beitrag um ein Advertorial handelt:

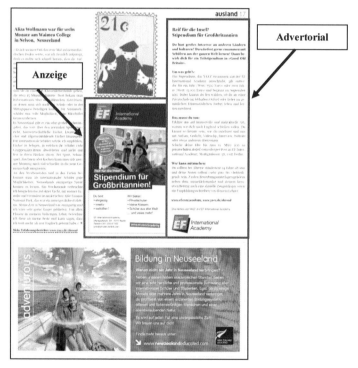

Abbildung 10: Werbeanzeige und Advertorial von *EF Education* in der YAEZ
                 (2010, 17)

Auch das nicht gekennzeichnete Advertorial von *Bayer* lässt sich auf den ersten Blick nicht eindeutig als Werbung kategorisieren. In Form eines redaktionellen Beitrags wird auf „das Ausbildungs- und Studienprogramm WIN bei Bayer" aufmerksam gemacht, am Ende der redaktionellen Vorstellung des WIN-Programms bei *Bayer* findet sich ein Informationskasten, der dazu auffordert, *YAEZ Ausbildungsscout* zu werden und bei einem Besuch des Unternehmens mehr über das Studienprogramm zu erfahren (ebd., 11). Unter Rückbezug auf die Mediadaten, in denen als Ad-Case für crossmediale Kampagnen das *YAEZ Aus-bildungsscout* angeführt wird, lässt sich dieser Beitrag als bezahlter Werbeinhalt kategorisieren. Dieses Advertorial ist nicht als *Anzeige* gekennzeichnet. Es wird sogar – wie bei einem redaktionellen Beitrag – ein Autor angeführt.

Auf der Doppelseite, auf der sich das Advertorial von *Bayer* befindet, ist ein Beitrag abgedruckt, in dem beschrieben wird, wie Arne Siebert sich dafür ein-setzt, dass „Menschen mit Behinderung bessere Bildungschancen bekommen" (ebd., 10). Der Beitrag sieht auf den ersten Blick aus wie andere Artikel auf der Doppelseite. Auch in diesem Fall ist ein Autor angegeben. Am Ende des Textes auch ein Informationskasten zu finden, in dem auf die *Aktion Mensch* und deren Aufklärungskampagne *Voll im Leben* verwiesen wird. Über den angegebenen Link zur Website der *Aktion Mensch* können weiterführende Informationen ein-geholt werden. Bei diesem Text handelt es sich um einen Inhalt, der aufgrund der gestalterischen Merkmale – Autor, Text-Bild-Verhältnis, Textaufbau – durchaus als Artikel aufgefasst werden kann. Der Beitrag ist allerdings genauso gestaltet wie das Advertorial von *Bayer*. Es liegt keine Einsicht in die Buchungsunterla-gen des Verlags vor, so dass an dieser Stelle nur die Annahme formuliert werden kann, dass es sich bei diesem Inhalt um ein Advertorial der *Aktion Mensch* han-delt. Zu begründen ist diese Annahme auf zweifache Weise. Zum einen ist der Text mit dem Informationskasten gestaltet wie das Advertorial von *Bayer*, zum anderen findet sich auf der U4 eine ganzseitige Werbeanzeige der *Aktion Mensch*. Die Vermutung liegt nahe, dass der Inhalt der *Aktion Mensch* zusam-men mit der U4-Anzeige gebucht wurde. Der Beitrag der *Aktion Mensch* wird – unter Vorbehalt – als nicht gekennzeichnetes Advertorial kategorisiert.

In der YAEZ finden sich zwei Werbeanzeigen, die den Online-Shop *YAEZ Schulbedarf* des Verlags bewerben. Die Werbeanzeigen für den Online-Shop des Yaez Verlags könnten auch – ebenso wie die Werbeanzeigen für den *SPIESSER Shop* und das *BRAVO Abonnement* – als Werbeanzeigen klassifiziert werden. Im Rahmen dieser Analyse werden sie, aufgrund der Annhame, dass diese Anzeigen nicht bezahlt sind, der Kategorie *Eigenwerbung* zugeordnet. Auch das Kreuz-worträtsel, bei dem einige Produkte als Gewinne vergeben werden, wird als Eigenwerbung kategorisiert. Ebenso könnte es als Gewinnspiel/Verlosung ein-geordnet werden. Interessanterweise stellen Kunden, die ihre Produkte im Heft bewerben, auch Gewinne zur Verfügung, die im Rahmen des Kreuzworträtsels verlost werden. Verlost werden beispielsweise „2 Skipässe für einen Aufenthalt von 2 Wochen" in Serfaus-Fiss-Ladis, einem „der vielseitigsten Skigebiete in Österreich" (ebd., 22). Einige Seiten weiter vorne im Heft wird das Skigebiet über ein halbseitiges Advertorial beworben. In dieser Ausgabe findet sich ein Advertorial, in dem die Plattform *Gamesload.de* beworben wird. Bei der Teilnahme am Gewinnspiel gibt es ein Rockstar-3-Instrumente-Set für die Xbox 360 zu gewinnen" (ebd.). Dabei profitieren beide Seiten voneinander. Die Werbekunden haben die Möglichkeit, ihre Produkte zu bewerben, und der Verlag kann hochwertige Produkte als Gewinne anbieten.

Werbemittel im SPIESSER

Der SPIESSER ist Marktführer im Bereich der Jugendgratisformate und erscheint mit einer Auflage von 772.450 Exemplaren (IVW 3/2011). Die untersuchte Ausgabe umfasst insgesamt 40 Seiten inklusive der Titelseite. Im Heft finden sich insgesamt acht Werbeanzeigen, fünf Advertorials, das *SPIESSER Spezial*, Gewinnspiele, Verlosungen und Eigenwerbung (vgl. Anhang C). Abgesehen von Gewinnspielen/Verlosungen und der Eigenwerbung im Heft sind alle Werbemittel der untersuchten Ausgabe in den Mediadaten des Verlags aufgeführt.

Im SPIESSER sind alle Werbeanzeigen als *Anzeige* gekennzeichnet. Die Werbeanzeigen lassen sich überwiegend als Produktwerbung kategorisieren (*Spiegel, Deutsche Telekom, Cinestar, Cineplex, Brunnen*). Die Werbeanzeige des *Bundesministeriums für Gesundheit (BMG)* wird – wie auch in der YAEZ – nicht als Produktwerbung gefasst. In der untersuchten Ausgabe stellt nur ein Unternehmen (*Kaufland*) die Möglichkeit vor, ein Duales Studiums im eigenen Ausbildungsbetrieb zu absolvieren. Diese Werbeanzeige lässt sich als einzige dem Bereich Imagewerbung beziehungsweise Nachwuchswerbung zuordnen.

Neben den Werbeanzeigen finden sich im SPIESSER insgesamt fünf Advertorials. Die Advertorials von *EADS*, der *RWE*, von *Deutsche Bahn* und *Fahranfänger* lassen sich aufgrund ihrer Gestaltung und ihrer Kennzeichnung als *Anzeige* eindeutig als Advertorials kategorisieren. Gestalterisch sind die Werbeinhalte in allen Fällen aufbereitet wie die redaktionellen Inhalte im Heft. Über Advertorials werden im SPIESSER vor allem Themen in Form von Mitmach-Aktionen beworben. So lädt beispielsweise die *Deutsche Bahn* zehn Schüler nach Berlin ein, um ihnen einen Blick hinter die Kulissen eines ICE-Werks und des Berliner Hauptbahnhofs zu ermöglichen (ebd., 2). *EADS* ruft einem Schülerwettbewerb auf, bei dem es darum geht, Ideen zur Klärung der Frage „Wie fliegen wir in Zukunft durch die Luft und das All?" einzureichen (ebd., 39). Auch hier werden die Gewinner eingeladen, zwei Tage einen Blick hinter die Kulissen des Luft- und Raumfahrtwerks in Bremen zu werfen. Die Teilnahme an den Aktionen, die in Form von Advertorials im SPIESSER beworben werden, erfolgt immer über die Website der Unternehmen und über SPIESSER.de.

Im Unterschied zu den gekennzeichneten Advertorials lässt sich das *SPIESSER Testlabor* nicht direkt als redaktionell gestaltete Anzeige kategorisieren. Im *SPIESSER Testlabor* werden neue Produkte vorgestellt, wie beispielsweise die *Art Academy* für *Nintendo DS* oder das elektronische Wörterbuch *CASIO EX-word EW-G500* und die Leser werden dazu eingeladen, sich „auf SPIESSER.de/testlabor [zu] registrieren und Produkttester [zu] werden" (ebd., 28 f.). Die Aktion wird als *SPIESSER Testlabor* bezeichnet und erinnert an Werbeformen aus den Mediadaten wie den SPIESSER Einstellungstest, die SPIESSER Betriebsbesichtigung oder das *SPIESSER Spezial*. In den Mediadaten 2010 ist das *SPIESSER Testlabor* noch nicht zu finden, in den Mediadaten 2011 wird das *SPIESSER Testlabor* dann als Werbemittel angeboten:

> „Im SPIESSER Testlabor testen interessierte, engagierte und konsumfreudige Jugendliche Ihr Produkt und geben Ihnen ihre ehrliche Meinung. (…) Die Einbindung eines individuell gestalteten Aufrufs im Heft und ein redaktioneller Aufruf auf SPIESSER.de/testlabor sichern Ihnen die Teilnahme am Test. In Zusammenarbeit mit unserer Redaktion erstellen wir einen individuellen Fragebogen" (SPIESSER Mediadaten 2011, 12).

Dieser Fall könnte ein Beispiel dafür sein, dass in der Praxis Werbekonzeptionen, die erstmalig mit Kunden umgesetzt wurden und erfolgreich waren, später als Werbemittel in die Mediadaten aufgenommen werden. Das *SPIESSER Testlabor* wird aufgrund der gestalterischen Merkmale im Rahmen dieser Analyse als Advertorial kategorisiert, das nicht als *Anzeige* gekennzeichnet ist.

Im Unterschied zur YAEZ finden sich im SPIESSER nicht nur Sonderwerbeformen wie Advertorials, sondern auch Inhalte, die sich nicht „klassisch" als Advertorials kategorisieren lassen, unter gestalterischen Gesichtspunkten allerdings Advertorials gleichen: das *SPIESSER Spezial* und der *Holger Comic*. Im *SPIESSER Spezial* mit dem Thema „Wir pflegen – keine Vorurteile. Ein Tag in der Altenpflege, fünf Jugendliche, fünf Orte, ab fünf Uhr morgens", wird der Beruf des Altenpflegers vorgestellt (SPIESSER 2010, 17 ff.). Das *SPIESSER Spezial* ist ein redaktionell aufgearbeiteter Werbeinhalt, der acht Seiten umfasst und vom *Bundesministerium für Familie, Senioren, Frauen und Jugend* in Auftrag gegeben wurde. Grundsätzlich lassen sich die Merkmale von Advertorials auch auf diesen Sonderfall anwenden. Das *SPIESSER Spezial* entspricht aufgrund seines Umfangs allerdings eher einem Beileger als einem Advertorial.

Daher wird es im Rahmen dieser Analyse nicht als Advertorial verortet, sondern als Sonderpublikation geführt.

Auch der Comic *Holgers Hirnhusten* lässt sich nicht als Advertorial kategorisieren. Auf der U4 findet sich eine ganzseitige Werbeanzeige von *Brunnen*, über die der Holger-Kalender beworben wird. Es liegt die Vermutung nahe, dass es sich bei diesem Produkt um eine Kooperation zwischen dem Spiesser Verlag und dem Brunnen Verlag handelt. Die Bewerbung des Kalenders erfolgt in dieser Ausgabe sowohl über eine klassische Anzeige als auch über einen Hinweis im redaktionellen Kontext des Heftes.

Im SPIESSER liegt der Anteil an Verlosungen und Gewinnspielen (insgesamt neun Stück) auffällig hoch. Diese sind in fast allen Fällen an die redaktionellen Inhalte gebunden. Auf der Seite mit dem Artikel *Ochsenknechtschaft* über Wilson Gonzales Ochsenknecht und seinen neuesten Film finden sich beispielsweise zwei Verlosungen für Kinokarten und passend zum Bericht über die Band *Fettes Brot* werden Live-Alben und Fanshirts der Band verlost (vgl. SPIESSER 2010, 32 ff.). Bei den meisten Verlosungen im Heft ist das Online-Magazin SPIESSER.de als Mitmach-Fläche eingebunden.

Im SPIESSER finden sich einige Inhalte, die als Eigenwerbung kategorisiert werden können wie beispielsweise die Bewerbung des Online-Shops des Verlags (*SPIESSER Shop*) und der *SPIESSER-MP3-Download*. Ebenso wie in der YAEZ finden sich auch im SPIESSER redaktionell eingebundene Verweise auf die eigene Online-Plattform. Der Print- und der Onlinebereich werden über redaktionelle Angebote und Mitmach-Aktionen vernetzt.

Werbemittel in der BRAVO

Die BRAVO erscheint mit einer Auflage von 412.165 Exemplaren (IVW 3/2011) bundesweit. Das in Deutschland meistverkaufte Jugendmagazin, wird in den Mediadaten als „Europas größte Jugend-Medienmarke!" bezeichnet (BRAVO 2010, 2). Die Dezemberausgabe der BRAVO umfasst insgesamt 80 Seiten inklusive Titelseite und Foto-Lovestory. Der Anteil an (erkennbaren) bezahlten Veröffentlichungen ist in diesem Heft verhältnismäßig gering. Insgesamt finden sich vier Werbeanzeigen, drei Sonderwerbeformen und Eigenwerbung in der untersuchten Ausgabe (vgl. Anhang C). Von den Werbemitteln in der untersuchten Ausgabe sind lediglich die Werbeanzeigen in den Mediadaten des Verlags aufgeführt. Im Unterschied zu der Werbung in der YAEZ und im SPIESSER, richten sich einige Werbeinhalte in der BRAVO gezielt an die weiblichen Leser. Dazu zählen die Werbeanzeigen von *Carefree*, der *ARD* und *Twist* sowie das Advertorial zum Thema *Menstruation* des Hygieneartikel-Anbieters *o.b.*

Mit Blick auf die thematische Ausrichtung sind beinahe alle Werbeanzeigen in der BRAVO als Produktwerbung einzuordnen. Die *ARD* bewirbt beispielsweise die Daily-Soap *Verbotene Liebe* und in der Werbeanzeige von *Carefree* werden Slipeinlagen beworben. Ebenso wie in der YAEZ und im SPIESSER ist auch in diesem Heft die Werbeanzeige des *Bundesministeriums für Gesundheit (BMG)* zum Welt-Aids-Tag zu finden. In der BRAVO gibt es keine Imageanzeige, allerdings findet sich in dieser Ausgabe eine Werbeanzeige, die dem Bereich der taktischen Aktionswerbung zugeordnet werden kann. Es handelt sich um eine Werbeanzeige, bei der von *Pepsi* – in Kooperation mit *Cinestar* – die Möglichkeit in Aussicht gestellt wird, an einem professionellen Foto-Shooting teilzunehmen. Gesucht wird „das neue Gesicht der Pepsi Cinestar Online-Kampagne" (BRAVO 2010, 80). Nicht nur die Teilnahme an einem Foto-Shooting kann gewonnen werden, jeden Tag werden zusätzlich drei *Flip HD Camcorder* verlost. Die Teilnahmebedingungen finden sich laut Anzeigentext auf jeder *Pepsi*-Flasche oder unter Pepsi.de.

Die BRAVO wirkt auf den ersten Blick wie ein einziges Advertorial. Setzt man die gleichen Kriterien für die Kategorisierung von Advertorials in der BRAVO an wie in der YAEZ und im SPIESSER, sind in der BRAVO insgesamt nur zwei Advertorials zu finden. Diese können unter Rückbezug auf die Kennzeichnung (*Promotion* beziehungsweise *Aktion)* als Werbung kategorisiert werden. In dem Advertorial, das von *o.b.* in Auftrag gegeben wurde, wird „in Sachen Menstruation und Tampons" aufgeklärt (ebd., 47). Das Advertorial ist gestalterisch dem redaktionellen Teil angepasst und nahtlos in die Doppelseite der *Dr.-Sommer-Sprechstunde* eingebettet. Die Fragestellung „Meine Tage kommen nicht regelmäßig – bin ich normal?" knüpft an die anderen Fragen auf der Dr.-Sommer-Seite an (ebd., 47). Dieser Werbeinhalt ist als *Promotion* gekennzeichnet, nicht als *Anzeige*. Ein weiterer Werbeinhalt im Heft, der auch nicht als *Anzeige* gekennzeichnet ist, sondern als *Initiative* ausgewiesen wird, ist die *BRAVO-Job-Attacke*. Nach Angaben der Redaktion folgt „der Artikel zur BRAVO-Job-Attacke einer Initiative von BRAVO, McDonald's Deutschland Inc. und der Bundesagentur für Arbeit" (ebd., 61). Die Doppelseite ist aufgebaut wie ein redaktioneller Beitrag. Es werden Fragen in Bezug auf die Bewerbung und Ausbildung von Jugendlichen gestellt, die dann von Experten bei McDonald's und Mitarbeitern der Bundesagentur für Arbeit beantwortet werden. Der Beitrag ist eine bezahlte Veröffentlichung, die als *Initiative* gekennzeichnet ist, allerdings wie ein Artikel aufgebaut ist. Da die *BRAVO-Job-Attacke* gestalterisch den Merkmalen eines Advertorials entspricht, wird der Werbeinhalt im Rahmen dieser Analyse als Advertorial verortet. Die *BRAVO-Job-Attacke* zählt ebenso wie das Advertorial von *o.b.* zu den nicht gekennzeichneten Advertorials in der BRAVO.

Diese beiden Advertorials, die nicht als *Anzeige* gekennzeichnet sind, wurden –
in anderen Ausgaben der BRAVO – bereits zum Fall für den Deutschen Presserat. Es finden sich zwei Entscheidungen des Beschwerdeausschusses (Missbilligung), die sich auf die Verletzung des Trennungsgrundsatzes (Ziffer 7) in der
BRAVO beziehen. Die Entscheidung begründet sich bei dem Advertorial von
o.b. damit, dass der Beitrag lediglich als *Promotion* gekennzeichnet ist (vgl.
Deutscher Presserat 2011a). Auch der andere Beitrag *Job-Attacke* ist der Spruchpraxis des Deutschen Presserats zufolge nicht hinreichend gekennzeichnet, „um
dem Leser das Eigeninteresse des Verlages zu verdeutlichen" (Deutscher Presserat 2010). An diesem Beispiel zeigt sich, dass die BRAVO die in beiden Fällen
ausgesprochene Missbilligung des Deutschen Presserats nicht ernst nimmt –
ansonsten wären diese beiden Beiträge in den nachfolgenden Ausgaben als *Anzeige* gekennzeichnet worden. Die vorliegende Analyse ergibt, dass dem nicht so
ist. Vielmehr werden beide bezahlten Veröffentlichungen wieder als *Promotion*
beziehungsweise als *Initiative* umschrieben.

Insgesamt finden sich in der BRAVO nur zwei Gewinnspiele beziehungsweise Verlosungen. Im Unterschied zu YAEZ und SPIESSER sind in der BRA-
VO vergleichsweise viele Serviceleistungen wie beispielsweise *Horoskope, aktuelle Tourdaten* und *Freundschafts-Tests* zu finden. Auch in diesem Heft erfolgt
die Teilnahme über das Online-Magazin des Verlags (BRAVO.de).

In der BRAVO finden sich drei Werbeanzeigen, die Produkte aus der Ver-
lagsreihe selbst bewerben. In zwei Werbeanzeigen werden die Leser über Prä-
mien gelockt, ein BRAVO Abonnement abzuschließen. Eine Werbeanzeige in
der Ausgabe verweist auf ein weiteres Verlagsprodukt, die Zeitschrift TWIST –
die „jetzt am Kiosk" erworben werden kann (BRAVO 2010, 7). In der BRAVO
gibt es zudem Heftseiten, die im Sinne einer Serviceleistung für die Leser als
Eigenwerbung kategorisiert werden können. Die Seite *Fun* beispielsweise hat
das Thema „Mega-Fun und die Lieblings-Witze der Stars" zum Inhalt (ebd., 24).
Es wird dazu aufgefordert, den eigenen Lieblingswitz einzuschicken. Für jeden
eingeschickten Witz, der in der BRAVO abgedruckt wird, werden 20 Euro aus-
bezahlt. Weiter finden sich ganzseitige Angebote wie *Psycho-Tests* und *Horoskope*. Dazu sind mehrfach Verweise auf die eigene Online-Plattform angegeben,
über die weiterführende Angebote abgerufen werden können. Die Verweise auf
BRAVO.de beziehen sich immer auf den Themenbereich, der im Heft vorgestellt
wird. Diese Leser-Serviceleistungen werden hier als Eigenwerbung kategorisiert,
können je nach Betrachtungsweise jedoch auch als redaktionelle Inhalte eingeordnet werden.

Eine Werbeform, die eigentlich typisch für Kinderzeitschriften ist und in jeder BRAVO-Ausgabe zu finden ist, ist das Gimmick[34]. Diese zusätzlichen Beigaben haben zum Ziel, die Attraktivität der Zeitschrift zu erhöhen und im Fall einer Entscheidung zwischen mehreren Heften die Auswahl positiv zu beeinflussen. In der untersuchten Ausgabe der BRAVO sind als Give-away 3D-Star-Sticker von Stars beigefügt.

8.1.2 Vergleich: Werbung in entgeltlichen Formaten und in Gratistiteln

Die Untersuchungsergebnisse der inhaltsanalytischen Auswertung, die sich auf die Kategorisierung der Werbemittel in der YAEZ, im SPIESSER und der BRAVO beziehen, wurden in einem ersten Schritt einzeln dargestellt. In einem nächsten Schritt werden die Ergebnisse der Einzelanalysen zusammengeführt und miteinander verglichen. Vor dem Hintergrund der unterschiedlichen Finanzierungsstruktur ist ein Vergleich zwischen der BRAVO und den Gratisformaten vor allem interessant mit Blick auf das Werbeaufkommen.

Vergleich der Werbemittel in YAEZ, SPIESSER und BRAVO

Die BRAVO ist im Unterschied zu den Gratismagazinen YAEZ und SPIESSER ein klassisches Jugendmagazin, bei dem es um *Mode, Beauty* und Themen wie *Liebe* und *Partnerschaft* geht (vgl. Sobek 2004, 42). Die Beiträge in der BRAVO sind im Vergleich zu den Artikeln in den Gratismagazinen noch bildlastiger und bunter gestaltet, die Grenze zwischen Werbung und redaktioneller Berichterstattung ist hier noch fließender als bei YAEZ und SPIESSER. In der BRAVO finden sich vermehrt Heftseiten, auf denen Produkte wie Kleidung, Schuhe und Kosmetikartikel als Styling-Tipps im redaktionellen Kontext vorgestellt werden. Diese Art der Produktvorstellung (Product Placement) kommt in der YAEZ und im SPIESSER verhältnismäßig selten vor. Mit Blick auf die Verteilung der Werbemittel zeigt sich, dass in allen untersuchten Heften sowohl Above-the-line-Werbung als auch Below-the-line-Werbung und Werbeinhalte, die als Eigenwerbung kategorisiert werden können, zu finden sind. Im Unterschied zu der Werbung in der YAEZ und im SPIESSER richten sich einige Werbeinhalte der

---

[34] „Gimmicks wurden in den siebziger Jahren erstmals von der Comic-Zeitschrift YPS eingeführt" und haben sich über die Zeit im Bereich der Kinder- und Jugendzeitschriften etabliert (Römer/Steffensen 2007, 25).

BRAVO gezielt an weibliche Leser. Dazu zählen die Anzeigen von *Carefree*, *ARD* und *TWIST* sowie das Advertorial zum Thema *Menstruation* von *o.b.*
In den untersuchten Jugendmagazinen ist der Werbeanteil unterschiedlich hoch. Eine Visualisierung der Verteilung der Werbemittel in den drei untersuchten Heften findet sich im Anhang (vgl. Anhang D). Wirft man einen Blick auf die Verteilung der Werbemittel (Werbeanzeigen, Advertorials, Gewinnspiele/Verlosungen, Eigenwerbung) in den Heften zeigt sich, dass in allen drei Heften der Anteil der Werbeanzeigen insgesamt höher liegt als der Anteil der anderen Werbemittel (vgl. Anhang E). Der Großteil der Werbeanzeigen in den drei Heften lässt sich als Produktwerbung einordnen. In der YAEZ und im SPIESSER finden sich auch Werbeanzeigen, die als Nachwuchswerbung kategorisiert werden können (*Lidl, Deutsche Flugsicherung, Bundeswehr, Kaufland*). In der BRAVO hingegen werden Ausbildungs- und Studienmöglichkeiten nicht beworben. Dies liegt möglicherweise daran, dass die Gratismagazine YAEZ und SPIESSER im Unterschied zur BRAVO direkt an Schulen erscheinen und potenziell eher die Zielgruppe der Schulabgänger erreichen. Diese beiden Formate werden von Unternehmen möglicherweise eher als Plattform für die Bewerbung von Ausbildungs- und Studienmöglichkeiten genutzt als Starmagazine wie die BRAVO. Einige Werbeanzeigen sind nicht nur in einem der Hefte, sondern in zwei oder drei der untersuchten Ausgaben platziert. So bewirbt die *Deutsche Telekom* in der YAEZ und im SPIESSER die *X-treme Playgrounds* und die Anzeige des *Bundesministeriums für Gesundheit (BMG)* ist in allen drei analysierten Ausgaben platziert.

Insgesamt gesehen ist der Anteil an Sonderwerbeformen den Gratisformaten höher als in dem Kaufmagazin (vgl. Anhang E). In der BRAVO kommen nur zwei Advertorials vor, wohingegen in der YAEZ sechs Advertorials und im SPIESSER fünf Advertorials zu finden sind. Hier wurde nur je eine Ausgabe untersucht. Daher kann an dieser Stelle lediglich die Annahme formuliert werden, dass Sonderwerbeformen in kostenlosen Jugendmagazinen generell häufiger als in entgeltlichen Formaten zu finden sind.

Deutliche Unterschiede zwischen den Formaten sind mit Blick auf die Anzahl an Verlosungen und Gewinnspielen zu verzeichnen. Der Anteil liegt im SPIESSER wesentlich höher als in der YAEZ und der BRAVO. In der YAEZ finden sich, abgesehen von den Gewinnen des Kreuzworträtsels, keine Verlosungen oder Gewinnspiele. In der BRAVO werden auch nur an zwei Stellen Produkte verlost. Im SPIESSER hingegen gibt es insgesamt neun Mal eine Vielzahl an Produkten zu gewinnen. Die Teilnahme an den Gewinnspielen erfolgt in den meisten Fällen über die jeweilige Online-Plattform der Verlage. Neben Gewinnspielen und Verlosungen finden sich in allen drei Ausgaben Inhalte, die als Eigenwerbung kategorisiert werden können. In der YAEZ, im SPIESSER und in der BRAVO werden in Form von Werbeanzeigen beispielsweise die Online-Shops der Verlage (*YAEZ Schulbedarf, SPIESSER Shop*) oder das eigene Magazin (*BRAVO Abonnement*) beworben.

Vergleich des Werbeanteils in YAEZ, SPIESSER und BRAVO[35]

Die Dezemberausgabe der YAEZ umfasst insgesamt 24 Seiten, der SPIESSER erscheint auf 40 Seiten und die BRAVO hat einen Umfang von 80 Seiten. Fasst man alle Werbemittel in der YAEZ, im SPIESSER und in der BRAVO zusammen, unabhängig davon, ob die Inhalte bezahlt sind (Werbeanzeigen, Advertorials) oder nicht (Gewinnspiele/Verlosungen, Eigenwerbung), kommt man auf einen Anteil an Werbung von insgesamt 39 Prozent in der YAEZ, 63 Prozent im SPIESSER und 19 Prozent in der BRAVO. Berücksichtigt man bei der Berechnung des Werbeanteils lediglich die bezahlten Veröffentlichungen, liegt der Werbeanteil bei insgesamt 32 Prozent in der YAEZ, 50 Prozent im SPIESSER und 9 Prozent in der BRAVO. Der Anteil an Werbung ist im Verhältnis zum redaktionellen Teil je nach Ausgabe unterschiedlich hoch. In der YAEZ macht die Werbung knapp ein Drittel des Heftumfangs aus, im SPIESSER ist knapp die Hälfte der Fläche mit Werbung belegt. Ausschlaggebend für den hohen Werbeanteil im SPIESSER ist auch das achtseitige *SPIESSER Spezial*. Würde man das *SPIESSER Spezial* bei der Berechnung des Werbeanteils ausklammern, käme man auf einen Anteil an Werbung von 30 Prozent anstatt 50 Prozent. In der BRAVO ist der Anteil an Werbung mit knapp einem Fünftel der belegten Fläche im Vergleich zu den Gratisformaten verhältnismäßig gering. Würde man Werbemittel wie Product Placement mit auswerten, läge der Anteil an Werbung in der BRAVO voraussichtlich wesentlich höher.

Im Unterschied zu entgeltlichen Formaten finanzieren sich Gratisjugendmagazine wie YAEZ und SPIESSER rein über Werbeeinnahmen. Anhand des Werbeaufkommens in den Heften und unter Rückbezug auf die Anzeigenpreise in den Mediadaten kann berechnet werden, wie hoch die Werbeeinnahmen pro Ausgabe ungefähr liegen. Berücksichtigt werden dabei nur bezahlte Werbeinhalte wie Werbeanzeigen, Advertorials und Sonderveröffentlichungen, die nachweislich als bezahlte Werbung kategorisiert werden können.[36] Inhalte, die sich

---

[35] Für die Berechnung des Werbeanteils wurde die Fläche der einzelnen Werbemittel anhand der Anzeigengrößen der Mediadaten kategorisiert. Anschließend wurden die Flächenanteile addiert. Als redaktionelle Inhalte werden Artikel, Verweise, Bilder und Illustrationen gefasst.

[36] Es ist nicht überprüfbar, ob Werbekunden in dieser Ausgabe einmalig und/oder im Rahmen eines Jahresangebots Werbung schalten und mögliche Rabatte erhalten haben. Ebenso wenig ist nachvollziehbar, inwiefern Kunden wie beispielsweise die Aktion Mensch, Brunnen und Pespi einen Aufschlag bezahlt haben, um auf der U4 der Jugendmagazine platziert zu werden. Den Mediadaten

aufgrund ihrer gestalterischen Merkmale als Werbung kategorisieren lassen, aber nicht gekennzeichnet sind und/oder nicht in den Mediadaten geführt werden, sich also nur unter Vorbehalt als bezahlte Veröffentlichung einordnen lassen – wie beispielsweise der *Holger Comic* im SPIESSER und der Beitrag der *Aktion Mensch* in der YAEZ –, werden bei der Berechnung ebenso ausgeklammert wie unbezahlte Werbung (Gewinnspiele/Verlosungen, Eigenwerbung).

In den Mediadaten sind zwar die Anzeigenpreise angegeben, Preise für Sonderwerbeformen werden jedoch nicht aufgeführt. Da keine Einsicht in die Buchungsunterlagen der Verlage vorliegt, ist nicht ermittelbar, wie viel für Publikationen wie beispielsweise das *YAEZ Ausbildungsscout* bezahlt wurde. Die tatsächlichen Kosten der Werbeinhalte in den Heften können ebenso wenig wie mögliche Rabattierungen nachvollzogen werden, so dass lediglich berechnet werden kann wie hoch die Einnahmen pro Ausgabe im Idealfall wären, wenn jeweils der volle Preis pro Werbefläche bezahlt worden wäre. Für die Berechnung werden alle bezahlten Werbeinhalte der Größe entsprechend den Anzeigenpreisen der jeweiligen Mediadaten zugeordnet.

Laut Preisliste kostet eine einseitige Werbeanzeige im SPIESSER 37.900 Euro, die Belegung einer Doppelseite liegt bei 59.900 Euro (vgl. ebd., 8). Da sich der Preis in Abhängigkeit von der verkauften Fläche verändert und für Sonderpublikationen keine Preise angegeben sind, wird dem *SPIESSER Spezial*, unter Rückbezug auf eine mögliche Preisveränderung je nach Anzahl der gebuchten Seiten, der Pauschalwert von 100.000 Euro zugewiesen. Den Berechnungen zufolge lägen die Werbeeinnahmen des SPIESSERs bei 563.700 Euro, der Yaez Verlag würde dieser Berechnung zufolge 97.800 Euro einnehmen und die BRAVO würde 242.871 Euro Werbeeinnahmen erzielen. Es zeigt sich, dass die Einnahmen in Abhängigkeit vom jeweiligen Anzeigenpreis unterschiedlich hoch ausfallen. Die Macher der YAEZ verdienen trotz höherem Werbeaufkommen wesentlich weniger an Werbung als die Bauer Media Group und die Einnahmen des SPIESSERs liegen im Vergleich zur BRAVO trotz einem wesentlich höheren Werbeaufkommen des Gratisformats nur knapp doppelt so hoch.

8.1.3 Orientierung am Trennungsgrundsatz

Im Rahmen der inhaltsanalytischen Auswertung der Hefte wurde zunächst untersucht, welche Werbemittel in der YAEZ, im SPIESSER und in der BRAVO zu

---

des SPIESSER zufolge, wird für die Platzierung der Werbung auf der zweiten, dritten oder vierten Umschlagseite, ein Aufschlag auf den Listenpreis von 10 Prozent berechnet (vgl. SPIESSER Mediadaten 2010, 8).

finden sind. Weiterführend wurde überprüft, ob Sonderwerbeformen wie Advertorials in den Heften den rechtlichen und professionsethischen Bestimmungen entsprechend als *Anzeige* gekennzeichnet sind.

In den untersuchten Ausgaben von YAEZ, SPIESSER und BRAVO sind nicht alle Werbeinhalte als *Anzeige* gekennzeichnet. In einigen Fällen unterbleibt die Kennzeichnungspflicht gänzlich und einige Advertorials werden mit Hinweisen wie *Aktion* oder *Promotion* umschrieben. In allen drei Heften liegen Verstöße gegen rechtliche und professionsethische Vorgaben vor, die sich auf die Trennung von Werbung und redaktionellen Inhalten beziehen (vgl. 8.1.3), insgesamt sind nur sieben von dreizehn untersuchten Advertorials als *Anzeige* gekennzeichnet.

In der YAEZ wird in zwei Fällen die Kennzeichnungspflicht gänzlich unterlaufen (*Bayer*, *Aktion Mensch*), ein Advertorial (*EF Education*) ist lediglich als *Aktion* ausgewiesen. Auch im SPIESSER sind nicht alle Sonderwerbeformen den rechtlichen und professionsethischen Vorgaben entsprechend gekennzeichnet (*SPIESSER Spezial*, *Holger Comic*). Es werden jedoch vier der fünf Advertorials (*RWE*, *Deutsche Bahn*, *EADS*, *Fahranfänger*) als *Anzeige* ausgewiesen. In der BRAVO ist keins der beiden Advertorials als *Anzeige* gekennzeichnet. Die beiden Advertorials in der untersuchten Ausgabe werden als *Promotion* beziehungsweise als *Initiative* kenntlich gemacht.[37]

Werbeinhalte, die aller Voraussicht nach nicht einzeln als Advertorials, sondern als Teil einer crossmedialen Kampagne gebucht wurden – wie das YAEZ Ausbildungsscout, das *SPIESSER Testlabor*, das *SPIESSER Spezial* und die *BRAVO-Job-Attacke* –, werden in keinem der Hefte als *Anzeige* gekennzeichnet. Werbeinhalte hingegen, die von den Werbekunden aller Voraussicht nach explizit als einzelnes Advertorials gebucht wurden – wie zum Beispiel die Advertorials von *Gamesload.de* und *EADS* – sind als *Anzeige* gekennzeichnet.

---

[37] Dem Deutsche Presserat lagen – wie bereits in Punkt 5.3.2 ausgeführt – in zwei Fällen ähnliche Advertorials von *o.b.* und der *Job-Attacke* in der BRAVO zur Prüfung vor. In beiden Fällen sprach der Beschwerdeausschuss eine Missbilligung aus, da die Advertorials von *o.b.* und die *Job-Attacke* nach Aussagen des Deutschen Presserats nicht ausreichend als Werbung kenntlich gemacht sind (vgl. Deutscher Presserat 2010; 2011a).

	YAEZ	SPIESSER	BRAVO
Als *Anzeige* ge-kennzeichnete Werbeinhalte	SBK Serfaus-Fiss-Ladis Gamesload.de	RWE Deutsche Bahn EADS Fahranfänger	
Als *Promotion/ Aktion/Initiative* gekennzeichnete Werbeinhalte	EF Education		o.b. BRAVO-Job-Attacke
Nicht gekenn-zeichnete Werbe-inhalte	Bayer Aktion Mensch	SPIESSER Testlabor SPIESSER Spezial Brunnen Holger Comic	

Tabelle 8: Gekennzeichnete/nicht gekennzeichnete Werbung (YAEZ, SPIESSER, BRAVO)

Bei den Werbeinhalten in den untersuchten Heften, die als *Anzeige* ausgewiesen sind, ist der Anzeige-Hinweis unterschiedlich gestaltet. In der YAEZ wird der Hinweis *Anzeige* einheitlich in Großbuchstaben geschrieben und bei allen Advertorials im oberen rechten Eck des Beitrags platziert:

ANZEIGE   ANZEIGE

Abbildung 11: Anzeige-Hinweis in der YAEZ (2010)

Im SPIESSER ist der Anzeige-Hinweis auch einheitlich gestaltet. Zumindest das Wort *Anzeige* wird in allen Fällen typographisch gleich gesetzt. Die Kennzeichnung ist jedoch nicht bei allen Advertorials im oberen rechten Eck des Beitrags platziert und je nach Hintergrundfarbe der Advertorials wird der Hinweis *Anzeige* dem Layout des jeweiligen Werbeinhalts angepasst. Auf Advertorials, die einen hellen Hintergrund haben, ist der Anzeige-Hinweis grau gehalten. Die Farbwahl erschwert es, den Hinweis zur Kenntnis zu nehmen. Für eine bessere Erkennbarkeit wäre es von Vorteil, wenn der Hinweis *Anzeige* farblich so kontrastreich wie möglich auf dem Advertorial angebracht wäre.

Abbildung 12: Anzeige-Hinweis im SPIESSER (2010)

Die Kennzeichnung als *Anzeige* erfolgt in beiden Gratismagazinen unterschiedlich. Der Befund, dass nicht alle Advertorials in den untersuchten Heften als *Anzeige* ausgewiesen sind und die Kennzeichnung uneinheitlich gehalten wird, ist aus normativer Perspektive problematisch. Eine einheitliche, formale Kennzeichnung ist zunächst die Grundvoraussetzung dafür, dass Werbeinhalte von den Rezipienten überhaupt als Werbung erkannt werden können (vgl. 6.5). Die erlernten Kriterien für eine Kategorisierung von Werbung lassen sich nur anwenden, wenn Werbung klar als Werbung erkennbar ist. Den Heranwachsenden müssen einerseits Kriterien vermittelt werden, die eine Kategorisierung von Werbung ermöglichen. Andererseits muss Werbung, die aufgrund ihrer redaktionellen Gestaltung als redaktioneller Beitrag wahrgenommen werden kann, zunächst einheitlich als Werbung gekennzeichnet werden.

8.2 Semiotische Werbeanalyse der Advertorials in den Heften

Im Rahmen der inhaltsanalytischen Auswertung der Jugendmagazine wurde erfasst, welche Werbemittel in den Heften zu finden sind und ob Werbeinhalte, die in ihrer Gestaltung redaktionellen Beiträgen ähneln, immer als *Anzeige* gekennzeichnet werden. In einem weiteren Schritt werden die Advertorials in der YAEZ, im SPIESSER und in der BRAVO mit Blick auf die Thematik, den Aufbau und die gestalterischen Merkmale ausgewertet und anschließend miteinander verglichen. Dazu werden die Advertorials einer semiotischen Werbeanalyse (vgl. auch Bentele 2008; Arbeitskreis Mediensemiotik 2011) unterzogen. Werbung ist zeichen- und bildvermittelt angelegt, so dass sich ein semiotischer Zugang für die Auswertung der Advertorials anbietet. Ziel der semiotischen Betrachtung ist die Untersuchung der Zeichen- und Textstrukturen der Advertorials auf *pragmatischer, syntaktischer* und *semantischer* Ebene (vgl. Nöth 2000). Die Pragmatik betrifft die Relation zwischen den Zeichen und dem Interpreten. Bei der vorliegenden Untersuchung wird die pragmatische Perspektive über das Quasi-Experiment zur Wahrnehmung von Werbung eingeholt. Die Advertorials werden im Rahmen der semiotischen Werbeanalyse auf syntaktischer und semantischer Ebene ausgewertet und dann unter Rückbezug auf die Rezipientenforschung interpretiert.

Im Rahmen der semiotischen Werbeanalyse werden nicht alle Sonderwerbeformen in den Heften berücksichtigt. Es sind lediglich die Werbeinhalte Gegenstand der Analyse – ob als *Anzeige* gekennzeichnet oder nicht –, die bei der inhaltsanalytischen Auswertung der untersuchten Ausgaben als Advertorial klassifiziert wurden.

	YAEZ	SPIESSER	BRAVO
Als *Anzeige* gekennzeichnet	SBK	RWE	
	Serfaus-Fiss-Ladis	Deutsche Bahn	
	Gamesload.de	EADS	
		Fahranfänger	
Nicht als *Anzeige* gekennzeichnet	Bayer	SPIESSER Testlabor	o.b.
	EF Education		BRAVO-Job-Attacke
	Aktion Mensch		

Tabelle 9:   Gekennzeichnete/nicht gekennzeichnete Advertorials (YAEZ, SPIESSER, BRAVO)

Einige der Advertorials in den untersuchten Jugendmagazinen wirken auf den ersten Blick wie Werbeanzeigen, andere wie redaktionelle Beiträge. Es wird untersucht, ob übereinstimmende Kriterien beziehungsweise prägnante Unterschiede in Bezug auf den strukturellen Aufbau und die gestalterischen Merkmale der Advertorials zu finden sind. Die Auswertung ist vor allem mit Blick auf das Quasi-Experiment zur Wahrnehmung von Werbung interessant. Werbeinhalte, die bilddominat und damit eher wie Werbeanzeigen gestaltet sind, werden von Jugendlichen voraussichtlich besser als Werbung erkannt als Werbeinhalte, die textdominant gestaltet sind und dadurch den Anschein eines redaktionellen Beitrags erwecken.

Damit die Advertorials in der YAEZ, im SPIESSER und in der BRAVO nach gleichem Maßstab ausgewertet und anschließend mit Blick auf eine mögliche Typologisierung miteinander verglichen werden können, wird auf ein Analysraster zurückgegriffen, das unter Rückbezug auf das sprachwissenschaftlich angelegte Werbeanalysemodell von Janich (2010) und die Untersuchung von Schierl (2001), die das Verhältnis von Text und Bild bei Werbeanzeigen und Plakaten zum Gegenstand hat, entwickelt wurde. Die von Janich und Schierl vorgeschlagenen Analyseverfahren beziehen sich auf die inhaltsanalytische Auswertung von Werbeanzeigen und Plakaten. In Advertorials werden Werbebotschaften – im Unterschied zu klassischen Anzeigen – wie redaktionelle Beiträge aufbereitet. Dem Aufbau eines redaktionellen Beitrags folgend, steht bei Advertorials zumeist der Text im Vordergrund. Kennzeichnend für Advertorials ist die Anwendung journalistischer Kernbestandteile wie *Titel, Untertitel, Fließtext* und die Untergliederung in verschiedene Absätze mit Zwischenüberschriften. Auch in der Werbekommunikation finden sich diese Merkmale wieder. Zur Kategorisierung von Werbeanzeigen werden sie als *Headline, Subline* und *Body Copy* bezeichnet (vgl. Janich 2010, 53 ff.). Auch wenn Werbeanzeigen zumeist bildlastiger gestaltet sind als Advertorials, finden sich prinzipiell – wenn auch in unterschiedlichem Umfang – die gleichen Elemente in Werbeanzeigen wie in Advertorials wieder. Für die semiotische Analyse der Advertorials werden daher Grundelemente von Werbeanzeigen (Headline, Subline, Body Copy) ebenso als Analysekriterien herangezogen wie das Text-Bild-Verhältnis und die Bedeutungsbeziehung der Text- und Bildinformationen (vgl. Schierl 2001, 213 ff.).[38] Das Analyseraster, das bei der Untersuchung der Advertorials Anwendung findet, sieht mehrere Auswertungsebenen vor. Diese Ebenen orientieren sich in der Grundstruktur an dem Analysememodell von Janich (2010, 265 ff.), werden jedoch mit Blick auf den Untersuchungsgegenstand dieser Studie modifiziert.

Analysestufe 1: *Erste Betrachtungen des Untersuchungsgegenstandes*

Vor der Detailanalyse, die sich auf den Aufbau, die Struktur und die semantischen Bezüge von Text- und Bildanteil bezieht, werden die zu untersuchenden Advertorials zunächst umfassend beschrieben. Bei dieser Beschreibung geht es um eine erste ganzheitliche Betrachtung. Es wird erfasst, welcher Kunde das Advertorial in Auftrag gegeben hat, welches Thema beziehungsweise Produkt in dem Advertorial beworben wird und wer der Empfänger der Werbebotschaft ist. Da die Advertorials alle aus Jugendmagazinen stammen, wird im Rahmen der nachfolgenden Auswertung nicht bei jedem Advertorial erwähnt, dass die jugendlichen Leser als Zielgruppe angesprochen werden sollen.

---

[38] Bei der nachfolgenden Darlegung der Ergebnisse der semiotischen Werbeanalyse werden sowohl die englischen Ausdrücke (*Headline, Subline, Body Copy*) als auch die deutschen Begriffe (*Titel, Untertitel, Fließtext*) verwendet.

Analysestufe 2: Untersuchung der formalen Gestaltung (Aufbau, Struktur)

In einem zweiten Schritt wird die formale Gestaltung der Advertorials näher beleuchtet. Der strukturelle Aufbau wird untersucht, indem einzelne Elemente wie Bild(er), Headline, Subline, Body Copy und Logo/Signatur der Advertorials ermittelt werden. Die Verteilung, die Gliederung und die sprachstrukturelle Gestaltung des verbalen Textteils werden dabei ebenso berücksichtigt wie der visuelle Code (vgl. ebd., 267). Unter Rückbezug auf die Gesamtfläche wird errechnet, wie viel Fläche die einzelnen Text- und Bildelemente einnehmen und wie das Text-Bild-Verhältnis der einzelnen Advertorials gestaltet ist. Das Text-Bild-Verhältnis der Advertorials wird unter Rückbezug auf drei Kompositionstypen der Text-Bild-Gestaltung (vgl. Schierl 2001, 257 ff.) ausgewertet. Es wird untersucht, ob das Verhältnis von Text- und Bildinformationen annähernd gleichwertig ist oder ob die Advertorials eher textdominant oder bilddominant gestaltet sind. Bei textdominanter Werbung steht eindeutig der Text im Vordergrund und das Bild fungiert als konnotative Ergänzung. Im Unterschied dazu hat bei der bilddominanten Werbung die Sprache nur die Funktion, das Produkt beziehungsweise die Marke zu benennen. Der Fokus liegt auf dem Bild als Überbringer von Werbebotschaften. Bei einem annähernd gleichwertigen Verhältnis von Text- und Bildanteil kann zwischen einer textzentrierten und einer bildzentrierten Prägung differenziert werden. Bei der textzentrierten Gestaltung wird der Textinhalt durch das Bild verdeutlicht beziehungsweise konkretisiert. Bei der bildzentrierten Gestaltung hingegen ist der Text redundant gehalten, teilweise erfolgt eine Präzisierung und Erläuterung des Bildinhalts durch den Text.

Analysestufe 3: Untersuchung der Bedeutungsbeziehungen der Text- und Bildinformationen

Unter Rückbezug auf die zweite Analyseebene werden die Textelemente und die Bildelemente zunächst auf einer inhaltlichen Ebene analysiert und anschließend in Beziehung zueinander gesetzt. In der Text-Bild-Kommunikation legt die Sprache den Kontext fest, in dem das Bild steht. Sie gibt diesem einen Sinn und kommentiert, selektiert und strukturiert die visuelle Wahrnehmung (vgl. ebd., 240 ff.). Die inhaltliche Auswertung des Werbetexts stellt bei der Analyse der Advertorials einen zentralen Punkt dar. Unter Rückbezug auf die formalen Gegebenheiten (auch die typographische Gestaltung[39]) wird untersucht, wie Form

---

[39] Mit Blick auf die Erregung von Aufmerksamkeit sind die wichtigsten Faktoren typographischer Gestaltung die Schreibweise, die Schriftrichtung, die Schriftart, der Schriftcharakter und die Schriftgröße (vgl. Urban 1980, 20).

und Inhalt der jeweiligen Textelemente (Headline, Subline, Body Copy, Logo/Signatur) miteinander in Beziehung stehen. Nach der Auswertung der Textelemente werden die Bildelemente analysiert. In der Werbekommunikation spielen Bilder, auch verstanden als „Hauptelement[e] der Aufmerksamkeitserregung", eine zentrale Rolle (Schierl 2001, 136). Im Bereich der Jugendkommunikation werden auf Bildern verstärkt jugendliche Testimonials eingesetzt, um eine emotionale Nähe zur Zielgruppe aufzubauen.[40] Mit Blick auf den Bildanteil wird im Rahmen der semiotischen Werbeanalyse zunächst erfasst, was bildlich dargestellt wird und wie die Bilder farblich gestaltet sind. Weiter wird untersucht, ob das Bild die Werbeaussage des Advertorials unterstützt oder ob es lediglich als Blickfang dient.[41] Zwischen Text- und Bildinformationen bestehen immer auch eine Reihe von Bedeutungsbeziehungen, also semantische Text-Bild-Relationen. Diese werden in einem weiteren Schritt beleuchtet. Unter Rückbezug auf die von Stöckl (2004, 252 ff.) erstellte Typologie zur Klassifikation von Text-Bild-Beziehungen wird untersucht, wie das semantische Verhältnis zwischen Bild(ern) und sprachlichem Text in der Gesamtkomposition der Advertorials aufgebaut ist. Die Text-Bild-Relation wird im Rahmen dieser Auswertung vor allem mit Blick auf visuelle Analogien, Beweise und Assoziationen analysiert.

In Bezug auf die Text-Bild-Beziehung in Printmedien schlägt Doelker (2006) insgesamt acht Typen der Bild-Wort-Korrelation vor. Anhand dieser Typologie lässt sich die unterschiedliche Zusammenführung von Informationen in Print-Gesamttexten beschreiben. Ein Typus, der die „weiteste Fassung von Korrelation" betrifft, ist der divergente Typ (ebd., 35). In diesem Fall handelt es sich um eine sachfremde Abschweifung von Text und Bild. Bei dieser Text-Bild-Gestaltung ist Werbung so angelegt, dass Text und Bild auf den ersten Blick nichts miteinander zu tun haben. Dadurch wird ein Bildbruch herbeigeführt – ähnlich der Text-Bild-Schere im Journalismus –, es wird ein Assoziationsspielraum geschaffen, der vom Rezipienten selbst gefüllt werden muss.[42] Diese Form

---

[40] Für den Bereich audio-visueller Werbekommunikation hat Schwender (2006) erfasst, warum eine Person jeweils für eine bestimmte Rolle als Testimonial besetzt wird und welche Kategorien ausschlaggebend dafür sind, dass emotionale Nähe zur beworbenen Zielgruppe aufgebaut wird. Näher untersucht wurde diese Frage mithilfe diverser Kategorien narrativer Funktionen, die auch auf Jugendliche als Testimonials anwendbar sind.

[41] Bei der Analyse von Werbeanzeigen ist es ein notwendiger Aspekt, die einzelnen Bildelemente je nach Funktionalität zu klassifizieren und als *Key-Visual*, *Catch-Visual* und *Focus-Visual* zu verorten (vgl. Janich 2010, 76 ff.). Bei Advertorials ist diese Zuordnung grundsätzlich wenig sinnvoll, da zumeist nur ein Bild, das die Aussage des Werbetextes unterstützt, zu finden ist.

[42] An dieser Stelle sei auf das Leerstellen-Konzept von Wolfgang Iser (1970) verwiesen. Diesem Ansatz liegt die Annahme zugrunde, dass der Rezipient aktiv an der Konstitution von Bedeutung beteiligt ist, indem er vorhandene Assoziationsräume, also „Leerstellen", mit seinem Vorwissen und seiner Vorstellungskraft füllt. Diese Konzeption begründet sich als Rezeptionsästhetik, bei der nicht

der Text-Bild-Korrelation ist mit Blick auf Advertorials allerdings nicht bedeutend beziehungsweise findet sich selten, da bei redaktionell gestalteten Anzeigen grundsätzlich darauf fokussiert wird, Bilder zu verwenden, welche visuelle Analogien, Beweise und Assoziationen zu den Textinformationen herstellen.

Analysestufe 4: *Synthese der einzelnen Analyseergebnisse und abschließende Interpretation*

Die vierte Analysestufe ist als Zusammenfassung der Auswertung und als Interpretation der Advertorials zu verstehen, bei der alle einzelnen Ergebnisse der Untersuchung mit einbezogen und in Beziehung zueinander gesetzt werden.

8.2.1 Aufbau und Gestaltung der Advertorials[43]

Unter Rückbezug auf das vorgestellte Analyseraster wurden die Advertorials einzeln ausgewertet. Bei der Ergebnisdarstellung werden die Advertortial nachfolgend nicht alle beschrieben, vielmehr werden die Gemeinsamkeiten und Unterschiede mit Blick auf den strukturellen Aufbau, die gestalterischen Merkmale und die inhaltliche Beziehungsebene herausgearbeitet. Um den Befund zu veranschaulichen, werden bei der Beschreibung der Ergebnisse einzelne Advertorials exemplarisch herangezogen. Anschließend werden die Advertorials der untersuchten Ausgaben mit Blick auf mögliche übereinstimmende sowie voneinander abweichende Grundelemente systematisiert. Ein tabellarischer Überblick der Untersuchungsergebnisse findet sich für jedes Heft im Anhang (vgl. Anhang F).

Gestaltung der Advertorials in der YAEZ

In der YAEZ finden sich insgesamt fünf Advertorials in unterschiedlicher Größe und mit unterschiedlicher thematischer Ausrichtung. In den Advertorials werden beispielsweise Möglichkeiten der medikamentösen Vorbeugung bei Malaria (*SBK*) oder ein Skigebiet in Österreich beworben (*Serfaus-Fiss-Ladis*). Die Ergebnisse der Auswertung zeigen, dass die Advertorials in der YAEZ alle eine ähnliche Grundstruktur aufweisen und über Grundelemente wie Headline, Subline, Body Copy und Bilder verfügen. Eine Ausnahme stellt das Advertorial

---

die Produktebene, sondern die Rezipientenebene fokussiert wird. Das Leerstellen-Konzept lässt sich auf alle narrativen Formen anwenden – auf Printmedien sowie digitale Medieninhalte.

[43] Nachfolgend wird nicht bei jedem Advertorial darauf verwiesen, dass es im Anhang zu finden ist.

von *EF Education* dar, da es lediglich aus Textelementen besteht. Bei allen Advertorials schließt sich der Fließtext nahtlos an die Subline an, mit Ausnahme des Advertorials von *Serfaus-Fiss-Ladis*. Bei diesem Advertorial sind Headline und Subline nicht über dem Fließtext angebracht, sondern über den Bildern auf der linken Hälfte des Advertorials platziert.

Mit Blick auf den Flächenumfang und die Gestaltung des Text- und Bildanteils finden sich Unterschiede zwischen den einzelnen Advertorials. Der Anteil an Textelementen (Headline, Subline, Body Copy) umfasst bei fünf der sechs Advertorials in der YAEZ insgesamt mehr als die Hälfte der Gesamtfläche. Bezieht man sich lediglich auf den Fließtext, zeigt sich, dass dieser in vier Fällen über 50 Prozent der Fläche einnimmt (*Aktion Mensch, Bayer,* EF Education, *SBK*). Der Text ist bei allen Advertorials – mit Ausnahme von *Bayer* und der *Aktion Mensch* – in mehrere Abschnitte mit Zwischenüberschriften unterteilt. Setzt man den Text- und Bildanteil der Advertorials in ein Verhältnis zueinander, zeigt sich, dass vier der Advertorials textdominant gestaltet sind (*SBK, Bayer, Aktion Mensch,* EF Education) und zwei Advertorials ein annähernd gleichwertiges Text-Bild-Verhältnis aufweisen (*Gamesload.de, Serfaus-Fiss-Ladis*). Bei dem Advertorials von *Serfaus-Fiss-Ladis* nimmt das Bild die linke Hälfte der Gesamtfläche ein, der Text ist auf der rechten Hälfte angebracht. Bei dem Advertorial von *Gamesload.de* sind beide Bilder im unteren Drittel des Advertorials platziert. Anders als bei den textdominanten Advertorials sind die Bilder hier nicht zwischen Headline und Fließtext beziehungsweise zwischen den einzelnen Textabschnitten untergebracht. Beide Advertorials, die über ein annähernd gleichwertiges Text-Bild-Verhältnis verfügen, sind eher bildzentriert gestaltet.

Nicht nur strukturell, auch inhaltlich stehen die einzelnen Textelemente in einem engen Verhältnis zueinander. So wird beispielsweise bei dem Advertorial der *SBK* das Thema, die medikamentöse Vorbeugung bei Aufenthalten im Ausland, über die Headline „Malaria macht keine Ferien" angekündigt (YAEZ 2010, 2). In der Subline heißt es weiter, dass es wunderbar sei, „dem grauen, kalten Winter zu entwischen (…), aber nur wenn die richtige Vorbereitung nicht zu kurz kommt – vor allem bei Reisen in tropische und subtropische Regionen" (ebd.). Im Fließtext werden die Informationen in einzelnen Textabschnitten dargestellt, die durch Zwischenüberschriften voneinander abgegrenzt sind. Es wird erläutert, was Malaria ist, wie diese Krankheit übertragen wird und wie man sich dagegen schützen kann. Ebenso wie bei dem Advertorial der *SBK* wird bei allen Advertorials der YAEZ das Thema über die Headline angekündigt, in einer zumeist zweizeiligen Subline konkretisiert und im Text werden die Werbeinformationen dann detailliert dargestellt. Die Inhalte sind zumeist in Form einer eindimensionalen, an den Leser appellierenden Berichterstattung aufgebaut.

Im Rahmen der inhaltlichen Auswertung wurden nicht nur die Bedeutungsbeziehungen zwischen den Textelementen untersucht, sondern auch die Zusammenhänge zwischen Text und Bild. Die Bildelemente sind in allen Advertorials ähnlich gestaltet. Es handelt sich immer um farbige Fotos, bei denen größtenteils Jugendliche als Testimonials eingesetzt werden. Die Bilder in den Advertorials weisen in allen Fällen einen direkten Zusammenhang zu dem jeweils beworbenen Thema auf. Bei dem Advertorial von *Bayer* ist beispielsweise, eingereiht zwischen Subline und Fließtext, ein Bild platziert, auf dem eine lächelnde, junge Frau im Business-Look zu sehen ist. Möglicherweise handelt es sich bei der Person auf dem Foto um die im Text erwähnte 25-jährige Katrin, die von ihren Erfahrungen mit dem Studienprogramm WIN bei *Bayer* erzählt (vgl. ebd., 11). Auch bei den anderen Advertorials, die hier nicht im Einzelnen beschrieben werden, finden sich Bedeutungszusammenhänge zwischen Text und Bild(ern). Die Bilder unterstützen in allen Fällen in Form von Beweisen und visuellen Analogien die Werbeaussagen der Advertorials.

Es zeigt sich, dass alle Advertorials in der YAEZ über eine ähnliche Grundstruktur verfügen, aufgrund ihrer Gestaltung (Platzierung der Bilder, Untergliederung des Textes etc.) dennoch unterschiedlich wirken. Ausschlaggebend ist hierbei vor allem das jeweilige Text-Bild-Verhältnis. Vier der Advertorials in der YAEZ sind textdominant gestaltet, davon wirken drei wie die redaktionellen Beiträge im Heft (*Bayer*, *Aktion Mensch*, EF Education). Diese Advertorials sind im Unterschied zu dem Advertorial der *SBK* nicht als *Anzeige* gekennzeichnet. Bei den Advertorials von *Bayer* und der *Aktion Mensch* wird im Unterschied zu den anderen beiden textdominanten Advertorials, ein Autor angeführt, ein Logo ist in beiden Fällen nicht angegeben. Auch das nicht gekennzeichnete Advertorial von EF Education, das nur als *Aktion* ausgewiesen ist, lässt sich nicht eindeutig vom redaktionellen Umfeld abgrenzen. Das liegt auch daran, dass dieses Advertorial nur aus Textelementen besteht. Im Unterschied zu den vier textdominanten Advertorials lassen sich die beiden Advertorials von *Gamesload.de* und *Serfaus-Fiss-Ladis*, die über ein annähernd gleichwertiges Text-Bild-Verhältnis verfügen, aufgrund ihrer Gestaltung eher als Werbung kategorisieren. Das liegt vor allem daran, dass diese beiden Advertorials über einen verhältnismäßig hohen Bildanteil verfügen. In keinem der Fälle ist der Hintergrund der Advertorials farbig hinterlegt, sondern immer weiß gehalten. Da die Advertorials in der YAEZ zumeist ähnlich gestaltet sind wie die redaktionellen Beiträge, ist die Abgrenzung von redaktionellen Beiträgen und Werbeinhalten auf den ersten Blick nicht immer einfach.

Gestaltung der Advertorials im SPIESSER

Im SPIESSER finden sich insgesamt fünf Advertorials in unterschiedlicher Größe und mit unterschiedlicher thematischer Ausrichtung. Drei der Advertorials laden zu Mitmach-Aktionen ein. So ruft *EADS* beispielsweise zum Wettbewerb *Ideenflug* auf und die *Deutsche Bahn* lädt nach Berlin ein, zur Besichtigung eines ICE-Werks. Im *SPIESSER Testlabor* werden verschiedene Produkte vorgestellt, die Leser können sich registrieren, um als Produkttester mitzumachen. Über Advertorials werden in diesem Heft zumeist Informationen zu Ausschreibungen und Wettbewerben zur Verfügung gestellt. Die Ergebnisse der Auswertung zeigen, dass alle Advertorials im SPIESSER eine ähnliche Grundstruktur aufweisen und über Grundelemente wie Headline, Subline, Body Copy und verschiedene Bildelemente verfügen. Die Subline ist bei allen Advertorials direkt unter der Headline platziert. Anders als bei den Advertorials in der YAEZ schließt sich der Fließtext jedoch nur bei zwei der untersuchten Advertorials nahtlos an die Subline an (*RWE*, *Fahranfänger*), bei den restlichen Advertorials sind Bilder zwischen Subline und Body Copy platziert.

In Bezug auf den Flächenumfang und die Gestaltung des Text- und Bildanteils finden sich Unterschiede zwischen den einzelnen Advertorials. Der Anteil an Textelementen insgesamt (Headline, Subline, Body Copy) nimmt bei drei der fünf Advertorials mehr als die Hälfte der Gesamtfläche ein, wobei in einem Fall (*Fahranfänger*) allein der Fließtext mit 68 Prozent mehr als die Hälfte der Gesamtfläche ausmacht. Bei drei der untersuchten Advertorials (*Fahranfänger*, *RWE*, *Deutsche Bahn*) ist der Fließtext in verschiedene Abschnitte unterteilt, die durch Zwischenüberschriften voneinander getrennt sind. Setzt man den Text- und Bildanteil der Advertorials in ein Verhältnis zueinander, zeigt sich, dass drei der Advertorials ein annähernd gleichwertiges Text-Bild-Verhältnis aufweisen (*Deutsche Bahn*, *RWE*, *SPIESSER Testlabor*), ein Advertorial ist textdominant (*Fahranfänger*) und eins bilddominant (*EADS*) ist. Bei den Advertorials, die über ein annähernd gleichwertiges Text-Bild-Verhältnis verfügen, sind die Bildelemente unterschiedlich platziert. Bei dem Advertorial der *RWE* beispielsweise sind die Bilder wie bei einem redaktionellen Beitrag zwischen den einzelnen Textabschnitten platziert, der Hintergrund ist weiß gehalten. Das Advertorial der *RWE* ist textzentriert gestaltet, wohingegen das Advertorial von *Deutsche Bahn* und das *SPIESSER Testlabor* eher bildzentriert gestaltet sind. Das Advertorial von *EADS* ist bilddominant gestaltet, hier ist der Text redundant gehalten.

Die einzelnen Textelemente stehen nicht nur strukturell, sondern auch inhaltlich in einem engen Verhältnis zueinander. Bei dem Advertorial von Fahranfänger beispielsweise kündigt die Headline die „Fahrschul-Serie im SPIESSER" an, die Subline präzisiert das Thema und im Text werden die Informationen entfaltet (ebd., 35). Der Fließtext ist als Interview aufgebaut, bei dem Florian die Frage beantwortet, warum er den Führerschein bereits mit 17 Jahren macht und welche Vor- und Nachteile das Begleitete Fahren mit sich bringt. Im nachfolgenden Textabschnitt wird dann erklärt, wie Begleitetes Fahren in Deutschland funktioniert. Unterhalb des Textes sind zwei weitere Inhalte platziert. Im ersten Fall wird auf das Online-Lernsystem *Fahren Lernen Max* aufmerksam gemacht und im zweiten Fall wird darauf verwiesen, dass 500 Euro Führerschein-Zuschuss gewonnen werden können (vgl. ebd.). Ebenso wie bei dem Advertorial von *Fahranfänger* finden sich auch bei den anderen Advertorials inhaltliche Verschränkungen der Textelemente. Bei den untersuchten Advertorials im SPIESSER wird das beworbene Thema, ebenso wie in der YAEZ, in allen Fällen über die Headline angekündigt, in einer mehrzeiligen Subline konkretisiert und im Fließtext dann entfaltet.

Im Rahmen der inhaltlichen Auswertung sind nicht nur die Beziehungen der Textelemente untereinander bedeutend, sondern auch die Text-Bild-Relationen. Bei den Bildern der Advertorials handelt es sich nicht nur um farbige Fotos, es finden sich auch bearbeitete Bilder und grafische Zeichnungen, die alle einen direkten Zusammenhang zu den Informationen in den Texten aufweisen. Das Advertorial von *Deutsche Bahn* ist beispielsweise so gestaltet, dass ein farbiges Foto, auf dem der Berliner Hauptbahnhof mit Regionalexpress und ICE-Zug abgebildet ist, die Hintergrundfläche bildet. Die Textelemente sind über das Foto gelegt und direkt über beziehungsweise neben den drei Textspalten sind fünf kleine, runde Fotos angebracht, die eden jeweiligen Inhalt der einzelnen Textabschnitten darstellen. Die drei kreisförmigen Fotos, die neben der ersten Textspalte angebracht sind, zeigen ein ICE-Werk und einen jungen Mann in blauer Arbeitskleidung, der voraussichtlich gerade dabei ist, einen ICE-Zug zu warten. Im Text neben den Fotos steht, dass „das ICE-Werk in Rummelsburg eines der modernsten in Deutschland [ist, in dem] bis zu 60 ICEs täglich gewartet und repariert [werden]" (ebd., 2). Auch bei den anderen Advertorials im SPIESSER finden sich Bedeutungszusammenhänge zwischen Text und Bild(ern). In Form von Beweisen und visuellen Analogien unterstützen die Bilder in allen Fällen die Werbeaussagen der Advertorials.

Die Ergebnisse der Auswertung zeigen, dass alle Advertorials im SPIES-SER – wie auch die Advertorials in der YAEZ – eine ähnliche Grundstruktur aufweisen, sich mit Blick auf die Erkennbarkeit als Werbung jedoch unterschiedlich wirken. Der Aufbau und die Gestaltung des Advertorials der *RWE* beispielsweise verleitet dazu, diesen Werbeinhalt – obwohl er ebenso über ein annähernd gleichwertiges Text-Bild-Verhältnis verfügt wie das *SPIESSER Testlabor* und das Advertorial von *Deutsche Bahn* – eher als redaktionellen Beitrag zu kategorisieren. Das Advertorial der Deutschen Bahn hingegen wirkt aufgrund der bildzentrierten Gestaltung, ebenso wie das bilddominante Advertorial von *EADS*, verstärkt wie Werbeanzeigen. Das *SPIESSER Testlabor* beispielsweise ist nicht als *Anzeige* gekennzeichnet, dennoch lässt es sich anhand der Bilder (Produktabbildungen) einfacher als Werbung erkennen als das Advertorial der *RWE*, das als *Anzeige* ausgewiesen ist. Bei einigen der Advertorials (*Deutsche Bahn*, *Fahranfänger*, *EADS*) ist die Leerfläche zwischen den Textelementen farbig beziehungsweise mit Fotos hinterlegt. Bei dem Advertorial der *RWE* hingegen ist der Hintergrund weiß gehalten.

Gestaltung der Advertorials in der BRAVO

In der BRAVO kommen insgesamt zwei bezahlte Veröffentlichungen vor, die aufgrund der Kennzeichnung als *Promotion* beziehungsweise *Aktion* als Advertorials kategorisiert werden können. Das Advertorial von *o.b.* wendet sich gezielt an die weiblichen Leser und klärt in Sachen Menstruation und Tampons auf. Das zweite Advertorial, die *BRAVO-Job-Attacke*, umfasst eine Doppelseite, auf der Fragen zum Thema *Ausbildung* aufgegriffen werden. Dieses Advertorial richtet sich sowohl an weibliche als auch an männliche Leser. Die Ergebnisse der Auswertung zeigen, dass beide Advertorials eine ähnliche Grundstruktur aufweisen und über gestalterische Merkmale verfügen wie die redaktionellen Inhalte im Heft (Headline, Subline, Body Copy, farbige Bilder). Beide Advertorials haben eine Headline, das Advertorial von *o.b.* hat im Unterschied zu dem Advertorial *BRAVO-Job-Attacke* keine Subline.

Mit Blick auf den Flächenumfang und die Gestaltung des Text- und Bildanteils finden sich kaum Unterschiede zwischen den beiden Advertorials. Der Body Copy nimmt in beiden Fällen eine Fläche von 32 Prozent (*o.b.*) beziehungsweise 39 Prozent (*BRAVO-Job-Attacke*) ein, der Bildanteil ist bei den Advertorials mit 40 Prozent beziehungsweise 36 Prozent ähnlich hoch. Bei dem Advertorial von *o.b.* ist der Fließtext durch die Frage-Antwort-Struktur in zwei Abschnitte gegliedert und auch die Doppelseite der *BRAVO-Job-Attacke* ist in mehrere Themenbereiche unterteilt. Anders als bei den meisten Advertorials in der YAEZ und im SPIESSER haben die Advertorials in der BRAVO keinen Fließtext, der durch Zwischenüberschriften unterteilt ist. Bei diesen beiden Advertorials werden die Informationen in Form einer Frage-Antwort-Kommunikation zur Verfügung gestellt. Setzt man den Text- und Bildanteil der Advertorials in ein Verhältnis zueinander, zeigt sich, dass beide Advertorials ein annähernd gleichwertiges Text-Bild-Verhältnis aufweisen und, was die Platzierung der Text- und Bildelemente betrifft, ähnlich aufgebaut sind. Die Bilder sind direkt neben den

Textabschnitten angeordnet und es ist schwierig zu entscheiden, ob es sich um eine textzentrierte oder eine bildzentrierte Gestaltung der Werbeinhalte handelt. Wie bei den Advertorials in der YAEZ und im SPIESSER stehen die einzelnen Textelemente nicht nur strukturell, sondern auch inhaltlich in einem engen Verhältnis zueinander. Bei dem Advertorial von *o.b.* beispielsweise, bei dem es um das Thema *Menstruation* geht, wird über die Headline – die als Fragestellung formuliert ist: „Meine Tage kommen nicht regelmäßig – bin ich normal?" (BRAVO 2010, 47) – das Thema aufgegriffen und über den Fließtext beantwortet wird. Die Informationen zur Menstruation werden als Expertenantwort dargelegt, anschließend wird der Rückbezug zum Produkt hergestellt, indem vorgeschlagen wird, *o.b.*-Tampons zu verwenden. Ebenso wie bei dem Advertorial von *o.b.* finden sich auch bei der *BRAVO-Job-Attacke* inhaltliche Verschränkungen zwischen einzelnen Textelementen. In der Headline wird darauf verwiesen, dass auf dieser Doppelseite die besten Tipps für die Job-Suche bereitgestellt werden, indem BRAVO-Experten die Fragen der Leser zum Thema *Ausbildung* beantworten (vgl. ebd., 60 f.). Die fünf Fragen des Advertorials sind knapp formuliert und in Form einer Überschrift über den einzelnen Textabschnitten positioniert. Direkt unter der jeweiligen Frage wird die Fragestellung nochmals ausführlich formuliert und mit dem Namen des Lesers versehen, der die Frage (scheinbar) gestellt hat. Die Antwort wird von einem der BRAVO-Experten wie zum Beispiel von Job-Expertin Carolin Mayer von der Bundesagentur für Arbeit oder der Ausbildungsverantwortlichen bei McDonald's beantwortet (vgl. ebd.). Alle Informationen zum Thema *Ausbildung* und *Job* werden von Experten aus Unternehmen zur Verfügung gestellt, die für das Advertorial mitverantwortlich sind und es mitfinanziert haben. Beide Advertorials in der Werbung so aufgebaut, dass über eine dialogische Frage-Antwort-Kommunikation ein Bezug zum Leser geschaffen wird.

Im Rahmen der inhaltlichen Auswertung wurden neben den Bedeutungszusammenhängen zwischen den Textelementen auch die Zusammenhänge zwischen Text- und Bildinformationen untersucht. Bei dem Advertorial von *o.b.* ist auf einem Foto eine Jugendliche zu sehen, die seitlich neben einer älteren Frau steht und die Hand auf deren Schulter legt, beide Frauen lächeln in die Kamera. Auf dem anderen Foto ist eine Packung *o.b.*-Tampons abgebildet. Auch bei der *BRAVO-Job-Attacke* dienen die Fotos als visuelle Ergänzung zum Text. Auf der Doppelseite finden sich insgesamt sechs Fotos. Auf fünf der Bilder werden jeweils die Inhalte der einzelnen Textblöcke abgebildet. Bei dem Abschnitt, bei dem es um die Frage geht, welche Voraussetzungen man für den Job als Stuntfrau mitbringen müsse, ist beispielsweise ein Foto angebracht, auf dem zu sehen ist, wie eine Stuntfrau auf einem Autodach durch brennende Reifen springt. Neben dem Foto, das als visuelle Ergänzung zu den Informationen im Text dient, findet sich eine kurze Zusatzinformation: „Mehr Action im Job geht nicht: Als Stuntfrau übernimmst Du in gefährlichen Szenen die Rolle des Schauspielers" (ebd., 60). In einem anderen Abschnitt geht es um einen Ferienjob. Dazu werden Informationen als Text bereitgestellt, die durch ein Foto visualisiert werden. Auf dem Bild sind zwei junge Menschen abgebildet, die hinter der Kasse bei McDonald's stehen. In dem kurzen Text neben dem Foto steht, dass ein Ferienjob ein guter Einstieg sei, um die Arbeit bei McDonald's kennen zu lernen. Auf der Doppelseite sind auch zwei Porträtaufnahmen der beiden Expertinnen abgebildet, welche ihr Wissen zur Verfügung stellen und die Fragen der Jugendlichen beantworten. Am unteren Rand der Fotos von Carolin Mayer und Sabine Lorenz sind jeweils die Logos der Unternehmen abgebildet, bei denen die Expertinnen arbeiten. Auf dem rechten Drittel des Advertorials ist ein Foto des Schauspielers Jensen Ackles angebracht, der sich über eine Sprechblase mit den Worten „Glaub an Dich, dann kannst Du alles erreichen!" an die Leser wendet (ebd., 61). Neben dem Foto ist ein Text abgedruckt, der den „harten Weg an die Spitze" des 32-Jährigen beschreibt (ebd.). Dieses Foto steht nicht in direktem Zusammenhang mit den Informationen der einzelnen Abschnitte. Vielmehr wird an dieser Stelle über einen Prominenten als Testimonial (vgl. Schwender 2006) das Kernthema des Advertorials aufgegriffen und visualisiert. Es wird dazu motiviert, einen Schulabschluss zu machen, auch wenn es möglicherweise anstrengend sei und man mit dem Gedanken spiele, die Schule abzubrechen, da einem anschließend viele Möglichkeiten beruflicher Art zur Verfügung ständen. Die Bilder in den Advertorials der BRAVO unterstützen, ebenso wie in der YAEZ und im SPIESSER, in Form von Beweisen und visuellen Analogien die Informationen der einzelnen Textabschnitte beziehungsweise Aussagen.

In der BRAVO weisen die beiden Advertorials – wie auch die Advertorials in der YAEZ und im SPIESSER – eine ähnliche Grundstruktur auf. In beiden Fällen verfügen die Advertorials über ein annähernd gleichwertiges Text-Bild-Verhältnis, beide sind eher bildzentriert gestaltet. Bei dem Advertorial von *o.b.* werden die Informationen ebenso wie bei der *BRAVO-Job-Attacke* als dialogisch angelegte Frage-Antwort-Kommunikation vermittelt, es finden sich viele farbige Fotos und die Textabschnitte sind farbig hinterlegt, so dass eine Abgrenzung zu den redaktionellen Beiträgen der BRAVO schwierig ist.

8.2.1 Vergleich: Bildung einer möglichen Typologie der Advertorials

Im Rahmen der semiotischen Werbeanalyse wurde analysiert, wie die einzelnen Advertorials in der YAEZ, im SPIESSER und in der BRAVO gestaltet sind und ob sich übereinstimmende Kriterien beziehungsweise prägnante Unterschiede in

Bezug auf den strukturellen Aufbau und die gestalterischen Merkmale finden. Die Ergebnisse zeigen, dass die untersuchten Advertorials in den drei Heften einem ähnlichen Grundaufbau folgen (Headline, Subline, Body Copy, Bilder), sich jedoch in Bezug auf den Text- und Bildanteil voneinander unterscheiden. Anhand eines Vergleichs des Text-Bild-Verhältnisses lässt sich eine Aussage darüber treffen, ob die Advertorials auf den ersten Blick Werbeanzeigen oder redaktionellen Beiträge ähneln. Advertorials, die bilddominant gestaltet sind oder über ein annähernd gleichwertiges Text-Bild-Verhältnis verfügen, aber bildzentriert sind, wirken eher wie Werbeanzeigen, wohingegen Advertorials, die textdominant gestaltet sind, eher an redaktionelle Beiträge erinnern.

Werbeanzeigen haben zum Ziel, als Werbung erkannt zu werden und Aufmerksamkeit zu erzeugen. Advertorials hingegen sind explizit wie redaktionelle Beiträge gestaltet, um nicht offensichtlich als Werbung wahrgenommen zu werden. Werbebotschaften sollen auf diese Weise als informativ und glaubwürdig eingestuft werden. Eine hohe Glaubwürdigkeit erlangen Advertorials in Bezug auf den Sachgehalt ihrer Aussagen, da „sie von der wiederum höheren Glaubwürdigkeit der wirklichen redaktionellen Inhalte (...) profitieren" (Hoepfner 2003, 2). Unter Rückbezug auf das Text-Bild-Verhältnis der untersuchten Advertorials lassen sich – unabhängig von der Kennzeichnung beziehungsweise Nicht-Kennzeichnung als *Anzeige* – drei Grundtypen an Advertorials bestimmen:

1. Advertorials, die über ein annähernd gleichwertiges Text-Bild-Verhältnis verfügen

2. Advertorials, die gestaltet sind wie Werbeanzeigen (dominantes Bildverhältnis)

3. Advertorials, die gestaltet sind wie redaktionelle Beiträge (dominantes Textverhältnis)

Von den untersuchten Advertorials verfügen sieben über ein annähernd gleichwertiges Text-Bild-Verhältnis und fünf der Advertorials sind textdominant gestaltet. Lediglich ein Advertorial ist bilddominant gestaltet. Nicht alle Advertorials in der YAEZ, im SPIESSER und in der BRAVO sind den rechtlichen Vorgaben entsprechend als *Anzeige* gekennzeichnet. Insgesamt sind nur sieben der dreizehn untersuchten Advertorials als *Anzeige* ausgewiesen. Von den sieben Advertorials, die über ein annähernd gleichwertiges Text-Bild-Verhältnis verfügen, sind vier als *Anzeige* gekennzeichnet (*Gamesload.de, Serfaus-Fiss-Ladis, Deutsche Bahn, RWE*) und je eins ist als *Initiative* (*BRAVO-Job-Attacke*) beziehungsweise als *Promotion* (*o.b.*) ausgewiesen. Von den fünf textdominanten Advertorials sind insgesamt nur zwei als *Anzeige* gekennzeichnet (*SBK, Fahranfänger*) und eins wird als *Aktion* umschrieben (*EF Education*). Das bilddominante Advertorial von *EADS* ist als *Anzeige* gekennzeichnet. In der nachfolgenden Tabelle werden alle Advertorials, die als *Anzeige* gekennzeichnet sind, mit einem * versehen.

Bilddominante Advertorials	Advertorials mit annähernd gleichwertigem Text-Bild-Verhältnis	Textdominante Advertorials
EADS*	Gamesload.de* Serfaus-Fiss-Ladis* Deutsche Bahn* RWE* SPIESSER Testlabor BRAVO-Job-Attacke o.b.	SBK* Fahranfänger* Aktion Mensch Bayer EF Education

Tabelle 10: Drei Grundtypen von Advertorials in (Gratis-)Jugendmagazinen

Auch wenn die untersuchten Advertorials in der YAEZ, dem SPIESSER und der BRAVO unter Rückbezug auf das Text-Bild-Verhältnis den drei Grundtypen zugeordnet werden können, finden sich – über die Unterschiede bezüglich der Einhaltung der Kennzeichnungspflicht hinaus – durchaus gestalterische Unterschiede zwischen den einzelnen Advertorials. Sechs der sieben Advertorials, die über ein annähernd gleichwertiges Text-Bild-Verhältnis verfügen, sind eher bildzentriert gestaltet. Auch wenn sie nicht bilddominant gestaltet sind, wirken sie aufgrund der Platzierung der Bilder – wie auch das bilddominante Advertorial von *EADS* – eher wie Werbeanzeigen. Das Advertorial der *RWE* hingegen ist textzentriert gestaltet. Der Aufbau und die Gestaltung verleiten dazu, dieses Advertorial eher als redaktionellen Beitrag denn als Werbung einzuordnen. Auch die textdominanten Advertorials unterscheiden sich mit Blick auf die Gestaltung voneinander. Bei den Advertorials von *Bayer* und der *Aktion Mensch* wird im Unterschied zu den anderen textdominanten Advertorials ein Autor angeführt, ein Logo ist in beiden Fällen nicht angegeben. Der Umstand, dass diese beiden Inhalte wie Artikel gestaltet und zudem nicht als *Anzeige* gekennzeichnet sind, verstärkt eine mögliche Zuordnung zum redaktionellen Teil des Heftes. Auch das nicht gekennzeichnete Advertorial von EF Education, das nur aus Textelementen besteht, lässt sich nicht eindeutig vom redaktionellen Umfeld abgrenzen. Die Advertorials von *Fahranfänger* und der *SBK* sind auch textdominant gestaltet, sie verfügen jedoch über einen höheren Bildanteil als die anderen drei textdominanten Advertorials. Das Advertorial von *Fahranfänger* ist im Unterschied zu den anderen textdominanten Advertorials rosa hinterlegt.

Nicht nur das Text-Bild-Verhältnis ist bei Advertorials mit annähernd gleichwertigem Text-Bild-Verhältnis ausschlaggebend dafür, ob diese eher wie Werbung oder wie redaktionelle Beiträge wirken. Auch Merkmale wie beispielsweise Produktabbildungen, die Gestaltung des Logos und der Aufbau des Fließtexts sind relevante Merkmale für die Kategorisierbarkeit von Advertorials als Werbung. Unter Rückbezug auf die Advertorials in den untersuchten Heften lassen sich drei Grundtypen von Advertorials idealtypisch wie folgt darstellen (*bilddominant; annähernd gleichwertiges Text-Bild-Verhältnis; textdominant*):

Abbildung 13: Idealtypische Darstellung der drei Grundtypen von Advertorials

In den untersuchten Ausgaben finden sich zumeist Advertorials mit annähernd gleichwertigem Text-Bild-Verhältnis, die bildzentriert gestaltet sind. In diesen Fällen ziehen die Bilder – beispielsweise aufgrund der Platzierung – die Aufmerksamkeit auf sich, obwohl der Bildanteil nicht umfangreicher ist als der Textanteil. Advertorials mit annähernd gleichwertigem Text-Bild-Verhältnis, die textzentriert gestaltet, wirken – wenn die Bilder beispielsweise zwischen den einzelnen Texten angeordnet sind – eher wie Artikel.

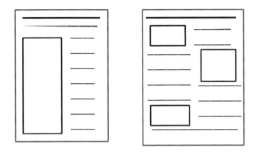

Abbildung 14: Annähernd gleichwertiges Text-Bild-Verhältnis: „bild-/" bzw. „textzentriert"

Die Frage, ob die untersuchten Advertorials eher wie Werbeanzeigen gestaltet sind oder eher einem redaktionellen Beitrag ähneln, ist insofern interessant, da Werbeinhalte, die wie Werbeanzeigen wirken, von Jugendlichen aller Voraussicht nach häufiger als Werbung erkannt werden als Werbeinhalte, die aufgrund ihrer textdominanten Gestaltung den Anschein eines redaktionellen Beitrags erwecken. Hier schließt die Frage an, inwiefern rechtliche Vorgaben wie die formal-gestalterische Kennzeichnung als *Anzeige* tatsächlich ausschlaggebend dafür sind, dass Advertorials als Werbung erkannt werden. Möglicherweise spielen neben der Kennzeichnung vor allem Faktoren wie der Flächenanteil der Bilder im Verhältnis zum Textanteil oder die farbige Gestaltung der Advertorials eine Rolle. Die Vermutung, dass Advertorials, die gestaltet sind wie Werbeanzeigen, von Jugendlichen eher als Werbung erkannt werden als Werbeinhalte, die redaktionellen Beiträgen ähneln, wird nachfolgend anhand der Ergebnisse des Quasi-Experiments zur Werbewahrnehmung in der YAEZ und im SPIESSER und weiterführend unter Rückbezug auf die Ergebnisse der Leitfadeninterviews überprüft.

8.3 Auswertung des Quasi-Experiments zur Wahrnehmung von Werbung

Das Quasi-Experiment zur Wahrnehmung von Werbung wurde in Baden-Württemberg mit insgesamt 19 Klassen der Klassenstufe acht und neun an zwei Gymnasien, zwei Realschulen und an einer Hauptschule durchgeführt. An der Hauptschule nahmen sechs Klassen teil, an der Realschule waren es sieben Klassen und am Gymnasium wurde das Quasi-Experiment ebenfalls mit sechs Klassen durchgeführt. Die durchschnittliche Schüleranzahl pro Klasse liegt bei 25 Schülern. In der Hauptschule sind die Klassen mit ca. 18 Schülern pro Klasse kleiner. An dem Quasi-Werbeexperiment nahmen insgesamt 448 Jugendliche im Alter von 13 bis 16 Jahren teil. Rechnet man die sechs Teilnehmer der Interviews dazu, die ebenfalls das Quasi-Experiment zur Wahrnehmung von Werbung durchgeführt haben, ergibt sich eine Stichprobengröße von 454 Jugendlichen.[44] Insgesamt haben 233 Teilnehmer die YAEZ und 221 Teilnehmer den SPIESSER mit Blick auf mögliche Werbeinhalte durchgesehen. Die Probanden verteilen sich wie folgt auf die einzelnen Schularten:

Format	Klassenstufe	Hauptschule	Realschule	Gymnasium
SPIESSER	8	27	58	52
YAEZ	8	27	54	44
SPIESSER	9	28	28	28
YAEZ	9	27	50	31

Tabelle 11: Verteilung der Probanden des Quasi-Experiments über die Schularten (n=454)

Die Schüler sollten in den Zeitschriften all das ankreuzen, von dem sie denken, dass es Werbung ist. Um zu erfassen, ob die Jugendlichen Sonderwerbeformen wie Advertorials beim Durchsehen von (Gratis-)Jugendmagazinen als Werbung erkennen oder nicht, wurden den Schülern nicht nur einzelne Werbeinhalte vorgelegt, sondern ein vollständiges Heft. Auf diese Weise wurde gewährleistet, dass die Werbeinhalte von den Jugendlichen nicht aufgrund ihrer Einzelstellung direkt als Werbung verortet werden konnten, sondern eingebettet in ein redaktionelles Umfeld wahrgenommen wurden. Die Schüler wurden gebeten, die Inhalte, von denen angenommen wurde, dass es Werbung sei, mit einem dicken Stift zu markieren. Es sollte nicht nur über ein kleines Kreuz auf der Heftseite kenntlich gemacht werden, was als Werbung kategorisiert wurde, sondern die gesamte Werbefläche sollte markiert werden.

Um zu erfassen, welche Inhalte die Jugendlichen als Werbung markiert haben, wurden die Hefte einzeln durchgesehen. Es wurde überprüft, ob die Jugendlichen beim Ankreuzen grundsätzlich zwischen redaktionellen Inhalten und Werbeinhalten unterscheiden. In keinem der Fälle markierten die Probanden

---

[44] In Leitfadeninterviews wurde der Frage nachgegangen, anhand welcher Kriterien die Advertorials von Jugendlichen als Werbung kategorisiert werden. Dies wurde erfasst, indem auch mit den Interviewteilnehmern das Quasi-Experiment zur Werbewahrnehmung durchgeführt wurde. Über die Methode des *lauten Denkens* und die anschließende Besprechung der angekreuzten Inhalte konnte in Erfahrung gebracht werden, anhand welcher Merkmale die Advertorials als Werbung kategorisiert wurden. Die Ergebnisse der Auswertung des Quasi-Experiments zur Werbewahrnehmung, das mit den Interviewteilnehmern durchgeführt wurde, werden in Punkt 8.4.3 dargelegt.

einfach alle Inhalte der Hefte. Das Ankreuzverhalten der Jugendlichen zeigt, dass eine differenzierte Wahrnehmung zwischen redaktionellen Beiträgen und Werbeinhalten vorzufinden ist. Bei den redaktionellen Inhalten wurden nur selten Teile der Beiträge, wie zum Beispiel weiterführende Links, als Werbung markiert. Bei der Datenerfassung zeigte sich darüber hinaus, dass die Werbemittel von den Jugendlichen in unterschiedlichem Umfang als Werbung wahrgenommen wurden. Interessanterweise wurden die Advertorials nicht nur komplett oder überhaupt nicht als Werbung kategorisiert, oftmals markierten die Jugendlichen nur Teile der Advertorials als Werbung. In Fällen, in denen die Werbeinhalte nicht komplett, sondern nur teilweise als Werbung wahrgenommen wurden, wurde der Text nicht mit angekreuzt, die Jugendlichen markierten lediglich Bilder, Links und Logos (vgl. Anhang G). Unter Rückbezug auf das Ankreuzverhalten der Jugendlichen wurden für die Auswertung des Quasi-Experiments die Kategorien *komplett als Werbung erkannt*, *teilweise als Werbung erkannt* und *nicht als Werbung erkannt* gebildet.

Grundlage der Auswertung des Quasi-Experiments zur Werbewahrnehmung sind die Ergebnisse der inhaltsanalytischen Auswertung der Werbemittel in den untersuchten Heften (vgl. 8.1). Bei der nachfolgenden Darstellung und Beschreibung der Ergebnisse werden nicht alle Werbemittel der YAEZ und des SPIES-SERs berücksichtigt. Die Kategorien *Eigenwerbung* und *Gewinnspiele/Verlosungen*, die bei der inhaltsanalytischen Auswertung Anwendung fanden, werden in diesem Kontext ausgeklammert. Allerdings werden die Ergebnisse zur Wahrnehmung der Werbeanzeigen in den Heften dargelegt, da sowohl in der YAEZ als auch im SPIESSER deutliche Unterschiede zwischen den Erkennungswerten der Werbeanzeigen und der Advertorials zu verzeichnen sind.

Die Ergebnisse der Auswertung des Quasi-Experiments zur Wahrnehmung von Werbung werden zunächst nach Formaten differenziert dargestellt. Es wird gezeigt, welche Advertorials in der YAEZ und welche Advertorials im SPIESSER von den Jugendlichen insgesamt zu welchem Anteil komplett, teilweise oder überhaupt nicht als Werbung markiert wurden.[45] In beiden Fällen werden erst die Ergebnisse dargelegt, die sich auf die Gesamtzahl der Teilnehmer bezie-

---

[45] Der Chi-Quadrat-Unabhängigkeitstest konnte nicht in allen Fällen sinnvoll angewendet werden. Zum Einen lag die erwartete Häufigkeit einzelner Elemente der Häufigkeitstabelle zum Teil bei kleiner als fünf. Damit die Prüfgröße jedoch als annähernd Chi-Quadrat-verteilt betrachtet werden kann, muss jede erwartete Häufigkeit größer fünf sein. Zum anderen lassen die Ergebnisse der Kategorie *teilweise als Werbung erkannt* sich nicht inferenzstatistisch überprüfen, da keine für den Test erforderliche Gegenmenge aus den Kategorien *komplett als Werbung erkannt* und *nicht als Werbung erkannt*, gebildet werden kann. Nachfolgend wird daher nur in den wenigen Fällen bei der Kategorie *komplett als Werbung erkannt* von signifikanten Unterschieden gesprochen, bei denen prüfstatistisch gesehen auch Signifikanzen vorliegen. In allen anderen Fällen wird die jeweilige Tendenz, ausgehend von den realen Erkennungswerten, aufgezeigt und interpretiert.

hen, welche die YAEZ (n=233) und den SPIESSER (n=221) bearbeitet haben.
Dann werden die Ergebnisse der alters-, gender- und schulartenspezifischen
Auswertung vorgestellt, bei denen Unterschiede zu verzeichnen sind. Da die
Altersverteilung, der Anteil an Mädchen und Jungen und die Teilnehmerzahl
über die einzelnen Schularten hinweg stark variiert, wurden die Daten hier quotiert. Die Quotierung erfolgte generell nach folgendem Schema: Die Fragebögen
wurden alle erfasst, dann wurde jeder zweite Teilnehmer aus dem Datensatz
genommen, bis die benötigte Gesamtmenge erreicht war. Die Darstellung der
Untersuchungsergebnisse erfolgt zunächst im Sinne einer deskriptiven Beschreibung. In Punkt 8.3.3 werden die Ergebnisse des Quasi-Experiments dann zusammengeführt und unter Rückbezug auf die Ergebnisse der semiotischen Werbeanalyse der Advertorials interpretiert.

8.3.1 Wahrnehmung der Advertorials in der YAEZ

8.3.1.1   Ergebnisse der Gesamtauswertung

In der YAEZ werden die Werbeanzeigen im Unterschied zu den Advertorials
von der Mehrheit der Jugendlichen komplett als Werbung erkannt. Keiner der
Probanden hat die Werbeanzeigen nur teilweise als Werbung markiert, alle Werbeanzeigen werden von den Jugendlichen entweder komplett oder überhaupt
nicht als Werbung erkannt. In der nachfolgenden Grafik46 werden die Ergebnisse, die sich auf die Werbeanzeigen in der YAEZ beziehen, aufgeführt, anschließend werden die Untersuchungsergebnisse der Advertorials dargestellt.

---

[46] Rundungsfehler können dazu führen, dass die Ergebnisse nicht immer exakt 100% ergeben. Dies
gilt für alle nachfolgenden Grafiken.

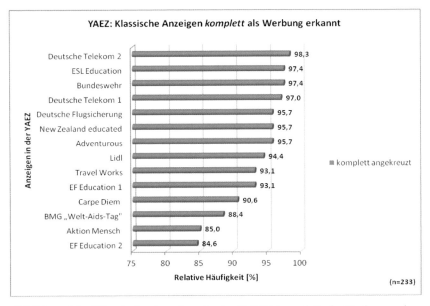

Abbildung 15: Klassische Anzeigen in der YAEZ *komplett* als Werbung erkannt (n=233)

In allen Fällen werden die Werbeanzeigen von über 80 Prozent der Jugendlichen komplett als Werbung erkannt und insgesamt die Hälfte der Werbeanzeigen wird von 95 Prozent (oder mehr) der Befragten als Werbung kategorisiert. Der Anteil derer, welche die Werbeanzeigen in der YAEZ nicht als Werbung erkennen, liegt nie höher als 15,4 Prozent. Die Anzeige, die insgesamt am häufigsten als Werbung erkannt wird, ist eine der Anzeigen von *Deutsche Telekom*. Die Anzeige von *Deutsche Telekom*, die sich rechts auf der Doppelseite der YAEZ befindet, wird unwesentlich häufiger von den Probanden als Werbung erkannt (98,3 Prozent) als die Anzeige auf der linken Seite (97,0 Prozent). Die Anzeige der *Aktion Mensch*, die auf der U4 der YAEZ angebracht ist, wird hingegen „nur" von 85 Prozent der Jugendlichen als Werbung wahrgenommen. Die Werbefläche der U4 ist – ebenso wie die der U2 und der U3 – generell immer teurer als die Werbefläche der anderen Heftseiten. Es wird angenommen, dass Werbung, die auf diesen Seiten platziert ist, am ehesten von den Lesern wahrgenommen wird. Mit Blick auf die Ergebnisse der Auswertung zeigt sich, dass die Anzeige auf der U4 der YAEZ, im Vergleich zu den anderen Werbeanzeigen, von einem verhältnismäßig niedrigen Anteil der Jugendlichen als Werbung erkannt wird.

Alle Werbeanzeigen in der YAEZ werden von der Mehrheit der Jugendlichen komplett als Werbung erkannt. Im Unterschied dazu wird lediglich ein Advertorial im Heft von einem gleichermaßen hohen Anteil der Probanden komplett als Werbung kategorisiert. Die anderen fünf Advertorials liegen weit unter diesem Erkennungswert. In der nachfolgenden Grafik werden alle Advertorials aufgeführt, die in der YAEZ zu finden sind. Dabei werden die Advertorials anhand der Kriterien *gekennzeichnet* beziehungsweise *nicht gekennzeichnet* angeordnet. Diese Kategorisierung bezieht sich auf die rechtliche Vorgabe, dass redaktionell gestaltete Anzeigen, soweit sie nicht schon durch Anordnung und Gestaltung allgemein als Werbung erkennbar sind, mit dem Hinweis *Anzeige* gekennzeichnet werden müssen (vgl. Landespressegesetze). Das Advertorial in der YAEZ, das nicht als *Anzeige* gekennzeichnet, sondern lediglich als *Aktion* ausgewiesen ist (*EF Education*), wird in der nachfolgenden Darstellung der Kategorie *nicht gekennzeichnet* zugeordnet. Die Darstellung der Ergebnisse orientiert sich bei allen nachfolgenden Grafiken immer an den Kriterien gekennzeichnet beziehungsweise nicht gekennzeichnet.

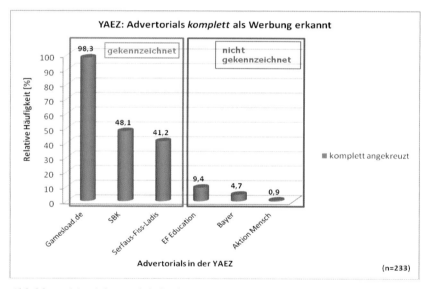

Abbildung 16: Advertorials in der YAEZ *komplett* als Werbung erkannt
(n=233)

Insgesamt werden die Advertorials in der YAEZ in unterschiedlichem Umfang komplett als Werbung wahrgenommen. Das Advertorial von *Gamesload.de* wird als einziges von einem ähnlich hohen Anteil der Jugendlichen (98,3 Prozent) komplett als Werbung erkannt wie die meisten Werbeanzeigen im Heft. Die anderen Advertorials werden jeweils von weniger als 50 Prozent der Teilnehmer als Werbung kategorisiert. Zwei der Advertorials werden von 48,1 Prozent beziehungsweise 41,2 Prozent der Probanden komplett als Werbung erkannt, wohingegen drei Advertorials insgesamt nur von weniger als 10 Prozent der Jugendlichen komplett als Werbung eingestuft werden. Es zeigt sich, dass die Erkennungswerte zwischen den Advertorials stark variieren. Insgesamt gesehen werden die gekennzeichneten Advertorials von den Probanden häufiger komplett als Werbung kategorisiert als die Advertorials, die nicht als *Anzeige* gekennzeichnet sind.

Der Annahme folgend, dass Advertorials aufgrund der Kennzeichnung als Werbung erkannt werden, müssten diese in der YAEZ entweder komplett oder überhaupt nicht als Werbung kategorisiert werden. Die Auswertung des Quasi-Experiments zeigt jedoch, dass bei allen Advertorials auch nur Teile der Gesamtfläche markiert wurden. Das bedeutet, dass die Advertorials in der YAEZ von den Jugendlichen nicht nur entweder komplett oder überhaupt nicht als Werbung kategorisiert werden, teilweise werden lediglich die Bilder beziehungsweise Logos der Advertorials als Werbung wahrgenommen. Der Fließtext wird in diesen Fällen nicht als Teil der Werbung kategorisiert. Mit Blick auf das Ankreuzverhalten der Jugendlichen, welche die Advertorials entweder komplett oder nur teilweise als Werbung erkennen, ergibt sich folgendes Bild:

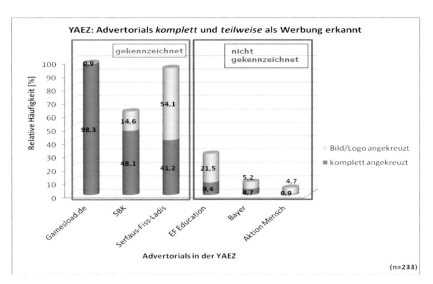

Abbildung 17: Advertorials in der YAEZ *komplett/teilweise* als Werbung
erkannt (n=233)

Es zeigt sich, dass nicht nur in Bezug auf die Kategorie *komplett als Werbung erkannt*, sondern auch bei der Kategorie *teilweise als Werbung erkannt*, deutliche Unterschiede zwischen den Advertorials zu verzeichnen sind. Bei dem Advertorial von *Serfaus-Fiss-Ladis* markierten mehr als die Hälfte der Probanden nur die Bilder und das Logo als Werbung. Bei den anderen Advertorials nimmt insgesamt weniger als ein Viertel der Jugendlichen nur Teile der Advertorials als Werbung wahr. Der Anteil der Jugendlichen, die lediglich Bilder, Links und Logos als Werbung kategorisieren, liegt bei zwei der Advertorials sogar höher als der Anteil derer, welche die Advertorials komplett als Werbung erkennen (*Serfaus-Fiss-Ladis, EF Education*). Bei den Advertorials von *Bayer*, der *Aktion Mensch* und *Gamesload.de* werden Bilder, Links und Logos von weniger als 5,0 Prozent der Jugendlichen als Werbung eingestuft. Bei dem Advertorial von *Gamesload.de* überrascht der geringe Anteil (0,9 Prozent) nicht, immerhin haben 98,3 Prozent der Jugendlichen dieses Advertorial komplett als Werbung erkannt. Die Advertorials von *Bayer* und der *Aktion Mensch* hingegen werden insgesamt von 90,1 Prozent beziehungsweise von 94,4 Prozent der Jugendlichen nicht als Werbung wahrgenommen. In beiden Fällen markierten knapp 5 Prozent der Probanden nur den Informationskasten der Advertorials.

Werbekunde	komplett erkannt	teilweise erkannt	nicht erkannt	$\sum$
Gamesload.de	98,3	0,9	0,9	100%
SBK	48,1	14,6	37,3	100%
Serfaus-Fiss-Ladis	41,2	54,1	4,7	100%
EF Education	9,4	21,5	69,1	100%
Bayer	4,7	5,2	90,1	100%
Aktion Mensch	0,9	4,7	94,4	100%

Tabelle 12: Erkennungswerte der Advertorials in der YAEZ in Prozent (n=233)

Bevor nachfolgend die Ergebnisse der alters-, gender- und schulartenspezifischen Auswertung dargestellt werden, wird am Beispiel der Werbung von *EF Education* nochmals der Befund veranschaulicht, dass Werbeanzeigen und Advertorials in der YAEZ von den Jugendlichen in unterschiedlichem Umfang als Werbung wahrgenommen werden.

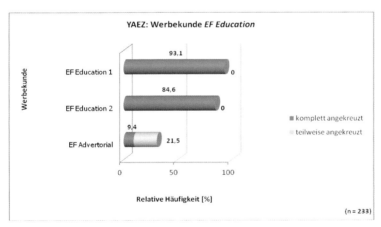

Abbildung 18: Werbeanzeigen vs. Advertorials bei *EF Education* (n=233)

Die beiden Werbeanzeigen von *EF Education* werden von den Jugendlichen zu 93,1 Prozent beziehungsweise zu 84,6 Prozent komplett als Werbung erkannt. In beiden Fällen wurde von keinem der 233 Jugendlichen lediglich ein Teil der Fläche als Werbung markiert. Das Advertorial hingegen, das als *Aktion* ausgewiesen ist, wird von den Jugendlichen weniger eindeutig wahrgenommen. Im Unterschied zu den beiden Werbeanzeigen liegt der Anteil derer, welche das Advertorial komplett als Werbung erkennen mit 9,4 Prozent wesentlich geringer als bei den Werbeanzeigen. Interessanterweise markierte immerhin knapp ein Viertel der Jugendlichen (21,5 Prozent) das Logo des Advertorials als Werbung. Der Anteil derer, welche das Advertorial überhaupt nicht als Werbung erkennen, liegt bei 69,1 Prozent und weicht damit deutlich von den Erkennungswerten der Werbeanzeigen ab.

8.3.1.2   Alters-, gender- und schulartenspezifische Unterschiede

Altersspezifische Unterschiede

Mit Blick auf die Altersstruktur der 233 Jugendlichen, die bei dem Quasi-Experiment zur Werbewahrnehmung die YAEZ bearbeitet haben, ergibt sich folgende Verteilung:

Alter	12	13	14	15	16	älter als 16
Anzahl	2	41	100	73	15	2

Tabelle 13: Altersstruktur der YAEZ-Teilnehmer (n=233)

Der Anteil der 14-Jährigen und der 15-Jährigen liegt im Vergleich zu den anderen Altersstufen höher. Im Rahmen der Auswertung wurden die Jugendlichen altersgemäß in zwei Gruppen zusammengefasst (13- und 14-Jährige /15- und 16-Jährige) und unter Rückbezug auf die kleinere Menge (n=88) – in dem Fall die Anzahl der 15- und 16-Jährigen – quotiert.

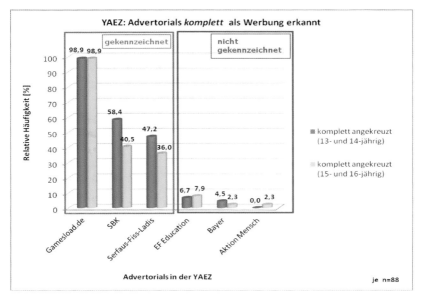

Abbildung 19: Advertorials in der YAEZ *komplett* als Werbung erkannt (je n=88)

Die Ergebnisse der altersspezifischen Auswertung zeigen, dass beide Altersgruppen die Advertorials in vier der sechs Fälle zu einem ähnlich hohen Teil komplett als Werbung erkennen. Die Vermutung, die älteren Probanden könnten Sonderwerbeformen häufiger komplett als Werbung wahrnehmen als die jüngeren Teilnehmer, bestätigt sich den Ergebnissen zufolge nicht. Tendenziell erkennen die 13- und 14-Jährigen die Advertorials in einem ähnlich hohen Maß komplett als Werbung wie die 15- und 16-Jährigen. Insgesamt gesehen finden sich nur bei einem der untersuchten Advertorials (*SBK*) signifikante altersspezifische Unterschiede (vgl. Anhang H). Dieses Advertorial wird von über der Hälfte der 13- und 14-Jährigen komplett als Werbung wahrgenommen, wohingegen es nur von 40,5 Prozent der 15- und 16-Jährigen komplett als Werbung kategorisiert wird. Auch bei dem Advertorial von *Serfaus-Fiss-Ladis* liegt der Anteil der jüngeren Teilnehmer, die das Advertorial komplett als Werbung erkennen, mit 47,2 Prozent tendenziell etwas höher als bei den Älteren (36,0 Prozent). In zwei Fällen erkennen die jüngeren Teilnehmer die Advertorials somit etwas häufiger komplett als Werbung.

Bei den Advertorials von *Serfaus-Fiss-Ladis*, der *SBK* und *EF Education* werden Bilder, Links und Logos tendenziell häufiger von den älteren Jugendlichen angekreuzt. Bei den anderen drei Advertorials ist das Verhältnis zwischen jüngeren und älteren Teilnehmern, die lediglich Bilder, Links und Logos der Advertorials als Werbung erkennen, ungefähr gleich hoch (vgl. Anhang I).

Genderspezifische Unterschiede

Von den Teilnehmern, die bei dem Quasi-Experiment zur Wahrnehmung von Werbung die YAEZ bearbeitet haben, sind 120 männlich und 113 weiblich. Für die genderspezifische Auswertung wurden die Daten unter Rückbezug auf die kleinere Menge (n=113) quotiert und anschließend miteinander verglichen.

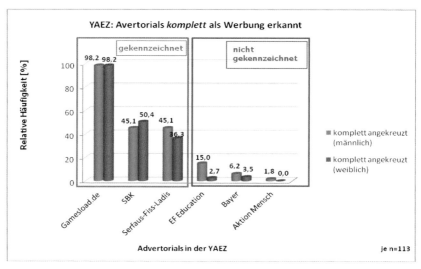

Abbildung 20: Advertorials in der YAEZ *komplett* als Werbung erkannt (je n=113)

Die Ergebnisse der genderspezifischen Auswertung zeigen, dass bei der Variable *komplett als Werbung erkannt* kaum Abweichungen zwischen den Erkennungswerten von Jungen und Mädchen zu verzeichnen sind. Nur das Advertorial von *EF Education* weist signifikante Unterschiede auf (vgl. Anhang H). Dieses Advertorial wird häufiger von den Jungen komplett als Werbung wahrgenommen. Die anderen Advertorials werden in ähnlichem Maß komplett als Werbung erkannt, wobei die Erkennungswerte der Jungen bei allen Advertorials – außer dem der *SBK* – tendenziell etwas höher liegen als die der Mädchen.

Mit Blick auf die Kategorie *teilweise als Werbung erkannt* finden sich – mit Ausnahme des Advertorials von *Serfaus-Fiss-Ladis* – tendenziell keine Unterschiede in Bezug auf die Werbewahrnehmung der Jungen und der Mädchen. Die weiblichen Teilnehmer (61,1 Prozent) kategorisieren bei dem Advertorial von *Serfaus-Fiss-Ladis* häufiger lediglich die Bilder und das Logo als Werbung als die männlichen Teilnehmer (47,8 Prozent). Der Anteil an Jungen und Mädchen, welche die Advertorials überhaupt nicht als Werbung wahrnehmen, liegt in allen Fällen ungefähr gleich hoch (vgl. Anhang I).

Schulartenspezifische Unterschiede

Die Verteilung der Teilnehmerzahl der unterschiedlichen Schularten ergab sich je nach Konstellation der Klassen zufällig. Insgesamt bearbeiteten 54 Hauptschüler, 104 Realschüler und 75 Gymnasiasten der Klasse acht und neun die YAEZ. Da die Teilnehmerzahl über die einzelnen Schularten stark variiert, wurden die Daten für die schulartenspezifische Auswertung unter Rückbezug auf die kleinste Menge (n=54) – in dem Fall die Anzahl an Hauptschülern – quotiert.

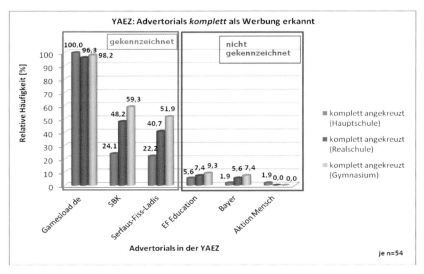

Abbildung 21: Advertorials in der YAEZ *komplett* als Werbung erkannt (je n=54)

Wirft man einen vergleichenden Blick auf die Ergebnisse der einzelnen Schularten, zeigt sich, dass die Advertorials tendenziell häufiger von den Gymnasiasten
komplett als Werbung erkannt werden als von den Realschülern und den Hauptschülern. Bei zwei der Advertorials (*SBK*, Serfauss-Fiss-Ladis) sind mit Blick
auf die Kategorie *komplett als Werbung erkannt* signifikante Unterschiede festzustellen (vgl. Anhang H). Bei diesen Advertorials liegen die Erkennungswerte
der Gymnasiasten deutlich vor denen der Realschüler und der Hauptschüler.
Vergleicht man die Ergebnisse der Schularten miteinander, ist festzustellen, dass
die Gymnasiasten alle Advertorials – mit Ausnahme von *Gamesload.de* und der
Aktion Mensch –tendenziell am häufigsten komplett als Werbung erkennen. An
zweiter Stelle liegen die Realschüler, die Hauptschüler bilden das Schlusslicht.

Berücksichtigt man neben den Teilnehmern, welche die Advertorials komplett als Werbung erkennen, auch diejenigen, welche die Advertorials nur teilweise als Werbung kategorisieren, finden sich über die Schularten hinweg vereinzelt Unterschiede. Bei den Advertorials von *Gamesload.de* und der *SBK* liegt
der Anteil der Jugendlichen, die lediglich Bilder, Links und Logos als Werbung
kategorisieren, über die Schularten hinweg ungefähr gleich hoch. Bei dem
Advertorial von *EF Education* markierten die Gymnasiasten insgesamt häufiger
als die Haupt- und Realschüler lediglich das Logo als Werbung. Auch bei dem
Advertorial der *Aktion Mensch* wird der Informationskasten am häufigsten von
den Gymnasiasten als Werbung markiert. Keiner der Hauptschüler hat hingegen
bei den Advertorials von *Bayer* oder der *Aktion Mensch* den Informationskasten
als Werbung kategorisiert. Bei dem Advertorial von *Serfaus-Fiss-Ladis* werden
lediglich die Bilder am häufigsten von den Hauptschülern (70,4 Prozent) als
Werbung eingeordnet. Der Anteil der Jugendlichen, welche dieses Advertorial
komplett als Werbung erkennen, liegt bei den Gymnasiasten und den Realschülern wesentlich höher als bei den Hauptschülern (vgl. Anhang I).

8.3.2   Wahrnehmung der Advertorials im SPIESSER

8.3.2.1   Ergebnisse der Gesamtauswertung

Ebenso wie in der YAEZ werden auch im SPIESSER alle Werbeanzeigen komplett als Werbung erkannt und in keinem Fall wurden die Werbeanzeigen nur
teilweise als Werbung markiert. Nachfolgend werden zunächst die Ergebnisse,
die sich auf die Auswertung der Werbeanzeigen im SPIESSER beziehen, aufgeführt, bevor die Untersuchungsergebnisse der Advertorials dargestellt werden.

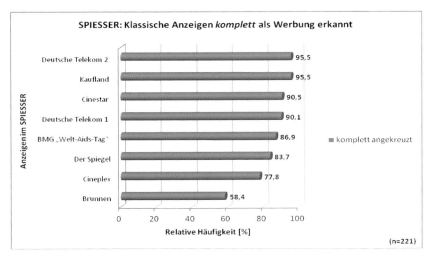

Abbildung 22: Klassische Anzeigen im SPIESSER *komplett* als Werbung erkannt (n=221)

Die Werbeanzeigen im SPIESSER werden – mit Ausnahme der Werbeanzeigen von *Cineplex* und *Brunnen* – von über 80 Prozent der Jugendlichen komplett als Werbung erkannt. Die Anzeige von *Cineplex* liegt mit 77,8 Prozent knapp unterhalb der 80-Prozent-Marke. Die Anzeige des Holger-Kalenders von *Brunnen* hingegen, die auf der U4 platziert ist, wird lediglich von 58,4 Prozent der Jugendlichen als Werbung wahrgenommen. Im Unterschied zur YAEZ wird die Anzeige der *Aktion Mensch* auf der U4 des SPIESSERs von 85,0 Prozent der Jugendlichen als Werbung erkannt. Ebenso wie in der YAEZ wird die Anzeige von *Deutsche Telekom*, die sich auf der rechten Hälfte der Doppelseite befindet, auch im SPIESSER von einem etwas größeren Teil der Probanden als Werbung erkannt (95,5 Prozent) als die Anzeige von *Deutsche Telekom* auf der linken Seite (90,1 Prozent). Bei der Anzeige des *Bundesministeriums für Gesundheit (BMG)* liegt der Anteil der Probanden, welche die Anzeige komplett als Werbung erkennen, bei 86,9 Prozent. Diese Anzeige wird in der YAEZ von einem ähnlich hohen Anteil der Jugendlichen (88,4 Prozent) als Werbung kategorisiert.

Alle Werbeanzeigen im SPIESSER werden – ebenso wie die Werbeanzeigen in der YAEZ – von der Mehrheit der Jugendlichen komplett als Werbung erkannt. Im Vergleich dazu werden lediglich zwei der Advertorials im Heft in ähnlich hohen Maß von den Probanden komplett als Werbung kategorisiert.

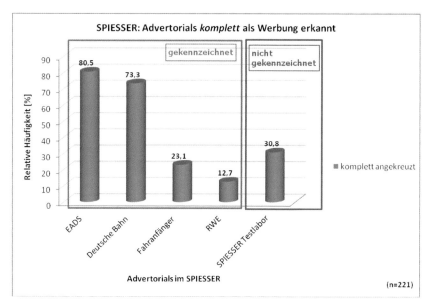

Abbildung 23: Advertorials im SPIESSER *komplett* als Werbung erkannt
(n=233)

Die Advertorials im SPIESSER werden von den Jugendlichen in unterschiedlichem Umfang komplett als Werbung wahrgenommen. Der Anteil der Jugendlichen, welche die Advertorials von *EADS* und *Deutsche Bahn* komplett als Werbung kategorisieren, liegt mit 80,5 Prozent beziehungsweise 73,3 Prozent ähnlich hoch wie der Anteil derer, welche die Werbeanzeigen im SPIESSER komplett als Werbung erkennen. Die anderen Advertorials werden von jeweils maximal 31 Prozent der Jugendlichen komplett als Werbung eingestuft. Überraschenderweise liegt der Anteil der Probanden, die das Advertorial, das nicht gekennzeichnet ist (*SPIESSER Testlabor*), komplett als Werbung kategorisieren, mit 30,8 Prozent höher als der Teil der Jugendlichen, welche die gekennzeichneten Advertorials von *Fahranfänger* und der *RWE* komplett als Werbung erkennen. Das Advertorial der *RWE* wird lediglich von 12,7 Prozent der Jugendlichen komplett als Werbung angenommen. Dieses Ergebnis weist darauf hin, dass die Advertorials von den Jugendlichen möglicherweise nicht anhand der Kennzeichnung als *Anzeige* als Werbung kategorisiert werden. Anders als in der YAEZ wird keins der Advertorials im SPIESSER von weniger als 10 Prozent der Jugendlichen komplett als Werbung wahrgenommen.

Die Ergebnisse der Auswertung zeigen, dass die Advertorials im SPIESSER von den Jugendlichen nicht nur komplett oder überhaupt nicht als Werbung erkannt werden. In vielen Fällen werden – ebenso wie bei den Advertorials in der YAEZ – lediglich Bilder, Links und Logos als Werbung kategorisiert. Der Fließtext wird in diesen Fällen nicht als Teil der Werbung eingeordnet. Mit Blick auf die Jugendlichen, welche die Advertorials im SPIESSER nur teilweise als Werbung markiert haben, ergibt sich folgendes Bild:

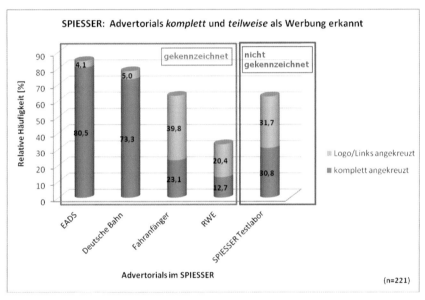

Abbildung 24: Advertorials im SPIESSER *komplett/teilweise* als Werbung erkannt (n=221)

Bei den Advertorials von *EADS* und *Deutsche Bahn*, die von einem Großteil der Jugendlichen komplett als Werbung kategorisiert werden, liegt der Anteil derer, welche die Advertorials nur teilweise als Werbung erkennen, mit 4,1 Prozent beziehungsweise 5,0 Prozent vergleichsweise niedrig. Der höchste Wert findet sich mit knapp 40 Prozent bei dem Advertorial von *Fahranfänger.* Hier liegt der Anteil der Probanden, die lediglich die Verlosung im unteren Teil der Werbefläche angekreuzt haben, höher als der Teil der Jugendlichen, die das Advertorial komplett als Werbung einordnen. Auch beim *SPIESSER Testlabor* und bei dem Advertorial der *RWE* werden die Produktabbildungen beziehungsweise das Logo und die Links häufiger als Werbung erkannt als das gesamte Advertorial.

Werbekunde	komplett erkannt	teilweise erkannt	nicht erkannt	Σ
EADS	80,5	4,1	15,4	100%
Deutsche Bahn	73,3	5,0	21,7	100%
Fahranfänger	23,1	39,8	37,1	100%
RWE	12,7	20,4	67,0	100%
SPIESSER Testlabor	30,8	31,7	37,6	100%

Tabelle 14: Erkennungswerte der Advertorials im SPIESSER in Prozent (n=221)

8.3.2.2   Alters-, gender- und schulartenspezifische Unterschiede

Mit Blick auf die Altersstruktur der 221 Jugendlichen, welche bei dem Quasi-Experiment zur Wahrnehmung von Werbung den SPIESSER bearbeitet haben, zeigt sich folgende Verteilung:

Alter	12	13	14	15	16	älter als 16
Anzahl	4	29	107	58	22	1

Tabelle 15: Altersstruktur der SPIESSER-Teilnehmer (n=221)

Auch hier wurden die Jugendlichen altersgemäß in zwei Gruppen zusammengefasst (13- und 14-Jährige /15- und 16-Jährige) und unter Rückbezug auf die kleinere Menge (n=80) – in dem Fall die Anzahl der 15- und 16-Jährigen – quotiert.

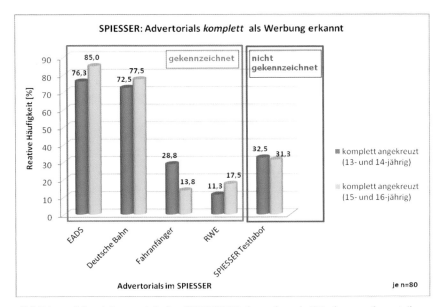

Abbildung 25: Advertorials im SPIESSER *komplett* als Werbung erkannt (je n=80)

Die Ergebnisse der altersspezifischen Auswertung zeigen, dass die Advertorials von beiden Altersgruppen in zwei von fünf Fällen zu einem ähnlich hohen Anteil komplett als Werbung wahrgenommen werden (*Deutsche Bahn, SPIESSER Testlabor*). Die Advertorials von *EADS, Fahranfänger* und der *RWE* werden von den 13- und 14-Jährigen und den 15- und 16-Jährigen tendenziell in unterschiedlichem Umfang komplett als Werbung kategorisiert, wobei nur bei dem Advertorial der *RWE* signifikante altersspezifische Unterschiede vorliegen (vgl. Anhang H). Anders als bei den Ergebnissen der YAEZ, liegt der Anteil der älteren Jugendlichen, welche die Advertorials komplett als Werbung erkennen – mit Ausnahme der Advertorials von *Fahranfänger* und der *RWE* –, tendenziell immer knapp höher als bei den jüngeren Teilnehmern.

Bei den Advertorials von *Fahranfänger* und der *RWE* werden die Verlosung, die Links und das Logo häufiger von den älteren Teilnehmern markiert. Bei den anderen drei Advertorials kategorisieren die jüngeren Teilnehmer häufiger lediglich die Produktabbildungen, Bilder, Links und Logos als Werbung. Die älteren Jugendlichen erkennen die Advertorials tendenziell häufiger komplett als Werbung, wohingegen die Jüngeren häufiger nur Bilder, Links und Logos der Advertorials als Werbung wahrnehmen (vgl. Anhang J).

Genderspezifische Unterschiede

Von den 221 Teilnehmern, die bei dem Quasi-Experiment zur Wahrnehmung von Werbung den SPIESSER bearbeitet haben, sind insgesamt 116 männlich und 105 weiblich. Für die genderspezifische Auswertung wurden die Daten unter Rückbezug auf die kleinere Menge (n=105) quotiert und anschließend miteinander verglichen.

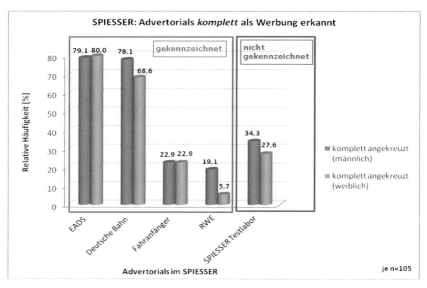

Abbildung 26: Advertorials im SPIESSER *komplett* als Werbung erkannt (je n=105)

Die Ergebnisse der genderspezifischen Auswertung zeigen, dass lediglich bei dem Advertorial der *RWE* signifikante Unterschiede vorliegen (vgl. Anhang H). Dieses Advertorial wird von den Jungen häufiger komplett als Werbung kategorisiert als von den Mädchen. Auch das Advertorial von *Deutsche Bahn* und das *SPIESSER Testlabor* werden von den männlichen Teilnehmern häufiger komplett als Werbung erkannt als von den weiblichen Jugendlichen. Die Advertorials von *EADS* und *Fahranfänger* hingegen werden von den Jungen und den Mädchen zu gleichen Teilen komplett als Werbung kategorisiert. Tendenziell liegt der Anteil der Probanden, welche die Advertorials komplett als Werbung wahrnehmen, bei den Jungen höher als bei den Mädchen. Zumindest drei der fünf

Advertorials werden anteilsmäßig von den männlichen Teilnehmern häufiger komplett als Werbung erkannt.

Vergleicht man die Ergebnisse der Jungen und der Mädchen miteinander, welche nur Teile der Advertorials als Werbung markiert haben, finden sich kaum Abweichungen zwischen den Erkennungswerten. Mit Ausnahme des *RWE*-Advertorials und dem *SPIESSER Testlabor* kategorisieren die Jungen und die Mädchen tendenziell bei allen Advertorials gleich häufig lediglich Bilder, Links und Logos als Werbung (vgl. Anhang J).

Schulartenspezifische Unterschiede

Die Verteilung der Teilnehmerzahl über die Schularten ergab sich je nach Konstellation der Klassen zufällig. Im Rahmen des Quasi-Werbeexperiments bearbeiteten 55 Hauptschüler, 86 Realschüler und 80 Gymnasiasten den SPIESSER. Da die Teilnehmerzahl über die einzelnen Schularten stark variiert, wurden die Daten für die schulartenspezifische Auswertung unter Rückbezug auf die kleinste Menge (n=55) – in dem Fall die Anzahl an Hauptschülern – quotiert.

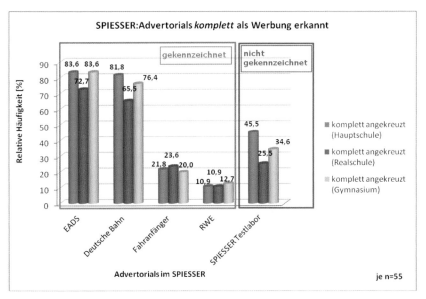

Abbildung 27: Advertorials im SPIESSER *komplett* als Werbung erkannt (je n=55)

Wirft man einen vergleichenden Blick auf die Ergebnisse der einzelnen Schularten, zeigt sich, dass lediglich bei dem Advertorial von *Fahranfänger* und der *RWE* der Anteil der Jugendlichen, welche die Advertorials komplett als Werbung erkennen, über die Schularten hinweg ungefähr gleich hoch beziehungsweise gleich niedrig ist. Auf den ersten Blick irritieren die Ergebnisse der schulartenspezifischen Auswertung, da die Hauptschüler die Advertorials tendenziell am häufigsten komplett als Werbung erkennen. Die Hauptschüler nehmen die Advertorials im SPIESSER in drei Fällen insgesamt am häufigsten komplett als Werbung wahr. Das Advertorial von *EADS* wird von den Gymnasiasten zu einem ebenso hohen Teil komplett als Werbung kategorisiert wie von den Hauptschülern. In den anderen beiden Fällen liegen die Werte der Hauptschüler knapp höher als die der Gymnasiasten. Die Realschüler schneiden insgesamt am schlechtesten ab. Sie erkennen die Advertorials von *EADS, Deutsche Bahn* und das *SPIESSER Testlabor* zu einem geringeren Teil komplett als Werbung als die Hauptschüler und die Gymnasiasten. Diese Ergebnisse weichen von den Ergebnissen der schulartenspezifischen Auswertung der YAEZ ab. Im Unterschied zum SPIESSER werden die Advertorials in der YAEZ in fünf von sechs Fällen von den Gymnasiasten häufiger komplett als Werbung erkannt als von den Realschülern und den Hauptschülern. In zwei Fällen liegen signifikante Unterschiede vor. Bei den Advertorials im SPIESSER finden sich prüfstatistisch keine signifikanten schulartenspezifischen Unterschiede (vgl. Anhang H).

Bei den Advertorials von *Fahranfänger* und beim *SPIESSER Testlabor* werden die Verlosung, die Produktabbildungen und die Links über die Schularten verteilt in unterschiedlichem Umfang als Werbung erkannt. Bei dem Advertorial von *Fahranfänger* wird von 27,2 Prozent der Hauptschüler nur die Verlosung als Werbung kategorisiert. Der Anteil der Realschüler liegt bei 41,8 Prozent und über die Hälfte der Gymnasiasten (54,6 Prozent) markierte das Advertorial in diesem Fall nur teilweise als Werbung. Beim *SPIESSER Testlabor* haben am häufigsten die Realschüler – gefolgt von den Gymnasiasten – nur die Produktabbildungen als Werbung markiert. Bei dem Advertorial der *RWE* werden zu gleichen Teilen von den Hauptschülern und den Realschülern nur die Links und das Logo als Werbung erkannt. Hier liegt der Wert der Gymnasiasten deutlich höher (vgl. Anhang J).

8.3.3 Wahrnehmung der Advertorials in der YAEZ und im SPIESSER

Die Ergebnisse der Auswertung des Quasi-Experiments zur Werbewahrnehmung wurden in einem ersten Schritt nach Formaten differenziert dargestellt. Es wurde dargelegt, welche Advertorials in der YAEZ und im SPIESSER von den Jugendlichen zu welchem Anteil komplett, teilweise oder überhaupt nicht als Werbung erkannt werden. Dabei wurde auch beleuchtet, ob alters-, gender- oder schulartenspezifische Unterschiede in Bezug auf die Erkennungswerte vorliegen. Bevor in einem zweiten Schritt die Ergebnisse des Quasi-Experiments mit den Ergebnissen der semiotischen Werbeanalyse der Advertorials (vgl. 8.2) in Beziehung gesetzt werden, wird zunächst noch ein vergleichender Blick auf die Erkennungswerte aller untersuchten Advertorials geworfen. Dazu werden die Ergebnisse der Auswertung der Gesamtdaten zur Wahrnehmung der Advertorials in der YAEZ (n=233) und im SPIESSER (n=221) zusammengeführt. Dargestellt werden nur die Ergebnisse der Jugendlichen, welche die Advertorials komplett als Werbung erkannt haben.

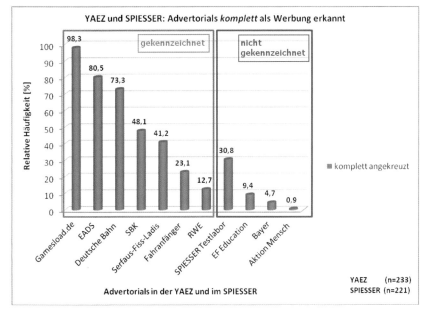

Abbildung 28: Advertorials *komplett* als Werbung erkannt (n=233, n=221)

Die Advertorials in der YAEZ und im SPIESSER werden in unterschiedlichem Umfang komplett als Werbung wahrgenommen. Insgesamt werden drei der Advertorials von den Jugendlichen (je mehr als 70 Prozent) in einem ebenso hohen Maß wie die Werbeanzeigen in den Heften komplett als Werbung kategorisiert. Die anderen Advertorials werden jeweils von weniger als 50 Prozent der Befragten komplett als Werbung erkannt.

Es zeigt sich, dass die Advertorials in der YAEZ und im SPIESSER, die als *Anzeige* gekennzeichnet sind, insgesamt häufiger komplett als Werbung erkannt werden als die Advertorials in den Heften, die nicht gekennzeichnet sind. Es zeigt sich jedoch auch, dass die Erkennungswerte zwischen den gekennzeichneten Advertorials ebenso variieren wie die Erkennungswerte zwischen den nicht gekennzeichneten Advertorials. So wird das gekennzeichnete Advertorial von *Gamesload.de* beispielsweise von 98,3 Prozent der Probanden als Werbung kategorisiert, wohingegen das *RWE*-Advertorial trotz Kennzeichnung lediglich von 12,7 Prozent der Probanden als Werbung wahrgenommen wird. Interessanterweise wird das *SPIESSER Testlabor*, das nicht gekennzeichnet ist, von den Jugendlichen häufiger komplett als Werbung eingeordnet (30,8 Prozent) als die beiden gekennzeichneten Advertorials von *Fahranfänger* (23,1 Prozent) und der *RWE* (12,7 Prozent).

Die Ergebnisse des Quasi-Experiments zur Werbewahrnehmung legen die Vermutung nahe, dass Advertorials von den Jugendlichen nicht unbedingt aufgrund ihrer Kennzeichnung als *Anzeige* als Werbung kategorisiert werden. Auch der Umstand, dass die Advertorials nicht nur komplett oder überhaupt nicht als Werbung wahrgenommen werden, sondern bei allen Advertorials auch nur Bilder, Produktabbildungen, Logos und Links als Werbung markiert wurden, verstärkt diese Annahme. Die vorliegenden Ergebnisse deuten darauf hin, dass nicht die Werbekennzeichnung, sondern vielmehr die Gestaltung von Advertorials ausschlaggebend ist für die Erkennbarkeit als Werbung.

Da die Advertorials möglicherweise anhand ihrer gestalterischen Merkmale als Werbung kategorisiert werden und nicht aufgrund der formalen Kennzeichnung als *Anzeige*, werden die Ergebnisse des Quasi-Experiments nachfolgend in Beziehung gesetzt mit den Ergebnissen der semiotischen Werbeanalyse. Unter Rückbezug auf die Ergebnisse der semiotischen Werbeanalyse lassen sich die Advertorials in der YAEZ und im SPIESSER anhand ihrer Gestaltung (Text-Bild-Verhältnis) drei Grundtypen von Advertorials zuordnen (vgl. 8.2.2). Von den untersuchten Advertorials in der YAEZ und im SPIESSER verfügen fünf über ein annähernd gleichwertiges Text-Bild-Verhältnis, fünf der Advertorials sind textdominant gestaltet und ein Advertorial ist bilddominant gestaltet. Ordnet man die Ergebnisse des Quasi-Experiments zur Werbewahrnehmung anhand der Zuordnung der Advertorials als bilddominant, annähernd gleichwertig und textdominant, zeigt sich folgendes Bild[47]:

---

[47] In der nachfolgenden Grafik wird aus Gründen der Übersichtlichkeit darauf verzichtet, das einzige Advertorial, das bilddominant ist (*EADS*) zu rahmen und als bilddominant zu beschriften.

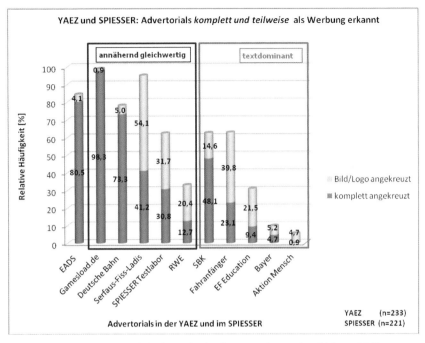

Abbildung 29: Advertorials *komplett/teilweise* erkannt (n=233, n=221)

Zwei der fünf Advertorials, die über ein annähernd gleichwertiges Text-Bild-Verhältnis verfügen, haben eine verhältnismäßig große Bildfläche. Die Advertorials von *Gamesload.de* und *Deutsche Bahn* wirken – ebenso wie das bilddominante Advertorial von *EADS* – eher wie Werbeanzeigen. Diese drei Advertorials werden von den Jugendlichen in ähnlichem Umfang wie die Werbeanzeigen in den Heften komplett als Werbung erkannt. Das Advertorial von *Serfaus-Fiss-Ladis* und das *SPIESSER Testlabor* werden hingegen – trotz annähernd gleichwertigem Text-Bild-Verhältnis – lediglich von 41,2 Prozent beziehungsweise 30,8 Prozent der Jugendlichen komplett als Werbung kategorisiert. Das Advertorial der *RWE* ist im Unterschied zu den anderen Advertorials, die über ein annähernd gleichwertiges Text-Bild-Verhältnis verfügen, textzentriert gestaltet. Trotz der Kennzeichnung als *Anzeige* wird dieses Advertorial vergleichsweise selten komplett als Werbung erkannt. Der Anteil der Jugendlichen, die lediglich die Bilder, Links und das Logo des *RWE*-Advertorials markiert haben, liegt bei diesem Advertorial höher als der Anteil der Jugendlichen, die das Advertorial komplett als Werbung erkennen. Auch bei dem Advertorial von

Serfaus-Fiss-Ladis und dem *SPIESSER Testlabor* wurden verhältnismäßig häufig nur die Bilder, Links und Produktabbildungen als Werbung kategorisiert. Beim *SPIESSER Testlabor*, welches nicht gekennzeichnet ist, sind direkt neben den Textabschnitten Bilder aller Produkte angebracht, die getestet werden können. Insgesamt 31,7 Prozent der Probanden markierten bei diesem Advertorial lediglich die Produktabbildungen als Werbung. Das Advertorial von *Serfaus-Fiss-Ladis* besteht zu einer Hälfte aus Bildern, die andere Hälfte der Werbefläche ist Fließtext. Mit Blick auf den Aufbau und die Gestaltung des Advertorials überrascht es nicht, dass der Anteil der Jugendlichen, die lediglich die Bildfläche als Werbung einordnen, vergleichsweise hoch liegt (54,1 Prozent).

Auch die textdominanten Advertorials werden in unterschiedlichem Maß von den Jugendlichen als Werbung wahrgenommen. Bei den Advertorials von *Bayer* und der *Aktion Mensch* wird im Unterschied zu den anderen textdominanten Advertorials ein Autor angeführt, ein Logo ist in beiden Fällen nicht angegeben. Beide Advertorials sind nicht als *Anzeige* gekennzeichnet. Ein Blick auf die Ergebnisse der Auswertung zeigt, dass diese Advertorials nur verhältnismäßig selten komplett als Werbung kategorisiert werden. Lediglich 4,7 Prozent (*Aktion Mensch*) und 0,9 Prozent (*Bayer*) erkennen diese Advertorials komplett als Werbung. Auch das Advertorial von EF Education, das nur aus Textelementen besteht und nicht als *Anzeige* gekennzeichnet ist, wird lediglich von 9,4 Prozent der Jugendlichen komplett als Werbung wahrgenommen. Die Advertorials von *Fahranfänger* und der *SBK* sind auch textdominant gestaltet, werden insgesamt jedoch wesentlich häufiger komplett als Werbung erkannt als die Advertorials von *Bayer*, der *Aktion Mensch* und von EF Education. Bei dem Advertorial von *Fahranfänger* ist der Hintergrund im Unterschied zu den anderen textdominanten Advertorials rosa hinterlegt. Im unteren Drittel des Advertorials befinden sich ein Informationskasten und eine Verlosung. Dieser Teil des Advertorials wurde insgesamt von 39,8 Prozent der Jugendlichen als Werbung markiert, wohingegen das gesamte Advertorial nur von 23,1 Prozent der Probanden komplett als Werbung kategorisiert wird. Das Advertorial der *SBK* wird von den textdominanten Advertorials mit 48,1 Prozent am häufigsten komplett als Werbung eingestuft. Insgesamt werden bei fünf der elf Advertorials häufiger nur Bilder, Links, Logos und Produktabbildungen als Werbung kategorisiert als das gesamte Advertorial.

Unter Rückbezug auf die Gestaltung der Advertorials zeigt sich, dass die Advertorials, die bilddominant gestaltet sind beziehungsweise über ein gleichwertiges Text-Bild-Verhältnis verfügen, jedoch bildzentriert gestaltet sind oder beispielsweise über ein auffälliges Logo verfügen, von den Jugendlichen insgesamt häufiger komplett als Werbung kategorisiert werden als die Advertorials, die textdominant gestaltet sind. Je mehr die Advertorials wie Werbeanzeigen wirken (Stichwort „dominantes Bildverhältnis"), desto häufiger werden sie von den Jugendlichen komplett als Werbung erkannt. Je mehr die Advertorials redaktionellen Beiträge ähneln (Stichwort „dominantes Textverhältnis"), desto seltener werden sie von den jugendlichen Rezipienten komplett als Werbung erkannt. Die Ergebnisse des Quasi-Experiments zur Wahrnehmung von Werbung legen die Vermutung nahe, dass weniger die Kennzeichnung der Advertorials als *Anzeige* ausschlaggebend ist für die Erkennbarkeit als Werbung, sondern vielmehr die gestalterischen Merkmale der Advertorials. Diese Annahme wird nachfolgend anhand der Aussagen der Interviewteilnehmer überprüft.

8.4 Auswertung der qualitativen Leitfadeninterviews

Mithilfe des Quasi-Experiments zur Wahrnehmung von Werbung wurde erhoben, welche Werbeinhalte in der YAEZ und im SPIESSER von den Jugendlichen zu welchem Anteil als Werbung eingeordnet werden. Die Ergebnisse zeigen, dass die Advertorials, die als *Anzeige* gekennzeichnet sind, von den Probanden häufiger komplett als Werbung erkannt werden als die nicht gekennzeichneten Advertorials. Es zeigt sich jedoch auch, dass die Advertorials anhand ihrer gestalterischen Merkmale in unterschiedlichem Umfang als Werbung wahrgenommen werden. Um zu erfassen, auf welche Kriterien die Jugendlichen bei der Kategorisierung von Werbung zurückgreifen, wurden weiterführend Leitfadeninterviews geführt.[48]

Insgesamt wurden sechs Schüler im Alter von 15 Jahren aus Klasse acht oder neun interviewt. Teilgenommen haben je ein Mädchen und ein Junge aus der Hauptschule, der Realschule und dem Gymnasium. Die Auswahl der Interviewteilnehmer erfolgte unter Rückbezug auf die Untersuchungspopulation des Quasi-Experiments zur Wahrnehmung von Werbung. Ebenso wie mit den Schulklassen wurde auch mit den Interviewteilnehmern das Quasi-Experiment zur Wahrnehmung von Werbung durchgeführt. Es wurde die Methode des *lauten Denkens* angewandt. Auf diese Weise sollte in einem ersten Schritt erfasst werden, anhand welcher Kriterien die Jugendlichen sich für oder gegen das Ankreuzen von möglichen Werbeinhalten entscheiden. Anschließend wurden die markierten Heftseiten gemeinsam besprochen. Für die Durchführung des Quasi-Experiments war keine Zeit vorgegeben. Je nach Ausführlichkeit der Antworten und der Zeit, die für das Ankreuzen der Werbung in den Heften benötigt wurde, variiert die Länge

---

[48] Im Anhang findet sich der Leitfaden der Interviews (vgl. Anhang L) sowie das Codesystem der Auswertung der Interviews (vgl. Anhang K).

der Interviews.[49] Bevor das bearbeitete Exemplar mit Blick auf die markierten Werbemittel durchgesehen und besprochen wurde, wurde zunächst noch erfasst, was die Jugendlichen unter dem Begriff Werbung verstehen und anhand welcher Kriterien sie Werbung von redaktionellen Inhalten abgrenzen.

Bei der Durchführung des Quasi-Experiments haben die Interviewteilnehmer sowohl Werbeanzeigen und Advertorials als auch Gewinnspiele, Verlosungen und Inhalte wie die *YAEZ Fragestunde* oder den *SPIESSER-Mp3-Download* als Werbung kategorisiert. Nachfolgend werden nicht alle Ergebnisse der Auswertung vorgestellt.[50] Es werden lediglich die Aspekte hervorgehoben, die in Bezug auf die Ergebnisse der semiotischen Werbeanalyse der Advertorials und die Auswertung des Quasi-Experiments zur Wahrnehmung von Werbung relevant erscheinen. Zu Beginn wird dargelegt, über welches Vorwissen zum Thema *Werbung* die Jugendlichen verfügen und anhand welcher Kriterien sie Werbung erkennen und von redaktionellen Inhalten abgrenzen. Dann werden die Ergebnisse dargelegt, die sich auf das Quasi-Experiment zur Wahrnehmung von Werbung beziehen. Dabei werden zunächst die Ergebnisse der Auswertung des *lauten Denkens* (Gedankendokumentation) vorgestellt. Anschließend werden die Aussagen zusammengeführt, die Antwort auf die Frage geben, anhand welcher Kriterien und Merkmale Advertorials von Jugendlichen als Werbung erkannt werden.

8.4.1 Einstellung der Jugendlichen zum Thema Werbung

Bevor mit den Interviewteilnehmern besprochen wurde, welche Inhalte sie als Werbung markiert haben, sollten sie zunächst erläutern, was sie unter Werbung verstehen und welche Aufgaben und Funktionen Werbung ihrer Meinung nach erfüllt. Eine Teilnehmerin erklärt, dass „Werbung eben was [ist], wo n Produkt oder irgendwas verkauft wird beziehungsweise wo auf etwas aufmerksam gemacht wird (…), also ne Vermarktung von Produkten eigentlich" (Lfd. 1, 3.1).[51] Und eine andere Jugendliche führt als Beispiel dafür, dass Werbung „Sachen

---

[49] Die Durchführung des Quasi-Experiments dauerte zwischen 6:13 Minuten und 25:16 Minuten, die Gesamtlänge der Interviews variiert zwischen 29:11 Minuten und 52:50 Minuten. Für jedes Transkript wurde eine eigene Datei angelegt. Die Transkription orientierte sich aus pragmatischen Gründen an den Richtlinien für die Gesprächs-transkription von Lueger/Froschauer (2003, 233 f.). Die Interviews wurden dabei möglichst exakt unter Beibehaltung sprachlicher Besonderheiten transkribiert, ohne allzu große Annäherungen an die Schriftsprache vorzunehmen.
[50] Im Rahmen der Auswertung wurde das Datenmaterial durch offenes Codieren kategorisiert und anschließend durch axiales Codieren weiter ausdifferenziert. Die Codes entstanden bei der Arbeit am Untersuchungsmaterial, insgesamt wurden über 200 Stellen codiert. Der Codebaum findet sich im Anhang (vgl. Anhang K).
[51] Im Folgenden werden die Interview-Quellen nach Laufender Nummer (Lfd.) und entsprechend der Nummerierung der Fragestellung des Leitfadens (vgl. Anhang L) zitiert.

einfach bekannt machen will", das iPad an: „Irgendwie gibt's Werbung für n neues iPad, du kannst es aber noch nicht kaufen. Dass man es bekannt macht. Und dann ist es interessant für die Leute und dann wollen die das vielleicht kaufen" (Lfd. 3, 3.1). Den Aussagen der Jugendlichen zufolge wird mit Werbung versucht, auf Dinge aufmerksam zu machen. Dabei ist Werbung nach Aussage eines Teilnehmers auch immer zielorientiert angelegt. In Werbung wird „eben auf irgendetwas hingewiesen mit dem Ziel, dass man, wenns jetzt n Link ist, den Link besucht, wenn was verkauft wird, man die Sache kauft. So eben" (Lfd. 6, 3.1). Alle Interviewteilnehmer beschreiben zentrale Eigenschaften von Werbung, die sich auch in gängigen Definitionen wiederfinden (vgl. 4.1).

Werbung stellt einen wesentlichen Finanzierungsfaktor der Medien dar. Allen Interviewteilnehmern ist bewusst, dass sich Jugendmagazine – wie andere Medien auch –über den Kaufpreis und über Werbeeinnahmen finanzieren. Daher sind einige Teilnehmer auch der Auffassung, dass Informationen in der Werbung immer einseitig dargestellt werden, also „dass die nur die eine Seite beurteilen und eben nicht insgesamt, sondern immer nur aus einer Sicht verrichten" (Lfd. 1, 4.1). Das liegt nach Aussage eines Teilnehmers in der Natur der Sache, denn „Werbung soll immer einen positiven Eindruck vermitteln" (Lfd. 4, 3.1).

Auf die Frage, ob sie es wichtig finden, dass Werbung in Abgrenzung zu redaktionellen Beiträgen immer als Werbung erkennbar ist, antwortet nur ein Jugendlicher mit einem „ich finds egal" (Lfd. 2, 4.2). Die anderen Jugendlichen sind der Meinung, dass man wissen müsse, ob es sich um Werbung handelt oder nicht. Ein Jugendlicher argumentiert, es sei wichtig, Werbung erkennen zu können, „damit man nicht irgendwie jetzt unterbewusst beeinflusst wird, also ne Art Schleichwerbung" (Lfd. 6, 4.2). Von den Jugendlichen wird mit Blick auf die Erkennbarkeit von Werbung nicht nur das Argument der vorsätzlichen Täuschung angeführt. Ein Mädchen gibt an, dass

> „es eigentlich auch Spaß [macht] sich mit so was auseinanderzusetzen. Wenn man dann so ne Werbung erkennt. Also, okay das ist jetzt Werbung, aber ich find das ist einfach auffälliger und das macht auch Spaß sich dann, also wenn das in so nem Artikel wär, dann denkt man immer so, oh jetzt muss ich das Ganze durchlesen, aber wenns dann so n bisschen schön aufbereitet ist, dann macht es auch Spaß sich mit dem auseinanderzusetzen (…) Ich find einfach Werbung extrem ansprechend auch, wenns halt schön gestaltet ist so. Ja ich mein, so. Ja. Das sollte schon erkennbar sein. Ja doch" (Lfd. 5, 4.4).

Diese Jugendliche stützt ihre Argumentation für eine Werbekennzeichnung nicht auf den Umstand, dass man unterbewusst beeinflusst oder getäuscht wird, wenn Werbeinhalte nicht eindeutig als Werbung erkennbar sind. Vielmehr findet sie es wichtig, dass Werbung erkennbar ist, weil sie an Werbung interessiert ist. Sie führt auch an, dass Werbung nicht zu textlastig sein sollte, da sie es nicht so mag, wenn „man dann so was so ewig lang durchlesen muss" (Lfd. 5, 4.2). Bei

ihren Überlegungen bezieht die Jugendliche auch die Perspektive der Werbetreibenden mit ein. Sie ist der Meinung, dass „die ja einfach auch Arbeit damit [ha-
ben] und das ist ne Werbung für sie und ich denk, warum macht man dann so
was unauffälliges, ich mein, wenn man da was Schönes, was Auffälliges machen
kann, das jeden anspringt, das ist doch viel geschickter für die" (Lfd. 5, 4.2). Die
Annahme, dass sich Werbeinhalte, die anhand ihrer gestalterischen Merkmale
nicht offensichtlich als Werbung erkennbar sind, für die jugendliche Zielgruppenansprache anbieten, wird über die Aussage der Interviewteilnehmerin nicht
bestätigt. Auch wenn die jugendliche Argumentation für die Erkennbarkeit von
Werbung von der Teilnehmerin nicht normativ begründet, sondern an den eigenen Nutzungspräferenzen fest gemacht wird, zeigt sich an dieser Stelle, dass die
medienethische Forderung nach Erkennbarkeit von Werbung den Interessen der
Werbebranche, die jugendliche Zielgruppe mit Werbung zu erreichen, aus jugendlicher Perspektive in keinster Weise entgegensteht. Vielmehr wird deutlich,
dass redaktionell gestaltete Werbung von den Jugendlichen weniger akzeptiert
(und gewüscht) wird als Werbung, die offensichtlich als solche erkennbar ist.
Von den Interviewteilnehmern geben alle an, Werbung gegenüber offen einge-
stellt zu sein und sich gerne mit Werbung zu beschäftigen. Zwei der Jugendlichen meinen jedoch, dass es auf das Thema und die Darstellung ankäme, ob sie
Werbeinhalte anschauen oder nicht.

8.4.2 Kategorisierungsmerkmale: Werbung vs. Artikel

Im Rahmen der Leitfadeninterviews wurde auch erfragt, anhand welcher Merkmale Werbeinhalte nach Ansicht der Jugendlichen als Werbung erkennbar und
von redaktionellen Beiträgen abgrenzbar sind. Sofern die Jugendlichen (theoretisch) über das Wissen verfügen, Werbung und redaktionelle Beiträge zu kategorisieren, kann zunächst auch davon ausgegangen werden, dass Werbung von den
Jugendlichen (auch praktisch) erkannt wird.
    Die Jugendlichen kategorisieren Werbeinhalte anhand verschiedener Fakto-
ren als Werbung. Sie geben an, Inhalte dann als Werbung zu erkennen, wenn
beispielsweise „irgendwelche Werbesprüche drauf sind" (Lfd. 1, 3.2), „wenn so
was namentlich raus gehoben wird" und „durch Bilder, die auffallen" (Lfd. 5,
3.2). Eine Teilnehmerin führt an, dass Werbung „auch irgendwie bunt und auffällig gestaltet ist", auch wenn es natürlich ebenso „weniger auffällige gibt", die
„man dann eigentlich nur [erkennt], wenn man sie durchliest (Lfd. 3, 3.2). Als
weitere Kriterien für die Kategorisierung von Werbung werden „die Adresse und
die Firma oder der Kontakt" und der (Produkt-)Preis genannt (ebd.). Im Unterschied zu den Mädchen nennen die Jungen nicht nur Bilder, Farbigkeit, Preisan-

gaben, Logo oder Impressum als Erkennungsmerkmal von Werbung, sie führen auch Links als Kennzeichen von Werbung beziehungsweise als eigenes Werbeformat an. Einer der Teilnehmer meint, Werbung daran zu erkennen, dass „zum Beispiel Seiten angezeigt werden oder Foren" (Lfd. 2, 3.2). Ein anderer Jugendlicher führt an, dass er „natürlich erst mal nach Web-Links geguckt" habe, da „das ja immer Werbung [ist], wenn im Heft für etwas im Internet geworben wird" (Lfd. 6, 3.2). Da die Frage nach Merkmalen von Werbung in Abgrenzung zu redaktionellen Beiträgen bewusst erst nach der Durchführung des Quasi-Experiments gestellt wurde, bezogen sich die Jugendlichen in ihren Erklärungen immer wieder beispielhaft auf Werbemittel in der YAEZ und im SPIESSER.

Die Frage, anhand welcher Kriterien journalistische Beiträge erkennbar sind und wie diese sich von Werbeinhalten unterscheiden lassen, beantworten die Jugendlichen alle ähnlich. Sie sind der Auffassung, dass Informationen in Artikeln genauer beschrieben und ausführlicher dargestellt werden als in der Werbung. Im Unterschied zu Werbeinhalten sind Artikel nach Angaben der Jugendlichen immer sachlich. Bei Artikeln steht nach Aussage eines Teilnehmers „eben nicht im Vordergrund für etwas zu werben, sondern nur darüber zu informieren" (Lfd. 6, 3.3). Im Unterschied zur Werbung sind nach Angaben einer Jugendlichen Artikel „nicht irgendwie bunt, durcheinander, mit irgendwelchen Bildern gestaltet. Es wird auch eigentlich jetzt glaub ich nicht auf irgendein Bild drauf geschrieben" (Lfd. 3, 3.3). Redaktionelle Beiträge sind einer anderen Teilnehmerin zufolge zwar auch bebildert, „aber die sind dann nicht so groß und sind auch nicht so der Hauptpunkt von dem Artikel wie bei der Werbung" (Lfd. 5, 3.3). Der Aussage einer anderen Teilnehmerin zufolge erkennt man einen Artikel im Unterschied zu Werbung auch immer daran „dass entweder *Artikel* drüber steht oder ne Überschrift oder am Thema" (Lfd. 1, 3.3). Die Jugendlichen unterscheiden Werbeinhalte und redaktionelle Inhalte insbesondere anhand von Merkmalen wie der Textlänge und der thematischen Ausrichtung voneinander. Ein Teilnehmer ist der Auffassung, dass Werbung und redaktionelle Inhalte auch miteinander verbunden werden können und damit nicht immer eindeutig voneinander abgrenzbar sind. Seiner Meinung nach kann man

> „nen normalen Artikel schreiben und gleichzeitig da etwas reinbringen, was dann eben auch als Werbung angesehen werden kann. (Pause) N Artikel ist halt n, also find ich jetzt, sehr objektiv betrachtet. Also stellt beide Seiten dar. Stellt die positiven oder erläutert vor allem einfach. Jetzt, warum zum Beispiel MTV Pay TV ist und ja, stellt halt beide Seiten dar und zeigt halt auch die negativen Dinge oder beziehungsweise stellt das, betrachtet das Ganze objektiv, was halt Werbung nicht tut. Aber MTV wird eben auch beworben dadurch" (Lfd. 4, 3.3).

Die Aussage des Teilnehmers verweist darauf, dass Jugendlichen eine klare Unterscheidung von redaktionellen Beiträgen und Werbeinhalten (praktisch) nicht immer eindeutig möglich ist. Die Annahme, dass unter anderem auch in Artikeln für etwas geworben wird, erschwert die Kategorisierung von Werbung und redaktionellen Inhalten.

Insgesamt zeigt sich, dass die Jugendlichen (theoretisch) über das notwendige Wissen verfügen, um Werbeinhalte und redaktionelle Inhalte voneinander abzugrenzen. Die Jugendlichen wissen, dass redaktionelle Beiträge andere Funktionen erfüllen als Werbung und Informationen entsprechend anders dargestellt werden. Die ökonomischen Hintergründe, Strukturen und Interessen der Werbeindustrie sind den Interviewteilnehmern bekannt. Keinem der Teilnehmer ist allerdings bewusst, dass Werbung, die aufgrund ihrer Gestaltung für einen redaktionellen Beitrag gehalten werden kann, als *Anzeige* gekennzeichnet werden muss. Interessanterweise führt keiner der Jugendlichen als Erkennungsmerkmal von Werbung die Kennzeichnung als *Anzeige* an. Es kann daher zunächst davon ausgegangen werden, dass den Interviewteilnehmern die Kennzeichnungspflicht nicht bekannt ist.

8.4.3 Quasi-Experiment zur Werbewahrnehmung der Interviewteilnehmer

Das Quasi-Experiment zur Wahrnehmung von Werbung wurde mit den Interviewteilnehmern durchgeführt, um zu erfahren, warum die Jugendlichen die Advertorials in den Heften komplett, teilweise oder überhaupt nicht als Werbung erkennen. Dies geschah auf zweifache Weise. Die Jugendlichen wurden gebeten, bei der Durchführung des Quasi-Experiments ihre Gedanken laut mitzusprechen und zu begründen, warum sie die Inhalte, die sie markieren, als Werbung kategorisieren. Dann wurde mit den Teilnehmern besprochen, warum die angekreuzten Inhalte als Werbung kategorisiert wurden (oder auch nicht). Die Methode des *lauten Denkens* (vgl. Joergensen 1989; Ericsson/Simon 1993) wurde herangezogen, um zu protokollieren, warum die Jugendlichen sich für oder gegen das Ankreuzen möglicher Werbebotschaften entscheiden und auf welches Kategoriensystem sie bei der Einordnung von Werbung zurückgreifen.

Die Zeit, die für die Durchführung des Quasi-Experiments benötigt wurde, variiert je nachdem, wie ausführlich die Jugendlichen sich mit den Heften beschäftigten. Je nach Gesprächspartner dauerte die Durchführung des Quasi-Experiments zwischen minimal 6:13 Minuten und maximal 25:16 Minuten. Im Rahmen der Auswertung wurde die Rezeptionszeit mit erfasst. Es wurde notiert, wann eine Seite umgeblättert wurde und wann etwas zu einem der Inhalte gesagt wurde. Die Protokollierung der Zeitpunkte, bei denen umgeblättert oder benannt wurde, weshalb ein Inhalt als Werbung kategorisiert wurde, gibt Auskunft darüber, wie lange die Seiten im Heft jeweils angeschaut wurden. Es zeigt sich, dass die Seiten, auf denen Werbeanzeigen, Gewinnspiele oder Artikel abgebildet sind, schneller weiter geblättert wurden als Seiten, auf denen Advertorials oder Inhalte platziert sind, die nicht auf den ersten Blick als Werbung wahrnehmbar sind.

Die Jugendlichen kamen unterschiedlich gut mit der Situation zurecht, ihre Gedanken bei der Durchführung des Quasi-Experiments laut mitzusprechen beziehungsweise zu begründen, warum sie die Inhalte als Werbung kategorisieren. Zumeist kommentierten die Jugendlichen nur die Inhalte, von denen sie dachten, es sei Werbung. Die Interviewteilnehmer markierten Werbeanzeigen, Advertorials sowie Gewinnspiele, Verlosungen und Eigenwerbung der Verlage in den Heften. Im Unterschied zu den weiblichen Teilnehmern kategorisierten die männlichen Teilnehmer vermehrt Links als Werbung. Ein Jugendlicher fragte, nachdem er den SPIESSER durchgesehen hatte, ob er das Heft nochmals durchsehen könne. Beim zweiten Durchgang markierte er alle Links, die er fand, und erklärte, dass „das hier natürlich auch Werbung [ist] für die Internetseite" und dass „das wieder Werbung [ist] für die Seite" und „hier nochmal die Internetseite" (Lfd. 6, 2). Der Jugendliche markierte alle SPIESSER.de-Links an und auf die Frage, was er jetzt noch nachgestrichen habe, meinte er: „Die Sachen für das Heft selbst. Wo es beworben wird" (ebd.). Ein anderer Junge erklärte beim Ankreuzen der Links, dass das „auch wieder von so Foren" sei und „wieder ne Aufforderung zu Foren hier" (Lfd. 2, 2).

Auswertung der Gedankendokumentation/lautes Denken

Interessanterweise äußerte sich kein Teilnehmer zu Inhalten, bei denen er nicht sicher war, ob es Werbung ist oder nicht. Insgesamt nannten fünf der sechs Jugendlichen bei jedem Inhalt, den sie als Werbung markierten, lediglich das beworbene Produkt und das Unternehmen, das die Werbung in Auftrag gegeben hat. Bis auf eine Jugendliche haben alle Interviewteilnehmer die Inhalte, die sie als Werbung kategorisiert haben, nur benannt. Es wurde jedoch nicht begründet, warum diese Inhalte als Werbung erkannt werden: „Hier wirbt die Deutsche Flugsicherung. Und hier ist noch ne Werbung für ne Sprachreise" (Lfd. 4, 2) und noch „Werbung für die T-Mobile X-treme Playgrounds. Dann Werbung für Handys" (Lfd. 2, 2) und so weiter. Die Teilnehmerin, die ausführlich begründet, anhand welcher Merkmale sie die jeweiligen Beiträge als Werbung kategorisiert, bestimmt beispielsweise das Advertorial der *SBK* als Werbung, da

„die da ja für sich [werben], indem sie einfach sagen, dass man über sie viel darüber rausfinden kann, ob gegen oder wie man sich gegen Malaria schützen kann und dass man einfach auch von den Kosten, dass die sich daran beteiligen können und ich denk das ist Werbung für sie selber dann" (Lfd. 5, 2).

Das Argument, diesen Inhalt als Werbung zu kategorisieren, ergibt sich für die Probandin anhand der Informationen im Text. Bei den meisten Werbemitteln, die sie als Werbung klassifiziert, greift sie auf Merkmale wie Bilder, E-Mail-Adressen und Logos zurück. Die Advertorials von *Gamesload.de* und *Serfaus-Fiss-Ladis* nimmt siebeispielsweise als Werbung wahr, da „Tirol auch mit m Bild und dann mit Text bewirbt, was man da machen kann (ebd.).

Auch die anderen beiden Jugendlichen, welche die YAEZ bearbeitet haben, kategorisieren das Advertorial von *Serfaus-Fiss-Ladis* sowie wie das Advertorial von *Gamesload.de* als Werbung. Diese beiden Advertorials werden, wie auch die Werbeanzeigen in der YAEZ, von allen Teilnehmern komplett als Werbung erkannt und während des Markierens ohne weitere Erklärung benannt. Alle Teilnehmer, die den SPIESSER bearbeitet haben, kategorisieren das Advertorial von *Deutsche Bahn* ebenso wie die Werbeanzeigen im Heft direkt als Werbung. Auch das Advertorial von *EADS* wird von zwei der drei Interviewteilnehmer als Werbung klassifiziert und im Rahmen der Gedankendokumentation ebenso benannt wie die Advertorials von *Serfaus-Fiss-Ladis*, von *Gamesload.de* und *Deutsche Bahn*. Es zeigt sich, dass die Advertorials, die bilddominant gestaltet sind beziehungsweise über ein annähernd gleichwertiges Text-Bild-Verhältnis verfügen, jedoch bildzentriert gestaltet sind, von den Jugendlichen beim Durchsehen der Hefte direkt als Werbung wahrgenommen werden. Diese Advertorials werden beim lauten Denken ebenso als Werbung aufgezählt wie die Werbeanzeigen oder andere Inhalte, die von den Jugendlichen offensichtlich als Werbung kategorisiert werden: „[10:15] Da wirbt Kaufland für eine Ausbildung (blättert) (...) [10:48] Da wirbt Ideenflug. Technik. Da kann man irgendwas bauen und vorstellen" (Lfd. 3, 2).
    Die Advertorials in den Heften wurden von den Jugendlichen bei der Gedankendokumentation nicht aufgrund ihrer Kennzeichnung mit dem Anzeige-Hinweis als Werbung erkannt. Insgesamt wurde bei der Durchführung des Quasi-Experiments nur von einer Jugendlichen und auch nur bei einem Werbeinhalt die Kennzeichnung als *Anzeige* zur Kenntnis genommen. Keiner der anderen Interviewteilnehmer hat die Kennzeichnung als *Anzeige* registriert, und das, obwohl im SPIESSER nicht nur die meisten Advertorials als *Anzeige* ausgewiesen sind, sondern auch alle Werbeanzeigen. Während die Jugendliche das Advertorial von *Deutsche Bahn* als Werbung markiert, erklärt sie, dass sie gar nicht wisse, was sie als Begründung für die Erkennbarkeit der Inhalte als Werbung anführen soll, da es offensichtlich sei, denn es „steht da auch oben drüber, dass es ne Anzeige is" (Lfd. 1, 4.1). Die Teilnehmerin hat die Kennzeichnung bei dem Advertorial von *Deutsche Bahn* zwar wahrgenommen, bei den anderen Advertorials und den Werbeanzeigen im SPIESSER nimmt sie den Anzeige-

Hinweis jedoch nicht zur Kenntnis. Zumindest wurde die Kennzeichnung als Erkennungsmerkmal nur an einer Stelle während der Gedankendokumentation von ihr erwähnt. Die Jugendliche hat, obwohl ihr auf der ersten Seite des Heftes die Kennzeichnung als *Anzeige* aufgefallen ist, nicht alle Advertorials, die im Heft als *Anzeige* ausgewiesen sind, als Werbung erkannt. Das Advertorial von *EADS* hat sie nicht als Werbung erkannt. Als sie bei der Besprechung darauf hingewiesen wird, dass dies ein Advertorial sei, meint sie, „ja, jetzt seh ichs auch (lacht) (…) Ja, weil man kann das ja da oben lesen. Das hab ich ganz übersehen" (ebd.). Die Ergebnisse des Quasi-Experiments zur Werbewahrnehmung mit den Interviewteilnehmern zeigen, dass die Advertorials in den Heften zunächst nicht aufgrund der Kennzeichnung mit dem Hinweis *Anzeige* als Werbung erkannt werden. Den Jugendlichen ist zumeist gar nicht bewusst, dass Werbung, die aufgrund ihrer gestalterischen Merkmale nicht eindeutig erkennbar ist, als *Anzeige* gekennzeichnet werden muss.

Besprechung des Quasi-Experiments zur Werbewahrnehmung der Interviewteilnehmer

Die Advertorials in der YAEZ und im SPIESSER wurden von den Interviewteilnehmern entweder komplett, teilweise oder überhaupt nicht als Werbung wahrgenommen. Bei der gemeinsamen Besprechung der markierten Heftseiten wurde erfasst, warum die Advertorials von den Jugendlichen in unterschiedlichem Umfang als Werbung kategorisiert werden. Bei Advertorials, die von den Teilnehmern nur teilweise oder überhaupt nicht als Werbung erkannt wurden, wurde zunächst gefragt, was auf der jeweiligen Heftseite zu sehen sei. Die Jugendlichen antworteten dann, dass es sich bei dem Beitrag beispielsweise um einen Artikel und um zwei Verlosungen handle. Es wurde weiter gefragt, warum sie denken, dass es ein Artikel sei. Wenn den Jugendlichen auch während der Besprechung nicht auffiel, dass der Beitrag kein Artikel, sondern ein Werbeinhalt ist, wurde die Situation aufgeklärt. Es wurde dargelegt, dass es sich bei diesem Werbeinhalt um ein Advertorial handle und dass Werbung, die nicht schon durch Anordnung und Gestaltung als Werbung erkennbar ist, als *Anzeige* gekennzeichnet werden muss.

Während der Besprechung waren die Jugendlichen sichtlich überrascht, dass es Werbeformen gibt, die wie redaktionelle Beiträge gestaltet sind und als *Anzeige* gekennzeichnet werden müssen. Die meisten Jugendlichen geben an, dass sie das Wort *Anzeige* übersehen hätten, weil „man zuerst auf die Überschrift und dann auf die Bilder schaut und dann halt danach auf den Text und dann guckt man nicht oben in die Ecke, ob da jetzt *Anzeige* steht oder nicht" (Lfd. 1,

4.1). Es wurde gefragt, ob die Kennzeichnung mit dem Hinweis *Anzeige* ihrer Meinung nach sinnvoll sei. Grundsätzlich finden die Interviewteilnehmer den Hinweis *Anzeige* (oder auch *Werbung*) gut. Sie finden es allerdings, so wie es ist, „n bisschen klein und wenn man nicht drauf achtet überliest mans halt". Eine Teilnehmerin gibt an, dass sie glaube, es „ist eben absichtlich so. Man soll ja nicht sofort sehen, dass es Werbung ist" (Lfd. 1, 4.3). Ein Jugendlicher ist der Meinung, dass es „extra so klein gemacht [ist], damit mans nicht sofort als Werbung enttarnt. Aber ich glaub die müssen das sogar kennzeichnen" (Lfd. 6, 4.1). Er ist der Einzige, der davon ausgeht, dass Werbeinhalte, die aufgrund ihrer redaktionellen Gestaltung nicht als Werbung erkennbar sind, in irgendeiner Form als Werbung kenntlich gemacht werden müssen. Mit Ausnahme von zwei Jugendlichen, denen bei der Besprechung die Kennzeichnung als *Anzeige* auffiel, registrierten die restlichen Interviewteilnehmer den Anzeige-Hinweis nicht. Die Jugendlichen formulieren Vorschläge für eine eindeutigere Kennzeichnung von Werbeinhalten. Eine Teilnehmerin meint, dass man es „ja irgendwie rot umkringeln oder größer machen [könnte], dass mans nicht so leicht übersieht, dass es ne Werbung ist" (Lfd. 1, 4.3). Die Kennzeichnung sollte den Jugendlichen zufolge nicht nur größer „und n bisschen dicker [sein], damit man das auch gleich erkennt" (Lfd. 2, 4.3), ihrer Meinung nach sollten die Advertorials auch über ein anderes Layout verfügen und anders gestaltet sein wie redaktionelle Beiträge. So dürfe der Hintergrund bei Werbung beispielsweise nicht weiß sein, führt eine Jugendliche an, denn „das ist bei nem Artikel so, aber bei ner Werbung nicht. Das müsste dann so wie hier unten zum Beispiel also n bunten Hintergrund haben" (Lfd. 5, 4.4). Ein Teilnehmer ist der Meinung, dass die Kennzeichnung als *Anzeige* auch leicht überlesen werden könne, so dass „vielleicht ein ganz anderes Layout" sinnvoll wäre, um Werbung von redaktionellen Inhalten abzugrenzen (Lfd. 4, 4.1). Wenn er seine Werbung kennzeichnen müsste, „stände da wahrscheinlich die E-Mail-Adresse drauf beziehungsweise die Internetseite mit Telefonnummer, das Logo (…), halt diese ganzen Adressen und Telefonnummern" (Lfd. 4, 4.3). Advertorials sollten nach Aussage der Jugendlichen nicht nur deutlicher gekennzeichnet werden, sondern auch über ein anderes Layout verfügen. Die Vorschläge zielen darauf ab, Advertorials eher wie Anzeigen zu gestalten und damit offensichtlich als Werbung erkennbar zu machen.

Die Aussagen der Interviewteilnehmer zu den einzelnen Advertorials in der YAEZ und im SPIESSER geben Hinweise darauf, warum die Advertorials in den Heften von den Jugendlichen in unterschiedlichem Umfang als Werbung wahrgenommen werden. Die Ergebnisse der Gedankendokumentation und Besprechung mit den Interviewteilnehmern werden nachfolgend in Beziehung gesetzt mit den Ergebnissen des Quasi-Experiments mit den Schulklassen.

8.4.4 Advertorials aus jugendlicher Sicht – Erkennungsmerkmale

Bevor nun die Aussagen der Interviewteilnehmer zusammengeführt werden, die Aufschluss darüber geben, anhand welcher Merkmale die Advertorials im Einzelnen von den Jugendlichen als Werbung kategorisiert wurden, werden zunächst die Ergebnisse des Quasi-Experiments, das mit den Interviewteilnehmern durchgeführt wurde, dargestellt.

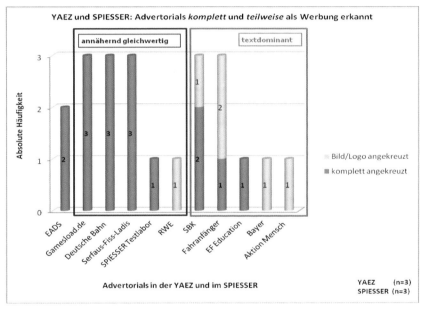

Abbildung 30: Advertorials *komplett/teilweise* als Werbung erkannt (je n=3)

Wirft man einen vergleichenden Blick auf die Ergebnisse des Quasi-Experiments in den Schulklassen, zeigt sich, dass die Erkennungswerte der Interviewteilnehmer im Wesentlichen die Ergebnisse der Schulklassen[52] abbilden (vgl. *Abbildung*

---

[52] Das Quasi-Experiment zur Wahrnehmung von Werbung wurde mit 19 Schulklassen in Baden-Württemberg durchgeführt. Auch im Rahmen der Leitfadeninterviews wurde das Quasi-Experiment zur Werbewahrnehmung herangezogen, um zu erfassen, anhand welcher Merkmale die Jugendlichen Advertorials als Werbung kategorisieren. Die sechs Datensätze des Quasi-Experiments zur Wahrnehmung von Werbung der Interviewteilnehmer wurden für die Gesamtauswertung zu den Daten der Schulklassen dazu gerechnet (vgl. 8.3). Nachfolgend werden die Aussagen der Interviewteilnehmer auf die Ergebnisse des Quasi-Experiments der Schulklassen bezogen dargestellt.

28). Die Aussagen der Interviewteilnehmer können freilich nicht verallgemeinert und als Erklärung für das Ankreuzverhalten der Jugendlichen in den Schulklassen herangezogen werden, dennoch liefern sie Hinweise auf Merkmale, die bei der Kategorisierung von Advertorials herangezogen werden. Die Aussagen der Jugendlichen geben Aufschluss darüber, warum die Advertorials in den untersuchten Heften von den Jugendlichen in unterschiedlichem Umfang als Werbung erkannt werden. Die Ergebnisse werden nachfolgend für jedes Advertorial einzeln dargestellt.

Advertorials, die bilddominant gestaltet sind

Von den elf untersuchten Advertorials in der YAEZ und im SPIESSER ist nur eins bilddominant gestaltet. Das Advertorial von *EADS* wird von 80,5 Prozent der Teilnehmer des Quasi-Experiments in den Schulklassen komlett als Werbung erkannt. Von den drei Jugendlichen, die den SPIESSER im Rahmen der Leitfadeninterviews bearbeitet haben, hat lediglich eine Jugendliche das Advertorial von *EADS* nicht als Werbung kategorisiert. Sie „dachte, es hätte auch wieder was mit diesem SPIESSER zu tun, weils ja da auch wieder drunter stand, deswegen dacht ich, vielleicht hätte der, ja vielleicht hängen die irgendwie zusammen oder so und deswegen. Aber oben drüber steht auch *Anzeige*, von daher (lacht)" (Lfd. 1, 4.1). Interessanterweise wurde erkannt, dass es sich bei dem Advertorial um eine Kooperation von *EADS* und dem SPIESSER handelt. Der Inhalt wurde in diesem Fall aufgrund des SPIESSER-Logos jedoch als Teil der Zeitschrift kategorisiert, nicht als Werbung. Das Advertorial wurde von den anderen beiden Interviewteilnehmern bei der Durchführung des Quasi-Experiments direkt erkannt und bennant. Der Anzeige-Hinweis wurde von den Jugendlichen erst während der Besprechung zur Kenntnis genommen. Dieses Advertorial wurde aufgrund der Gestaltung, nicht aufgrund der Kennzeichnung als *Anzeige* als Werbung erkannt.

Advertorials mit annähernd gleichwertigem Text-Bild-Verhältnis

Von den untersuchten Advertorials verfügen fünf über ein annähernd gleichwertiges Text-Bild-Verhältnis. Vier sind als *Anzeige* gekennzeichnet (*Gamesload.de, Serfaus-Fiss-Ladis, Deutsche Bahn, RWE*), ein Advertorial (*SPIESSER Testlabor*) ist nicht als Werbung ausgewiesen.
  Zwei der fünf Advertorials, die über ein annähernd gleichwertiges Text-Bild-Verhältnis verfügen, haben eine verhältnismäßig große Bildfläche. Die

Advertorials von *Gamesload.de* und *Deutsche Bahn* wirken auf den ersten Blick daher – wie auch das bilddominante Advertorial von *EADS* – verstärkt wie Werbeanzeigen. Diese beiden Advertorials werden von den Schulklassen sowie den Interviewteilnehmern in ähnlich hohem Maß komplett als Werbung kategorisiert wie die Werbeanzeigen in den Heften. Die Advertorials von *Gamesload.de* und *Deutsche Bahn* werden von 98,3 Prozent beziehungsweise 73,3 Prozent der Jugendlichen in den den Schulklassen komplett als Werbung wahrgenommen. Beide Advertorials wurden von den Interviewteilnehmern bei der Durchführung des Quasi-Experiments direkt als Werbung erkannt und benannt. Bei der Besprechung wurde dies nicht anhand der Kennzeichnung mit dem Anzeige-Hinweis oder der schwarzen Rahmung des Advertorials von *Gamesload.de* begründet, die Jugendlichen gaben lediglich an, dass es offensichtlich sei, dass es sich um Werbung handle.

Das *SPIESSER Testlabor* wird den Ergebnissen des Quasi-Experiments in den Schulklassen zufolge von 30,8 Prozent der Jugendlichen komplett als Werbung kategorisiert. Bei diesem Advertorial wurden in ähnlichem Maß nur Bilder und Links als Werbung wahrgenommen (31,7 Prozent) wie die gesamte Werbefläche. Von den drei Interviewteilnehmern hat nur ein Jugendlicher das *SPIESSER Testlabor* komplett als Werbung erkannt. Eine Teilnehmerin meint, sie habe es nicht markiert, da sie dachte, es handle sich „um eine Aktion oder irgendwie so n Test von dieser Zeitschrift eben. Ich glaub nicht, dass das ne Werbung direkt ist, weil ich glaub das ist für den Leser als Test bestimmt" (Lfd. 1, 4.1). Auch die andere Teilnehmerin argumentiert, dass es nicht wirklich eine Werbung sei, weil da nicht von den Herstellern direkt geworben werde, „sondern sie da nur die Sachen getestet haben" (Lfd. 3, 4.1). Das Advertorial wurde von den Interviewteilnehmerinnen nicht als Werbung, sondern als Test kategorisiert und dem redaktionellen Teil zugeordnet. In diesem Fall wird ähnlich argumentiert wie bei dem Advertorial von *EADS*, das von einer Teilnehmerin nicht als Werbung, sondern als Kooperation und damit als redatktioneller Inhalt eingeordnet wurde. Im Unterschied zu den Schulklassen markierte keiner der Interviewteilnehmer bei dem Advertorial nur die Produktabbildunge, das Advertorial wurde entweder komplett oder überhaupt nicht als Werbung kategorisiert.

Das Advertorial von *Serfaus-Fiss-Ladis* verfügt über eine verhältnismäßig große Bildfläche. Auf der linken Hälfte des Advertorials sind Bilder und Headline platziert, der Fließtext befindet sich auf der rechten Hälfte. Den Ergebnissen des Quasi-Experiments der Schulklassen zufolge erkennen 41,2 Prozent der Probanden das Advertorial komplett als Werbung. Der Anteil der Jugendlichen, die lediglich die Bildfläche als Werbung wahrnehmen, liegt mit 54,1 Prozent überdurchschnittlich hoch. Die Interviewteilnehmer kategorisieren das Advertorial alle komplett als Werbung. Sie sind der Meinung, dass die Bilder

und der Text zusammengehören. Eine Jugendliche führt an: „Das sieht man einfach, dass das zusammengehört, allein schon mal durch den Rahmen, find ich"
(Lfd. 5, 4.1). Die Advertorials in der YAEZ, die als *Anzeige* gekennzeichnet
sind, sind alle schwarz gerahmt. Die Rahmung der Advertorials ist keinem der
anderen Interviewteilnehmer aufgefallen, ebenso wenig die Kennzeichnung als
Anzeige.

Im Unterschied zu den anderen Advertorials, die über ein annähernd
gleichwertiges Text-Bild-Verhältnis verfügen, ist das *RWE*-Advertorial textzentriert gestaltet. Trotz der Kennzeichnung als *Anzeige* wird dieses Advertorial von
den Jugendlichen, die den SPIESSER im Rahmen des Quasi-Experiments zur
Werbewahrnehmung in den Schulklassen bearbeitet haben, vergleichsweise
selten als Werbung kategorisiert. Insgesamt erkennen 40,8 Prozent der Probanden das Advertorial der *RWE* nicht als Werbung. Auch von den Interviewteilnehmern nimmt keiner dieses Advertorial komplett als Werbung wahr. Die beiden Jugendlichen, die das Advertorial nicht als Werbung markiert haben, antworten bei der Besprechung auf die Frage, was auf der Seite zu sehen sei, dass es
sich um einen Artikel handle. Eine Teilnehmerin denkt, es sei ein Artikel, weil
„das gibt ja Informationen über verschiedene Dinge wieder. Also es wird ja erklärt, was da dieses, also was da, wie es um die Energie steht (…) und sonst
hätten die ja nicht so viel geschrieben, wenn es ne Werbung hätte sein sollen"
(Lfd. 1, 4.1). Die andere Teilnehmerin meint, dass man es auch sähe,

> „wenns n Artikel ist, dann steht ne Überschrift drauf. Zum Beispiel jetzt hier „Wie steht es um
> die Energie der Zukunft?" und da stehen noch zum Beispiel hier unten das „Welche Meinung
> habt ihr?" und Link-Adressen, wo man sich austauschen kann. Das ist jetzt keine Werbung find
> ich. Das ist jetzt n Artikel. (…) Da steht ne große Überschrift, da steht ne Zeile drunter mit ner
> kurzen Beschreibung. Also ich glaub das ist einfach ein Artikel, weil in der Werbung stehen
> nicht zum Beispiel, hier, viele Überschriften und dann kommt nicht irgendwo „noch ein Fakt "
> und ne Zusammenfassung und solche Sachen" (Lfd. 3, 4.1).

Von den beiden Teilnehmerinnen wird das Advertorial der *RWE* unter Rückbezug auf Merkmale wie die Überschrift und den hohen Textanteil als redaktioneller Inhalt und nicht als Werbung kategorisiert. Ein Jugendlicher hat nur die Links
des *RWE*-Advertorials als Werbung markiert. Auf die Frage, was auf der Doppelseite zu sehen sei, antwortet er erst nicht. Dann fällt ihm plötzlich das *RWE*-
Logo auf. Er überlegt und meint, dass die Seite möglicherweise Werbung sei,
weil in der Überschrift *RWE* genannt werde und wenn man „das genau durchge-
lesen hätte, dann hätte man es vielleicht auch gemerkt" (Lfd. 6, 4.1). Er hat das
Advertorial nicht als Werbung erkannt, sondern nur die Links als Werbung markiert. Das Advertorial wird von keinem der Intervieteilnehmer als Werbung
erkannt, vielmehr wird es aufgrund von gestalterischen Merkmalen wie Über-
schrift(en), Text-Bild-Verhältnis als Artikel kategorisiert.

Advertorials, die textdominant gestaltet sind

Von den fünf textdominanten Advertorials sind nur zwei als *Anzeige* gekennzeichnet (*SBK, Fahranfänger*). Zwei weitere sind nicht als Werbung ausgewiesen (*Bayer, Aktion Mensch*) und eins wird als *Aktion* umschrieben. Bei den Advertorials von *Bayer* und der *Aktion Mensch*, die nicht gekennzeichnet sind, wird im Unterschied zu den anderen textdominanten Advertorials ein Autor angeführt, ein Logo ist in beiden Fällen nicht angegeben.

Ein Blick auf die Ergebnisse der Auswertung des Quasi-Experiments der Schulklassen zeigt, dass die Advertorials von *Bayer* und der *Aktion Mensch* vergleichsweise selten komplett als Werbung kategorisiert werden. Diese Advertorials werden von 94,4 Prozent (*Aktion Mensch*) beziehungsweise von 90,1 Prozent (*Bayer*) der Jugendlichen nicht als Werbung wahrgenommen. Von den Interviewteilnehmern erkennt keiner das Advertorial der *Aktion Mensch* komplett als Werbung. Ein Teilnehmer gibt an, dass es sich bei diesem Inhalt um einen Artikel handle, eine der Jugendlichen ist sich bei der Besprechung unschlüssig. Sie ist der Meinung, dass es eigentlich ein Artikel ist, dass es „aber halt schon n bisschen für die Aktion [wirbt]. Ich weiß es nicht. Also da fand ichs ganz schwer" (Lfd. 5, 4.1). Sie entschied sich letztlich dafür, den Beitrag nicht als Werbung zu markieren, „weil es einfach artikelmäßig eher ist" (ebd.). Auch der dritte Teilnehmer, der die YAEZ bearbeitet hat, kategorisiert nicht den gesamten Beitrag, sondern nur den Informationskasten des Advertorials als Werbung. Er argumentiert, dass „das nochmal speziell für die *Aktion Mensch* [wirbt]. Da wird nochmal gesagt, was die da machen, positiv. Und es ist die E-Mail-Adresse angegeben" (Lfd. 4, 4.1). Er geht davon aus, dass der Text ein redaktioneller Beitrag ist und ordnet nur den Informationskasten, in dem über einen Link explizit auf die *Aktion Mensch* aufmerksam gemacht wird, als Werbung ein.

Der Jugendliche, der Teile des Advertorials der *Aktion Mensch* als Werbung kategorisiert hat, markierte auch Teile des Advertorials von *Bayer*, der Text wurde jedoch nicht als Werbung wahrgenommen. Auf die Frage, warum er den Beitrag nur teilweise als Werbung kategorisiere, antwortet er:

> „Wenn ich das jetzt hier les, die ganzen Artikel und dann das hier. Das sieht halt genauso aus wie der Artikel da drüber und der daneben. Da fällt der so als Artikel getarnt gar nicht auf, weil er sich gar nicht abgrenzt von den anderen Artikeln. Also das hat jetzt keine farbliche Abgrenzung, es hat jetzt kein, ähm, kein stichpunkthaltiges Layout, sag ich jetzt mal. Es ist, man muss es durchlesen. Es ist nicht so überfliegbar" (Lfd. 4, 4.1).

Dieser Jugendliche hat sowohl bei dem Advertorial der *Aktion Mensch* als auch bei dem Advertorial von *Bayer* die Informationskästen als Werbung markiert. Als Erklärung dafür, warum er die Texte nicht auch als Werbung kategorisiert, führt er ebenso wie die anderen Teilnehmer an, dass die Beiträge eher wie Artikel wirken, nicht wie Werbung. Die beiden Jugendlichen, die das Advertorial von *Bayer* nicht als Werbung wahrnehmen, kategorisieren es als redaktionellen Beitrag. Eine Teilnehmerin meint während der Besprechung, dass „das ja eigentlich n klarer Artikel ist (…) Das ist in dem Artikel verpackt, also sie werben ja schon dafür, dass man Ausbildungsscout wird, aber auch wieder in nem Artikel verpackt und dann ist es nicht ganz so auffällig" (Lfd. 5, 3.4). Die Jugendlichen sind der Auffassung, dass die Advertorials von *Bayer* und der *Aktion Mensch* wie Artikel gestaltet sind und daher nicht unmittelbar als Werbung erkannt werden können. Erschwert wird eine Kategorisierung der Advertorials auch dadurch, dass sie in ihrer Erscheinung den umliegenden redaktionellen Beiträgen ähneln und in beiden Fällen ein Autor angeführt wird.

Das Advertorial von *EF Education*, das nur aus Textelementen besteht und nicht als *Anzeige* gekennzeichnet ist, wird den Ergebnissen des Quasi-Experiments der Schulklassen zufolge lediglich von 9,4 Prozent der Jugendlichen komplett als Werbung erkannt. Das Logo wurde hingegen von 21,5 Prozent der Probanden markiert. Von den Interviewteilnehmern erkennt nur ein Jugendlicher das Advertorial komplett als Werbung. Er erklärt, dass es noch zu der anderen Werbung von *EF Education* gehöre. Auf die Frage, was auf dieser Seite zu sehen sei, meint eine Teilnehmerin, die das Advertorial nicht als Werbung erkannt hat, nach einer kurzen Pause, dass „das eigentlich auch eine sein [müsste]. Aber die ist geschickt getarnt" (Lfd. 5, 4.1). Die Kategorisierung des Advertorials als Werbung ist schwierig, da es gestaltet ist wie die redaktionellen Beiträge auf der Heftseite. Keiner der Jugendlichen nimmt zur Kenntnis, dass der Beitrag als *Aktion von YAEZ und EF International Academy* ausgewiesen ist, obwohl dieser Hinweis direkt über dem Logo angebracht ist. Bei diesem Advertorial wird von zwei Teilnehmern das Logo als Werbung markiert, die Textelemente werden dem redaktionellen Teil zugeordnet.

Das Advertorial der *SBK* ist auch textdominant gestaltet, es wird im Unterschied zu den anderen textdominanten Advertorials mit 48,1 Prozent jedoch verhältnismäßig häufig komplett als Werbung erkannt. Zwei der Interviewteilnehmer kategorisieren das Advertorial der *SBK* komplett als Werbung, einer markierte lediglich das Logo. Er erklärt, dass „das hier jetzt n Artikel [ist], find ich und das ist halt Werbung, die die machen mit dem Logo" (Lfd. 2, 4.1). Das Bild gehört seiner Meinung nach zu dem Artikel über Malaria. Ein Jugendlicher argumentiert, dass er das Advertorial der *SBK* komplett als Werbung erkannt habe, weil „diese SBK-Auslandsberatung informiert und gleichzeitig damit aber auch für sich wirbt" und dann „die Info mit der Telefonnummer, die E-Mail-Adresse und das Zeichen" angegeben sind (Lfd. 4, 4.1). Die andere Jugendliche begründet die Kategorisierung des Advertorials anhand des Logos und der Annahme, dass „die da für sich [werben]" (Lfd. 5, 4.1). Das Advertorial wird von den Jugendlichen aufgrund des Themas als Werbung kategorisiert, auch Logo und Impressum werden als Merkmale genannt. Die schwarze Rahmung sowie der Anzeige-Hinweis werden von keinem der Teilnehmer zur Kenntnis genommen.

Das Advertorial von *Fahranfänger* ist im Unterschied zu den anderen textdominanten Advertorials rosa hinterlegt. Im unteren Drittel des Advertorials sind ein Informationskasten und eine Verlosung platziert. Die Ergebnisse des Quasi-Experiments zur Werbewahrnehmung in den Schulklassen zeigen, dass bei diesem Advertorial insgesamt häufiger die Bilder und die Verlosung als Werbung kategorisiert werden (39,8 Prozent) als die gesamte Werbefläche (23,1 Prozent). Von den Interviewteilnehmern hat nur eine Jugendliche das Advertorial komplett als Werbung erkannt, die anderen markierten nur Teile des Advertorials als Werbung. Die Jugendliche, die das Advertorial komplett als Werbung erkannt hat, zweifelt während der Besprechung ihre Kennzeichnung an. Sie überlegt, dass möglicherweise nur der untere Teil Werbung sei, nicht die gesamte Fläche, weil der obere Teil „eben was Informatives über den Führerschein und so ist. Deswegen könnte es auch sein, dass es artikelmäßig gedacht ist. Oder, ja. (lacht)" (Lfd. 1, 4.1). Sie erklärt weiter, dass es aber „wahrscheinlich ne ganze Werbung [ist], weil man ja nicht so was Halbes buchen [kann] eigentlich" (ebd.). Die Jugendliche ist verunsichert, da das Advertorial einem redaktionellen Beitrag gleicht. Eine Teilnehmerin meinte während der Besprechung, sie habe vergessen etwas anzustreichen, nahm den Stift und markierte die Verlosung und den Informationskasten im unteren Teil des Advertorials von *Fahranfänger* nachträglich. Dabei erklärte sie, dass es sich um eine Werbung handle für „ein Online-Lernsystem zum Fahren lernen" (Lfd. 3, 4.1). Der Teilnehmer, der den unteren Teil des Advertorials als Werbung kategorisiert hat, führt an, dass von den beiden Inhalten, die er angekreuzt hat, eines „n Gewinnspiel [ist]" und das andere, „das ist eben Werbung für so n Fahrlehrhelfer" (Lfd. 6, 4.1). Der Jugendliche wurde gebeten, den Text zu lesen, der über den Verlosungen platziert ist. Nach etwa einer Minute meinte er, „okay. Also ich hab grad gemerkt, da steht ja *Anzeige* drüber" und erklärt dann, dass es sich um Werbung handle, weil es „also ne Bewerbung für Begleitetes Fahren [ist]. Fürs Fahren lernen eben generell. Das ist eben irgendein Bericht von nem Jungen, der den Führerschein macht" (ebd.). Bei dem Advertorial wurde von keinem der Interviewteilnehmer die Kennzeichnung als *Anzeige* zur Kenntnis genommen, erst bei der Besprechung ist einem Jugendlichen der Anzeige-Hinweis aufgefallen.

Die Annahme, dass Advertorials anhand der Kennzeichnung mit dem Hinweis *Anzeige* von Jugendlichen als Werbung erkannt werden, wird über die Ergebnisse der Leitfadeninterviews nicht bestätigt. Die Advertorials im SPIESSER

sind – mit Ausnahme vom *SPIESSER Testlabor* – alle als *Anzeige* gekennzeichnet. In der YAEZ sind darüber hinaus die Advertorials, die als *Anzeige* ausgewiesen sind, schwarz gerahmt. Den Ergebnissen der Leitfadeninterviews zufolge
werden die Advertorials trotz Rahmung und Kennzeichnung mit dem Hinweis
Anzeige nicht in allen Fällen von den Jugendlichen als Werbung erkannt. Den
Jugendlichen   war   der   Anzeige-Hinweis   als   Erkennungsmerkmal   von
Advertorials vor der Besprechung nicht bekannt. Die Aussagen der Jugendlichen
lassen die Annahme plausibel erscheinen, dass die Advertorials in den untersuchten Heften aufgrund ihrer Gestaltung (Überschrift, Text-Bild-Verhältnis) als
Artikel oder als Werbung kategorisiert werden. Gerade die Advertorials, die
bilddominant gestaltet sind oder über ein annähernd gleichwertiges Text-Bild-
Verhältnis verfügen, aber bildzentriert gestaltet sind, werden von den Jugendlichen insgesamt häufiger komplett als Werbung erkannt. Advertorials, die in
ihren gestalterischen Merkmalen eher Artikeln ähneln, werden von den Jugendlichen hingegen seltener als Werbung wahrgenommen. Bei einigen Advertorials
wurden auch nur Bilder, Links und Logos als Werbung markiert, der Text wurde
dabei als redaktioneller Beitrag kategorisiert. Insgesamt gesehen werden bei fünf
der Advertorials sogar häufiger nur die Bilder, Logos, Links und Produktabbildungen als Werbung wahrgenommen als die gesamte Werbefläche (*Serfaus-Fiss-
Ladis*, *RWE*, *EF Education*, *SPIESSER Testlabor*, *Fahranfänger*).

Aus medienethischer Perspektive ist es problematisch, dass Werbeinhalte
nicht immer von den Jugendlichen als Werbung wahrgenommen werden. Es
zeigt sich, dass die Jugendlichen die Informationen der Advertorials, wenn sie
diese nicht als Werbung erkennen, sondern als redaktionellen Beitrag kategorisieren, als objektive Darstellung und damit als wahrhaftig annehmen. Eine Teilnehmerin, die das Advertorials der *RWE* nicht als Werbung kategorisiert, führt
an, dass sie diesen Inhalt bei Bedarf auch für ein Referat in der Schule heranziehen würde (vgl. Lfd. 3, 4.1). Die Ergebnisse der Auswertung der Leitfadeninterviews zeigen, dass, die Informationen der Advertorials, die nicht als Werbung
erkannt, sondern als Artikel kategorisiert werden, von den Jugendlichen als
wahrhaftig und glaubwürdig eingestuft werden.

Unter Rückbezug auf die Untersuchungsergebnisse ist aus medienethischer
Perspektive zu beleuchten, inwieweit die Kennzeichnungskriterien für Sonder-
werbeformen wie Advertorials derzeit ausreichend bestimmt sind und welche
Konsequenzen sich für die Medienbildung ableiten lassen. Eine medienethische
Beurteilung der empirischen Ergebnisse wird an späterer Stelle geleistet (vgl.
Kapitel 10). Zuvor werden die zentralen Ergebnisse der Untersuchung nochmals
zusammengeführt und interpretiert.

9 Zusammenführung und Interpretation der Ergebnisse

Im vorherigen Kapitel wurden die Untersuchungsergebnisse zunächst einzeln, dem jeweiligen Erkenntnisinteresse der unterschiedlichen Erhebungsstränge folgend, dargelegt. Im Rahmen des Forschungsprojekts wurde einerseits untersucht, ob redaktionell gestaltete Werbeinhalte in (Gratis-)Jugendmagazinen in Orientierung an rechtlichen und professionsethischen Kriterien als *Anzeige* gekennzeichnet werden. Diese Ergebnisse wurden über eine inhaltsanalytische Auswertung der Jugendmagazine YAEZ, SPIESSER und BRAVO eingeholt (vgl. 8.1). Andererseits war es Ziel des Forschungsvorhabens, zu erheben, ob jugendlichen Rezipienten Advertorials in (Gratis-)Jugendmagazinen als Werbung erkennen oder nicht. Dazu wurde ein Quasi-Experiment zur Werbewahrnehmung in 19 Schulklassen in Baden-Württemberg durchgeführt (vgl. 8.3). Darüber hinaus wurde in Leifadeninterviews der Frage nachgegangen, ob die Kennzeichnung als *Anzeige* ausschlaggebend ist für die Kategorisierung von Advertorials und anhand welcher Merkmale die Jugendlichen Advertorials in den untersuchten Heften als Werbung erkennen (vgl. 8.4). Nachfolgend werden die zentralen Ergebnisse des Forschungsprojekts miteinander in Beziehung gesetzt und interpretiert. Eine (medien-)ethische Reflexion und die damit verbundene Formulierung von Handlungsempfehlungen für die Praxis erfolgt dann in Kapitel 10.

9.1 Advertorials in (Gratis-)Jugendtiteln: trojanisch oder transparent?

Der zunächst empirischen Fragestellung folgend, ob die Trennung von redaktionellen Inhalten und Werbung in den untersuchten (Gratis-)Jugendmagazinen eingehalten wird, wurden die YAEZ, der SPIESSER und die BRAVO einer medienethischen Evaluation unterzogen. Bezahlte Werbeinhalte in Printmedien, die aufgrund ihrer redaktionellen Gestaltung nicht als Werbung erkennbar sind, müssen entsprechend den presserechtlichen Vorgaben als *Anzeige* gekennzeichnet werden. Ergänzend zu diesen Regelungen finden sich Richtlinien im Rahmen der freiwilligen Selbstkontrolle der Presse sowie der Werbewirtschaft, die sich auf die Trennung von redaktionellen Inhalten und Werbung beziehen (vgl. 5.3).

Die Ergebnisse der inhaltsanalytischen Auswertung zeigen, dass in allen untersuchten Heften Verstöße gegen rechtliche Regelungen und professionsethische Richtlinien zu finden sind. Die Kennzeichnung von Werbeinhalten, die aufgrund ihrer Gestaltung wie redaktionelle Beiträge wirken, wird in einigen Fällen gänzlich unterlassen. Die Kennzeichnungspflicht wird in manchen Fällen umgangen, indem die redaktionell gestalteten Anzeigen in den Heften nicht als *Anzeige* gekennzeichnet, sondern lediglich mit Hinweisen wie *Promotion, Initiative* oder *Aktion* umschrieben werden (vgl. 8.1.3). Von den untersuchten Advertorials ist insgesamt nur knapp die Hälfte als *Anzeige* gekennzeichnet. In der YAEZ sind drei der sechs Advertorials als *Anzeige* gekenzeichnet, eins ist als *Aktion* ausgewiesen und in zwei Fällen unterbleibt die Kennzeichnung gänzlich. Im SPIESSER sind vier der fünf Advertorials als *Anzeige* gekennzeichnet, ein Advertorial ist nicht als Werbung ausgewiesen. In der BRAVO sind die Advertorials nicht als *Anzeige* gekennzeichnet, sondern als *Promotion* beziehungsweise *Aktion* ausgewiesen.[53]

Vergleicht man die einzelnen Advertorials in den untersuchten Ausgaben miteinander, zeigen sich Unterschiede in Bezug auf die formale Gestaltung der Kennzeichnung (vgl. 8.1.3). In der YAEZ wird der Hinweis *Anzeige* einheitlich in Großbuchstaben geschrieben und bei allen Advertorials im oberen rechten Eck des Beitrags platziert. Als *Anzeige* gekennzeichnete Advertorials sind zusätzlich schwarz gerahmt. Im SPIESSER wird der Hinweis *Anzeige* nicht bei allen Advertorials im oberen rechten Eck des Beitrags platziert und je nach Hintergrundfarbe der Advertorials wird er dem Layout des jeweiligen Werbeinhalts angepasst.

Der Befund, dass knapp die Hälfte der Advertorials in den untersuchten Heften überhaupt nicht oder wenn, dann nicht einheitlich als *Anzeige* gekennzeichnet sind, ist in mehrfacher Weise problematisch. Diese formalen Verstöße gegen den Trennungsgrundsatz sind einerseits problematisch, da die Trennung von Werbung und Redaktion eine Grundvoraussetzung journalistischer Qualität darstellt. Die Tendenz, Werbung und redaktionelle Inhalte zu verschränken und Werbeinhalte, die den Anschein eines redaktionellen Beitrags haben, nicht zu kennzeichnen, wirkt sich – eine normative Zielperspektive wie Transparenz, Objektivität oder zumindest Wahrhaftigkeit der medialen Berichterstattung (vgl. Rath 2011) vorausgesetzt – negativ auf die Qualität der Produkte und die Glaubwürdigkeit journalistischer Berichterstattung aus (vgl. 3.4). Die Trennung

---

[53] Es wird darauf verzichtet an dieser Stelle nochmals die beiden Entscheidungen des Deutschen Presserats (vgl. 2010b, 2011a), die sich auf die BRAVO beziehen, vorzustellen. Siehe dazu auch Punkt 5.3.2.

von Werbung und redaktionellem Inhalt ist jedoch nicht nur mit Blick auf die Wahrung journalistischer Qualität zu fordern. Die einheitliche Kennzeichnung von Werbung ermöglicht dem Rezipienten, Werbung als Werbung zu kategorisieren und damit Werbeinhalte und redaktionelle Inhalte differenziert bewerten zu können (vgl. 6.5). Daher ist es wichtig, dass redaktionell gestaltete Werbeinhalte einheitlich als *Anzeige* gekennzeichnet werden. In Kapitel 10 wird diskutiert, wie eine einheitliche Gestaltung des Anzeige-Hinweises in der praktischen Umsetzung gesichert werden könnte.

9.2 „Da oben steht's ja" – gekennzeichnet, doch unerkannt

Um zu erfassen, ob Jugendliche Advertorials in Jugendmagazinen als Werbung erkennen oder nicht, wurde ein Quasi-Experiment zur Wahrnehmung von Werbung in den Gratisformaten YAEZ und SPIESSER durchgeführt (vgl. 8.3). Darüber hinaus wurde in Leitfadeninterviews der Frage nachgegangen, ob die formale Kennzeichnung als *Anzeige* ausschlaggebend ist für die Wahrnehmung der Advertorials als Werbung und anhand welcher gestalterischen Merkmale die Jugendlichen die Advertorials in den untersuchten Heften als Werbung kategorisieren (vgl. 8.4).

Den Ergebnissen des Quasi-Experiments zur Werbewahrnehmung zufolge werden insgesamt nur drei der elf Advertorials in den Gratismagazinen jeweils von mehr als der Hälfte der Befragten komplett als Werbung erkannt (vgl. 8.3.3). Im Vergleich dazu werden die Werbeanzeigen in den untersuchten Printprodukten – mit Ausnahme von zwei Werbeanzeigen – von mindestens 80,0 Prozent der Jugendlichen komplett als Werbung kategorisiert. Interessanterweise werden die Advertorials nicht immer komplett als Werbung wahrgenommen. Bei allen untersuchten Advertorials wurden in unterschiedlichem Umfang auch nur die Bilder, Produktabbildungen, Logos und Links als Werbung markiert. Die Advertorials scheinen also in ihren Gestaltungsbausteinen unterschiedlich stark als Werbung kategorisierbar zu sein.

Es zeigt sich, dass die Advertorials, die als *Anzeige* gekennzeichnet sind, von den Jugendlichen insgesamt häufiger komplett als Werbung erkannt werden als die Advertorials, die nicht als *Anzeige* ausgewiesen sind (vgl. 8.3.3). Es zeigt sich jedoch auch, dass die Erkennungswerte zwischen den gekennzeichneten Advertorials ebenso variieren wie die Erkennungswerte zwischen den nicht gekennzeichneten Advertorials. Der Befund, dass die Advertorials von den Jugendlichen – unabhängig von der Werbekennzeichnung – in unterschiedlichem Umfang komplett als Werbung kategorisiert werden, legt die Vermutung nahe, dass für die Erkennbarkeit von Advertorials als Werbung die formale Kennzeichnung als *Anzeige* nicht relevant ist. Die Kennzeichnungspflicht war den Jugendlichen vor der Besprechung nicht bekannt. Bis auf eine Jugendliche registrierte keiner der Teilnehmer die Kennzeichnung mit dem Hinweis *Anzeige* – und das, obwohl im SPIESSER nicht nur die meisten Advertorials, sondern auch alle Werbeanzeigen als *Anzeige* ausgewiesen sind. Es scheint, dass vor allem die Gestaltung der Advertorials ausschlaggebend dafür ist, ob Advertorials von den Jugendlichen als Werbung kategorisiert werden oder nicht.

Mit Blick auf die Ergebnisse der semiotischen Werbeanalyse der Advertorials wird deutlich, dass die Werbeinhalte, die eher wie Werbeanzeigen wirken (Stichwort „dominantes Bildverhältnis") von den Jugendlichen häufiger komplett als Werbung erkannt werden als die Advertorials, die eher redaktionellen Beiträge ähneln (Stichwort „dominantes Textverhältnis"). Dieses Ergebnis wurde über die Leitfadeninterviews bestätigt. Die drei Advertorials, die bilddominant gestaltet sind oder über ein annähernd gleichwertiges Text-Bild-Verhältnis verfügen und bildzentriert gestaltet sind, wurden während des lauten Denkens ebenso direkt als Werbung kategorisiert wie die Werbeanzeigen in den Heften (vgl. 8.4.3). Advertorials hingegen, die textdominant gestaltet sind, oder über ein annähernd gleichwertiges Text-Bild-Verhältnis verfügen und textzentriert gestaltet sind, wurden von den Interviewteilnehmern seltener komplett als Werbung erkannt.

Aus medienethischer Perspektive ist es problematisch, dass acht der elf Advertorials jeweils von insgesamt weniger als 50 Prozent der Jugendlichen als Werbung erkannt werden. Es scheint – auch den Aussagen der Interviewteilnehmer zufolge –, dass die Advertorials, die von den jugendlichen Rezipienten nicht als Werbung erkannt werden, als redaktionelle Beiträge angesehen und als glaubwürdig kategorisiert werden. Zusätzliche Brisanz erhält dieses Ergebnis, wenn man berücksichtigt, dass auch die gekennzeichneten Advertorials in den Gratisformaten von den Jugendlichen nicht als Werbung erkannt werden. Auch wenn die gesetzlichen Vorgaben mit dem Werbehinweis *Anzeige* erfüllt werden, heißt das nicht, dass Jugendliche Werbung anhand dieser auch erkennen. Dieser Befund erfordert es, weiterführend zu erörtern, wie die Kennzeichnung von Werbung über die formale Kennzeichnung mit dem Hinweis *Anzeige* hinaus gestaltet werden könnte. Darüber hinaus ist zu beleuchten, welche Kompetenzen den jugendlichen Rezipienten vermittelt werden müssen, um Sonderwerbeformen wie Advertorials trotz redaktioneller Gestaltungsmerkmale als Werbung erkennen zu können. Unter Rückbezug auf medienethische Grundlagen und die ethische Forderung nach Transparenz als Wert von Werbung werden diese Überlegungen in Kapitel 10 aufgegriffen und diskutiert.

10 Schlussfolgerungen und Ausblick

Zentrales Anliegen der vorliegenden Untersuchung war es, Advertorials in (Gratis-)Jugendmagazinen normativ zu beleuchten und die medienethische Frage nach der zu fordernden Übernahme von Verantwortung in Bezug auf bestehende rechtliche Vorgaben und Professionsnormen wie den Trennungsgrundsatz zu klären. Mit Blick auf die jugendliche Zielgruppe sollte erörtert werden, welche Maßnahmen zu ergreifen sind, um einen verantwortungsvollen Umgang mit Sonderwerbeformen wie Advertorials auf Produzentenseite sowie auf Ebene der Rezipienten zu gewährleisten. Im Rahmen angewandter Ethik können Handlungsempfehlungen nur unter Rückbezug auf eine systematisch erfasste und verstandene Realität – im Sinne einer ethischen Reflexion empirischer Ergebnisse – formuliert werden. Angewandt-ethische Beurteilungen beziehen sich immer auch auf die Klärung der Frage, wie mediale Verantwortung unter spezifischen Bedingungen nach möglichen Trägern dieser Verantwortung differenziert und zugeschrieben werden kann. Mit Blick auf eine medienethische Beurteilung der Ergebnisse der vorliegenden Untersuchung stellt sich die Frage nach einem verantwortungsvollen Umgang mit Advertorials zugleich als Frage nach *Transparenz* als Wert von Werbung.

Als ethisches Prinzip ist Transparenz im Kontext werbeethischer Reflexion besonders vor dem Hintergrund der Interessengeleitetheit von Werbung zu fordern. Werbung folgt nicht dem Anspruch, Informationen umfassend und objektiv darzustellen – ganz im Gegenteil: In der Werbung werden Informationen möglichst positiv und zumeist auch einseitig dargestellt. Die ethische Forderung nach Transparenz bezieht sich im Bereich der Werbung zunächst auf den Aspekt der *Erkennbarkeit von Werbung*. Die Trennung von Werbung und redaktionellem Inhalt ermöglicht dem Rezipienten eine kategoriale Zuordnung und Bewertung der unterschiedlichen Inhalte. Werbeformen wie Advertorials wecken aufgrund ihrer redaktionellen Gestaltung den Eindruck unabhängiger Berichterstattung. Sie erlangen also eine hohe Glaubwürdigkeit in Bezug auf den Sachgehalt ihrer Aussagen, da „sie von der wiederum höheren Glaubwürdigkeit der wirklichen redaktionellen Inhalte (…) profitieren" (Hoepfner 2003, 2). Diese redaktionell gestalteten Anzeigen sind demnach aus medienethischer Perspektive problematisch, da sie nicht als Werbung erkennbar sind. Aufgrund ihrer redaktionellen Gestaltung können die Werbeinformationen in Missdeutung der werblichen Intention als wahrhaftig, objektiv und damit glaubwürdig eingestuft werden. Im Sinne des Verbraucherschutzes und zur Wahrung journalistischer Qualität ist der normative Anspruch, Werbung transparent zu gestalten, daher plausibel und zu fordern (vgl. 4.5.2). Besondere Brisanz gewinnt dieser normative Anspruch mit Blick auf Kinder und Jugendliche, die in besonderem Maße abhängig sind von der Darstellung iwerblicher Inhalte. Gerade für sie (aber auch generell) stellt die Forderung nach Transparenz von Werbeformen und ihrer klaren Kennzeichnung eine wichtige Bedingung dar (vgl. Stapf 2009, 7f). Aus normativer Perspektive sollte die Kennzeichnung und Gestaltung von Werbung grundsätzlich so deutlich sein, dass beim Rezipienten kein Zweifel aufkommen kann, ob es sich um Werbung oder um redaktionelle Inhalte handelt.

Nun finden sich sowohl werberechtliche als auch presserechtliche Vorgaben und darüber hinaus professionsethische Richtlinien der freiwilligen Selbstkontrolle der Werbewirtschaft und der freiwilligen Selbstkontrolle der Presse, um dem Anspruch nach Transparenz, im Sinne der Erkennbarkeit von Werbung, Rechnung zu tragen. In den Landespressegesetzen, dem Gesetz gegen unlauteren Wettbewerb und dem Rundfunkstaatsvertrag sind die rechtlichen Vorschriften zur Trennung von Werbung und redaktionellen Inhalten festgelegt. Presse- und werbeethische Richtlinien, die sich auf den Trennungsgrundsatz beziehen, finden sich im Pressekodex (Ziffer 7) und in den ZAW-Richtlinien für redaktionell gestaltete Anzeigen. Diese rechtlichen Vorgaben und Professionsnormen, die sich auf die Erkennbarkeit von Werbung beziehen, beschränken sich auf einen formal-gestalterischen Aspekt, nämlich die Vorgabe, redaktionell gestaltete Werbung – sofern sie anhand ihrer Anordnung und Gestaltung nicht als Werbung erkennbar ist – mit dem Hinweis *Anzeige* zu kennzeichnen (vgl. 5.3). Diese formale Kennzeichnungspflicht ist Bezugspunkt empirischer Erhebung und normativer Reflexion.

Die vorliegenden Ergebnisse zeigen aus medienethischer Perspektive in doppelter Weise das Ungenügen dieser formalen Kennzeichnungspflicht – sowohl in Bezug auf die Produktion beziehungsweise die Produzentenseite als auch in Bezug auf die Rezeption beziehungsweise die Rezipientenseite.

Die empirische Überprüfung der Kennzeichnung als *Anzeige* ergab, dass die Verlage der (Gratis-)Jugendmagazine die Advertorials nicht durchweg entsprechend den bestehenden rechtlichen Vorgaben und Professionsnormen als *Anzeige* kennzeichnen. In allen untersuchten Heften sind Verstöße gegen rechtliche Regelungen und professionsethische Vorgaben zu finden. Die Produzenten nehmen die sich in diesen Regelungen ausdrückende juristische bzw. standesmoralische Verantwortung, die sie der jugendlichen Zielgruppe gegenüber haben, nicht wahr. Mit anderen Worten, die Produzenten orientieren sich nicht an rechtlichen Kriterien und Professionsnormen wie dem Trennungsgrundsatz. Diese Ergebnisse entsprechen vorliegenden Ergebnissen aktueller Studien (vgl. PR-Ethik-Rat 2011; Bartoscheck/Wolff 2009), die sich mit der Überprüfung der Einhaltung des Trennungsgrundsatzes in Printmedien beschäftigen.

Über diese zunächst auf die Wahrung formaler Aspekte abhebende medien-ethische Beurteilung hinaus, die vor allem auf die Produzentenseite fokussiert und an späterer Stelle näher beleuchtet werden wird, verweisen die Ergebnisse der hier vorgestellten Untersuchung auf einen weiteren medienethisch problema-tischen Umstand, der sich mit der Rezipientenseite befasst: Es zeigt sich, dass die Advertorials in den untersuchten Heften in acht von elf Fällen lediglich von weniger als der Hälfte der jugendlichen Rezipienten komplett als Werbung er-kannt werden. Auch dieses Ergebnis entspricht den Ergebnissen vorliegender Untersuchungen mit erwachsenen Probanden zur Kategorisierung und Beachtung von redaktionell gestalteten Anzeigen in Printprodukten. Den Ergebnissen von Baerns/Lamm (1987) zufolge erkannten insgesamt lediglich 29 Prozent der Teil-nehmer die Advertorials auf den Testseiten der untersuchten Tageszeitungen. Die Erkennungswerte der Studie, die Hoepfner (1997, 1999) anhand einer Ausgabe der Publikumszeitschrift *Glücksrevue* durchgeführt hat, liegen bei jedem Advertorial bei mindestens 61 Prozent. Die Ergebnisse der vorliegenden Unter-suchung mit jugendlichen Rezipienten zeigen, dass die Advertorials in den unter-suchten Heften von den Probanden in unterschiedlichem Umfang (zwischen 0,9 Prozent und 98,3 Prozent) als Werbung erkannt wurden. Die Erkennungswer-te der Advertorials liegen – mit Ausnahme der Advertorials, die in ihren gestalte-rischen Merkmalen eher Werbeanzeigen ähneln – jeweils bei unter 50 Prozent. Die Ergebnisse der vorliegenden Erhebung zeigen auch, dass die Werbeanzeigen in den Heften von den Jugendlichen insgesamt wesentlich häufiger komplett als Werbung erkannt werden als die Advertorials und in Bezug auf die Erkennbar-keit deutlich vor den Erkennungswerten der Advertorials liegen. Die Untersu-chung von Winkler (1999a, 1999b) ergab, dass Werbeanzeigen im Vergleich zu Advertorials wesentlich besser erkannt und auch erinnert werden. Diese Ergeb-nisse wurden über die Studie von MediaAnalyzer (2009) bestätigt.

Der Befund, dass Advertorials in den untersuchten Ausgaben nicht immer als *Anzeige* gekennzeichnet sind und von den Probanden überwiegend nicht als Werbung erkannt werden, ist medienethisch problematisch. Die Ergebnisse der hier vorgestellten Untersuchung verweisen darüber hinaus auf einen weiteren medienethisch problematischen Umstand: Es zeigt sich, dass die Advertorials in den untersuchten (Gratis-)Jugendmagazinen von den Jugendlichen trotz Anzei-ge-Hinweis weitgehend nicht als Werbung erkannt werden. Dieser Befund deutet darauf hin, dass die bestehende Vorgabe einer Kennzeichnung mit dem Hinweis *Anzeige* nicht ausschlaggebend dafür ist, ob Advertorials von Jugendlichen als Werbung erkannt werden. Die Aussagen der Jugendlichen lassen die Annahme plausibel erscheinen, dass die Advertorials in der YAEZ und im SPIESSER zunächst aufgrund ihrer gestalterischen Merkmale als Artikel oder als Werbung wahrgenommen werden. Für die Kategoriesierung werden gestalterische Merkmale wie beispielsweise der Flächenanteil der Bilder im Verhältnis zum Textanteil, Produktabbildungen, die Farbigkeit der Advertorials, Logo und Impressum sowie der Aufbau des Fließtexts herangezogen. Auch wenn die gesetzlichen Vorgaben mit dem Werbehinweis *Anzeige* erfüllt werden, heißt das nicht, dass Jugendliche Werbung anhand dieser auch erkennen. Den empirischen Ergebnissen folgend, kann die Kennzeichnungspflicht aus medienethischer Sicht damit nicht als hinreichende Handlungsnorm ausgezeichnet werden.

Dieser Befund ließe natürlich zunächst die pragmatische Schlussfolgerung zu, dass die Kennzeichnung als *Anzeige* in Jugendprintmedien wegfallen könnte, da jugendliche Rezipienten diesen Werbehinweis ohnehin nicht wahrnehmen. Unter Rückbezug auf die vorliegenden Untersuchungsergebnisse auf die Kennzeichnung verzichten zu wollen, wäre allerdings eine Fehlinterpretation. Es wird an diesem Fall der Kennzeichnungspflicht vielmehr deutlich, dass die medienethische Formulierung von Handlungsempfehlungen für die Medienpraxis dem Komplexitätsgrad medialer Praxis gerecht werden muss. Eine allein formale Regelung ethisch problematischer Sachverhalte reicht (meist) nicht aus. Die Erfüllung einer professionsethischen Standardisierung ist zwar eine notwendige, aber keineswegs notwendig hinreichende Maßnahme. Aktuelle Studien zur Werberezeption in anderen Medien zeigen, dass die Werbekennzeichnung sehr wohl hilfreich ist – wenn auch abhängig von Alter (vgl. Dörr u.a. 2011) und vor allem vom Bildungsstand der Rezipienten (vgl. Volpers/Holznagel 2009). Doch wie deutlich muss die Kennzeichnung und Gestaltung von Werbung sein, damit beim Rezipienten kein Zweifel darüber aufkommen kann, ob es sich um einen redaktionellen Inhalt oder um einen Werbeinhalt handelt? Im Rahmen angewandtethischer Beurteilung ist diese Frage, die zunächst auf die Institutionen- und Produzentenebene abzielt, auch mit Blick auf eine pragmatische Umsetzung aufzugreifen. Weiter ist zu klären, welche Kompetenzen den jugendlichen Rezipienten vermittelt werden müssen, um Advertorials tatsächlich als Werbung kategorisieren zu können.

Möglichkeiten und Grenzen: Advertorials verbieten oder transparent gestalten?

Die zunächst einfachste Lösung im Umgang mit redaktionell gestalteten Werbeinhalten wäre, diese generell zu verbieten. Eine Regulierung im Sinne eines Verbots von Sonderwerbeformen wie Advertorials scheint allerdings wenig sinnvoll. Dies würde voraussichtlich nur dazu führen, dass nach neuen, ähnlichen

Formen der Werbekommunikation gesucht würde, mit denen das Verbot umgangen werden könnte. Bleibt also nur die Überlegung, Advertorials über die formale Kennzeichnung als *Anzeige* hinaus transparent zu gestalten, das heißt, so zu gestalten, dass ihr werblicher Charakter eindeutig wahrgenommen werden kann. Die Ergebnisse des Quasi-Experiments zur Werbewahrnehmung zeigen, dass Advertorials, die bilddominant gestaltet sind und dadurch eher wie klassische Anzeigen wirken, von den Jugendlichen insgesamt häufiger komplett als Werbung erkannt werden als Advertorials, die eher textdominant gestaltet sind und dadurch verstärkt redaktionellen Beiträgen ähneln. Den Aussagen der Jugendlichen zufolge könnten Advertorials transparenter gestaltet werden, indem beispielsweise der Anzeige-Hinweis größer und dicker angebracht wird oder indem der Hintergrund bunt gestaltet wird, nicht weiß wie bei Artikeln (vgl. 8.4.3). Die Vorschläge der Jugendlichen zielen darauf ab, Advertorials weniger wie redaktionelle Beiträge zu gestalten und offensichtlich als Werbung erkennbar zu machen. Damit würden Advertorials in ihrem Erscheinungsbild eher Werbeanzeigen ähneln. Um Advertorials erkennbar und damit transparent zu gestalten, könnte natürlich auch, ähnlich wie bei Tabakerzeugnissen, ein Warnhinweis vorgeschrieben werden, der mindestens zehn Prozent der Fläche abdeckt[54]:

Abbildung 31: Advertorial in der YAEZ (2010) mit Warnhinweis

---

[54] vgl. EG-Richtlinie 2001/37 vom 5. Juni 2006 zur Angleichung der Rechts- und Verwaltungsvorschriften der Mitgliedstaaten über die Herstellung, die Aufmachung und den Verkauf von Tabakerzeugnissen.

Freilich führt die Überlegung, Advertorials wie Werbeanzeigen zu gestalten oder einen großen, verpflichtenden Warnhinweis anzubringen, ad absurdum. Denn je transparenter Werbung gestaltet wird, die nicht den Anschein von Werbung erwecken soll, desto mehr verfehlt sie ihren Zweck und es käme buchstäblich zu einer Auflösung dieser Werbeform. Darüber hinaus würden Werbeformen wie Advertorials unter diesen Vorgaben uninteressant für Werbekunden. Es scheint, dass Advertorials – vor allem unter pragmatischen Gesichtspunkten – keinen Ansatz für Transparenz bieten, ohne dass sie ihre Funktionalität und Zweckhaftigkeit verlieren. Daher ist auch die Forderung einer transparenten Gestaltung im oben angedachten Sinne wenig sinnvoll. Das Problem wäre damit keinesfalls behoben. Voraussichtlich würde es, ähnlich wie bei einem Verbot, lediglich zu einer Verschiebung hin zur Nutzung anderer Sonderwerbeformen kommen. Doch was bedeutet dies für eine angewandt-ethische Beurteilung?

Aus medienethischer Perspektive bleibt die Forderung nach einer klaren Kenzeichnung von Werbeformen wie Advertorials, die den Anschein eines redaktionellen Beitrags vermitteln – unabhängig von der Praktikabilität möglicher Lösungen dieses Interessenkonflikts und unabhängig davon, ob die Kennzeichnung als *Anzeige* von den Jugendlichen in jedem Fall registriert wird oder nicht – obligatorisch. Im Rahmen medienethischer Argumentation müssen allerdings immer auch die jeweils spezifischen Bedingungen und pragmatischen Interessenkonflikte Berücksichtigung finden. Es zeigt sich, dass Werbeformen wie Advertorials nicht über die formale Pflicht der Kennzeichnung hinaus transparent gestaltet werden können, ohne ihre Funktionalität und Zweckhaftigkeit zu verlieren. Die normative Forderung nach Transparenz kommt unter pragmatischen Gesichtspunkten an die Grenze ihrer Umsetzbarkeit.

Die einzige praktikable Lösung im Sinne einer angewandt-ethischen Beurteilung scheint zu sein, die verbindliche Kennzeichnung als *Anzeige* weiterhin zu fordern und zugleich an anderer Stelle anzusetzen: bei den Rezipienten. Aus medienethischer Perspektive ist die Erfüllung einer professionsethischen Standardisierung eine notwendige, aber keine hinreichende Maßnahme. Um die notwendige Bedingung einer einheitlichen Kennzeichnung von Advertorials durch eine hinreichende Bedingung zu ergänzen, müssen neben den Produzenten auch die Rezipienten mit einbezogen werden. Es ist wichtig, dass die Gestaltung von Advertorials sich an normativen Kriterien wie der Kennzeichnungspflicht orientiert. Ebenso wichtig ist jedoch auch, dass Jugendliche über medienethisch relevante Kompetenzen verfügen, die es ermöglichen Werbung und Redaktion ihren Funktionen und Wirkungsweisen nach zu kategorisieren und zu bewerten. Aus medienethischer Perspektive ist der Erwerb kritischer Reflexionskompetenz und Werbekompetenz im Rahmen der Medienbildung daher ebenso zu fordern wie die Umsetzung einer einheitlichen Kennzeichnung mit dem Anzeige-Hinweis (vgl. dazu Neuß 2000; 2005; Sander 2007; Köberer [im Druck]).

Konsequenzen medienethischer Reflexion: Formulierung möglicher Handlungsempfehlungen

Als angewandte Ethik folgt die Medienethik dem Anspruch, Normen und Werte für das mediale Handlungsfeld unter Rückbezug auf die allgemeine Ethik zu begründen, auf das mediale Handlungsfeld anzuwenden und schließlich normative „Handlungsempfehlungen für die am Medienprozess beteiligten Berufsgruppen, Branchen, Institutionen und Individuen sowie Empfehlungen für das seiner Mitverantwortung bewusste Publikum" zur Verfügung zu stellen (Funiok 2005, 243 f.). Die Ergebnisse der vorliegenden Untersuchung führen zu derselben Erkenntnis, die Baerns (2004b) als Fazit an ihre Untersuchung zum Trennungsgrundsatz in den 1990ern wie folgt formulierte: „Der Umgang mit dem Trennungsgrundsatz beleuchtete den defizitären Zustand der professionellen Profilierung" (ebd., 42). Die medienethische Frage nach der Übernahme von Verantwortung und die normative Forderung nach Transparenz von Werbung werden nachfolgend im Rahmen angewandt-ethischer Beurteilung der vorliegenden empirischen Ergebnisse erörtert. Unter Rückbezug auf die vorhergehenden Überlegungen werden mögliche Maßnahmen und Handlungsempfehlungen für die Praxis formuliert, die einen verantwortungsvollen Umgang mit Werbeformen wie Advertorials auf Produzentenseite sowie auf Ebene der Rezipienten gewährleisten können. In diesem Zusammenhang wird vor allem der „Stellenwert des rechtlich fixierten Leitbildes der Selbstkontrolle und Selbstregulierung, das mit der aktiven Mitwirkung der Beteiligten steht und fällt", in Augenschein genommen (ebd., 41).

Mit Blick auf eine Differenzierung und Zuschreibung von Verantwortung nach möglichen Trägern dieser Verantwortung, lassen sich in Bezug auf die *Institutionen-/Produzentenebene* folgende Forderungen aufstellen:

- Orientierung an professionsethischen Kriterien (Trennungsgrundsatz)
- Konkretisierung der Kennzeichnungskriterien für Advertorials
- Einheitliche Kennzeichnungspflicht als *Anzeige*
- Erweiterung der Kodizes mit Hinblick auf Gratisjugendmagazine

Bestehende rechtliche Vorgaben und Professionsnormen zum Trennungsgrundsatz beschränken sich auf den formal-gestalterischen Aspekt, redaktionell gestaltete Werbung – sofern sie anhand ihrer Anordnung und Gestaltung nicht als Werbung erkennbar ist – mit dem Hinweis *Anzeige* zu kennzeichnen. Ein vergleichender Blick auf die rechtlichen und professionsethischen Regelungen macht deutlich, dass die Kriterien, die eine Einordnung von bezahlten Veröffentlichungen als „kennzeichnungspflichtig" ermöglichen, nicht einheitlich festgelegt sind und zudem nicht konkretisiert werden. Obwohl die Kennzeichnungspflicht als *Anzeige* in den meisten Regelwerken verankert ist, wird nicht präzisiert, wie dieser Werbehinweis aussehen soll (Größe, Farbe, Schriftart etc.) und wo er auf dem Werbeinhalt zu platzieren ist. Die Kriterien zur Kennzeichnung von Sonderwerbeformen wie Advertorials und damit auch die verbindlichen (rechtlichen, professionsethisch-institutionellen und organisatorischen) Richtlinien müssen auch im Hinblick auf neue Formate wie Gratisjugendmagazine aktualisiert werden. Hier wäre zunächst eine Konkretisierung und zudem eine Vereinheitlichung der Kennzeichnungskriterien in bestehenden Regelwerken zum Trennungsgrundsatz wünschenswert. So könnte beispielsweise in allen Regelwerken festgelegt werden, dass redaktionell gestaltete Werbung immer einheitlich und explizit mit dem Hinweis *Anzeige* in der oberen Ecke des Beitrags gekennzeichnet werden muss. Dies würde zumindest gängige Umschreibungen wie *Promotion, Sonderveröffentlichung, Aktion, Initiative, Verlagsveröffentlichung* oder Ähnliches eindämmen. Weiterführend ist zu überlegen, wie eine einheitliche Gestaltung des Anzeige-Hinweises in der praktischen Umsetzung gesichert werden kann.

Ausgehend von dem hier vorgestellten Konzept gestufter Verantwortung (vgl. 2.5), sind neben individualethischen Bestrebungen und der institutionellen Verankerung in Form von rechtlichen Regelungen und professionsethischen Richtlinien in Kodizes auch organisationelle Regelungen in Form von unternehmerischen Verpflichtungen wünschenswert. Die Etablierung von Unternehmensverantwortung ist eine zentrale Bedingung für eine wirkungsorientierte Implementierung medienethischer Normen und Werte in der Praxis (vgl. Krainer 2001; Stapf 2006, 2010). Medienunternehmen – verstanden „als ethisches Gravitationszentrum, als Adressat ethischer Normen und als Verantwortungsträger" (Karmasin 2005, 201) – kommt die Aufgabe zu, konkrete normative Zielvorgaben und überprüfbare Handlungsweisen zu operationalisieren und in ihren unternehmerischen Leitbildern oder Kodizes zu verankern.

Mit Blick auf die Orientierung am Trennungsgrundsatz bedeutet dies, dass professionsethische Kriterien von Medienunternehmen aufgegriffen werden müssen, und zwar auf unterschiedlichen Konkretionsstufen. In den unternehmerischen Leitsätzen erhalten Professionsnormen auf dem Abstraktionsniveau der Branchenkodizes organisatorische Verbindlichkeit. In den Allgemeinen Geschäftsbedingungen (AGBs) werden diese allgemeinen Regeln konkreter, das heißt operationalisiert auf die konkrete unternehmerische Handlungsebene, verankert. Beispiele für diesen Konkretionsgrad bieten die Richtlinien der Ziffern des Pressekodex des Deutschen Presserats. Auf der Individualebene schließlich realisiert sich eine organisatorisch umgesetzte Professionsethik in operativen Standards wie etwa in Checklisten, die die einzelnen Handlungsschritte explizit beschreiben, zum Beispiel: „Anzeigen, die aufgrund ihrer redaktionellen Gestaltung nicht als Anzeige erkennbar sind, müssen, bevor die Ausgabe in Druck geht, final von den Layoutern geprüft und gegebenenfalls mit dem Hinweis *Anzeige* kenntlich gemacht werden". Um eine solche durchgreifende Realisierung der Professionsethik im Unternehmen zu sichern, sind natürlich auch Implementierungsmaßnahmen (vgl. Rath/Brause 1991) wie zum Beispiel Schulungen/Workshops mit den Mitarbeitern der Anzeigenakquise und den Redakteuren notwendig, um zu gewährleisten, dass (korporative) Verantwortung in Summe von allen Beteiligten und Mitarbeitern wahrgenommen werden kann.

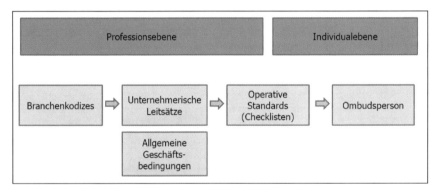

Abbildung 32: Realisierung professionsethischer Standards auf
Unternehmensebene

Um auch über das Einzelunternehmen hinausgehend eine einheitliche Gestaltung des Anzeige-Hinweises in der praktischen Umsetzung zu sichern, müsste diese Thematik innerhalb der ganzen werbetreibenden Branche im weitesten Sinne geregelt sein. So könnte beispielsweise über die jeweilige Internet-Präsenz des Deutschen Presserats und des Deutschen Werberats als Download ein Anzeige-Item speziell zur Kennzeichnung redaktionell gestalteter Werbeinhalte zur Verfügung gestellt werden. Auf diese Weise wäre eine einheitliche Kennzeichnung von redaktionell gestalteter Werbung in der Praxis nicht nur eindeutig definiert, sondern die Medienunternehmen könnten sich an einer markteinheitlichen grafischen Form orientieren. Um solche Festlegungen wie eine einheitliche Kennzeichnung von redaktionell gestalteten Advertorials in der Praxis auch wieder in die Unternehmen hinein zu sichern, sollte auf Unternehmensebene eine Person benannt werden, die dafür zuständig ist, final zu prüfen, dass bezahlte Veröffentlichungen, die aufgrund ihrer gestalterischen Merkmale nicht offensichtlich als Werbung erkennbar sind, mit dem Hinweis *Anzeige* gekennzeichnet werden. Diese *Ombudsperson* (vgl. Evers 1999, 2002) wäre verantwortlich für eine einheitliche Kennzeichnung von Sonderwerbeformen wie Advertorials – seit kurzem organisieren sich solche Leseranwälte auch in Deutschland (vgl. Bettels 2012).

Aus medienethischer Perspektive ist es wichtig, dass die Gestaltung von Advertorials sich an normativen Kriterien wie dem Trennungsgrundsatz orientiert und die formale Kennzeichnung als *Anzeige* einheitlich erfolgt. Über diese Forderung hinaus, die auf die Produzentenseite fokussiert, müssen vor allem junge Rezipienten lernen, dass Sonderwerbeformen wie Advertorials anhand der Kennzeichnung als *Anzeige* als Werbung kategorisierbar sind. Für die Differenzierung von Verantwortung nach möglichen Trägern dieser Verantwortung bedeutet dies, dass nicht nur Produzenten, sondern auch Rezipienten in die Verantwortung genommen werden müssen.

Auf *Rezipientenebene* lassen sich folgende Forderungen aufstellen:

▪ Ausbildung von Medienkompetenz als Schlüsselkompetenz
▪ Erwerb von kritischer Reflexionskompetenz und Werbekompetenz
▪ Institutionalisierung von Medienbildung

Besonders von Seiten der Medienbildung ist die Sensibilisierung für die Werbekennzeichnung wichtig. Die Rezipienten müssen über entsprechende Kompetenzen verfügen, um Werbung und redaktionelle Inhalte ihren Funktionen und Wirkungsweisen nach zu unterscheiden und in ihrer Intention und Interessengeleitetheit bewerten zu können. Dabei muss auch das Wissen über Kennzeichnungsmerkmale wie den Anzeige-Hinweis vermittelt werden. Die Ergebnisse der Leitfadeninterviews der hier vorgestellten Studie zeigen, dass keinem der Jugendlichen vor Durchführung des Quasi-Experiments zur Werbewahrnehmung die Kennzeichnungspflicht oder bestehende Kennzeichnungskriterien bekannt waren (vgl. 8.4.3). Während der Besprechung wurde den Jugendlichen anhand des ersten Advertorials, das sie nicht als Werbung erkannt hatten, erklärt, dass es sich hierbei um eine bezahlte Veröffentlichungen handle, die mit dem Hinweis *Anzeige* zu kennzeichnen ist. Bei der weiteren Besprechung fiel den Jugendlichen dann bei Advertorials, die sie bei der Durchführung des Quasi-Experiments zur Wahrnehmung von Werbung nicht als Werbung kategorisiert hatten, die Kennzeichnung mit dem Anzeige-Hinweis auf. Die Ergebnisse deuten darauf hin, dass redaktionell gestaltete Werbung – auch wenn zugleich Gestaltungsmerkmale zum Zuge kommen, die eher typisch für redaktionelle Beiträge denn für klassische Werbung sind –, von den jugendlichen Rezipienten als Werbung erkannt werden können, wenn sie über Kirterien zur Kategorisierung von Werbung und über das Wissen zur Kennzeichnungspflicht verfügen.

Aktuelle Studien zur Werberezeption von Kindern zeigen, dass die Werbekompetenz sich nach medienpädagogischen Aktivitäten verbesserte. Die Ergebnisse von Neuß (2000) bestätigen, „dass es den medienpädagogischen Projekten gelungen ist, Vorschulkinder zu befähigen, Werbung besser zu erkennen und damit möglicherweise auch besser zu durchschauen" (ebd., 13). Die Vermittlung von Kriterien zur Kategorisierung von Werbung ist bereits für Kinder relevant. Den Ergebnisse der Studie von Charlton u.a. (1995) zufolge sind Heranwachsende etwa ab dem elften Lebensjahr in der Lage, Werbung und Programm voneinander zu unterscheiden. Um Werbung und Programm differenzieren zu können, müssen Kinder auf Kriterien zur Kategorisierung von Werbung zurückgreifen können. In diesem Sinne ist die Vermittlung von Werbekompetenz, die immer auch die Fähigkeit beinhaltet, „unterschiedliche Werbeformen und Werbezwecke zu unterscheiden", als Bestandteil von Medienkompetenz unbedingt zu fordern (Fuhs/Rosenstock 2009, 29). Eine kritische und reflektierte Auseinandersetzung mit Medien und Werbung sollte bereits im Vorschulalter stattfinden und weiterführend in den Bildungsplänen der Grundschule curricular verankert sein. Die Vermittlung von Werbekompetenz als Bereich von Medienkompetenz beinhaltet dabei notwendigerweise immer auch den Erwerb von Werturteilskompetenz und damit die Fähigkeit, Medienangebote vor dem Hintergrund ihrer Inhalte, ihrer Funktionen und ihrer intentionalen Wirkungsweisen beurteilen zu können.

Zentrales Anliegen der vorliegenden Untersuchung war es, den Umgang mit dem Trennungsgebot in (Gratis-)Jugendmagazinen normativ zu beleuchten und die medienethische Frage nach der zu fordernden Übernahme von Verantwortung in Bezug auf bestehende rechtliche Vorgaben und Professionsnormen wie die Kennzeichnung mit dem Hinweis *Anzeige* zu klären. Vorliegende Untersuchungen, die sich mit Advertorials in Printmedien beschäftigen, sind vorwiegend als Rezeptions- oder Wirkungsforschung angelegt. Die Ergebnisse der Advertorial-Forschung der letzten Jahre (vgl. Lamm/Baerns 1987; Hoepfner 1997, 1999; Winkler 1999a, 1999b; Burkart u.a. 2004) dienten als Anknüpfungspunkt der hier vorgestellten Studie. In diesem Sinne greift die vorliegende Untersuchung Überlegungen auf, die bereits Ende der 1980er Jahre zielführend dafür waren, die Erkennbarkeit und Beachtung redaktionell gestaltete Anzeigen in Presseprodukten zu untersuchen (vgl, Baerns/Lamm 1987). Im Rahmen dieses Forschungsprojekts stand die normative Perspektive im Vordergrund. Aus medienethischer Perspektive ist der Anspruch auf Transparenz (und die Überprüfbarkeit von Transparenz) plausibilisierbar und mit Blick auf die Werbekommunikation weiterhin zu fordern. Als Resultat medienethischer Beurteilung bedeutet dies, dass einerseits den Rezipienten Kompetenzen vermittelt werden müssen, die es ermöglichen, Werbung und redaktionelle Inhalte zu differenzieren. Andererseits muss Werbung, die aufgrund ihrer gestalterischen Merkmale nicht als solche erkennbar ist, immer auch einheitlich als Werbung gekennzeichnet sein. Um die Erkennbarkeit von Werbung und Redaktionellem zu gewährleisten, müssen die Medienproduzenten sich an rechtlichen und professionsethischen Kriterien orientieren und diese im Produkt umsetzen.

Am Beispiel der zunächst medienwissenschaftlich relevanten Werbeforschung wurde im Rahmen der vorliegenden Untersuchung erörtert, welchen Beitrag die Medienethik im Kontext der empirischen Medienforschung leisten kann und warum diese Disziplin bei normativen Fragestellungen notwendigerweise herangezogen werden muss. Wenn festgelegt werden soll, welche medialen Angebote gewollt sind und welche nicht, dann muss die Wirkungsqualität medialer Angebote abgeschätzt, die Nutzungsseite empirisch erhoben und nach normativen Kriterien bewertet werden. Die Medienethik kann es leisten, Kriterien zur Beurteilung dessen, was an medialen Angeboten wünschenswert ist, bereit zu stellen. Die vorliegende Untersuchung dient als Beispiel dafür, dass die Empiriebedürftigkeit ethischer, insbesondere medienethischer Forschung und die normative Orientierungsfunktion ethischer Problemthematisierung verstärkt für die empirische Forschung in den Blick genommen werden sollte. Im wissenschaflichen Kontext wird diese (normative) Empiriebedürfigkeit bisher nicht ausreichend beachtet (vgl. Köberer [im Druck]). Zu fordern ist in diesem Zusammenhang vor allem eine voranschreitende Institutionalisierung der Medienethik. Anfang des Jahres 2012 wurde eine *Forschungsgruppe Medienethik* an der Pädagogischen Hochschule Ludwigsburg ins Leben gerufen. Unter der Leitung von Prof. Dr. Matthias Rath werden dort Forschungsprojekte zu medienethischen Themen durchführt, die sowohl individualethische Fragestellungen als auch strukturelle Fragen der institutionellen Ethik behandeln. Auch am Internationalen Zentrum für Ethik in den Wissenschaften wurde im März 2013 eine *Nachwuchsgruppe Medienethik* gegründet, die von Dr. Jessica Heesen geleitet wird. Die Gründung von Forschungsgruppen ist ein erster Schritt, um eine (medien-)ethische Beurteilung empirischer Ergebnisse und die damit verbundene Formulierung von Handlungsnormen für die Medienpraxis künftig auch auf institutionalisierter Ebene umzusetzen. An Bestebungen dieser Art ist weiter festzuhalten.

Literatur

Arbeitskreis Mediensemiotik (2011): ForschungsFelderZeitschriften. Online-Quelle: http://www.mediensemiotik.de/index.php?id=1 (Stand: 16.08.2011).

Arens, Edmund (1996): Die Bedeutung der Diskursethik für die Kommunikations- und Medienethik. In: Funiok, Rüdiger (Hrsg.): Grundfragen der Kommunikationsethik. Konstanz: Ölschläger. S. 73–96.

Atteslander, Peter (2006): Methoden der empirischen Sozialforschung. 11., neu bearbeitete und erweiterte Auflage. Unter Mitarbeit von Jürgen Cromm. Berlin: Erich Schmidt Verlag.

Auer, Manfred/Diederichs, Frank A. (1993): Werbung Below The Line. Product Placement, TV-Sponsoring, Licensing. Landsberg/Lech: Verlag Moderne Industrie.

Aufenanger, Stefan (2006): Medienkritik. Alte und neue Medien unter der Lupe. In: Computer + Unterricht. Heft 64. S. 6–9.

Axel Springer AG (2013): Stakeholder-Management. Online-Quelle: http://www.axelspringer.de/artikel/Stakeholder-Management_1184965.html (Stand: 21.03.2013).

Baacke, Dieter (1999): Medienkompetenz als zentrales Operationsfeld von Projekten. In: Baacke, Dieter/Kornblum, Susanne/Lauffer, Jürgen/Mikos, Lothar/Thiele, Günter A. (Hrsg.): Handbuch Medien: Medienkompetenz. Modelle und Projekte. Bonn: Bundeszentrale für politische Bildung. S. 31–35.

Baacke, Dieter (1996): Medienkompetenz – Begrifflichkeit und sozialer Wandel. In: Rein, Antje von (Hrsg.): Medienkompetenz als Schlüsselbegriff. Bad Heilbrunn: Klinkhardt. S. 4–10.

Baacke, Dieter/Lauffer, Jürgen (1994): Nicht nur schöner Schein – Kinder- und Jugendzeitschriften in Deutschland. Übersicht und Empfehlungen. Bielefeld: GMK.

Baacke, Dieter/Sander Uwe/Vollbrecht, Ralf (1990): Lebenswelten sind Medienwelten Jugendlicher Band. 1. Opladen: Leske & Budrich.

Baerns, Barbara (2004a): Leitbilder von gestern? Zur Trennung von Werbung und Programm. Wiesbaden: VS Verlag.

Baerns, Barbara (2004b): Leitbilder von gestern? Zur Trennung von Werbung und Programm. In: Baerns, Barbara (Hrsg.): Leitbilder von gestern? Zur Trennung von Werbung und Programm. Wiesbaden: VS Verlag. S. 13–42.

Baerns, Barbara (1996): Schleichwerbung lohnt sich nicht. Plädoyer für eine klare Trennung von Redaktion und Werbung in den Medien. Neuwied: Luchterhand.

Baerns, Barbara/Lamm, Ulrich (1987): Erkennbarkeit und Beachtung redaktionell gestalteter Anzeigen. Design und Ergebnisse der ersten Umfrage zum Trennungsgrundsatz. In: Media Perspektiven. Heft 3. S. 148–158.

Bartoscheck, Dominik/Wolff, Volker (2009): Vorsicht Schleichwerbung. Konstanz: UVK.

Bauer Media KG (2005): BRAVO Faktor Jugend 8. Now and Forever – Jugendliche Markenbeziehungen in der Retrospektive. Hamburg. Online-Quelle: http://www.bauermedia.de/uploads/media/jugend8.pdf (Stand: 18.05.2009).

Beck, Klaus/Reineck, Dennis/Schubert, Christiane (2010): Journalistische Qualität in der Wirtschaftskrise. Eine Studie im Auftrag des Deutschen Fachjournalisten-Verbandes (DFJV). Berlin: Deutscher Fachjournalisten-Verband.

Beck, Ulrich/Sopp, Peter (1997): Individualisierung und Integration. Opladen: Leske & Budrich.

Behrens, Karl Christian (1970): Begrifflich-systematische Grundlagen der Werbung – Erscheinungsformen der Werbung. In: Behrens, Karl Christian (Hrsg.): Handbuch der Werbung. Wiesbaden: Gabler. S. 3–10.

Bendel, Sylvia (1998): Werbeanzeigen von 1622–1798. Entstehung und Entwicklung einer Textsorte. Reihe Germanistische Linguistik 193. Tübingen: Niemeyer.

Bentele, Günter (2008): Zur semiotischen Werbeanalyse. Rundbrief des Instituts für Publizistik. Leipzig. Online-Quelle: http://www.andreas-worldwide.com/study/werbung_6.pdf (Stand: 25.08.2011).

Berger, Peter L./Luckmann, Thomas (1995): Modernität, Pluralismus und Sinnkrise. Die Orientierung des modernen Menschen. Gütersloh: Bertelsmann.

Bettels, Tina (2012): Gemeinsame Standards entwickeln. Online-Quelle unter: http://de.ejo-online.eu/6502/ethik-qualitatssicherung/gemeinsame-standards-entwickeln (Stand: 01.04.2012).

Birnbacher, Dieter (2002): Utilitarismus/Ethischer Egoismus. In: Düwell, Markus/Hübenthal, Christoph/Werner, Micha H. (Hrsg.): Handbuch Ethik. Stuttgart/Weimar: Metzler. S. 95–107.

Blaue, Matthias (2011): Werbung wird Programm: Rundfunkrechtliche Zulässigkeit und Regulierung von Sonderwerbeformen im privaten Fernsehen unter besonderer Berücksichtigung des Product Placements. Universitätsschriften. Baden-Baden: Nomos.

Bohrmann, Thomas (2010): Werbung. In: Schicha, Christian/Brosda, Carsten (Hrsg.): Handbuch Medienethik. Wiesbaden: VS Verlag. S. 293–303.

Bohrmann, Thomas (1997): Ethik – Werbung – Mediengewalt. Werbung im Umfeld von Gewalt im Fernsehen. Eine sozialethische Programmatik. München: Reinhard Fischer.

Bongrad, Joachim (2002): Werbewirkungsforschung. Grundlagen – Probleme – Ansätze. Publizistik Band 7. Münster/Hamburg/London: Lit Verlag.

Bornkamm, Joachim (2004): Redaktionelle Werbung – Kriterien der Rechtsprechung. In: Baerns, Barbara (Hrsg.) (2004b): Leitbilder von gestern? Zur Trennung von Werbung und Programm. Wiesbaden: VS Verlag. S. 43–58.

Brahnahl, Udo (2011): Medien im Strafdiskurs. Ein Beitrag aus der Tagung: Wer nicht hören will, muss fühlen? Sinn und Unsinn von Strafe in der Reaktion auf Jugendkriminalität. Online-Texte der Evangelischen Akademie Bad Boll. Online-Quelle: http://www.ev-akademie-boll.de/typo3conf/ext/naw_securedl/secure.php?u=0&file=fileadmin/res/otg/doku/52

0112_Brahnahl.pdf&t=1331031532&hash=488034fc9ccc7e5ceaaa586298b382e3 (Stand: 04.04.2012)

BRAVO (2010): Miley Cyrus: Geile Party! Knutschen, tanzen, hotte boys. Ausgabe 49. Hamburg: Bauer Media KG.

BRAVO Mediadaten (2010): BRAVO. Preisliste 2010. Nr. 46. Gültig ab 1. Januar 2010. Hamburg: Bauer Media KG.

Brosda, Carsten (2010): Diskursethik. In: Schicha, Christian/Brosda, Carsten (Hrsg.): Handbuch Medienethik. Wiesbaden: VS Verlag. S. 83–106.

Bruns, Axel (2009): Vom Prosumenten zum Produtzer. In: Blättel-Mink, Birgit/Kai-Uwe Hellmann (Hrsg.): Prosumer Revisited: Zur Aktualität einer Debatte. Wiesbaden. S. 191–205. Online-Quelle: http://snurb.info/files/Vom %20Prosumenten %20zum %20Produtzer %20(final).pdf (Stand: 15.12.2010).

Buchwald, Manfred (1996): Die drei Ebenen der Verantwortung am Medienmarkt. In: Hamm, Ingrid (Hrsg.): Verantwortung im freien Medienmarkt. Internationale Perspektiven zur Wahrung professioneller Standards. Gütersloh: Bertelsmann. S. 48–59.

Burkart, Roland/Kratky, Martin/Stalzer, Lieselotte (2004): Advertorials im Wandel. Innenansichten aus der österreichischen PR-Forschung und -Praxis. In: Baerns, Barbara (Hrsg.) (2004b): Leitbilder von gestern? Zur Trennung von Werbung und Programm. Wiesbaden: VS Verlag. S. 153–174.

Cameron, Glen T./Curtin, Patricia A. (1996): Tracing Sources of Information Pollution. A survey and experimental test of print media's labeling policy for feature advertising. In: Journal of Mass Communication. Quarterly 72. S. 178–185.

Cameron, Glen T./Ju-Pak, Kuen-Hee (2000): Information Pollution? Labeling and format of advertorials. In: Newspaper Research Journal 21. S. 12–24.

Charlton, Michael/Neumann-Braun, Klaus/Aufenanger, Stefan/Hoffmann-Riem, Wolfgang u.a. (1995): Fernsehwerbung und Kinder. Das Werbeangebot in der Bundesrepublik Deutschland und seine Verarbeitung durch Kinder. Band 2. Die Rezepionsanalyse und rechtliche Rahmenbedingungen. Opladen: Leske & Buderich.

Creifelds Rechtswörterbuch (2010). Begründet von Carl Creifelds. Hrsg. von Klaus Weber. Bearbeitet von Gunnar Cassardt. 20., neu bearbeitete Auflage. München: Beck.

Debatin, Bernhard (2002): Zwischen theoretischer Begründung und praktischer Anwendung: Medienethik auf dem Weg zur kommunikationswissenschaftlichen Teildisziplin. In: Publizistik. 47. Jahrgang. Heft 3. S. 259–264.

Debatin, Bernhard (1999): Medienethik als Steuerungsinstrument? Zum Verhältnis von individueller und korporativer Verantwortung in der Massenkommunikation. In: Holderegger, Adrian (Hrsg.): Kommunikations- und Medienethik. Interdisziplinäre Perspektiven. Freiburg: Herder. S. 39–53.

Debatin, Bernhard (1998): Verantwortung im Medienhandeln. Medienethische und handlungstheoretische Überlegungen zum Verhältnis von Freiheit und Verantwortung in der Massenkommunikation. In: Wunden, Wolfgang (Hrsg.): Freiheit und Medien. . Beiträge zur Medienethik. Band 4. Frankfurt a. M.: Abt. Verlag. S. 113–130.

Debatin, Bernhard/Funiok, Rüdiger (2003a): Kommunikations- und Medienethik. Konstanz: UVK.

Debatin, Bernhard/Funiok, Rüdiger (2003b): Begründungen und Argumentationen der Medienethik – ein Überblick. In: Debatin, Bernhard/Funiok, Rüdiger (2003a) (Hrsg.): Kommunikations- und Medienethik. Konstanz: UVK. S. 9–22.

Deutscher Presserat (2012a): Presserat Datenbank. Online-Recherche 1985-12/2011. Entscheidungen zu Ziffer 7. Online-Quelle: http://recherche.presserat.info/ (Stand: 03.11.2013).

Deutscher Presserat (2012b): Zuständigkeit des Deutschen Presserats bei Anzeigenblättern.   Online-Quelle: http://www.presserat.info/fileadmin/download/PDF/Anzeigenblaetter.pdf   (Stand: 03.11.2013).

Deutscher Presserat (2011a): Entscheidung des Beschwerdeausschusses 1. Bravo. Ziffer 7.   Missbilligung.   Entscheidung   0188_11.   Online-Quelle: http://recherche.presserat.info/ (Stand: 03.11.2012).

Deutscher   Presserat   (2011b):   Aufgaben   und   Ziele.   Online-Quelle: http://www.presserat.info/inhalt/der-presserat/aufgaben.html (Stand: 03.11.2013).

Deutscher   Presserat   (2011c):   Der   Pressekodex.   Online-Quelle: http://www.presserat.info/inhalt/der-pressekodex/einfuehrung.html.   (Stand: 03.11.2013).

Deutscher Presserat (2010): Entscheidung des Beschwerdeausschusses 2. Bravo. Missbilligung.   Ziffer   7.   Entscheidung   0279_10.   Online-Quelle: http://recherche.presserat.info/ (Stand: 07.11.2013).

Deutscher Presserat (2008a): Freiwillige Selbstkontrolle der gedruckten Medien in der Fassung vom Juli 2008. Hrsg. vom Deutschen Presserat. Bonn.

Deutscher Presserat (2008b): Publizistische Grundsätze (Pressekodex) in der Fassung vom 03. Dezember 2008 und Beschwerdeordnung in der Fassung vom 19. November 2008. Hrsg. vom Deutschen Presserat. Bonn.

Deutscher Werberat (2012): Verhaltensregeln des Deutschen Werberats für die Werbung mit und vor Kindern in Hörfunk und Fernsehen. Fassung von 1998. Online-Quelle: http://www.werberat.de/kinder-und-jugendliche. (Stand: 04.11.2013).

Deutscher   Werberat   (2011a):   Aufgaben   und   Ziele.   Online-Quelle: http://www.werberat.de/aufgaben-und-ziele. (Stand: 04.11.2013).

Deutscher Werberat (2011b): Grundregeln zur kommerziellen Kommunikation. Online-Quelle: http://www.werberat.de/grundregeln. (Stand:04.11.2013).

Deutscher Werberat (2009): Spruchpraxis Deutscher Werberat 2009. Berlin: Verlag edition ZAW.

Diekmann, Andreas (2007): Empirische Sozialforschung. Grundlagen, Methoden, Anwendungen. 18., vollständig überarbeitete und erweiterte Neuausgabe. Reinbek bei Hamburg: Rowohlt.

Djahangard, Susan/Rebmann, Sophie/Spengler, Andreas (2010): Die Schulhof-Flüsterer. In: NOIR. Hrsg. von der Jugendpresse Baden-Württemberg. Heft 14. 03/2010. S. 16–22.   Online-Quelle: http://www.noir-online.de/2010/06/21/die-schulhof-flusterer/ (Stand: 05.12.2011).

Doelker, Christian (2006): Bild-Wort-Beziehungen in Print-Gesamttexten. In: Marci-Boehncke, Gudrun/Rath, Matthias (Hrsg.): BildTextZeichen lesen: Intermedialität im didaktischen Diskurs. München: Kopaed. S. 27–38.

Dörr, Dieter/Klimmt, Christoph/Daschmann, Gregor (2011): Werbung in Computerspielen: Herausforderungen für das Medienrecht und die Förderung von Medienkompetenz (Schriftenreihe Medienforschung der LfM, Band 70). Berlin: Vistas.

Donsbach, Wolfgang (2008): Im Bermuda-Dreieck. Paradoxien im journalistischen Selbstverständnis. In: Pörksen, Bernhard/Loosen, Wiebke/Scholl, Armin (Hrsg.): Paradoxien des Journalismus. Theorie – Empirie – Praxis. Wiesbaden: VS Verlag. S. 147–164.

Düwell, Markus/Hübenthal, Christoph/Werner, Micha H. (2002): Einleitung. In: Düwell, Markus/Hübenthal, Christoph/Werner, Micha H. (Hrsg.): Handbuch Ethik. Stuttgart/Weimar: Metzler. S. 1–24.

Durkheim, Emile (1893): De la division du travail social. Paris: Alcan.

Eckman, Alyssa/Lindlof, Thomas (2003): Negotiating the Gray Lines. An ethnographic case study of organizational conflict between advertorials and news. In: Journalism Studies 4. Number 1. S. 65–77.

Elliot, Michael T. /Speck, Paul Surgi (1998): Consumer perceptions of advertising clutter and its impact across various media. Journal of Advertising Research No. 38. Issue 1. S. 29–41.

Erhart, Christof (2003): Menschen machen Medien. Handlungskalküle und Rollenmodelle des medialen Menschen. In: Pirner, Manfred/Rath, Matthias (Hrsg.): Homo medialis. Perspektiven und Probleme einer Anthropologie der Medien. Schriftenreihe Medienpädagogik interdisziplinär. München: Kopaed. S. 145–158.

Ericsson, Karl A./Simon, Herbert A. (1993): Protocol analysis. Verbal reports as data. Cambridge: Mass.

Esche, Albrecht/Wolf, Susanne (2009): Der Worte Wert. Qualität und Quote in den Medien. Bad Boll: Evangelische Akademie.

Evers, Huub (2002): Media-ethiek, morele dilemma's in journalistiek, communicatie en reclame (Medienethik, moralische Dilemmas in Journalismus, Öffentlichkeitsarbeit und Werbung). Groningen: Martinus Nijhoff.

Evers, Huub (1999). Der Presse-Ombudsmann. Erfahrungen in den Niederlanden und anderen Ländern. In: Communicatio Socialis 32. 4/1999. S. 384–396.

Feldschow, Monika (2003): Zur Relevanz des Grundsatzes der Trennung von Redaktionellem und Anzeigen in den Redaktionen der Publizistischen Einheiten Deutschlands. Berlin. Magisterarbeit (im Manuskript vervielfältigt).

Fenner, Dagmar (2010): Einführung in die Angewandte Ethik. Tübingen: Francke.

Ferré, John P. (2009): John P.: A Short History of Media Ethics in the United States. In: Wilkins, Lee/Christians, Clifford G. (Hrsg.): The Handbook of Mass Media Ethics. New York/London: Taylor & Francis. S. 15–26.

Filipovic, Alexander (2003): Niklas Luhmann ernst nehmen? (Un-)möglichkeiten einer ironischen Ethik öffentlicher Kommunikation. In: Debatin, Bernhard/Funiok, Rüdiger (2003a) (Hrsg.): Kommunikations- und Medienethik. Konstanz: UVK. S. 83–95.

Flick, Uwe (2004): Triangulation. Eine Einführung. Wiesbaden: VS Verlag.

Franck, Georg (1998): Die Ökonomie der Aufmerksamkeit. Ein Entwurf. München: Hanser.

Franzen, Giep, (1994): Advertising effectiveness. Findings from empirical research. Lincolnwood/Illinois: NTC Publications Ltd.

Freeman, Edward R. (1984): Business Ethics. The state of the art. New York/Oxford: Sage.

Fry, John (1989) Advertorials: A second look. In: The magazine for magazine management. S. 149–151.

Fuhs, Burkhard/Rosenstock, Roland (2009): Kinder, Werbung, Wertekommunikation. In: Gottberg, Joachim von/Rosenstock, Roland: Werbung aus allen Richtungen. Crossmediale Markenstrategien als Herausforderung für den Jugendschutz. München: Kopaed. S. 25–38.

Funiok, Rüdiger (2007): Medienethik: Verantwortung in der Mediengesellschaft. Stuttgart: Kohlhammer.

Funiok, Rüdiger (2005): Medienethik. In: Hüther, Jürgen/Schorb, Bernd (Hrsg.): Grundbegriffe der Medienpädagogik. 4., vollständig neu konzipierte Auflage. München: Kopaed. S. 243–251.

Funiok, Rüdiger (2001): Und am Ende die Moral? Verantwortliche Programmplanung und autonome Mediennutzung sind mehr als schöne Ziele. In: Mensch und Medien. Pädagogische Konzepte für eine humane Mediengesellschaft (Themen-Rundbrief Nr. 44). Bielefeld: GMK. S. 102–109.

Funiok, Rüdiger (1996): Grundfragen einer Publikumsethik. In: Funiok, Rüdiger (Hrsg.): Grundfragen der Kommunikationsethik. Konstanz: Ölschläger. S. 107–122.

Geißler, Ralf (2011): Bauer vs. Spiesser – *Die wollen uns fertigmachen*. In: journalist Online 6/2011. Online-Quelle: http://www.journalist.de/aktuelles/meldungen/bauer-versus-spiesser-die-wollen-uns-fertigmachen.html (Stand: 04.12.2011).

Gerke, Thorsten (2005): Handbuch Werbemedien. Werbeträger optimal vermarkten. Frankfurt a. M: Redline.

Gieseking, Friedhelm (2010): Werbung auf den zweiten Blick. In: Werben & Verkaufen. 11/2010. S. 70–72.

Glaser, Barney G./Strauss, Anselm L. (1998): Grounded Theory. Strategien qualitativer Forschung. Bern u.a.: Huber.

Goodlad, Neil/Eadie, Douglas R./Kinnin, Heather/Raymond, Martin: (1997): Advertorial: Creative solution or last resort? In: International Journal of Advertising. Number 16. S. 73–84.

Gottberg, Joachim von/Rosenstock, Roland (2009): Werbung aus allen Richtungen. Crossmediale Markenstrategien als Herausforderung für den Jugendschutz. München: Kopaed.

Gottzmann, Nicole (2005): Möglichkeiten und Grenzen der freiwilligen Selbstkontrolle in der Presse und der Werbung: Der Deutsche Presserat und der Deutsche Werberat. Band 92 der Schriftenreihe des Instituts für Rundfunkrecht an der Universität zu Köln. München: Beck.

Groeben, Norbert (2002): Dimensionen der Medienkompetenz. Deskriptive und normative Aspekte. In: Groeben, Norbert/Hurrelmann, Bettina (Hrsg.): Medienkompetenz. Voraussetzungen, Dimensionen, Funktionen. Weinheim/München: Juventa. S. 160–200.

Haas, Marcus (2005): Die geschenkte Zeitung. Bestandsaufnahme und Studien zu einem neuen Pressetyp in Europa. Münster: Lit Verlag.

Habermas, Jürgen (1996): Die Einbeziehung des Anderen. Studien zur politischen Theorie. Frankfurt a. M.: Suhrkamp.

Habermas, Jürgen (1995 [1981]): Theorie des kommunikativen Handelns. 2 Bände. Frankfurt a. M.: Suhrkamp.

Habermas, Jürgen (1991): Erläuterungen zur Diskursethik. Frankfurt a. M.: Suhrkamp.

Habermas, Jürgen (1990 [1962]): Strukturwandel der Öffentlichkeit. Untersuchungen zu einer Kategorie der bürgerlichen Gesellschaft. Mit einem Nachwort zur Neuauflage 1990. Frankfurt a. M.: Suhrkamp.

Habermas, Jürgen (1984): Vorstudien und Ergänzungen zur Theorie des kommunikativen Handelns. Frankfurt a. M: Suhrkamp.

Habermas, Jürgen (1983): Moralbewußtsein und kommunikatives Handeln. Frankfurt a. M.: Suhrkamp. 1983.

Haller, Michael (2009): Gratis-Tageszeitungen in den Lesermärkten Westeuropas. Hrsg. von der Stiftung Presse Grosso. Baden-Baden: Nomos.

Haller, Michael (1992): Die Journalisten und der Ethikbedarf. In: Haller, Michael/Holzhey, Helmut (Hrsg.): Medien-Ethik. Opladen: Westdeutscher Verlag. S. 196–211.

Hasebrink, Uwe/Mikos, Lothar/Prommer, Elisabeth (2004): Mediennutzung in konvergierenden Medienumgebungen: Zur Einführung. In: Hasebrink, Uwe/Mikos, Lothar/Prommer, Elisabeth. (Hrsg.): Mediennutzung in konvergierenden Medienumgebungen. München: Reinhard Fischer. S. 9–17.

Hausmanninger, Thomas (1994): Grundlinien einer Ethik der Unterhaltung. In: Wolbert, Werner (Hrsg.): Moral in einer Kultur der Massenmedien. Freiburg: Herder. S. 77–96.

Heinrich, Jürgen (2002): Ökonomische Analyse des Zeitschriftensektors. In: Vogel, Andreas/Holtz-Bacha, Christina (Hrsg.): Zeitschriften und Zeitschriftenforschung. Wiesbaden: Westdeutscher Verlag. S. 60–84.

Heinrich, Jürgen (2001): Medienökonomie. Band 1. Mediensystem, Zeitung, Zeitschrift, Anzeigenblatt. 2., überarbeitete und aktualisierte Auflage. Wiesbaden: VS Verlag.

Hoepfner, Jörg (2003): Advertorials. Redaktionell gestaltete Anzeigen sowie empirische Studien zu ihrer Zielsetzung und Rezeption. In: Bentele, Günter/Piwinger, Manfred/Schönborn, Gregor (Hrsg.): Handbuch Kommunikationsmanagement [Ständig aktualisierte Loseblattsammlung]. Neuwied: Luchterhand. Kap. 5.18. S. 1–23.

Hoepfner, Jörg (1999): Advertorials. Empirische Studien zur Zielsetzung und zur Rezeption von redaktionell gestalteten Anzeigen in Publikumszeitschriften. In: Public Relations Forum für Wissenschaft und Praxis 4/1999. S. 200–204.

Hoepfner, Jörg (1997): Advertorials – Zielsetzung und Rezeption von redaktionell gestalteten Anzeigen in Publikumszeitschriften. Leipzig. Magisterarbeit (im Manuskript vervielfältigt).

Höffe, Ottried (1997): Lexikon der Ethik. Original-Ausgabe. 5., neubearbeitete und erweiterte Auflage. München: Beck.

Horn, Christoph (1997): Wert. In: Höffe, Ottried (1997): Lexikon der Ethik. Original-Ausgabe. 5., neubearbeitete und erweiterte Auflage. München: Beck. S. 332–333.

Hutter, Ralf (2010): Schleichwerbung in Uni-Magazinen. Online-Quelle: http://www.taz.de/1/leben/medien/artikel/1/schleichwerbung-in-uni-magazinen (Stand: 01.12.2011).

Iconkids & youth international research GmbH (2008): Trend Tracking Kids. Ergebnisse zu High Interest Themen bei 6- bis 19-jährigen Kindern und Jugendlichen in Deutschland. München: Iconkids & youth international research GmbH.

Informationsgemeinschaft zur Feststellung der Verbreitung von Werbeträgern e.V. (IVW) (2013a). Online-Quelle: http://daten.ivw.eu/index.php?menuid=1141&u=&p=&b=alle&sv=224&sb=224&t= Publikumszeitschriften+mit+nationaler+Verbreitung.&tsub=KINDERZEITSCHRIFTEN (Stand: 02.11.2013).

Informationsgemeinschaft zur Feststellung der Verbreitung von Werbeträgern e.V. (IVW) (2013b). "Gedruckte Version" der Auflagenliste 3. Quartal 2013 im PDF-Format. Online-Quelle: http://daten.ivw.eu/index.php?menuid=5&u=&p=. (Stand: 02.11.2013).

Informationsgemeinschaft zur Feststellung der Verbreitung von Werbeträgern e.V. (IVW) (2011). Online-Quelle: http://daten.ivw.eu/index.php?menuid=1141&u=&p=&t=Publikumszeitschriften+mi t+nationaler+Verbreitung. (Stand: 02.08.2011).

Iser, Wolfgang (1970): Der implizite Leser. Unbestimmtheit als Wirkungsbedingung literarischer Prosa Konstanz: Universitätsverlag.

Janich, Nina (2010): Werbesprache: Ein Arbeitsbuch. Mit einem Beitrag von Jens Runkehl. 5., vollständig überarbeitete und erweiterte Auflage. Tübingen: Narr.

Jarren, Otfried/Meier, Werner A. (2001): Ökonomisierung der Medienindustrie: Ursachen, Formen und Folgen. In: Medien & Kommunikationswissenschaft. 49. Jahrgang. Heft 2. S. 145–158.

Jenkins, Henry (2006): Convergence culture: where old and new media collide. New York: University Press.

JIM-Studie (2012): Jugend, Information, (Multi-)Media. Basisuntersuchung zum Medienumgang 12- bis 19-Jähriger in Deutschland. Hrsg. vom Medienpädagogischer Forschungsverbund Südwest. Stuttgart.

JIM-Studie (2010): Jugend, Information, (Multi-)Media. Basisuntersuchung zum Medienumgang 12- bis 19-Jähriger in Deutschland. Hrsg. vom Medienpädagogischer Forschungsverbund Südwest. Stuttgart.

Joergensen, Jens A. H. (1989): Using the *thinking-aloud* method in system development. In: Salvendy, Gavriel/Smith, Michael J. (Hrsg.): Designing and using human-computer interfaces and knowledge-based systems. Amsterdam: Elsevier Science Publishers.

Jonas, Hans (1987): Über Verantwortungsbegriffe und das Verantwortungsproblem in der Technik. In: Lenk, Hans/Ropohl, Günter (Hrsg.): Technik und Ethik. Stuttgart: Klett. S. 112–148.

Jonas, Hans (1985): Technik, Medizin und Ethik: Zur Praxis des Prinzips Verantwortung, Frankfurt a. M.: Insel Verlag.

Jonas, Hans (1979): Das Prinzip Verantwortung. Versuch einer Ethik für die technologische Zivilisation. Frankfurt a. M: Insel Verlag.

Jüssen, Gabriel (1972): Moral. In: Historisches Wörterbuch der Philosophie. Band 2. Hrsg. von Joachim Ritter, Karlfried Gründer und Gottfried Gabriel. Völlig neubearbeitete Ausgabe des *Wörterbuchs der philosophischen Begriffe* von Rudolf Eisler. 13 Bände. Darmstadt: Wissenschaftliche Buchgesellschaft, (1971-2007). S. 149–168.

Kalka, Jochen (2009): Handbuch Printwerbung. Planung, Kreation und Wirkung von Anzeigen. Die besten Kampagnen aus 50 Jahren. München: mi-Fachverlag/Finanzbuch-Verlag.

Kant, Immanuel: Grundlegungen zur Metaphysik der Sitten [1785]: Hrsg. von Wilhelm Weischedel. Frankfurt a. M.: Suhrkamp 1977.

Kant, Immanuel: Kritik der praktischen Vernunft [1788]. Hrsg. von Joachim Kopper. Stuttgart: Reclam 1961.

Kant, Immanuel: Kritik der reinen Vernunft [1781]. Hrsg. von Horst D. Brandt und Heiner F. Klemme. Hamburg: Meiner 2003.

Karmasin, Matthias (2006a): Kinder und Medien = (Mehr-)Wert. Medienökonomische Aspekte der Mediennutzung von Kindern und Jugendlichen. In: Marci-Bohnecke, Gudrun/Rath, Matthias: Jugend – Werte – Medien. Der Diskurs. Weinheim/Basel: Beltz. S. 45–55.

Karmasin, Matthias (2006b): Stakeholder Management als Kontext von Medienmanagement. In: Altmeppen, Klaus-Dieter/Karmasin, Matthias (Hrsg.): Medien und Ökonomie. Band 3. Anwendungsfelder der Medienökonomie. Wiesbaden: VS Verlag. S. 61–88.

Karmasin, Matthias (2006c): Medienkritik als Selbst- und Fremdkritik: Anmerkungen zur ethischen Sensibilität der Journalisten am Beispiel Österreich. In: Niesyto, Horst/Rath, Matthias/Sowa, Hubert (Hrsg.): Medienkritik heute. Grundlagen, Beispiele und Praxisfelder. München: Kopaed. S. 129–144.

Karmasin, Matthias (2005): Journalismus: Beruf ohne Moral? Von der Berufung zur Profession. Wien: Facultas.

Karmasin, Matthias (2000a): Medienethik im Kontext von Ökonomisierung und Globalisierung. In: Schicha, Christian/Brosda, Carsten (Hrsg.): Medienethik zwischen Theorie und Praxis. Normen für die Kommunikationsgesellschaft. Münster: Lit Verlag. S. 195–207.

Karmasin, Matthias (2000b): Ein Naturalismus ohne Fehlschluß? Anmerkungen zum Verhältnis von Medienwirkungsforschung und Medienethik. In: Rath, Matthias (2000a) (Hrsg.): Medienethik und Medienwirkungsforschung. Wiesbaden: Westdeutscher Verlag. S. 127–148.

Karmasin, Matthias (1999): Stakeholder-Orientierung als Kontext zur Ethik von Medienunternehmen. In: Funiok, Rüdiger/Schmälzle, Udo/Werth, Christoph H. (Hrsg.): Medienethik – Die Frage der Verantwortung. Bonn: Bundeszentrale für politische Bildung. S. 183–214.

Karmasin, Matthias (1993): Das Oliogopol der Wahrheit. Medienunternehmen zwischen Ökonomie und Ethik. Wien: Böhlau.

Kästing, Friederike (1974): Werbung. In: Tietz, Bruno (Hrsg.): Handwörterbuch der Absatzwirtschaft. Stuttgart: Poeschel. S. 2242–2250.

Keuneke, Susanne (2005): Qualitatives Interview. In: Mikos, Lothar/Wegener, Claudia (Hrsg.): Qualitative Medienforschung. Ein Handbuch. Konstanz: UVK. S. 254–267.

KidsVerbraucherAnalyse (2008): Markt-Media Studie für Kinder-Zielgruppen im Alter von 6 bis 13 Jahre. Herausgegeben von Egmont Ehapa Verlag GmbH. Berlin. Online-Quelle: http://www.ehapa-media.de/pdf_download/Praesentation_%20KVA08.pdf (Stand: 15.05.2009).

Kiefer, Marie Luise (2001): Einführung in eine ökonomische Theorie der Medien. München/ Wien: Oldenbourg.

Kim, Bong-Hyun (1995): The Effectiveness of Camouflaged Advertising Format on Audiences with Special Focus on Advertorial Advertising. Dissertation. Tuscaloosa: University of Alabama.

Knoepffler, Nikolaus (2010): Angewandte Ethik. Ein systematischer Leitfaden. Köln: Böhlau.

Köberer, Nina (im Druck): Zur Relevanz normativer Medienforschung für die Praxis: Die Jugendzeitung YAEZ – eine medienethische Evaluation. In: Bildungspartnerschaften evaluieren und optimieren – theoretische Grundlagen und empirische Ergebnisse. Hrsg. von Gudrun Marci-Boehncke und Matthias Rath. Kopäd: München [im Druck].

Köberer, Nina (2011): Medienproduktion 2.0 als neues Aufgabenfeld der Medienbildung im konvergenten Mediengefüge. Medienethische Beschreibung und didaktische Konsequenzen. In: Jahrbuch Medien im Deutschunterricht. Medienkonvergenz im Deutschunterricht. Band 10. Hrsg. von Marci-Boehncke, Gudrun/Rath, Matthias. München: Kopaed. S. 119–132.

Köberer, Nina (2010a): Journalismus für lau: Gratiszeitungen als medienethisch relevantes Problemfeld – Ergebnisse einer empirischen Studie. In: Zeitschrift für Kommunikationsökonomie und Medienethik. 12. Ausgabe 1/2010. S. 54–60.

Köberer, Nina (2010b): Ökonomischer Druck & Medienmanagement: Bieten Gratis-(Print-)Medien Lösungen? Online-Quelle: http://magazin.unternehmerweb.at/index.php/2010/04/30/konomischer-druck-medienmanagement-bieten-gratis-print-medien-lsungen/ (Stand: 04.11.2013).

Köberer, Nina (2009): Jugendprintmedien als mögliche Grundlage zur Ausbildung moralischer Argumentationskompetenz am Beispiel der Jugendzeitung YAEZ. Ludwigsburg. Magisterarbeit (unveröffentlicht).

Kohlberg, Lawrence (1976): Moralstufen und Moralerwerb: Der kognitiv-entwicklungstheoretische Ansatz. In: Althof, Wolfgang (Hrsg.) (1995): Lawrence Kohlberg. Die Psychologie der Moralentwicklung, Frankfurt a. M.: Suhrkamp. S. 123–174.

Kohlberg, Lawrence (1968): Moralische Entwicklung. In: Althof, Wolfgang (Hrsg.) (1995): Lawrence Kohlberg. Die Psychologie der Moralentwicklung. Frankfurt a. M.: Suhrkamp. S. 7–40.

Kotler, Philip/Keller, Kevin Lane/Bliemel, Friedhelm (2007): Marketing-Management. Strategien für wertschaffendes Handeln. 12., aktualisierte Auflage. München: Pearson Studium.

Krainer, Larissa (2001): Medien und Ethik. Zur Organisation medienethischer Entscheidungsprozesse. München: Kopaed.

Kroeber-Riel, Werner/Esch, Franz-Rudolf (2004): Strategie und Technik der Werbung. Verhaltenswissenschaftliche Ansätze. 6., aktualisierte und erweiterte Auflage. Stuttgart: Kohlhammer.

Kroeber- Riel, Werner/Weinberg, Werner (2003): Konsumentenverhalten. 8., aktualisierte und ergänzte Auflage. München: Franz Vahlen.

Krotz, Friedrich (2005): Neue Theorien entwickeln. Eine Einführung in die Grounded Theory, die heuristische Sozialforschung und die Ethnographie anhand von Beispielen aus der Kommunikationsforschung. Köln: Halem.

Lampert, Claudia (2005): Grounded Theory. In: Mikos, Lothar/Wegener, Claudia (Hrsg.): Qualitative Medienforschung. Ein Handbuch. Konstanz: UVK. S. 516–526.

Landesmedienzentrum Baden-Württemberg (2013): Unterrichtsmodule. Online-Quelle: http://unterrichtsmodule-bw.de/index.php?id=355 (Stand: 09.11.2013).

Landespressegesetz Baden-Württemberg in der Fassung vom 04. Februar 2003.

Lenk, Hans (1997): Einführung in die angewandte Ethik. Verantwortlichkeiten und Gewissen. Stuttgart: Kohlhammer.

Löbler, Helge (2004): Werbung. In: Bruhn, Manfred/Homburg, Christian. (Hrsg.): Gabler Lexikon Marketing. 2., vollständig aktualisierte Auflage. Wiesbaden: Gabler. S. 891.

Lueger, Manfred/Froschauer, Ulrike (2003): Das qualitative Interview. Zur Praxis interpretativer Analyse sozialer Systeme Wien: WUV.

Luhmann, Niklas (2008): Die Moral der Gesellschaft. Frankfurt a. M.: Suhrkamp.

Luhmann, Niklas (1996): Die Realität der Massenmedien. 2., erweiterte Auflage. Opladen: Westdeutscher Verlag.

Luhmann, Niklas (1992): Beobachtungen der Moderne. Opladen: Westdeutscher Verlag.

Luhmann, Niklas (1984): Soziale Systeme: Grundriß einer allgemeinen Theorie. Frankfurt a. M.: Suhrkamp.

Marci-Boehncke, Gudrun (2007): Medial der Stärkste: Körper, Wettkampf und Selbstbild bei Jungen. Erste Ergebnisse der Ludwigsburger Sport- und Medienstudie 2006. In: Neuß, Norbert/Große-Loheide, Mike (Hrsg.) (2007): Körper.Kult.Medien. Inszenierungen im Alltag und in der Medienbildung. Bielefeld: GMK. S. 236–255.

Marci-Bohnecke, Gudrun/Rath, Matthias (2007): Jugend – Werte – Medien. Die Studie. Weinheim/Basel: Beltz.

Marketing Börse (2010): KINDER 2010 Kongress. Experten beschäftigen sich mit *Kommunikationsstrategien für die Digital Natives*. Online-Quelle: http://www.marketing-boerse.de/News/details/KINDER-2010-Kongress---am-24-Juni-im-Odysseum-Koeln-1/23050) (Stand: 08.11.2013).

MediaAnalyzer Software & Research GmbH (2009): Studie: Advertorials. Vergleich von Anzeigen und entsprechenden Advertorials. Hamburg: MediaAnalyzer Software & Research GmbH.

Medienkongress (2010): Was will die Generation Internet wirklich? – Der Medienmix für die Digital Natives. Stuttgart. Online-Quelle: http://www.stuttgarter-medienkongress.de/kongress/rueckblick/ (Stand: 08.07.2011).

Medienpädagogisches Manifest 2008. Online-Quelle: http://www.keine-bildung-ohne-medien.de/?page_id=63 (Stand: 09.11.2013).

Meier, Werner A./Trappel, Josef/Siegert, Gabriele (2005): Medienökonomie. In: Bonfadelli, Heinz/Jarren, Otfried/Siegert, Gabriele (Hrsg.): Einführung in die Publizistikwissenschaft. 2., völlig überarbeitete Auflage. Bern/Stuttgart/Wien: Haupt. S. 203–234.

Meister, Dorothee/Sander, Uwe (2002): Kindliche Medien- und Werbekompetenz als Thema der Medienforschung. In: Bachmair, Ben/Diepold, Peter/Witt, Claudia de (Hrsg.): *Jahrbuch der Medienpädagogik 3.* Opladen: Leske & Buderich. S. 185-202.

Moore, George Edward (1970): Principia Ethica. Stuttgart: Reclam.

Müller-Kalthoff, Björn (2002): Cross-Media als integrierte Management-Aufgabe. In: Müller-Kalthoff, Björn (Hrsg.): Cross-Media Management. Content-Strategien erfolgreich umsetzen. Berlin: Springer. S. 19–40.

Neuß, Norbert (2005): Medienpädagogische Ansätze zur Stärkung der Verbraucher- und Werbekompetenz. In: merz. medien + erziehung. 49. Jahrgang, Heft 1/05. München: kopaed. S. 31-36.

Neuß, Norbert (2000a): Operationalisierung von Medienkompetenz – Ansätze, Probleme und   Perspektiven.   Medienpädagogik.   Online-Quelle: http://www.medienpaed.com/00-1/neuss1.pdf (Stand: 08.04.2012).

Neuß, Norbert (2000b): „Werbung ist, wenn da was mit ‚geschmackvoll' kommt" – Medienpädagogische Ansätze zur Vermittlung von Werbekompetenz. In: pro-jugend. (2) 2000. S. 21–23.

Nickel, Petra (2000): Mädchenzeitschriften – Marketing für Medien. Eine kommunikationswissenschaftliche Analyse der Marktstrategien und Inhalte. Münster: Waxmann.

Nickel, Volker (2011): Allmählich aufwärts. Der deutsche Werbemarkt 2010/2011. Berlin: Verlag edition ZAW.

Nida-Rümelin, Julian (1996): Theoretische und angewandte Ethik: Paradigmen, Begründungen, Bereiche. In: Nida-Rümelin, Julian (Hrsg.): Angewandte Ethik. Die Bereichsethiken und ihre theoretische Fundierung. Ein Handbuch. Stuttgart: Kröner. S. 2–85.

Nieschlag, Robert/Dichtl, Erwin/Hörschgen, Hans (2002): Marketing. 19., überarbeitete und aktualisierte Auflage. Berlin: Duncker & Humblot.

Niesyto, Horst/Rath, Matthias/Sowa, Hubert (2006): Medienkritik heute. Grundlagen, Beispiele und Praxisfelder. München: Kopaed.

Nöth, Winfried (2000): Handbuch der Semiotik. Stuttgart/Weimar: Metzler.

Ott, Konrad (2001): Moralbegründungen zur Einführung. Hamburg: Junius.

Pethig, Rüdiger (2003): Massenmedien, Werbung und Märkte. Eine wirtschaftstheoretische Analyse. In: Altmeppen, Klaus-Dieter/Karmasin, Matthias (Hrsg.): Medien und Ökonomie. Band 1. Grundlagen der Medienökonomie: Kommunikations- und Medienwissenschaft, Wirtschaftswissenschaft. Wiesbaden: Westdeutscher Verlag. S. 139–186.

Pieper, Annemarie/Thurnherr, Urs (1998): Angewandte Ethik. Eine Einführung. München: Beck.

Pöttker, Horst (2000): Kompensation von Komplexität. Journalismustheorie als Begründung journalistischer Qualitätsmaßstäbe. In: Löffelholz, Martin (Hrsg.): Theorien des Journalismus. Ein diskursives Handbuch. Wiesbaden: Westdeutscher Verlag. S. 375–390.

Pöttker, Horst (1999a): Öffentlichkeit als gesellschaftlicher Auftrag. Zum Verhältnis von Berufsethos und universaler Moral im Journalismus. In: Funiok, Rüdiger/Schmälzle, Udo/Werth Christoph H. (Hrsg.): Medienethik – Die Frage der Verantwortung. Bonn: Bundeszentrale für Politische Bildung. S. 215–232.

Pöttker, Horst (1999b): Berufsethik für Journalisten? Professionelle Trennungsgrundsätze auf dem Prüfstand. In: Holderegger, Adrian (Hrsg.): Kommunikations- und Medienethik. Interdisziplinäre Perspektiven. Freiburg: Universitätsverlag. S. 299–327.

PR- Ethik-Rat (2011): Studie über Schleichwerbung in Österreich. Online-Quelle: http://www.prethikrat.at/fileadmin/prethikrat/img/Presseaussendungen/11_PA_PK_ Ethik-Rat_0520_StudieSchleichwerbung.pdf (Stand: 16.10.2011).

Rager, Günther (2003): Jugendliche als Zeitungsleser: Lesehürden und Lösungsansätze. Ergebnisse aus dem Langzeitprojekt *Lesesozialisation bei Informationsmedien*. In: Media Perspektiven 4/2003. S. 180–186.

Rager, Günther (2000): Ethik – eine Dimension von Qualität? In: Schicha, Christian/Brosda, Carsten (Hrsg.): Medienethik zwischen Theorie und Praxis. Normen für die Kommunikationsgesellschaft. Münster: Lit Verlag. S. 76–89.

Rath, Matthias (2012): Wider dem Naturzustand. In: Filipovic, Alexander/Jäckel, Michael/Schicha, Christian (Hrsg.): Medien- und Zivilgesellschaft. München: Juventa. S. 260-272.

Rath, Matthias (2011): Wahrhaftigkeit. In: Neues Handbuch philosophischer Grundbegriffe (NHPG). Begründet von Hermann Krings (†), Hans Michael Baumgartner (†) und Christoph Wild. Neu herausgegeben von Armin G. Wildfeuer und Petra Kolmer in Verbindung mit Wolfram Hogrebe, Ludger Honnefelder, Christoph Horn, Wolfgang Kluxen und Wilhelm Vossenkuhl. Freiburg/München: Alber. S. 2389–2397.

Rath, Matthias (2010a): Empirische Perspektiven. In: Schicha, Christian/Brosda, Carsten (Hrsg.): Handbuch Medienethik. Wiesbaden: VS Verlag. S. 136–146.

Rath, Matthias (2010b): Vom Flaschenhals zum Aufmerksamkeitsmanagement. Überlegungen zum Online-Journalismus und einer Ethik der öffentlichen Kommunikation 2.0. In: Zeitschrift für Kommunikationsökologie und Medienethik. 12. Ausgabe 1/2010. S. 17–24.

Rath, Matthias (2010c): Public Value oder bonum commune? Anmerkungen zu einem medienethischen Desiderat. In: Karmasin, Matthias/Süssenbacher, Daniela/Gonser, Nicole (Hrsg.): Public Value: Theorie und Praxis im europäischen Vergleich. Wiesbaden: VS Verlag. S. 45–56.

Rath, Matthias (2010d): Papiertiger ohne Imperium. In: Journalistik Journal der TU Dortmund. Heft 2/2010. Köln: Halem. S. 37.

Rath, Matthias (2006): Wahrhaftigkeit des Journalismus: Moralanspruch oder Marktfaktor? In: Niesyto, Horst/Rath, Matthias/Sowa, Hubert (Hrsg.): Medienkritik heute. Grundlagen, Beispiele und Praxisfelder. München: Kopaed. S. 117–128.

Rath, Matthias (2003a): Das Internet – die Mutter aller Medien. In: Huizing, Klaas/Rupp, Horst F. (Hrsg.): Medientheorie und Medientheologie (Symbol – Mythos – Medien). Band 7. Münster: Lit Verlag. S. 59–69.

Rath, Matthias (2003b): Medien in Zeiten der Globalisierung – Selbstregulierung zwischen Freiheit und Verantwortung. In: Medienjournal 27. Heft 1. Interdependenzen des medialen und sozialen Wandels. Hrsg. von Thomas Steinmaurer. S. 41–50.

Rath, Matthias (2003c): Die medienphilosophische Perspektive: Medien, Wirtschaft, Sinn. In: Altmeppen, Klaus-Dieter/Karmasin, Matthias (Hrsg.): Medien und Ökonomie. Band 1/2. Grundlagen der Medienökonomie. Wiesbaden: VS Verlag. S. 125–139.

Rath, Matthias (2003d): Homo medialis und seine Brüder – zu den Grenzen eines (medien-) anthropologischen Wesensbegriffs. In: Pirner, Manfred/Rath, Matthias (Hrsg.): Homo medialis. Perspektiven und Probleme einer Anthropologie der Medien. Schriftenreihe Medienpädagogik interdisziplinär. München: Kopaed. S. 17–30.

Rath, Matthias (2002): Identitätskonzepte und Medienethik. Bernhard Schleißheimer zum 80. Geburtstag. In: Müller, Renate/Glogner, Patrick/Rhein, Stefanie/Heim, Jens (Hrsg.): Wozu Jugendliche Musik und Medien brauchen. Jugendliche Identität und musikalische und mediale Geschmacksbildung. Weinheim/München: Juventa. S. 152–161.

Rath, Matthias (2001): Die Pflicht zur Würde. Überlegungen zu einem medienethischen Problem. In: Medienheft 15. Dossier. S. 1–10.

Rath, Matthias (2000a) (Hrsg.): Medienethik und Medienwirkungsforschung. Wiesbaden: Westdeutscher Verlag.

Rath, Matthias (2000b): Kann denn empirische Forschung Sünde sein? Zum Empiriebedarf der angewandten Ethik. In: Rath, Matthias (Hrsg.): Medienethik und Medienwirkungsforschung. Wiesbaden: Westdeutscher Verlag. S. 63–88.

Rath, Matthias (1988): Intuition und Modell. Hans Jonas' „Prinzip Verantwortung" und die Frage nach einer Ethik für das wissenschaftliche Zeitalter. Frankfurt a. M.: Peter Lang.

Rath, Matthias (1987): Karl-Otto Apels Transformation der Philosophie und die Ethik der Wissenschaft. In: Fornet-Betancourt, Raoul/Mendoza, Cecilia Lértora. (Hrsg.): Ethik in Deutschland und Lateinamerika heute. Akte der Ersten Germano-Iberoamerikanischen Ethik-Tage. Bern u.a.: Lang. S. 61–68.

Rath, Matthias/Brause, Martin (1991): Der Prozeß der Leitbildung. Generierung, Implementierung und Modifizierung von Unternehmensleitbildern. In: Wörz, Michael /Dingwerth, Paul /Öhlschläger, Rainer (Hrsg.): Mitgestalten. Innovation und Partizipation als Thema der Wirtschaftsethik. Stuttgart: Akademie der Diözese Rottenburg-Stuttgart. S. 241–262.

Rath, Matthias/Köberer, Nina (2013): Medien im Ethikunterricht. In: Medienbildung in schulischen Kontexten – Beiträge aus Erziehungswissenschaft und Fachdidaktiken (Reihe Medienpädagogik interdisziplinär, Bd. 9). Hrsg. von Edwin Keiner, Wolfgang Pfeiffer, Manfred L. Pirner und Rainer Uphues. München: Kopäd. S.321-338.

Rath, Matthias/Marci-Boehncke, Gudrun (2008): Jugendliche Wertkompetenz im Umgang mit Medien. In: Gottberg, Joachim von/Prommer, Elizabeth (Hrsg.): Verlorene Werte? Medien und die Entwicklung von Ethik und Moral. Konstanz: UVK. S. 77–98.

Rauda, Christian (2009): Rechtssichere Werbung. Mit den Bestimmungen des neuen UWG. Planegg: Haufe.

Rawls, John (1975): Eine Theorie der Gerechtigkeit, Frankfurt a. M.: Suhrkamp.

Robinson, Allanah/Ozanne, Lucie/Cohen, David A (2002): An Exploratory Examination of Advertorials (Abstract). In: Australian and New Zealand Marketing Academy (ANZMAC). Conference Proceedings. S. 1451–1459.

Römer, Bettina von/Steffensen, Bernd (2007): Kinder und Jugendliche als Zielgruppe des Erlebnismarketings. Werbung in Kinder- und Jugendzeitschriften sowie in korrespondierenden Internetangeboten. sofia-Studien zur Institutionenanalyse 07-2. Darmstadt.

Rühl, Manfred (1996): Wie kommen bei der systemtheoretischen Betrachtung (N. Luhmann) Normen ins Spiel? In: Funiok, Rüdiger (Hrsg.): Grundfragen der Kommunikationsethik. Konstanz: Ölschläger. S. 41–58.

Rundfunkstaatsvertrag (RStV) (2010): Fünfzehnter Staatsvertrag zur Änderung rundfunkrechtlicher Staatsverträge. Online-Quelle: http://www.mediaperspektiven.de/fileadmin/downloads/media_perspektiven/PDF-Dateien/2-Rundfunkstaatsvertrag.pdf (Stand: 19.07.2013).

Sander, Uwe (2007): Medienkompetenz – eine Alternative zum Medienschutz? In: tv diskurs. 11. Jahrgang. 2/2007. S. 56–57.

Saxer, Ulrich (1994): Das Rundfunksystem der Schweiz. In: Internationales Handbuch für Hörfunk und Fernsehen. Hrsg. vom Hans-Bredow-Institut. Hamburg. S. 196–203.

Scarano, Nico (2002): Metaethik – ein systematischer Überblick. In: Düwell, Markus/Hübenthal, Christoph/Werner, Micha H. (Hrsg.): Handbuch Ethik. Stuttgart/Weimar: Metzler Verlag. S. 25–35.

Schicha, Christian (2005): Wirtschaftswerbung zwischen Information, Provokation und Manipulation. Konsequenzen für die Selbstkontrolle des Deutschen Werberates. In: Baum, Achim/Langenbucher, Wolfgang R./Pöttker, Horst/Schicha, Christian (Hrsg.): Handbuch Medienselbstkontrolle. Wiesbaden: VS Verlag. S. 255–270.

Schicha, Christian/Brosda, Carsten (2010): Handbuch Medienethik. Wiesbaden: VS Verlag.

Schicha, Christian/Ontrup, Rüdiger (1999): Medieninszenierung im Wandel. Interdisziplinäre Zugänge. Münster/Hamburg/London: Lit Verlag.

Schierl, Thomas (2001): Text und Bild in der Werbung. Bedingungen, Wirkungen und Anwendungen bei Anzeigen und Plakaten. Köln: Halem.

Schimank, Uwe (2007): Theorien gesellschaftlicher Differenzierung. 3., aktualisierte Auflage. Wiesbaden: VS Verlag.

Schmid, Alexander (2006): *Sonderwerbeformen im Vergleich*. Eine theoretische und empirische Studie zur Werbeformentscheidung auf Basis der psychologischen Werbewirkung. Dresden: TUDpress.

Schmid, Cornelia M./Döbler, Thomas/Schenk, Michael (2004): Werbung in Jugendzeitschriften. Akzeptanz und Wirkung. Stuttgart: Fachverlag Döbler & Rössler.

Schmidt, Siegfried J. (1995): Werbung zwischen Wirtschaft und Kunst. In: Schmidt, Siegfried J./Spieß, Brigitte (Hrsg.): Werbung, Medien und Kultur. Opladen: VS Verlag. S. 26–43.

Scholl, Armin (2010): Systemtheorie. In: Schicha, Christian/Brosda, Carsten (Hrsg.): Handbuch Medienethik. Wiesbaden: VS Verlag. S. 68–82.

Schüler, Dominic (2008): Kommunikation am Markt. Rhetorik – Medien – Werbung – Konsum. Tübingen: Kairos Verlag.

Schulz, Werner (1980): Philosophie in der veränderten Welt Pfullingen: Neske.

Schulze, Gerhard (1992): Die Erlebnisgesellschaft. Kultursoziologie der Gegenwart. Frankfurt a. M.: Campus.

Schwender, Clemens (2006): Die audiovisuelle Argumentation in der Werbung. Dokumentation der Jahrestagung 2006 des Netzwerks Medienethik, ausgerichtet von den DGPuK-Fachgruppen Kommunikations- und Medienethik und Visuelle Kommunikation In: Zeitschrift für Kommunikationsökologie und Medienethik. Jahrgang 8. Heft 1. S. 37–44.

Siegert, Gabriele (2005): Werbung ohne Grenzen: Von analytischen Abgrenzungen und alltäglichen Grenzüberschreitungen zwischen Werbung und PR. In: Seufert, Wolfgang/Müller-Lietzkow, Jörg (Hrsg.): Theorie und Praxis der Werbung in den Massenmedien. Baden-Baden: Nomos. S. 125–135.

Siegert, Gabriele/Brecheis, Dieter (2010): Werbung in der Medien- und Informationsgesellschaft. 2., überarbeitete Auflage. Wiesbaden: VS Verlag.

Siegert, Gabriele/Wirth, Werner/Matthes, Jörg/Pühringer, Martin/Rademacher, Patrick/Schemer, Christian/Rimscha, Bjorn von (2007): Die Zukunft der Fernsehwerbung. Produktion, Verbreitung und Rezeption von programmintegrierten Werbeformen in der Schweiz. Zürich: Haupt.

Simmel, Georg (1890): Über sociale Differenzierung. Leipzig: Duncker & Humblot.

Sobek, Eva (2004): Crossmediale Markenführung im Segment der Jugendzeitschriften. Studien zur Medienwirtschaft. Band 5. Frankfurt a. M./London: Holger Ehling Publishing & IKO-Verlag.

SPIEGEL-Online (2011): Bauer-Verlag geht gegen Jugendmagazin *Spiesser* vor. Online-Artikel vom 09.04.2011. Online-Quelle: http://www.spiegel.de/spiegel/vorab/0,1518,756018,00.html (Stand: 05.11.2013).

SPIESSER (2010): Klima satt. Ständig sollen wir die Erde retten – dabei geht das gar nicht. Oder?. Ausgabe 132. Dezember 2010/Januar 2011 Dresden: SPIESSER GmbH.

SPIESSER Mediadaten (2011): Mediadaten. Nr.5. Gültig ab 01.01.2011. Dresden: SPIESSER GmbH.

SPIESSER Mediadaten (2010): Mediadaten. Nr. 4. Gültig ab 01.01.2010. Dresden: SPIESSER GmbH.

Stapf, Ingrid (2010): Selbstkontrolle In: Schicha, Christian/Brosda, Carsten (Hrsg.): Handbuch Medienethik. Wiesbaden: VS Verlag. S. 164–185.

Stapf, Ingrid (2009): Medienethik und Ästhetik. Neue Werbeformen als Herausforderung für die Medienselbstkontrolle. In: Gottberg, Joachim von/Rosenstock, Roland (Hrsg.): Werbung aus allen Richtungen. Crossmediale Markenstrategien als Herausforderung für den Jugendschutz. München: Kopaed. S. 45–67.

Stapf, Ingrid (2006): Medien-Selbstkontrolle: Ethik und Institutionalisierung. Konstanz: UVK.

Stöckl, Hartmut (2004): Die Sprache im Bild – Das Bild in der Sprache. Zur Verknüpfung von Sprache und Bild im massenmedialen Text. Berlin/Ney York: De Gruyter.

Strauss, Anselm/Corbin, Juliet (1996): Grundlagen qualitativer Sozialforschung. Basel/Weinheim: Beltz.

Teichert, Will (1996): Journalistische Verantwortung: Medienethik als Qualitätsproblem. In: Nida-Rümelin, Julian (Hrsg.): Angewandte Ethik. Die Bereichsethiken und ihre theoretische Fundierung. Ein Handbuch. Stuttgart: Kröner. S. 750–776.

Thomaß, Barbara (2003): Fünf ethische Prinzipien journalistischer Praxis. In: Debatin, Bernhard/Funiok, Rüdiger (2003a) (Hrsg.): Kommunikations- und Medienethik. Konstanz: UVK. S. 159–168.

Thyen, Anke (2000): Von den Menschenrechten zu den Rechten von Kindern – Historische Errungenschaft oder Projekt? Vortrag, gehalten im Rahmen des Weltkindertages 2000. Lübeck (Manuskript).

Tillmanns, Lutz (2006): Aktuelle Herausforderungen für die Medienethik. In: Aus Politik und Zeitgeschichte. Ausgabe 38. Bonn: Bundeszentrale für politische Bildung. S. 3–5.

Urban, Dieter (1980): Text im Kommunikationsdesign. München: Bruckmann.

Verband Deutscher Zeitungsverleger (VDZ) (2007): Branchendaten 2007. Online-Quelle: http://www.vdz.de/fileadmin/download/anzeigen/BRANCHENDATEN.pdf (Stand: 15.05.2009).

Verband Deutscher Zeitschriftenverleger (VDZ) (2003): Handbuch Crossmedia Werbung. Berlin.

Verbraucherzentrale Bundeverband e.V. (2012): Themenmodule zur Verbraucherbildung. Jugend, Werbung und Konsum. Ein Unterrichtsprojekt zur Werbung. Online-Quelle: http://www.unterrichtshilfe-finanzkompetenz.de/lehrer/jugend-und-konsum_vzbv.pdf (Stand: 21.02.2012).

Vieth, Andreas (2006): Einführung in die angewandte Ethik. Darmstadt: Wissenschaftliche Buchgesellschaft.

Vogel, Andreas (1996): Die Leserschaft der populären Jugendpresse. Markt- und Leseranalyse. In: Media Perspektiven. Nr. 1/1996. S. 18–29.

Volpers, Helmut/Holznagel, Bernd (2009): Trennung von Werbung und Programm im Fernsehen. Zuschauerwahrnehmung und Regulierungsoptionen. Hrsg. von der Medienanstalt Hamburg/Schleswig-Holstein (MA HSH). Berlin: Vistas.

Weber, Max (1919): Politik als Beruf. In: Mommsen, Wolfgang/Schluchter, Wolfgang (Hrsg.): Wissenschaft als Beruf 1917/1919 Politik als Beruf. Studienausgabe 1994. Tübingen: Mohr.

Weder, Franzisca (2011): Die CSR-Debatte in den Printmedien. Anlässe, Themen, Deutungen. Wien: Facultas UTB.

Weder, Franzisca (2010): Integrationsmanagement über Testimonials. In: Eisenegger, Mark/Wehmeier, Stefan (Hrsg.): Personalisierung der Organisationskommunikation. Wiesbaden: VS Verlag. S. 271–294.

Wegener, Claudia (2005): Inhaltsanalyse. In: Mikos, Lothar/Wegener, Claudia (Hrsg.): Qualitative Medienforschung. Ein Handbuch. Konstanz: UVK. S. 200–208.

Wegener, Claudia/Mikos, Lothar (2005): Wie lege ich eine Studie an? In: Mikos, Lothar/Wegener, Claudia (Hrsg.): Qualitative Medienforschung. Ein Handbuch. Konstanz: UVK. S. 172–180.

Weischenberg, Siegfried (1995): Journalistik. Band 2. Medientechnik, Medienfunktion, Medienakteure. Opladen: Westdeutscher Verlag.

Weischenberg, Siegfried/Malik, Maja/Scholl, Achim (2006): Die Souffleure der Medien-gesellschaft. Report über die deutschen Journalisten. Konstanz: UVK.

Werner, Micha. H. (2003): Verantwortung. In: Düwell, Markus/Hübenthal, Chris-toph/Werner, Micha H. (Hrsg.): Handbuch Ethik. Stuttgart/Weimar: Metzler Verlag. S. 521–527.

Widmer, Michael (2003): Das Verhältnis zwischen Medienrecht und Medienethik. Unter Berücksichtigung der „Erklärung der Rechte und Pflichten der Journalistinnen und Journalisten" des Schweizer Presserats. Bern: Stämpfli Verlag.

Wilke, Jürgen (1995): Presse. In: Noelle-Neumann, Elisabeth/Wilke, Jürgen/Schulz, Winfried (Hrsg.): Fischer Lexikon Publizistik. Massenkommunikation. Aktualisierte und vollständig überarbeitete Neuausgabe. Frankfurt a. M: Fischer. S. 382–417.

Wilkins, Lee/Christians, Clifford G. (2009): The Handbook of Mass Media Ethics. New York/London: Taylor & Francis.

Willems, Herbert/Jurga, Martin (1998): Inszenierungsgesellschaft. Ein einführendes Handbuch. Wiesbaden: Opladen.

Winkler, Doris (1999a): Die Wirkung von Advertorials – Ein Vergleich mit herkömmli-chen Anzeigen, untersucht am Beispiel der Firmen Philips und Siemens. Wien. Dip-lomarbeit (im Manuskript vervielfältigt).

Winkler, Doris (1999b): Die Wirkung von Advertorials. In: transfer – Werbeforschung & Praxis. Heft 1/1999. S. 36–37.

Winterhoff-Spurk, Peter/Mangold, Roland (1995): Product Placement vs. Werbespot – Aufmerksamkeit und Behalten beim Zuschauer. Saarbrücken: MEFIS.

Wirth, Werner/Matthes, Jörg/Schemer, Christian/Stämpfli, Illona (2009): Glaubwürdig-keitsverlust durch programmintegrierte Werbung? Eine Untersuchung zu den Kon-texteffekten von Produktplatzierungen im Fernsehen. In: Publizistik 54/2009. S. 1–18.

Wissenschaftsrat (2007): Empfehlungen zur Weiterentwicklung der Kommunikations- und Medienwissenschaften in Deutschland. Drucksache 7901-07. Oldenburg 25.5.2007. Online-Quelle: www.wissenschaftsrat.de/texte/7901-07.pdf (Stand: 07.06.2012).

Woelke, Jens (2002): Durch Rezeption zur Werbung. Kommunikative Abgrenzung von Fernsehgattungen. Jena. Dissertation (im Manuskript vervielfältigt).

Woelke, Jens (1998): Product Placements oder Werbespots? Zwei Werbepräsentations-formen im Vergleich. In: Zeitschrift für Sozialpsychologie. 29. Jahrgang. Heft 2. S. 165–174.

Woelke, Jens (1997): Product Placements und Unterbrecherwerbung: Wirkung und Wir-kungsdimensionen. Berlin. Magisterarbeit (im Manuskript vervielfältigt).

Wunden, Wolfgang (2003a): Die „Publizistischen Grundsätze" des Deutschen Presserats aus medienethischer Sicht. In: Debatin, Bernhard/Funiok, Rüdiger (2003a) (Hrsg.): Kommunikations- und Medienethik. Konstanz: UVK. S. 169–182.

Wunden, Wolfgang (2003b): Medienethik – normative Grundlage der journalistischen Praxis? In: Bucher, Hans-Jürgen/Altmeppen, Klaus-Dieter (Hrsg.): Qualität im Journalismus. Grundlagen – Dimensionen – Praxismodelle. Wiesbaden: Westdeut-scher Verlag. S. 55–78.

Wunden, Wolfgang (1999): Freiheitliche Medienmoral. Konzept einer systematischen Medienethik. In: Funiok, Rüdiger/Schmälzle, Udo/Werth Christoph H. (Hrsg.): Medienethik – Die Frage der Verantwortung. Bonn: Bundeszentrale für politische Bildung. S. 35–55.

Wunden, Wolfgang (1996): Auch das Medienpublikum trägt Verantwortung. In: Funiok, Rüdiger (Hrsg.): Grundfragen der Kommunikationsethik. Konstanz: Ölschläger. S. 123–132.

YAEZ (2010): Wie ticken Geschwister? Warum die Beziehung zu Bruder oder Schwester manchmal ganz schön kompliziert sein kann – und wie aus Konkurrenten irgendwann doch Verbündete werden. Ausgabe 50. Dezember 2010/Januar 2011 Stuttgart: Yaez Verlag.

YAEZ Mediadaten (2010): Mediadaten 2011. Preisliste Nr. 12 (2010/11). Gültig ab 01.08.2010. YAEZ und YAEZ.de. Stuttgart: Yaez Verlag.

ZAW-Richtlinen (2011): Redaktionell gestaltete Anzeigen in der Fassung vom Januar 2003. Online-Quelle: http://www.zaw.de/index.php?menuid=130&reporeid=210 (Stand: 19.07.2011).

ZAW (2011): Kommerzielle Werbung: Wen trifft warum der Zorn des Volkes? Online-Quelle: http://www.zaw.de/print.php?reporeid_print=622 (Stand: 20.10.2013).

Zurstiege, Guido (2006): Dominanz-/Dependenzbeziehungen? Werbung und Medien. In: Altmeppen, Dieter/Karmasin, Matthias (Hrsg.): Medien und Ökonomie. Band 3. Anwendungsfelder der Medienökonomie. Wiesbaden: VS Verlag. S. 89–101.

Zurstiege, Guido (2005): Zwischen Kritik und Faszination. Was wir beobachten, wenn wir die Werbung beobachten, wie sie die Gesellschaft beobachtet. Köln: Halem.

Zurstiege, Guido/Schmidt, Siegfried J. (2003): Werbekommunikation. In: Bentele, Günter/Brosius, Hans-Bernd/Jarren, Otfried. (Hrsg.): Öffentliche Kommunikation. Handbuch Kommunikations- und Medienwissenschaft. Wiesbaden: VS Verlag. S. 492–503.

Tabellenverzeichnis

Abbildungsverzeichnis

Anhang

A Advertorials der untersuchten Ausgaben (YAEZ, SPIESSER, BRAVO)

Advertorials in der YAEZ

Advertorial der *SBK* in der YAEZ (2010, 2):

Advertorial der *Aktion Mensch* in der YAEZ (2010, 10):

Advertorial von *Bayer* in der YAEZ (2010, 11):

Advertorial von *EF Education* in der YAEZ (2010, 17):

Advertorial von *Gamesload.de* in der YAEZ (2010, 19):

Advertorial von *Serfaus-Fiss-Ladis* in der YAEZ (2010, 21):

Advertorials im SPIESSER

Advertorial der *Deutschen Bahn* im SPIESSER (2010, 2):

Advertorial der *RWE* im SPIESSER (2010, 14 f.):

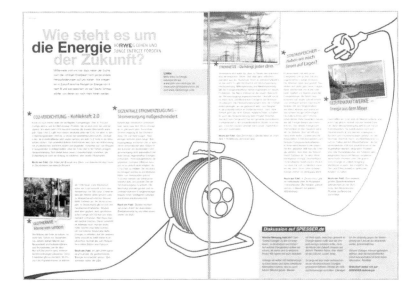

Sonderpublikation *SPIESSER Spezial* im SPIESSER (2010, 17 ff.):

Advertorial *SPIESSER Testlabor* im SPIESSER (2010, 28 f.):

Advertorial *Fahranfänger* im SPIESSER (2010, 35):

austoben & entspannen 35

14:07 Uhr An Mittagsschlaf ist nicht zu denken. Kollege Boris gibt den Ton an: „Wir werden uns auf das Dach des Busses stellen, neu kleinen Vorgeschmack auf heute Abend geben."

14:27 Uhr „Erdbeben! Was geht'n? In Deutschland geht ein Beat um." In diesem Fall ist die Tanke das Epizentrum. Die Auswirkungen des Bebens sind fatal: „Bettina" hat ihr Oberteil verloren. „Emanuela" quält die Männer und Fragen werden grundsätzlich mit „Jein" beantwortet.

14:33 Uhr Angelockt von deutscher Reimkunst traut sich die Sonne hervor. „Wir tun mal so, wie wenn hier Strand wäre. Macht mal alle eine La-Ola!", fordern die Brote. Das muss man uns nicht zweimal sagen. Erst Johlen, dann Arme hochreißen.

14:39 Uhr Doktor Renz: „Das sieht nicht aus wie eine Raststätte. Eher wie eine Kleinstadt." Schade, dass die Stadtbewohner in die Busse zurückkehren müssen. Noch 182 Kilometer.

20:30 Uhr Angekommen im Amsterdamer Club Trouw. Rauchige Luft, Farbspiele und Fans in Einheitskleidung. Der Raum ist gefüllt. „Wir wollen Pettes Brot"-Rufe, die bis hinter die Bühne zu hören sind. „Zeit für das Hauptgericht", findet Doktor Renz.

20:59 Uhr Die Band stürmt die Bühne – in Weiß oder orangefarbenen Hüten. König Boris: „Das ist ein ganz besonderes Erlebnis für uns." Nicht nur für ihn – mein Körper will zwar eine Pause, aber jetzt ist „Vieren" angesagt.

21:10 Uhr Hm. Tanzen funktioniert nicht. Der Raum ist winzig. Mein Kopf flirtet mit diversen Ellenbogen. Liebe auf die erste Berührung? Nein.

21:50 Uhr Fans von Pettes Brot sind lernfähig: Wir werden eins. Meinen Kopf freut's: Kein Aua mehr. Ich gehöre zur Knetmasse, die sich zur Musik verformt. „Hübsch anzusehen!", bestätigt Björn Beton.

22:05 Uhr Das Licht wird gedimmt. Die Brote setzen ernste Mienen auf. Und erheben die Stimmen zum Klagelied: „Oh ich hätt' es wissen müssen, dass du's wirklich tust. Dass du mich sitzen lässt, dich umdrehst und das Weite suchst." Zwei Minuten brodelt und pocht es in den Männern. Dann bricht der Gefühlsvulkan aus.

22:07 Uhr „Gut so. Wenn sich die Kursche nicht verpisst hätte, wären wir nicht hier", grölt es in mein Ohr.

23:50 Uhr „Die Leute haben erst den Vorgeschmack genossen und dann das Hauptmahl verköstigt", fachsimpelt Chefmaître Björn Beton. Ein Gang fehlt noch: das Dessert. Die Brote stehen als „Schwule Mädchen Soundsystem" an den Plattentellern.

01:30 Uhr Raue Kehlen vom Mitgrölen. Deos versagen, Schweiß liegt in der Luft. Granatenstimmung.

02:00 Uhr Müde, kaputt, begleitet von Tinitus und Ohrwurm geht es zurück. Richtung Heimat. Nur noch 662 Kilometer. Aber das ist es wert.

SPIESSER-Autorin Anne ist auch mal müde. Einschlaftipps auf SPIESSER.de, Profilname: juliANNE

HIP-HOP
Shad
„Keep Shining"

Proband Shad heult und grinst dabei. Mit den Händen schlägt er um sich, die Beine zucken im Jubeltakt. Ratlosigkeit bei den Ärzten. Kein Wunder: Das Musiker-Leben wird eben nicht im Medizinstudium erklärt.
Passt zu: Stimmung wechseln
Von der EP: Tsol (us)
www.shadk.com

INDIE-POP
Kleinmeister
„Jesse Owens"

Fußball liegt den Bayern im Blut: Zum Beat wird gedribbelt, zum Bass gekickt. Gitarrenflanke zu Stürmer Jesse, der Ball landet im (T)Ohr. Von wegen klein – hier gewinnt ein Großmeister die Indie-Meisterschale.
Passt zu: Schützenfest besuchen
Von der EP: Kleinmeister
www.kleinmeister.com

Advertorial von *EADS* im SPIESSER (2010, 39):

Advertorials in der BRAVO

Advertorial von *o.b.* in der BRAVO (2010, 60 f.):

Advertorial *BRAVO-Job-Attacke* in der BRAVO (2010, 60 f.):

B Angebotene Werbemittel in den Mediadaten (2010) der Verlage

YAEZ	Beschreibung Mediadaten (gültig ab 01.08.2010)
Werbeanzeigen	Keine Beschreibung vorhanden, gestaffeltes Preissystem je nach Größe und Auflage der Anzeigenbuchung (S. 6/7).
Beileger	Keine Beschreibung vorhanden, der Preis ist angegeben (S. 7).
Online-Magazin YAEZ.de	„Neben Werbemitteln nach IAB-Standard können Micropages veröffentlicht und Applikationen eingebunden werden" (S. 8).
Crossmedia	„Bei unseren crossmedialen Kampagnen setzen wir auf die Kombination von reichweitenaufbauenden Elementen in Print und Online sowie vertiefende Informationsangebote. Dabei gibt es keine Lösung von der Stange – für jedes Anliegen entwickeln wir ein passendes Crossmedia- Konzept" (S. 9).
Ad case: Ausbildungsscout	„Fünf Schüler erhielten die Chance, sich bei einer Volksbank vor Ort über die Ausbildungsmöglichkeiten zu informieren. Die Aktion wurde in der Jugendzeitung YAEZ und auf YAEZ.de ausgeschrieben. Reporter begleiteten die Testimonials aus der Zielgruppe bei ihrem Einsatz und produzierten im Nachgang einen authentischen Erlebnisbericht" (S. 11).
Ad case: Schülerwettbewerb	„Crossmediale Aktion für das elektronische Wörterbuch „EX-word". Gemeinsam mit CASIO veranstaltete yaez einen Blog-Wettbewerb, bei dem Schüler dazu aufgefordert wurden, ihr lustigstes Auslands-Missverständnis einzusenden. Das aktivierende Blog-Element brachte die Schüler dazu, sich mit dem Produkt auseinanderzusetzen" (S. 11).
Jugendkommunikation	Lehrerkoffer: Der YAEZ-Lehrerkoffer ermöglicht, zu bestimmten Themengebieten ganze Unterrichtsstunden mit interessanten und abwechslungsreichen Unterrichtsmaterialien zu gestalten" (S. 11).
	Themenkommunikation: „Ob zur Schulwegsicherheit, Verbraucherthemen oder Gesundheitsaspekten – wir sprechen die Sprache der Jugend" (S. 11).

SPIESSER	Beschreibung Mediadaten (gültig ab 01.01.2010)
Werbeanzeigen	Keine Beschreibung vorhanden, gestaffeltes Preissystem, je nach Größe und Auflage der Anzeigenbuchung (S. 8/9).
Advertorials (Sonderwerbeform)	„Mit einem individuell gestalteten Advertorial (…) bekommen Ihre Botschaften das gewisse Etwas. Nennen Sie uns Ihre Kommunikationsziele, wir sorgen für die jugendgerechte Umsetzung - mit einem auf Ihre Inhalte abgestimmten und originellen Layout" (S. 10).
SPIESSER Einstellungstest (Sonderwerbeform)	„Auswahl an Testaufgaben mit Lösungen im Heft, kompletter interaktiver Test auf SPIESSER.de, individuelle Vorstellung der Ausbildungsberufe Ihres Unternehmens, Einbindung Ihres Logos (…), direkte Ansprache interessierter, potenzieller Bewerber für Ihre Berufsausbildungen" (S. 11).
SPIESSER Betriebsbesichtigung (Sonderwerbeform)	„Mit der SPIESSER-Betriebsbesichtigung gewähren Sie gezielt interessierten Jugendlichen einen Blick hinter die Kulissen Ihres Unternehmens. (…) Unterstützung bei Organisation und Bewerber-auswahl sowie redaktionelle Begleitung durch SPIESSER" (S. 12).
Beileger/Tip-On-Card (Ad Specials)	Keine Beschreibung vorhanden, außer der Vorgabe, dass „Ad Specials in Art und Form eine einwandfreie, sofortige Verarbeitung gewährleisten [müssen], ohne dass eine zusätzliche, manuelle Bearbeitung notwendig wird" (S. 13).
SPIESSER Spezial (Sonderpublikation)	„Das SPIESSER-Spezial konzipieren und realisieren wir in enger Zusammenarbeit mit Ihnen als Partner. Wir sorgen dafür, dass Ihr Thema journalistisch hochwertig aufbereitet, originell und jugendgerecht verpackt wird" (S. 14).
SPIESSER Zutat (Sonderpublikation)	„Sie bestimmen das Thema, wählen Format / Papier. Das inhaltliche Konzept und Layout erarbeiten wir gemeinsam mit Ihnen als Partner und setzen die Themen entsprechend redaktionell um" (S. 15).
Online-Magazin SPIESSER.de (Banner/Inhaltliche Specials)	Werbeformen wie Banner (Wochen- oder Monatsbuchungen) sowie „Inhalte im redaktionellen Umfeld von SPIESSER.de!" (S. 17/18). Inhaltliche Specials sind „Schwerpunktthema, Premiumpartnerschaft, Live-Ticker, Tools und Spiele" (S. 18/19).

BRAVO	Beschreibung Mediadaten (gültig ab 01.01.2010)
Werbeanzeigen	Keine Beschreibung vorhanden, gestaffeltes Preissystem, je nach Größe und Preiszone der Anzeigenbuchung (S. 3–6).
Beilagen/Beihefter/ Beikleber	Keine Beschreibung vorhanden, lediglich der Preis für die einzelnen Produkte ist angegeben (S. 6).
Crossmedia – BRAVO die Medienmarke	„Wie kaum eine andere Marke bietet BRAVO die Möglichkeit, einzelne Medien crossmedial miteinander zu vernetzen: Die Printtitel BRAVO, BRAVO GiRL!, BRAVO Sport, BRAVO HipHop Special, Twist und Yeah! bilden mit BRAVO.de und BRAVO Hits sowie den BRAVO-Events Europas größte Jugend-Medienmarke" (S. 6). „Die werbliche Präsenz über die unterschiedlichen Kanäle kann dabei unter einem bestimmten Thema stattfinden, welches die inhaltliche Klammer für Ihren Auftritt bildet." (S. 6).
Online-Magazin BRAVO.de	„BRAVO.de ist jung, modern, spannend, tagesaktuell und immer hautnah dabei. Mit der richtigen Mischung aus Star-News, Unterhaltung, Beratung und Fun wird eine optimale Ansprache der jungen Zielgruppe garantiert" (S. 6).

C Auflistung der Werbemittel und Werbekunden in YAEZ, SPIESSER und BRAVO

Werbeanzeigen YAEZ	Advertorials YAEZ	Eigenwerbung YAEZ
Deutsche Telekom 1 (x-treme Playgrounds)	EF Education (Auslandsaufenthalt)	YAEZ Schulbedarf 1 (Online-Shop)
Deutsche Telekom 2 (Handys)	Gamesload.de (Spielkonsolen)	YAEZ Schulbedarf 2 (Online-Shop)
Adventurous (Sprachreisen)	SBK (Impfschutz – Malaria)	Fragestunde (YAEZ.de)
New Zealand educated (Sprachreisen)	Serfaus-Fiss-Ladis (Skigebiet Tirol)	Erfahrungsberichte (YAEZ.de)
Carpe Diem (Sprachreisen)	Bayer (Ausbildunsgsscout)	Adventskalender (YAEZ.de)
EF Education 1 (Sprachreisen)	Aktion Mensch (Aufklärungskampagne)	Kreuzworträtsel
ESL Education (Sprachreisen)		
Travel Works (Sprachreisen)		
EF Education 2 (Auslandsaufenthalt)		
Aktion Mensch (Aufklärungskampagne)		
BMG (Aufklärungskampagne)		
Bundeswehr (Studium)		
Deutsche Flugsicherung (Fluglotsen-Ausbildung)		
Lidl (Duales Studium)		

Werbeanzeigen SPIESSER	Advertorials SPIESSER	Gewinnspiele/ Verlosungen	Eigenwerbung SPIESSER
Deutsche Telekom 1 (x-treme Playgrounds)	RWE (Energie der Zukunft)	GWS iPods + Brettspiele	Eure Meinung (SPIESSER.de)
Deutsche Telekom 2 (Handys)	Deutsche Bahn (Tag hinter den Kulissen)	GWS Otto „Fan-Paket"	Meinugen.Fragen.Aktionen! (SPIESSER.de)
BMG (Welt-Aids-Tag)	EADS (Ideenflug)	GWS Bücher „Berufswahl"	MP3-Downloads (SPIESSER.de)
Brunnen Holger (Kalender)	Fahranfänger (Führerschein)	GWS Wii-Spiele „We sing"	Titelbild-Wahl (SPIESSER.de)
Cineplex (Kino)	SPIESSER Testlabor (Produkte)	GWS Bücher „Pubertät"	SPIESSER Shop (Online-Shop)
Cinestar (Kino)		GWS Kinokarten „Habermann"	Kreuzworträtsel
Der Spiegel (Zeitschrift)		GWS Kinokarten „Soul Boy""	
Kaufland (Duales Studium)	**Sonderfälle:** SPIESSER Spezial (Altenpflege)	GWS CD Fettes Brot	
	Brunnen Holger Comic (Kalender)	GWS Bücher „Jugendsprache"	

Werbeanzeigen BRAVO	Advertorials BRAVO	GEWINNSPIELE/ VERLOSUNGEN	Eigenwerbung BRAVO
ARD (Verbotene Liebe)	BRAVO-Job-Attacke (Berufswahl)	GWS Sony MP3-Player	BRAVO (Abonnement)
Carefree (Slipeinlagen)	o.b. (Tampons)	Verlosung Konzertkarten	BRAVO (Abonnement)
Pepsi (Foto-Shooting mit Pepsi)			Twist (Zeitschrift)
BMG (Welt-Aids-Tag)			BRAVO.de/News
			BRAVO-Fun
			BRAVO-Psychotest
			BRAVO-Horoskop
	Sonderfall: Gimmick: 3D-Sticker		BRAVO-Autogramme
			BRAVO – Test
			BRAVO-Tourdaten

D Visualisierung der Verteilung der Werbemittel in den untersuchten Heften

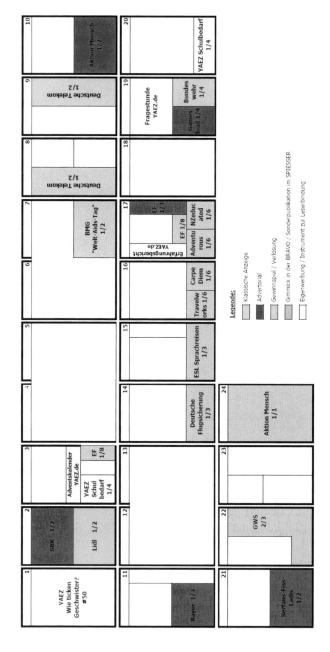

Legende:
- Klassische Anzeige
- Advertorial
- Gewinnspiel / Verlosung
- Gimmick in der BRAVO / Sonderpublikation im SPIESSER
- Eigenwerbung / Instrument zur Leserbindung

1	2	3	4	5	6	7	8	9	10
SPIESSER Klima satt! Nr. 132	Deutsche Bahn 1/1		"Eure Meinung" SPIESSER.de	GWS 1/8			Deutsche Telekom 1/2	Deutsche Telekom 1/2 / GWS 1/8	

11	12	13	14	15	16	17	18	19	20
GWS 1/8	GWS 1/8		RWE 2/1	GWS 1/8	BMG "Welt-Aids-Tag" 1/2 / Cinestar 1/2	SPIESSER Spezial 8/1			deninterviews

21	22	23	24	25	26	27	28	29	30
SPIESSER Spezial				GWS 1/8	Der Spiegel 2/1		SPIESSER Testlabor 1/1	SPIESSER Testlabor 1/2 / Cineplex 1/2	"Meinungen. Fragen. Aktionen!" SPIESSER.de

31	32	33	34	35	36	37	38	39	40
"Meinungen. Fragen. Aktionen!" SPIESSER.de / GWS 1/16 / shop 1/16	GWS 1/8	GWS 1/8	GWS 1/8 / MP3-Downloads SPIESSER.de	Fahranfänger 1/2	GWS 1/4	Kaufland 1/1	Titelbild-Wahl SPIESSER.de / Brunnen 1/3	EADS 1/1	Brunnen 1/1

Seite	Inhalt
1	BRAVO Nr. 49
2	BMG "Welt-Aids-Tag" 1/1
3	Inhaltsverzeichnis
4	News!
5	Spruch der Woche / in & out
6	News!
7	Twist 1/8
8	STYLE TOP 10
9	BRAVO.de/News
10	Das Super Talent
11	Das Super Talent
12	Mein trauriger Abschied von Monrose
13	Mein trauriger Abschied von Monrose
14	BRAVO holt Justin nach Deutschland
15	GW5 1/16
16	Lady GaGas neues Traum-Schloss in Schottland
17	Lady GaGas neues Traum-Schloss in Schottland
18	Selena Gomez
19	Selena Gomez
20	Bruno Mars
21	Carefree Slipeinlagen 1/2 / Bruno Mars
22	Demi Lovato
23	Demi Lovato
24	BRAVO-Fun Lieblingswitze der Stars 1/1
25	Treffen der Super DJs
26	Taylor Swift - Versteckte Liebesbotschaften
27	Taylor Swift - Versteckte Liebesbotschaften
28	Michael wird jetzt Zirkus-Star
29	Coole 3D Star-Sticker 1/1
30	Kesha - Boyfriend abserviert
31	Katy Perry: Crazy Pärchen-Regeln
32	Miley Cyrus - Geile Party
33	Miley Cyrus - Geile Party
34	BRAVO-Psychotest Wie gut kannst Du verzeihen? 1/1
35	BRAVO-Psychotest Wie gut kannst Du verzeihen? 1/1 / BRAVO.de/Tests
36	BRAVO-Horoskop / BRAVO.de/Horoskope
37	POSTER
38	POSTER
39	POSTER
40	

41–50	51–60	61–70	71–80
50 Foto Lovestory	**60** MacDonalds, Bundesagentur für Arbeit "BRAVO Job Attacke" 1/1	**70** Emily Osment	**80** Pepsi 1/1
49 / 48 SPEZIAL - Der grosse Freundschafts-Test — BRAVO.de/Bestfriends	**59 / 58** Jenni (18) hat HIV	**69** ARD "Verbotene Liebe" 1/1 — **68** Victoria Justice	**79** BRAVO-Abonnement 1/1 — **78** Exit / Vorschau
47 / 46 Dr. Sommer Sprechstunde — o.b. 1/3	**57 / 56** BRAVO-Abonnement empfehlen und eine coole Prämie wählen! 2/1	**67 / 66** Die 10 Geheimtricks von Harry Potter	**77 / 76** BRAVO-Test / Hot-List — Voll daneben
45 GWS 1/6 / Autogramme — **44** Forum	**55 / 54** Impressum	**65 / 64** Riesen-Zoff um Meike	**75 / 74** Charts — BRAVO-Tourdaten
43 / 42 / 41 POSTER	**53 / 52 / 51** Foto Lovestory	**63 / 62** So stylst Du Dich wie Dein Lieblingsstar — **61** MacDonalds, Bundesagentur für Arbeit "BRAVO Job Attacke" 1/1	**73 / 72** Topmodel Sara & Kult-Komiker Otto — **71** Emily Osment

E Anteil der einzelnen Werbemittel in YAEZ, SPIESSER und BRAVO

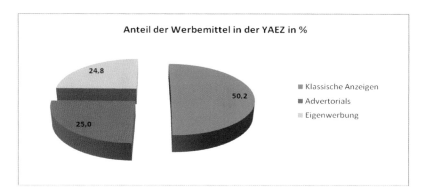

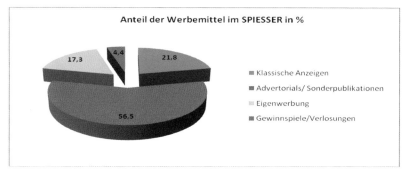

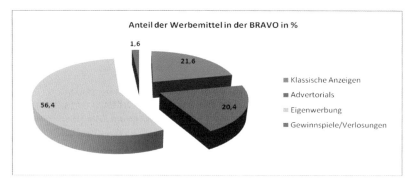

F Tabellarischer Überblick der Ergebnisse der semiotischen Werbeanalyse

Werbekunden YAEZ	Fläche (100%)	Thema	Text-/ Bildfläche	Fließtext	Bild	Text-Bild-Verhältnis	Farbigkeit
SBK	342 cm²	Medikamentöse Vorbeugung (Malaria)	Text: 53% Bild: 14% Logo: 12% HL/SL: 4%, 9%	Fünf Abschnitte mit Zwischenüberschriften	Ein farbiges Foto: Jugendlicher packt Koffer	textdominant (ca. 1:4)	HL/SL/Logo = blau BC = schwarz Bild = farbig Hintergrund = weiß
Aktion Mensch	360 cm²	Bessere Bildungschancen für Menschen mit Behinderung	Text: 68% Bild: 10% HL,SL: 8%, 8%	Text ohne Zwischenüberschriften	Ein farbiges Foto: Jugendlicher mit Blindenstock in der Universitätsbibliothek	textdominant (ca. 1:7)	HL/SL/BC = schwarz Autor = pink Bild = farbig Hintergrund = weiß
Bayer	264 cm²	Ausbildungs- und Studien-programm WIN bei Bayer	Text: 77% Bild: 5% HL,SL: 8%, 9%	Text ohne Zwischenüberschriften	Ein farbiges Foto: Jugendliche im Business-Look im Büro	textdominant (ca. 1:15)	HL/SL/BC = schwarz Autor = pink Hintergrund = weiß
EF	160 cm²	Stipendium für Großbritannien	Text: 60% Logo: 15% HL, SL: 8%, 13%	Drei Abschnitte mit Zwischenüberschriften	—	textdominant	HL/SL/ BC = schwarz Logo = schwarz Hintergrund = weiß
Gamesload.de	168 cm²	*Kinect Bundle* – PS3-Spiele und Onlineplattform	Text: 27% Bild: 31% Logo: 3% HL,SL: 5%, 0%	Zwei Abschnitte mit Zwischenüberschriften	Zwei farbiges Fotos: Produktabbildung mit Preis	annähernd gleichwertig (ca. 1:1)	HL/BC = schwarz Logo = grün Link = pink Hintergrund = weiß
Serfaus-Fiss-Ladis	360 cm²	Skigebiet in Tirol	BC: 43% Bild: 34% Logo: 4% HL, SL: 5%, 6%	Drei Abschnitte mit Zwischenüberschriften	Zwei farbiges Fotos: Bergpanorama/Jugendliche im Schnee	annähernd gleichwertig (ca. 1:1)	HL/SL/BC = schwarz Logo = blau Hintergrund = weiß

Werbekunden SPIESSER	Fläche (100%)	Thema	Text-/ Bildfläche	Body Copy	Bild	Text-Bild-Verhältnis	Farbigkeit
Deutsche Bahn	662 cm²	Einladung zur ICE-Werks-besichtigung	Text: 38% Logo: 1% Bild: 48% HL: 6% SL: 7%	Drei Abschnitte mit Zwischenüberschriften	Mehrere farbige Fotos: Berlin Haupt-bahnhof/ICE-Werk/ Bauwirtschaftsingeni-eurin	annähernd gleichwertig (ca. 1:1)	HL/SL/Logo = rot und weiß Text = schwarz
RWE	1324 cm²	Energie der Zukunft	Text: 35% Bild: 23% Logo: 1% HL: 7% SL: 2%	Sechs Abschnitte mit Zwischenüberschriften	Drei farbige Fotos: Gezeitenkraftwerke / Stromnetz /Geothermie	annähernd gleichwertig (ca. 1:1,5)	HL/SL/Logo = blau/grün Text = schwarz Zwischenüberschriften = grün Links = blau Hintergrund = weiß
Testlabor	987 cm²	Produkttester werden	Text: 39% Bild: 45% HL: 2% SL: 4%	Drei Abschnitte mit Zwischenüberschriften	Zwei farbige Fotos: Produktbeschreibung	annähernd gleichwertig (ca. 1:1)	HL/BC = schwarz SL/Links/Symbole = grün Zwischenüberschriften = lila Hintergrund = weiß
Fahrenler-nen.de	323 cm²	Begleitetes Fahren ab 17	Text: 68% Bild: 9% HL: 10% SL: 7%	Vier Abschnitte mit Zwischenüberschriften	Drei farbige Fotos: Jugendlicher mit Auto im Hintergrund / Führerschein / Soft-ware	textdominant (ca. 1:7)	HL/SL/BC = schwarz Zwischenüberschriften =pink Hintergrund = bunt
EADS	661 cm²	Schülerwett-bewerb „Ideen-flug"	Text: 19% Bild: 38% Logo: 5% HL: 8% SL: 8%	Ein Abschnitt ohne Zwischenüberschriften	Graphiken und Sym-bole	bilddominant (ca. 2:1)	HL = schwarz/blau SL = weiß Text = schwarz Text = weiß/blau Links = blau Hintergrund = blau

Werbekunden BRAVO	Fläche (100%)	Thema	Text-/Bildfläche	Body Copy	Bild	Text-Bild-Verhältnis	Farbigkeit
o.b.	161,7 cm^2	Aufklärung: Menstruation	HL: 10% SL: 0% BC: 32% Bild: 40%	Zwei Abschnitte mit einer Zwischenüberschrift	Zwei farbige Fotos: Ältere Frau mit einer Jugendlichen/ o.b.-Packung	annähernd gleichwertig (ca. 1:1)	HL = weiß SL/BC = türkis Link = pink Bilder = farbig Hintergrund = hell-blau/rosa
Job-Attacke	1090,8 cm^2	Tipps für die Ausbildungs- und Job-Suche	HL: 14% SL: 2% BC: 39% Logo: 14% Bild: 36%	Fünf Abschnitte mit Zwischenüberschriften	Sechs farbige Fotos: Stuntfrau/ Bewerbungsgespräch / McDonald's-Führungskraft und Ferienjobber / Job-Expertin / Jensen Ackles	annähernd gleichwertig (ca. 1:1)	HL = lila/blau SL = schwarz BC = blau/lila/pink Bilder = farbig Hintergrund = weiß

G Kennzeichnungen der Jugendlichen beim Quasi-Experiment

H Statistische Auswertung des Quasi-Experiments

Advertorials in der YAEZ	Merkmal I	Merkmal II	Signifikanz-niveau	X^2 nach Pearson	X^2 – kritischer Wert (Beginn Ablehnungsbereich)	Bemerkung
Gamesload.de	Erkennung	Alter [13-14J;15-16J]	0,05	0,00	3,84	50% der erwarteten Häufigkeiten < 5
SBK	Erkennung	Alter [13-14J;15-16J]	0,05	5,75	3,84	Hypothese signifikant abgelehnt
Serfaus-Fiss-Ladis	Erkennung	Alter [13-14J;15-16J]	0,05	2,31	3,84	
EF Education	Erkennung	Alter [13-14J;15-16J]	0,05	0,08	3,84	
Bayer	Erkennung	Alter [13-14J;15-16J]	0,05	0,68	3,84	
Aktion Mensch	Erkennung	Alter [13-14J;15-16J]	0,05	0,34	3,84	
Gamesload.de	Erkennung	Geschlecht [m; w]	0,05	0,00	3,84	50% der erwarteten Häufigkeiten < 5
SBK	Erkennung	Geschlecht [m; w]	0,05	0,64	3,84	
Serfaus-Fiss-Ladis	Erkennung	Geschlecht [m; w]	0,05	1,83	3,84	
EF Education	Erkennung	Geschlecht [m; w]	0,05	10,75	3,84	Hypothese signifikant abgelehnt
Bayer	Erkennung	Geschlecht [m; w]	0,05	0,86	3,84	
Aktion Mensch	Erkennung	Geschlecht [m; w]	0,05	2,02	3,84	50% der erwarteten Häufigkeiten < 5
Gamesload.de	Erkennung	Schulart [HS; RS; Gym]	0,05	2,04	5,99	50% der erwarteten Häufigkeiten < 5
SBK	Erkennung	Schulart [HS; RS; Gym]	0,05	14,19	5,99	Hypothese signifikant abgelehnt
Serfaus-Fiss-Ladis	Erkennung	Schulart [HS; RS; Gym]	0,05	10,24	5,99	Hypothese signifikant abgelehnt
EF Education	Erkennung	Schulart [HS; RS; Gym]	0,05	0,54	5,99	50% der erwarteten Häufigkeiten < 5
Bayer	Erkennung	Schulart [HS; RS; Gym]	0,05	1,83	5,99	50% der erwarteten Häufigkeiten < 5
Aktion Mensch	Erkennung	Schulart [HS; RS; Gym]	0,05	2,03	5,99	50% der erwarteten Häufigkeiten < 5

Advertorials im SPIESSER	Merkmal I	Merkmal II	Signifikanz-niveau	X^2 nach Pearson	X^2 – kritischer Wert (Beginn Ablehnungsbereich)	Bemerkung
EADS	Erkennung	Alter [13-14J;15-16J]	0,05	1,96	3,84	
Deutsche Bahn	Erkennung	Alter [13-14J;15-16J]	0,05	0,53	3,84	
Fahranfänger	Erkennung	Alter [13-14J;15-16J]	0,05	0,23	3,84	
RWE	Erkennung	Alter [13-14J;15-16J]	0,05	4,80	3,84	Hypothese signifikant abgelehnt
SPIESSER Testlabor	Erkennung	Alter [13-14J;15-16J]	0,05	0,12	3,84	
EADS	Erkennung	Geschlecht [m; w]	0,05	0,03	3,84	
Deutsche Bahn	Erkennung	Geschlecht [m; w]	0,05	2,44	3,84	
Fahranfänger	Erkennung	Geschlecht [m; w]	0,05	0,00	3,84	
RWE	Erkennung	Geschlecht [m; w]	0,05	8,61	3,84	Hypothese signifikant abgelehnt
SPIESSER Testlabor	Erkennung	Geschlecht [m; w]	0,05	1,09	3,84	
EADS	Erkennung	Schulart [HS; RS; Gym]	0,05	2,73	5,99	
Deutsche Bahn	Erkennung	Schulart [HS; RS; Gym]	0,05	4,02	5,99	
Fahranfänger	Erkennung	Schulart [HS; RS; Gym]	0,05	0,12	5,99	
RWE	Erkennung	Schulart [HS; RS; Gym]	0,05	4,84	5,99	
SPIESSER Testlabor	Erkennung	Schulart [HS; RS; Gym]	0,05	0,21	5,99	

I Überblick über die Erkennungswerte der Advertorials in der YAEZ

Erkennungswerte der Advertorials in der YAEZ (13- und 14-Jährige) (n=88):

Werbekunde	komplett angekreuzt	Bild/Logo angekreuzt	nicht angekreuzt	Σ
Gamesload.de	98,9	1,1	0,0	100%
SBK	58,4	10,1	31,5	100%
Serfaus-Fiss-Ladis	47,2	48,3	4,5	100%
EF Education	6,7	18,0	75,3	100%
Bayer	4,5	6,7	88,7	100%
Aktion Mensch	0,0	6,7	93,3	100%

Erkennungswerte der Advertorials in der YAEZ (15- und 16-Jährige) (n=113):

Werbekunde	komplett angekreuzt	Bild/Logo angekreuzt	nicht angekreuzt	Σ
Gamesload.de	98,9	0,0	1,1	100%
SBK	40,5	21,4	38,2	100%
Serfaus-Fiss-Ladis	36,0	61,8	2,3	100%
EF Education	7,9	25,8	66,3	100%
Bayer	2,3	4,5	93,3	100%
Aktion Mensch	2,3	5,6	92,1	100%

Erkennungswerte der Advertorials in der YAEZ (männlich) (n=113):

Werbekunde	komplett angekreuzt	Bild/Logo angekreuzt	nicht angekreuzt	Σ
Gamesload.de	98,2	0,0	1,8	100%
SBK	45,1	16,8	38,1	100%
Serfaus-Fiss-Ladis	45,1	47,8	7,1	100%
EF Education	15,0	21,2	63,7	100%
Bayer	6,2	3,5	90,3	100%
Aktion Mensch	1,8	4,4	93,8	100%

Erkennungswerte der Advertorials in der YAEZ (weiblich) (n=113):

Werbekunde	komplett angekreuzt	Bild/Logo angekreuzt	nicht angekreuzt	Σ
Gamesload.de	98,2	1,8	0,0	100%
SBK	50,4	12,4	37,2	100%
Serfaus-Fiss-Ladis	36,3	61,1	2,7	100%
EF Education	2,7	23,0	74,3	100%
Bayer	3,5	7,1	89,4	100%
Aktion Mensch	0,0	5,3	94,7	100%

Erkennungswerte der Advertorials in der YAEZ (Hauptschule) (n=54):

Werbekunde	komplett angekreuzt	Bild/Logo angekreuzt	nicht angekreuzt	Σ
Gamesload.de	100,0	0,0	0,0	100%
SBK	24,1	14,8	61,1	100%
Serfaus-Fiss-Ladis	22,2	70,4	7,4	100%
EF Education	5,6	16,7	77,8	100%
Bayer	1,9	0,0	98,2	100%
Aktion Mensch	1,9	0,0	98,2	100%

Erkennungswerte der Advertorials in der YAEZ (Realschule) (n=54):

Werbekunde	komplett angekreuzt	Bild/Logo angekreuzt	nicht angekreuzt	Σ
Gamesload.de	96,3	1,9	1,9	100%
SBK	48,2	18,5	33,3	100%
Serfaus-Fiss-Ladis	40,7	55,6	3,7	100%
EF Education	7,4	16,7	75,9	100%
Bayer	5,6	7,4	87,0	100%
Aktion Mensch	0,0	3,7	96,3	100%

Erkennungswerte der Advertorials in der YAEZ (Gymnasium) (n=54):

Werbekunde	komplett angekreuzt	Bild/Logo angekreuzt	nicht angekreuzt	Σ
Gamesload.de	98,2	1,9	0,0	100%
SBK	59,3	16,7	24,1	100%
Serfaus-Fiss-Ladis	51,9	42,6	5,6	100%
EF Education	9,3	27,8	63,0	100%
Bayer	7,4	5,6	87,0	100%
Aktion Mensch	0,0	9,3	90,7	100%

J Überblick über die Erkennungswerte der Advertorials im SPIESSER

Erkennungswerte der Advertorials im SPIESSER (13- und 14-Jährige) (n=80):

Werbekunde	komplett angekreuzt	Bild/Logo angekreuzt	nicht angekreuzt	Σ
EADS	76,3	7,5	16,3	100%
Deutsche Bahn	72,5	7,5	20,0	100%
Fahranfänger	28,8	38,8	32,5	100%
RWE	11,3	17,5	71,3	100%
SPIESSER Testlabor	32,5	40,0	27,5	100%

Erkennungswerte der Advertorials im SPIESSER (15- und 16-Jährige) (n=80):

Werbekunde	komplett angekreuzt	Bild/Logo angekreuzt	nicht angekreuzt	Σ
EADS	85,0	2,5	7,4	100%
Deutsche Bahn	77,5	2,5	18,5	100%
Fahranfänger	13,8	45,0	44,4	100%
RWE	17,5	28,8	66,7	100%
SPIESSER Testlabor	31,3	27,5	44,4	100%

Erkennungswerte der Advertorials im SPIESSER (männlich) (n=105):

Werbekunde	komplett angekreuzt	Bild/Logo angekreuzt	nicht angekreuzt	Σ
EADS	79,1	3,8	17,1	100%
Deutsche Bahn	78,1	6,7	15,2	100%
Fahranfänger	22,9	41,9	35,2	100%
RWE	19,1	22,9	58,1	100%
SPIESSER Testlabor	34,3	34,3	31,4	100%

Erkennungswerte der Advertorials im SPIESSER (weiblich) (n=105):

Werbekunde	komplett angekreuzt	Bild/Logo angekreuzt	nicht angekreuzt	Σ
EADS	80,0	4,8	15,2	100%
Deutsche Bahn	68,6	3,8	27,6	100%
Fahranfänger	22,9	38,1	39,1	100%
RWE	5,7	16,2	78,1	100%
SPIESSER Testlabor	27,6	26,7	45,7	100%

Erkennungswerte der Advertorials im SPIESSER (Hauptschule) (n=55):

Werbekunde	komplett ange-kreuzt	Bild/Logo angekreuzt	nicht angekreuzt	Σ
EADS	83,6	3,6	12,7	100%
Deutsche Bahn	81,8	5,5	12,7	100%
Fahranfänger	21,8	27,3	50,9	100%
RWE	10,9	16,4	72,7	100%
SPIESSER Testlabor	45,5	9,1	45,5	100%

Erkennungswerte der Advertorials im SPIESSER (Realschule) (n=55):

Werbekunde	komplett angekreuzt	Bild/Logo angekreuzt	nicht angekreuzt	Σ
EADS	72,7	7,3	20,0	100%
Deutsche Bahn	65,5	3,6	30,9	100%
Fahranfänger	23,6	41,8	34,6	100%
RWE	10,9	16,4	72,7	100%
SPIESSER Testlabor	25,5	43,6	30,9	100%

Erkennungswerte der Advertorials im SPIESSER (Gymnasium) (n=55):

Werbekunde	komplett ange-kreuzt	Bild/Logo angekreuzt	nicht angekreuzt	Σ
EADS	83,6	0,0	16,4	100%
Deutsche Bahn	76,4	3,6	20,0	100%
Fahranfänger	20,0	54,6	25,5	100%
RWE	12,7	32,7	54,6	100%
SPIESSER Testlabor	34,6	34,6	30,9	100%

K Codesystem Leitfadeninterviews

L Leitfaden der Interviews

1. Nutzung Printmedien und Finanzierungsaspekte

1.1 „Welche Zeitschriften/Zeitungen liest du?"

1.2 „Warum liest du gerade diese?"

1.3 „Was denkst du, wie verdienen Verlage Geld, damit Zeitschriften erscheinen können?"

„Okay. Also, ich geb dir jetzt die YAEZ/den SPIESSER. Da ist ein Fragebogen drauf, den kannst du auch später ausfüllen. Ich möchte dich bitten, all das in der Zeitschrift ganz dick durchzustreichen, von dem du denkst, dass es Werbung ist. Und es wäre schön, wenn du deine Gedanken laut mitsprechen könntest, während du ankreuzt. Also einfach sagen, warum du etwas ankreuzt (oder nicht) und warum du denkst, dass es Werbung ist. Du kannst dabei gar nichts falsch machen. Ich möchte einfach gerne wissen, was du denkst. Du kannst die Zeitschrift in Ruhe durchblättern – ich setze mich da hinten hin und lese die NEON."

2. Durchführung des Quasi-Experiments (mit Gedankendokumentation/lautes Denken)

3. Grundlagen/Verständnis von Werbung

3.1 „Was ist Werbung für dich – was versteht man unter Werbung?"

3.2 „Woran erkennt man Werbung denn?"

3.3 „Welche Merkmale hat ein Artikel/Zeitungsbericht im Unterschied zu Werbung?"

3.4 „Was glaubst Du, warum ist manche Werbung nicht als Werbung gekennzeichnet oder so gemacht, dass man sie nicht als Werbung erkennt?"

4. Besprechung des Quasi-Experiments zur Wahrnehmung von Werbung

4.1 Advertorials erkannt?   [Erklären lassen: „Was ist denn das hier – um was geht's da?"]

Interviewer klärt auf: „Das ist ein Advertorial. Eine Mischung aus Advertising und Editorial (…)"

4.2 „Findest du Werbung sollte immer als Werbung erkennbar sein?"

4.3 „Das Advertorial ist als *Anzeige* gekennzeichnet: Findest du das sinnvoll?"

4.4 „Wie sollte man solche Werbeformen kennzeichnen, damit man sie als Werbung erkennt?"

4.5 „Sind Gewinnspiele und Verlosungen auch Werbung?"

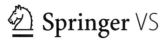

VS Forschung | VS Research
Neu im Programm Psychologie

Marina Brandes
Wie wir sterben
Chancen und Grenzen einer
Versöhnung mit dem Tod
2011. 144 S. Br. EUR 34,95
ISBN 978-3-531-17886-8

Tobias Böhmelt
**International Mediation
Interaction**
Synergy, Conflict, Effectiveness
2011. 145 S. Br. EUR 34,95
ISBN 978-3-531-18055-7

Peter Busch
**Ökologische Lernpotenziale
in Beratung und Therapie**
2011. 287 S. Br. EUR 39,95
ISBN 978-3-531-17949-0

Thomas Casper-Kroll
**Berufsvorbereitung aus
entwicklungspsychologischer
Perspektive**
Theorie, Empirie und Praxis
2011. 111 S. Br. EUR 34,95
ISBN 978-3-531-17906-3

Michael Stephan /
Peter-Paul Gross (Hrsg.)
**Organisation und Marketing
von Coaching**
Aktueller Stand in Forschung und Praxis
2011. 293 S. Br. EUR 39,95
ISBN 978-3-531-17830-1

Erhard Tietel / Roland Kunkel (Hrsg.)
Reflexiv-strategische Beratung
Gewerkschaften und betriebliche Interes-
senvertretungen professionell begleiten
2011. 227 S. Br. EUR 29,95
ISBN 978-3-531-17955-1

Robert H. Wegener / Agnès Fritze /
Michael Loebbert (Hrsg.)
Coaching entwickeln
Forschung und Praxis im Dialog
2011. 264 S. Br. EUR 34,95
ISBN 978-3-531-18024-3

Erhältlich im Buchhandel oder beim Verlag.
Änderungen vorbehalten. Stand: Juli 2011.

Einfach bestellen:
SpringerDE-service@springer.com
tel +49 (0)6221 / 3 45 – 4301
springer-vs.de